司馬光全集

資治通鑑考異（下）

（宋）司馬光——撰
邱居里——點校

王水照——主編

上海人民出版社

資治通鑑考異卷第十六

端明殿學士兼翰林侍讀學士太中大夫提舉西京嵩山崇福宮上柱國河内郡開國公食邑二千六百户食實封壹阡户臣司馬光奉敇編集

唐紀八

上元二年，正月，壬子，斬劉展。

《實録》云：「乙卯，平盧兵馬使田神功生擒逆賊劉展。」《舊·神功傳》亦然。今從《劉展亂紀》。

平盧軍大掠江、淮。

《劉展亂紀》，孫待封降以下事在二月。今因展敗，終言之。

二月〔一〕，李光弼與史思明戰於邙山，官軍大敗。

《實録》曰：「史思明潛遣間諜反説官軍曰：『洛中將士久戍思歸，士多不睦。』魚朝恩以爲然，乃告光弼及僕固懷恩、衛伯玉等曰：『可速出軍，以掃殘寇。』光弼等然之。」今從《舊·光弼傳》。《實録》曰：「光弼、懷恩敗績，步兵死者數萬。」今從《舊·思明傳》。

三月，甲午，衛伯玉破史朝義。

《實録》作「甲子」。按《長曆》，此月丙戌朔，下有戊戌，當作「甲午」。

朝義殺思明。

《河洛春秋》曰：「思明混諸嫡庶，以少者爲尊，唯愛所鍾，即爲繼嗣，欲殺朝義，追朝清爲僞太子。左右泄之，父子之隙自此始構。」《邠志》曰：「三月，思明乘勝欲下陜城，使朝義率鋭卒北路先往，己自宜陽引衆繼之。」今從《實録》、《舊·傳》。

又殺朝清等。

《實録》：「朝義既殺思明，密遣使馳至范陽，殺僞太子朝英及僞皇后辛氏，并不附己者數十人。僞范陽留守張通儒知有變，遂引兵戰於城中。數日，戰不利，死者數千人，通儒被斬於亂兵

〔一〕「二月」，《通鑑》正文此事在二月戊寅。按：《舊唐書》、《新唐書》《肅宗紀》原在二月戊寅。

中。」《薊門紀亂》曰：「思明既王有數十州之地，年餘，朝興遂爲皇太子。朝興，辛氏之長男，特爲思明所愛，嗜酒好色，凶獷頑戾，招集幽、薊惡少與其年齒相類者百人爲左右，皆彎弓利劍，飾以丹臒、珠玉，帶佩印，雕鏤金銀，控弦揮刃，常如見敵，以南行大將子弟統之。每與其黨飲宴，酒酣，爇燎其鬚髮，或以銅彈丸擊之，以頤頷爲的。血流至地，無楚痛之色，則賞巵酒。少似嚬蹙，乃鞭之，從脛至踵，或至數千，困絶將殞，方捨之。候稍愈，復鞭之，有杖六七千不死者。姬妾皆思明所掠良家子，有不稱命〔一〕，則殺之。亦有以湯鑊死者，既火盛湯沸〔二〕，令壯士抱而投之，初宛轉叫呼，須臾骨肉糜爛。旁人皆毛竪股慄，朝興笑臨而觀之，以所策毬杖於鑊中撞擊，顔色自若。上元二年三月甲寅，使使告捷，云王師敗績于洛北，斬首萬餘級，勒其六宫及朝興，備車馬，爲赴洛之計。賊庭之黨相慶，踊躍叫喚，聲振天地十餘日。又宦者二人，傳思明僞敕云，收兵陜、虢〔三〕，以朝興爲周京留守，仍勒馳驛速發，并辛氏已下續行。朝興大喜。其宦者，朝義僞遣之，人莫知也。時朝義已殺思明，僭位，潛勒僞左散騎常侍張通儒、户部尚書康孝忠與朝興衙

〔一〕「稱」，原誤作「偁」，今據兩浙本、孔本、《四庫》本、胡本、廣雅本、《通鑑》胡註改。
〔二〕「盛」，兩浙本、孔本、《四庫》本、胡本、廣雅本作「焚」。
〔三〕「收」，原脱，今據兩浙本、孔本、《四庫》本、胡本、廣雅本、《通鑑》胡註補。

將高鞫仁〔二〕、高如震等謀誅朝興。其日，朝興速召工匠，與其母、妻造寶鈿鞍勒，搜索庫藏，修乘騎之具，并命左右各備行裝，唯數十人侍衛。思明留駿馬百餘匹在其廄中，朝興出入馳驟，每日則於桑乾河飲之。通儒將入，潛令康孝忠從數十人持兵詣飲處，馳取其馬，閉於城南毗沙門神之院。通儒與鞫仁領步兵十餘人入其日華門，僞皇城留守劉象昌逢之，驚問其故，通儒顧左右斬之。俄而朝興腹心衛鳴鶴又問，亦斬之。子城擾亂。朝興惶怖，猶能擐甲持兵，與親信二三十人出拒，奔走於廄中取馬。馬盡矣，唯病馬一匹，朝興乘而策之，不前，遂步戰。通儒立白旗招朝興之黨，降者捨罪，復官爵。惡少等雖沐朝興之錫賚，亦怨其無道鞭捶，降者太半。朝興猶從十餘人接戰，弓矢所發，無不中者，中者皆應弦没羽。通儒軍披靡，所傷者數十百人，退出子城外。人不知甲兵之故，皆惶恐潛匿。通儒於城門拒戰良久，日已云暮，朝興衆寡不敵，走匿城上之逍遥樓，遂失其所。通儒兵入禁中，劫掠金帛，思明、朝興妻衣服皆盡。夜半，蕃將曹閔之於樓上擒獲之。朝興曰：『我兄弟六七人，朝興一身，斬之何益！』高如雲對曰：『以殿下殘酷，人各有怨心。』朝興曰：『乞放此一度，後更不敢。』執者皆笑。又謂閔之曰：『此腰帶三十兩黄金新造，謹奉將軍。』閔之曰：『殿下但死，腰帶閔之自解取。』左右益笑。縊以弓弦，斷其首，函

〔二〕「鞫」，兩浙本、孔本、胡本皆作「鞠」，《四庫》本、廣雅本或作「鞫」，或作「鞠」。

送洛陽。僞侍中向閏客特受思明委託，朝興亦甚敬憚，至是惶怖，走入私第，不自安，匍匐待罪。通儒領之〔二〕，勒馳驛赴洛。通儒收朝興黨與，悉誅之。思明驍將辛萬年特有寵於朝興，又與鞫仁、如震等友善，爲兄弟。當誅朝興之黨也，通儒有意於萬年。及令行刑，遂忘之。至是，敕鞫仁、如震斬萬年首送。鞫仁置酒與萬年同飲，謂曰：『張尚書令殺弟，故相報。』萬年稽首，但乞快死。鞫仁抗声曰：『只可兄弟謀取通儒，終不肯殺弟。』於是如震、萬年領其部曲百餘人入子城，斬通儒於子城南廊下，城中擾亂；又殺其素不快者軍將數人，共推僞中書令阿史那承慶爲留守，函通儒等首，使萬年送洛陽，誣其欲以薊城歸順。朝義聞之，使使令向閏客所在卻迴，爲留守。鞫仁、如震等各從數百人，被甲巡城，城中人心彌懼。承慶爲留守一兩日，又不自安，遞相疑阻，於是領蕃兵數十騎出子城，至如震宅門，立令屈將軍暫要相見。如震不虞有難，馳至馬前，承慶斬之，應聲而殞。承慶入東軍，與僞尚書康孝忠招集蕃、羯。鞫仁聞如震遇害，驚而且怒，統麾下軍討之，相逢於宴設樓下。接戰，自午至酉。鞫仁兵皆城旁少年，驍勇勁捷，馳射如飛；承慶兵雖多，不敵，大敗，殺傷甚衆，積尸成丘。承慶、孝忠出城收散卒，東保潞縣，又南掠屬縣，野營月餘，徑詣洛陽，自陳其事，城中蕃軍家口盡踰城相繼而去。鞫仁令城中，殺胡者皆

〔二〕「領」，原誤作「領」，今據廣雅本、《通鑑》胡註改。

重賞。於是羯、胡俱殪，小兒皆擲於空中，以戈承之，高鼻類胡而濫死者甚衆。時鞫仁在城中最尊，使使奏朝義以承慶等反。向閏客行至貝州，承朝義命迴，將至，衆官迎之，鞫仁嚴兵不出。閏客甚懼，戒其子弟從者無帶軍器〔一〕，從數人而入。鞫仁待之於日華門，閏客望見，下馬執手相慰，鞫仁亦抗禮還營。閏客但專守子城，端坐，餘不敢輒有所問。奏承慶等使迴，朝義以鞫仁爲燕京都知兵馬使。五月甲戌，朝義以僞太常卿李懷仙爲御史大夫〔二〕、范陽節度使；燕州頗有兵甲〔三〕，故委腹心，鞫仁聞之，意不快也。無何，懷仙至，從羸馬數千，自薊城南門入。鞫仁不出，迎之於日華門。懷仙至，卑身過禮，立談，約爲兄弟，結盟相固，期同保燕邦，以奬其主。鞫仁意小解〔四〕。懷仙以薊縣爲節度院，雖任節制〔五〕，鞫仁兵五千餘人皆不受命。十數日，懷仙待之彌厚，每衙，皆降階交接，鞫仁亦不爲之屈。既而懷仙命饗軍士，中宴，鞫仁疑有變，兵皆驚走，還營被甲。懷仙憂懼無計，遂囚其衙將朱希彩，責以驚軍中之罪。其夜，鞫仁將襲懷仙，遇大雨，

〔一〕「軍」，《通鑑》胡註作「兵」。
〔二〕「夫」，原誤作「大」，今據兩浙本、孔本、《四庫》本、胡本、廣雅本、《通鑑》胡註改。
〔三〕「甲」，原誤作「田」，今據兩浙本、孔本、《四庫》本、胡本、廣雅本、《通鑑》胡註改。
〔四〕「小」，《四庫》本、《通鑑》胡註作「少」。
〔五〕「任」，兩浙本、孔本、《四庫》本、胡本、廣雅本作「在」。

持疑未決，徹明，遂止，單騎至節度門。懷仙已潛備壯士待之。鞫仁趨入，懷仙亦不改常禮，與坐良久，乃問驚軍之罪，門已關，顧左右拉殺之，立捨希彩。自暮春至夏中，兩月間，城中相攻殺凡四五，死者數千，戰鬭皆在坊市閭巷間〔一〕，但兩敵相向，不入人家剽劫一物，蓋家家自有軍人之故，又百姓至於婦人小童，皆閑習弓矢，以此無虞。六月丙申，宣思明遺誥，發喪，將相百寮縞素，哭於其聽政樓前，卑幼相視而笑，笑聲與哭聲參半焉。朝義又追向貢赴洛陽，加懷仙燕京留守。」《河洛春秋》：「初，朝義令人以書與向貢并阿史那王殺朝清。朝清既受父命，常有君臨之心，惟以毬獵爲務，車下勇敢之士僅三千人〔二〕，每日教習，然其殘酷頗有父風，而加淫亂，幽州士庶，無不吁嗟。向貢、高久仁等既見諸將之書，又聞思明已死，因説朝清曰：『昨有密旨，令大王主器承祧，其事尤重。今敵國猶在，上人未還〔三〕，儻更移恩於人，誠恐自貽窘迫〔四〕。』朝清然之。是日，顧左右，各令辭訣，便自飾裝。高久仁、高如震等及其無備，率壯士數百人潛入子城

〔一〕「間」，原誤作「閒」，今據兩浙本、孔本、《四庫》本、胡本、廣雅本、《通鑑》胡註改。
〔二〕「千」，兩浙本、孔本、《四庫》本作「十」。
〔三〕「人」，孔本、《四庫》本、胡本、廣雅本作「又」。
〔四〕「自」，原誤作「日」，今據兩浙本、孔本、《四庫》本、胡本、廣雅本、《通鑑》胡註改。

門，阿史那王、向貢等共率三百人繼至〔一〕。朝清時在卧内，僕妾侍側，忽聞兵士，問是何人。門人曰：『三軍叛。』乃擐甲登樓，責讓向貢等。高如震乃於樓下佯戰，朝清自援弓射之，凡斃數人。阿史那軍佯北，朝清下樓，向貢等令人擒殺之。向貢攝知軍事，經四十日，阿史那又殺向貢。阿史那自稱長史，三日後，斬高久仁，以其首梟之，殺朝清故也。高如震還，固守，與阿史那相持。城中分兩軍，經五日，以燕州街爲界，各自禦備，遞相捉搦，不得往來。阿史那從經略軍領諸蕃部落及漢兵三萬人，至宴設樓前與如震會戰。如震不利，乃使輕兵二千人於子城東出，直至經略軍南街，腹背而擊之，并招漢軍萬餘人。阿史那軍敗，走於武清縣界野營。後朝義使招之，盡歸東都，應是胡面，不擇少長，盡誅之。於是朝義僞授李懷仙幽州節度。高如震旅拒之中，承阿史那遁逸之後〔二〕，野行草次，人各持兵，糗糧蒭茭，非戮不應。朝義令兵士悉爲商賈，白衣先行，至幽州，盡被捉爲圍練。懷仙方自統五千餘騎，直寇薊門〔三〕。高如震將欲出師以抗其命〔四〕，慮其卒叛，因出迎之。懷仙實内圖之，且外示寬宥，大行誘募，咸捨厥愆，於是士衆帖然，

〔一〕「三」，兩浙本、孔本、《四庫》本、胡本作「二」。
〔二〕「逸」，孔本、《四庫》本、胡本、廣雅本作「逃」。
〔三〕「寇」，《通鑑》胡註作「叩」。
〔四〕「將」，《通鑑》胡註作「方」。

競皆欣戴。乃大賞設，經三日，因衆前卻，乃斬高如震，幽州遂平。」《舊・傳》亦云：「朝義令人殺僞太子朝英。」《新・傳》作「朝清」。今從《河洛春秋》及《新・傳》，餘從《薊門紀亂》。

五月，李光弼爲河南副元帥，都統河南等八道。

《實録》、《舊・紀》皆云，光弼都統河南、淮南、山南東、江東五道。《唐曆》、《會要》爲河南、淮南東、西〔一〕、山南東、荆南五道。《劉展亂紀》又有江西、浙東、浙西，凡八道。按：袁晁亂浙東，光弼討平之，則是浙東亦其統内也。今從之。

十月，崔圓署李藏用楚州刺史。

《劉展亂紀》曰：「初，劉展既平，諸將爭功，疇賞未及李藏用，崔圓乃署藏用爲楚州刺史，領二城而居盱眙。」按《實録》，七月，藏用已除浙西節度副使。蓋恩命未到耳。

建丑月〔二〕，祀圓丘、太一壇。

《實録》：「建子月戊戌冬至，其日祀昊天上帝。己亥，詔以來月一日祭圓丘及太一壇〔三〕。」又云：「建丑月辛亥，以河南節度使來瑱爲太子少保。」下又有丁未、己酉、庚戌日事。又云：

〔一〕「東」，《唐會要・元帥》原作「淮」。
〔二〕「建丑月」，《通鑑》正文此事在建丑月辛亥朔。按：《新唐書・肅宗紀》原在建丑月辛亥。
〔三〕「圓」，《通鑑》正文、胡註皆作「圜」。

「建丑月辛亥朔，拜南郊，祭太一壇〔一〕。」按《瑱傳》，未嘗爲河南節度使及少保。《實録》誤剩此一日事。其冬至祀上帝，蓋有司行事〔二〕，非親祀也。

寶應元年，建辰月〔三〕，以來瑱爲十六州節度使。

《舊・傳》無汝，云「十五州」。今從《實録》。

臧希讓爲山南西道節度使。

《肅宗實録》作「希液」。《代宗實録》有傳，作「希讓」，今從之。

李輔國引元載代蕭華〔四〕。

《舊・華傳》云：「肅宗寢疾，輔國矯命罷華相。」今從《輔國傳》。

四月〔五〕，乙丑夜，李輔國、程元振收捕越王係、段恒俊。丁卯，殺張后并係及兗王僴。

《肅宗實録》曰：「張后因太子監國，謀誅輔國。其日，使人以上命召太子，語之，太子不可。

〔一〕「一」，《通鑑》胡註作「乙」。
〔二〕「行事」，孔本、《四庫》本、胡本、廣雅本作「攝祭」。
〔三〕「建辰月」，《通鑑》正文此事在建辰月癸巳。按：《舊唐書・肅宗紀》原在建辰月癸巳。
〔四〕《通鑑》正文此事在建辰月戊申。按：《舊唐書》、《新唐書》《肅宗紀》原在建辰月戊申。
〔五〕「四月」，《通鑑》正文作「建巳月」。按：《舊唐書》、《新唐書》《肅宗紀》作「建巳月」，《代宗紀》作「四月」。

乙丑，后矯上命將喚太子，程元振知之，密告輔國。景寅，元振與輔國夜勒兵於三殿前，使人收捕越王及同謀内侍朱光輝、段恒俊等百餘人，繫之，移皇后於別殿。其夜，六宫内人、中官等驚駭奔走。及明，上崩。」《代宗實録》曰：「乙丑，皇后召上[二]。既夜，輔國、元振勒兵捕係，幽后。丁卯，肅宗崩。」《係傳》：「乙丑，后召太子。景寅夜，元振、輔國勒兵捕係，幽后。是日，俱爲輔國所害。」《舊・肅宗紀》：「丁卯，宣遺詔。是日，上崩。」《代宗紀》：「乙丑，皇后矯詔召太子，輔國、元振衛從太子入飛龍厩以俟變。是夕，勒兵於三殿，收係及朱光輝、馬英俊等。丁卯，肅宗崩。」《新・本紀》：「丙寅，閑厩使李輔國、飛龍厩副使程元振遷皇后于別殿，殺越王係、兖王僩。是夜，皇帝崩。」《代宗録》、《唐曆》、《統紀》、《係傳》皆以段恒俊爲馬英俊。按：張后以乙丑日召太子，迨夜不至，則必知有變矣[三]，輔國等安能待至來夜，然後勒兵收係等乎！蓋收係等在乙丑之夜也。今從《代宗實録》、《舊・代宗紀》。《新》、《舊》《傳》皆云，兖王僩寶應元年薨。而《代宗實録》羣臣議係、僩之罪，云：「二王同惡，共扇奸謀。」蓋僩亦預謀也。今從之。

[二]「上」，原脱，今據兩浙本、孔本、《四庫》本、胡本、廣雅本、《通鑑》胡註補。
[三]「則」，《通鑑》胡註無此字。

五月，庚辰，郭子儀收王元振及其同謀四十人，皆殺之。

《實録》曰：「子儀至軍，撫循士衆，潛問罪人，得害國貞者王元禮等四十人，爲首者斬，餘並決殺。」《邠志》曰：「七月，郭公到朔方行營。」《舊·傳》曰：「三月，子儀辭赴鎮。」《汾陽家傳》曰：「建辰月十一日，發上都。二十七日，至絳州。五月二日，斬元振等三十人。」今元振名從諸書，月日從《家傳》，人數從《實録》。

尚衡、殷仲卿相攻於兖、鄆。

衡上元元年爲淄青節度使，此年五月，田神功自淄青移兖鄆，六月，衡自賓客爲常侍，七月，仲卿自左羽林大將軍爲光禄卿，而得相攻於兖、鄆者，蓋衡猶未離淄青，仲卿亦在彼，雖有新除官，皆未肯入朝也。

田神功等憚李光弼威名。

《舊·傳》曰：「朝義乘北邙之勝，寇申、光等十三州，自領精騎圍李岑於宋州，將士皆懼，請南保揚州。光弼徑赴徐州以鎮之，遣田神功擊敗之。」又曰：「初，光弼將赴臨淮，在道舁疾而行。監軍使以袁晁方擾江、淮，光弼兵少，請保潤州以避其鋒。光弼不從，徑往泗州。光弼未至河南也，田神功平劉展後，逗留於揚府，尚衡、殷仲卿相攻於兖、鄆，來瑱旅拒於襄陽。及光弼輕騎至徐州，史朝義退走，田神功遽歸河南，尚衡、殷仲卿、來瑱皆懼其威名，相繼赴闕。」按：光弼既使田神功擊敗朝義，則是神功已還也。《實録》，今年八月，袁晁始陷台州。借使當時已擾江、淮，則自泗州往潤州，不得謂之避其鋒也〔一〕。今從《新・傳》。

六月〔二〕，罷李輔國中書令。

《舊・傳》：「輔國欲入中書作謝表，閽吏止之曰：『尚父罷相，不應復入此門。』輔國氣憤而言曰：『老奴死罪，事郎君不了，請歸地下事先帝。』上猶優詔答之。」按：此乃對上之語，非對閽吏之語也。今從《唐紀》。

來瑱擒裴茙〔三〕。

《舊・茙傳》曰：「瑱設具於江津以俟之。茙初聲言假道入朝，及見瑱，即云奉代，且欲視事。瑱報曰：『瑱已奉恩命，復任此。』茙惶惑，喻其麾下曰：『此言必妄。』遂引射瑱軍，因與瑱兵交戰。茙軍大敗。」按：瑱若設具相見，則茙豈得遽射瑱軍而交戰！今從《瑱傳》。

〔一〕「之」，《通鑑》胡註無此字。

〔二〕「六月」，《通鑑》正文此事在六月辛酉。按：《舊唐書・代宗紀》原在六月辛酉。

〔三〕《通鑑》正文此事在六月己巳。

八月，袁晁改元寶勝。

柳璨《正閏位曆》、宋庠《紀年通譜》皆改元昇國[一]。今從《新書》。

裴冕貶施州刺史[二]。

《代宗實録》：「秘書監韓穎、中書舍人劉烜善候星曆，乾元中待詔翰林，頗承恩顧，又與李輔國昵狎。時上軫憂山陵，廣詢卜兆[三]，穎等不能精慎，妄有否臧，因是得罪，配流嶺南。既行，賜死于路。初，冕爲僕射，數論時政，遂兼御史大夫，充山陵使。以李輔國權重有恩，乃奏輔國所親信劉烜爲判官，潛結輔國。烜得罪，乃連坐焉。」今從《舊・程元振傳》。

十月[四]，盜竊李輔國之首。

《舊・傳》曰：「盜殺李輔國，攜首、臂而去。」《統紀》曰：「輔國悖於明皇，上在東宫，聞而頗怒。及踐阼，輔國又立功，難於顯戮，密令人刺之，斷其首，棄之溷中，又斷右臂[五]，馳祭泰

[一]「年」，《通鑑》胡註誤作「元」。
[二]《通鑑》正文此事在九月丙申。按：《舊唐書・代宗紀》原在九月丙申。
[三]「卜」，原誤作「十」，今據兩浙本、孔本、《四庫》本、胡本、廣雅本、《通鑑》胡註改。
[四]「十月」，《通鑑》正文此事在十月壬戌夜。按：《舊唐書・代宗紀》在十月丁卯夜，《新唐書・代宗紀》在十月壬戌。
[五]「右」上，《通鑑》胡註有「其」字。

陵〔一〕，中外莫測。後杭州刺史杜濟話於人曰：『嘗識一武人爲牙門將，曰：某即害尚父者。』」今從《舊·傳》。

回紇鞭魏琚、韋少華等，遣雍王适歸營。

《代宗實録》曰〔二〕：「雍王恭行詔命，辭色不屈，虜亦不敢失禮，時人難之。時官軍合圍，將誅無禮，王以東略之故，止之。」又曰：「會中數萬人駭愕失色，雍王正色叱之，可汗遂退。」《建中實録》曰：「上堅立不屈。」此蓋史官虛美耳。今從《舊·回紇傳》。

雍王留陝州〔三〕。

《代宗實録》：「戊辰，元帥雍王帥僕固懷恩等諸軍及回紇兵馬進發陝州東討，留英乂、朝恩爲後殿〔四〕。是日，又詔河東道節度使自澤州路入。」今從《唐曆》及《舊·朝義傳》。

十一月，薛嵩以四州、張忠志以五州降。

《舊·懷恩傳》曰：「嵩以相、衛、洺、邢、趙州降于李抱玉，李寶臣以深、恒、定、易四州降于

〔一〕「泰」，原誤作「秦」，今據孔本、《四庫》本、胡本、廣雅本、《通鑑》胡註及《舊唐書·玄宗紀》改。

〔二〕「曰」，《通鑑》胡註作「云」。

〔三〕《通鑑》正文此事在十月戊辰。按：《舊唐書·代宗紀》原在十月戊辰。

〔四〕「乂」，原誤作「又」，今據胡本、廣雅本、《通鑑》胡註及《舊唐書·史朝義傳》改。

雲京。」《代宗實録》曰：「張忠志以趙、定、深、恒、易五州歸順。」又曰：「史思明授忠志恒趙節度使。」今從《舊·王武俊傳》。

僕固瑒敗賊于下博，史朝義奔莫州。

《河洛春秋》曰：「朝義戰敗，走歸范陽，途經衡水。僕固瑒領蕃、漢兵一十五萬趁及朝義，接戰，敗之。是夏涉秋苦雨，陂湖流注，河東兵馬使李竭誠、成德軍將李令崇咸統精兵，亦革面來王，競爲掎角。其漳河及諸津渡船，悉是虜獲。朝義遣人致命，竟不應。續令散雇舟船，並皆掠盡，四路俱絶。諸將或請戰，或請降，朝義不悦。田承嗣上疏與朝義曰：『臣聞兵勢兩均，成敗由將；衆寡不敵，全滅在權。昔劉主敗於白帝〔一〕，曹公破於赤壁〔二〕，陸遜、黄蓋皆以權道取之〔三〕。今部統之師，皆自疲頓，主客勢倍，勞逸力殊，若驅而令戰，未見其利。請用車五十乘，於古夏康王城北作三箇車營，車上皆設棚排，倒戈爲禦。每車甲士二人，持兵而伏。隨軍子女羅於帳中，每營輜重分列其次。營後選二萬人，布偃月陣，凡敵衆我寡，則設此陣，左右有險，亦設

〔一〕「敗」，《通鑑》胡註作「破」。

〔二〕「破」，《通鑑》胡註作「敗」。

〔三〕「蓋」，原誤作「盂」，今據《四庫》本、胡本、廣雅本、《通鑑》胡註改；「權」，原誤作「灌」，今據兩浙本、孔本、《四庫》本、胡本、廣雅本、《通鑑》胡註改。

此陣，左右奇軍，亦設此陣，各令猛將主之，左者東南行，右者西南行，令去車營十里餘，營前選精卒五千人，雁行陳，使之接戰，不勝，則退於偃月陣後。前軍既卻，敵必至車營，愛其珍玩，必將攻取。候其兵縱，陣勢已分〔二〕，然後桴鼓齊鳴，前後俱至，貔虎奮踊〔三〕，鹵楯爭先，左軍西行〔三〕，右軍東邁，皆取古城之南，令首尾相屬。伏兵之發，料敵必驚，後軍之來，自然斷絶，前後既不相救，中軍又遇精兵，服色相亂，不敗何待！令文景義主左軍，達于義感主右軍，足下自主中軍，若其不捷，老臣請以弱卒五千爲足下吞之。』朝義覽疏大悦，因用其計，官軍敗績，喪師三千餘級。僕固瑒大震〔四〕，退師數十里。由是朝義得達莫州。朝義既敗官軍，威聲復振，凡所追集，人莫已違，鳩集舟航，并連牌筏，先濟輜重，兼及老弱，方以軍南行，若有攻擊。僕固瑒令吏士各顧所部，以抗其鋒。朝義乃整師徒，一時北濟。僕固瑒亦連船艦，宵濟趨之。」今從《舊·懷恩傳》。

〔二〕「已」，原誤作「匕」，今據兩浙本、孔本、《四庫》本、胡本、廣雅本、《通鑑》胡註改。

〔三〕「虎」、「踊」，《通鑑》胡註作「貅」、「勇」。

〔三〕「西」，原誤作「足」，今據兩浙本、孔本、《四庫》本、胡本、廣雅本、《通鑑》胡註改。

〔四〕「震」，原誤作「振」，今據廣雅本、《通鑑》胡註改。

代宗廣德元年，正月，甲辰，朝義首至京師。

《河洛春秋》曰：「朝義東投廣陽郡，不受。北取潞縣、漁陽，擬投兩蕃。至榆關，李懷仙使使招迴，卻至漁陽過，從潞縣至幽州城東阿婆門外，於巫閭神廟中，兄弟同被絞縊而死，乃授首與駱奉仙。經一日，諸軍方知，歸莫州城下。」《舊·僕固懷恩傳》曰：「寶應二年三月，朝義至平州石城縣温泉栅，窮蹙，走入長林自縊。懷仙使妻弟徐有濟傳其首以獻。」《史朝義傳》：「二年正月，李懷仙於莫州生擒之，送款來降，梟首至闕下。」《實録》：「寶應元年十一月己亥，僕固懷恩上言：幽州平，河北州縣盡平，史朝義爲亂兵所戮，傳首上都。」《舊·紀》：「寶應二年十月，河北州郡悉平，李懷仙以幽州降，田承嗣以魏州降。」沈既濟《建中實録》：「二年正月，賊將李懷仙擒朝義以降，山東平。」《唐曆》：「正月甲辰，李懷仙擒史朝義，梟首，獻至闕下，盡以所管來降。」《年代記》：「寶應元年十二月己亥，僕固懷恩上言：『史朝義爲亂兵所殺，傳首上都。』二年正月甲申，朝義梟首至闕。」《新·紀》：「廣德元年正月甲申，朝義自殺，其將李懷仙以幽州降。」按：諸軍圍朝義於莫州，已在去年十一月末，而《河洛春秋》云圍城四十日，懷恩《舊·傳》亦云攻守月餘日，然則朝義之死，必在今年正月明矣。諸書皆云朝義此年正月被殺，而《實録》在元年十一月，《舊·紀》因之，又脱「十一月」字。《懷恩傳》誤以「正月」爲「三月」。甲申，正月十日；甲辰，三十日也。《新·本紀》蓋據《年代記》，但《年代記》元年冬十一月己亥朝義死，亦與《實録》同。若正月被殺，不應十日首級已至長安。疑甲申自殺〔二〕，甲辰傳首至闕。《新·紀》止用《年代記》甲申至闕爲自殺日，未知何所據。今從《唐曆》，以甲辰傳首至京師。

七月，張維嶽等屯沁州。

《邠志》作「張如岳」。今從《實録》、《唐曆》。

八月〔三〕，駱奉仙奏僕固懷恩謀反。

《實録》：「癸未，懷恩旋師，次于汾州，逗留不進。監軍使駱奉仙以聞。上以功高不之罪，優詔慰勞之。」又曰：「懷恩頓軍汾上，監軍使駱奉仙因公宴，言有所指，懷恩已萌二心，肆口酬對，奉仙不告而出，乘傳上聞。上以功高容之，叱奉仙出，待懷恩如舊。懷恩憚奉仙，益不自安。」《邠志》曰：「寶應二年，河朔既平，詔太原節度辛雲京及僕固懷恩各以其軍送回紇還蕃〔三〕。既出晉關，辛公率其輕兵先入太原。懷恩怒其不告〔四〕，曰：『辛君有虞於我也。』回紇至，辛公館

〔二〕「甲」，原誤作「田」，今據兩浙本、孔本、《四庫》本、胡本、廣雅本、《通鑑》胡註改。
〔三〕「八月」，《通鑑》正文此事在八月癸未。
〔三〕「度」下，孔本、《四庫》本、胡本、廣雅本有「使」字。
〔四〕「怒」，原誤作「忽」，今據兩浙本、孔本、《四庫》本、胡本、廣雅本、《通鑑》胡註改。

于城外，致牛酒以犒之。懷恩欲因回紇規其城壁，陰導回紇請觀佛寺，辛公許之。既入城，見羅兵於諸街，蕃人大驚，辟易而去。」今從《舊・懷恩傳》。

十月，高暉降吐蕃。

《汾陽家傳》：「八月，吐蕃次涇、寧州，遣感激軍使高暉禦之，戰敗，執暉。九月，至便橋。」《實録》：「十月庚午，吐蕃寇涇州。辛未，犯奉天、武功。」按：今涇州東去邠州三程，邠州南去奉天二程，不應庚午寇邠州，辛未已至奉天。蓋史官據奏到日書之耳。《段公家傳》：「九月二十日，吐蕃寇涇原，節度使高暉降之。十一月一日，陷邠州，節度使張藴琦棄城遁。」《舊・本紀》：「九月己丑，吐蕃寇涇州，刺史高暉以城降，因爲吐蕃鄉導。十月辛未，犯京畿。」《新・本紀》：「九月乙丑，涇州刺史高暉叛附于吐蕃。十月庚午，吐蕃陷邠州。辛未，寇奉天、武功。」今月從《實録》，而不取其日。

庚寅，吐蕃悉衆遁去。

《舊・吐蕃傳》曰：「子儀帥部曲數百人及其妻子、僕從南入牛心谷，駝馬車牛數百兩。子儀遲留，未知所適。行軍判官中書舍人王延昌、監察御史李萼謂子儀曰：『今公身爲元帥，主上蒙塵于外，今吐蕃之勢日逼，豈可懷安于谷中！何不南趨商州，漸赴行在！』子儀遽從之。延昌曰：『吐蕃知令公南行，必分兵來逼，若當大路，事即危矣。不如取玉山路而去，出其不意。』子儀又從之。子儀之隊千餘人，山路束隘〔一〕，連延百餘里，人不得馳。延昌與蕚恐狹徑被追，前後不相救，至倒迴口，遂與子儀別行，踰絶澗，登七盤，趨于商州。先是，六軍將張知節與麾下數百人自京城奔于商州，大掠避難朝官、士庶及居人資財鞍馬，已有日矣。延昌與蕚既至，説知節曰：『將軍身掌禁兵，軍敗而不赴行在，又恣其下虜掠，何所歸乎！今郭令公，元帥也，已欲至洛南。將軍若整頓士卒，喻以禍福，請令公來撫之，圖收長安，此則將軍非常之功也。』知節大悦。其時諸軍將臧希讓、高昇、彭體盈、李惟詵等數人，各有部曲家兵數十騎〔二〕，相次而至，又從其計，皆相率爲軍，約不侵暴。延昌留于軍中主約，蕚以數騎往迎子儀，去洛南十餘里，及之，遂與子儀迴至商州。諸將大喜，皆遵其約束。吐蕃將入京師也，前光禄卿殷仲卿逃難而出，至藍田，糾合敗兵及諸驍勇願從者百餘人，南保藍田，以拒吐蕃。其衆漸振，至于千人。子儀既至商州，募人往探賊勢，羽林將軍長孫全緒請行。全緒至韓公堆，仲卿得官軍〔三〕，其勢益壯，遂相爲表裏。仲卿帥二百餘騎遊弈〔四〕，直渡滻水。吐蕃懼，問百姓，百姓皆紿之曰：『郭令公大軍，不知

〔一〕「路束」，《通鑑》胡註作「谷束」。按：《舊唐書·吐蕃傳》原作「路狹」。

〔二〕「家兵」，《舊唐書·吐蕃傳》原作「率其」。

〔三〕「得」，《舊唐書·吐蕃傳》原作「探知」。

〔四〕「帥」，原脱，今據《通鑑》胡註及《舊唐書·吐蕃傳》補。

其數。』賊以爲然，遂抽軍而還。」《汾陽家傳》曰：「公以三十騎循御宿川，略山而東。公西望國門，涕不自勝，謂延昌曰：『爲舍人計，何以復國？』延昌歔欷不能對[一]。公謂曰：『料諸將散卒必逃商於，若速行收合散卒，兼武關兵，數日之内，卻出藍田，設疑兵，爲旆，屯於韓公堆，吐蕃必懼我而退，乃相與速驅之。』過藍田，公與延昌議曰：『散兵至商州，必官吏不守，則兵亂而人潰。』使延昌間道中宿至商州，果如所議。延昌以公之言巡撫之，亂乃止，潰乃復。」今從之。

李日越殺高暉。

《新·魚朝恩傳》曰：「朝恩遣劉德信討斬之。」今從《實録》。

郭子儀斬王甫[二]。

《實録》曰：「有武將王甫等，誘長安惡少數百人，集六街鼓於朱雀街，大鼓之。吐蕃聞之震懾，乘夜而遁。」《汾陽家傳》曰：「射生將王撫，猛而多力，自補御史大夫[三]，領五百騎、二千步卒，兼補官屬，以謀作亂。甲午，公發商州。冬十一月壬寅，公次瀍水之右。王撫知公之來也，

[一]「歔欷」，原誤作「戲殺」，今據兩浙本、孔本、《四庫》本、胡本、廣雅本、《通鑑》胡註改。

[二]《通鑑》正文此事在十一月壬寅。按：《舊唐書》《代宗紀》、《郭子儀傳》、《新唐書·代宗紀》皆在十月，《通鑑》正文則從《考異》所引《汾陽家傳》。

[三]「補」，《通鑑》胡註作「稱」。

於城中堅列行陣，戈矛若林，指揮其間，按甲不出。人勸公必不可入，公以三十騎徐進，曾不少懼，令傳呼王撫，撫應聲伏，烏合之徒，一時而潰。」《邠志》曰：「郭公屯商州，十二月一日，率諸軍五萬餘人出藍田，去城百里而軍。城中相傳，言大軍將至，西戎懼焉。三日，馬家小兒、張小君、李酒盞、射生官王甫等五百餘人，夜半，聚六街鼓入于子城，雷擊天門街中，仍分其衆建旗諸門。吐蕃以爲大軍夜至，相率遁去。小君使報郭公。七日，郭公全師入于京師，繫小君、酒盞、王甫等，責之曰：『吾軍未至，汝設詐以畏吐蕃，吐蕃知之怒汝，焚爇宮闕〔一〕，從容而去，豈不由汝乎！』命斬之。遂以破賊收城聞。」《舊·子儀傳》曰：「全緖遺禁軍舊將王甫入長安，陰結豪俠爲內應，一日，齊擊鼓於朱雀街，蕃軍惶駭而去。」又曰：「射生將王撫自署爲京兆尹，聚兵二千人，擾亂京城。子儀召撫，殺之。詔子儀權京城留守。」《吐蕃傳》曰〔二〕：「吐蕃餘衆尚在城，軍將王撫及御史大夫王仲昇頓兵自苑中入〔三〕，椎鼓大呼，仲卿之兵又入城，吐蕃皆奔走。」若如《邠志》所言，是子儀殺撫而攘其功，計子儀必不爲也。子儀勳業，今古推高，凌準作書，多攻其短，疑有宿嫌，不可盡信。今從《汾陽家傳》及子儀《舊·傳》。

〔一〕「焚」，《通鑑》胡註作「燔」。

〔二〕「曰」，《通鑑》胡註無此字。

〔三〕「頓」，廣雅本、《通鑑》胡註作「領」。按：《舊唐書·吐蕃傳》原作「頓」。

十二月，程元振私入長安，京兆擒之以聞。

《實録》如此，仍云「將圖進取」。《舊・傳》：「元振服縗麻於車中，入京城以規任用。與御史大夫王仲昇飲酒[一]，爲御史所彈。」今從《實録》，參以《舊・傳》。

二年，正月[二]，合劍南東、西川爲一道，以嚴武爲節度使。

《舊・傳》：「武爲京兆少尹，以史思明阻兵，不之官，出爲綿州刺史，遷東川節度使。上皇誥兩川合爲一道，拜武劍南節度使。」《新・傳》：「武爲少尹，坐房琯，貶巴州，久之，遷東川。」餘同《舊・傳》。按：思明阻兵河、洛，京兆少尹何妨之官！此年始合東、西川爲一道，豈上皇誥所合！《新》、《舊》《傳》皆誤。

二月，焦暉、白玉攻僕固瑒，殺之；張維嶽殺焦暉、白玉而竊其功。

《汾陽家傳》曰：「開府盧昴，公先使汾州慰諭，及還，惡不比於己者，好賂於己者，公捶殺之。」《邠志》曰：「郭公使牙官盧諒之軍，如岳賂諒[三]，使信其言。郭公以如岳殺瑒聞，詔優之。諸將云云，郭公乃理諒罪，棒殺之。」今參取二書，昴職名從《邠志》。

[一]「仲」，《舊唐書・程元振傳》原無此字。

[二]「正月」，《通鑑》正文此事在正月癸卯。

[三]「賂」，原誤作「貶」，今據兩浙本、孔本、《四庫》本、胡本、廣雅本、《通鑑》胡註改。

戊寅，郭子儀如汾州。

《實録》：「廣德元年十二月丁酉，僕固瑒爲帳下張維嶽所殺，以其衆歸郭子儀。懷恩聞之，棄營脱身，遁走北蕃。」按：朔方兵所以不附僕固氏者，以子儀爲之帥也。縱不在子儀領朔方節度使之後，亦當在領河東副元帥之後也。而《實録》二年正月丁卯，子儀爲朔方節度使。《汾陽家傳》：「二年正月，子儀充河東副元帥、河中節度使。癸亥，代宗三殿宴送。二十六日，發上都。二月，至河中，兼朔方節度大使。戊寅，往汾州。甲申，還至河中。」《邠志》：「二年正月二十日，詔郭公加河中節度、河東副元帥。二十九日，加朔方節度。二月，僕固瑒率軍攻榆次，逾旬不拔」云云。然則瑒死，決不在去年十二月。今因子儀如汾州，并言之。

八月，僕固懷恩引回紇、吐蕃十萬衆入寇[一]**。**

《舊·子儀傳》云「數十萬衆」，《懷恩傳》云「誘吐蕃十萬衆」。按《汾陽家傳》，實不過十萬。

河中節度副使崔寓。

五月已罷河中節度，今猶有副使者，蓋言其前官也。

[一]「入」上，《通鑑》正文有「將」字。

九月，白孝德敗吐蕃于宜禄。

《實録》：「癸巳，孝德敗吐蕃一千餘衆於宜禄，生擒蕃將數人。」按《汾陽家傳》，二十六日，賊先軍次宜禄。然則前八日孝德豈得已敗吐蕃於宜禄乎！《實録》誤。

十月，懷恩引回紇、吐蕃至邠州，白孝德、郭晞閉門拒守〔一〕。

《汾陽家傳》：「晞屢破吐蕃。」今從《實録》。《舊・子儀傳》曰：「虜寇邠州，子儀在涇陽，子儀令長男朔方兵馬使曜率師拒之〔二〕，與白孝德閉城拒守。」按：《實録》及《晞傳》皆云，晞拒懷恩，破之。《子儀傳》云「曜」，誤也。

虜攻邠州，不克，涉涇而遁〔三〕。

《實録》：「十月辛未夜，郭晞遣馬步三千人於邠州西斬賊營，殺千餘人，生擒八十三人，俘大將四人。十一月乙未，懷恩及吐蕃等自潰，京師解嚴。」《汾陽家傳》曰：「十月七日，公誓師曰：『明日有寇，爾其備之。』及夜，出兵數萬陣于西門之外，廣布旗幟，如十萬軍。未曙，懷恩、吐蕃、回紇、吐渾等已陣于乾陵北，長二十里。懷恩等初謂無備，欲襲之。既見陣，兩蕃大駭，不

〔一〕「門」，《通鑑》正文、《資治通鑑目録》作「城」。按《舊唐書》《代宗紀》、《郭子儀傳》原作「城」。
〔二〕「拒」，《舊唐書・郭子儀傳》原作「援」。
〔三〕《通鑑》正文攻邠州在十月丁丑，涉涇而遁在乙酉。

敢戰。而懷恩頃爲公所馭，懾公之威，又遁。初，軍中偶語，夜中出兵，與鬼鬬耳。及未曙，寇已至矣。軍中所以服公之先知也。賊至于邠州，營于北原。十三日，攻其東門，不剋。十四日，横陣于南原，請戰。晞等與之連戰，大破之，追奔數十里。二十一日，涉涇而還。」《邠志》：「懷恩寇邠、涇，十七日，衆渡涇水，郭晞率衆禦之，戰于邠郛，我師敗績。懷恩覆其陣，泣曰：『此等昔爲我兒，我教其射，反爲他人致死於我，惜哉！』明日，引軍南出。」《舊·郭晞傳》曰：「懷恩誘虜再寇邠州，陣于涇北。晞乘其半濟而擊之，大破獯虜，斬首五千級，連戰皆捷。」《吐蕃傳》曰：「郭晞於邠州西三十里〔二〕，令精騎斫懷恩營，破五千衆，斬首千餘級，生擒八十五人，降其大將四人〔三〕。」諸書載邠寧戰守、勝敗，事各不同。今從《汾陽家傳》，以《實録》參之。

十一月，段秀實殺暴卒。

此出柳宗元《段太尉逸事狀》。《段公家傳》曰：「廣德二年正月，白孝德授邠寧節度使。七月，大軍西還，頗有俘掠，又以邠土經寇，未暇耕耘，乃謀頓軍奉天，取給畿内。時倉廩匱竭，吏人潛竄，軍士公行發掘，兼施捶訊，閭里怨苦，遠近彰聞。孝德知之，力不能制。公戲謂賓朋

〔二〕「晞」，原誤作「鋒」，今據《四庫》本、胡本、廣雅本、《通鑑》胡註及《舊唐書·吐蕃傳》改。

〔三〕「大」，原誤作「人」，今據兩浙本、孔本、《四庫》本、胡本、廣雅本、《通鑑》胡註及《舊唐書·吐蕃傳》改。

曰：『若使余爲軍候，不令至是。』行軍司馬王稷以其言啓於白孝德，即日以公爲都虞候，兼權知奉天縣事。浹旬而軍不犯禁，逾月而路不拾遺。永泰元年，孝德奉詔歸邠州，表公進封張掖郡王、北庭行軍、邠寧都虞候。」據《實録》，時晞官爲左常侍，宗元云「尚書」，誤也。又按《實録》，廣德二年十月〔二〕，吐蕃寇邠州，孝德、晞閉城拒守。《汾陽家傳》，其年九月，公使陳回光與孝德議邊事於邠州。則孝德不以永泰元年始歸邠州，陳翃誤也。《逸事狀》又云：「先是，太尉在涇州爲營田官。涇大將焦令諶取人田，自占數十頃，給與農曰：『且熟，歸我半。』是歲大旱，野無草。農以告。諶曰：『我知入數而已，不知旱也。』督責益急，且飢死無以償，即告太尉。太尉判狀辭甚巽，使人求諭諶〔三〕。諶盛怒，召農者曰：『我畏段某耶，何敢言我！』取判鋪背上，以大杖擊二十，垂死，輿來庭中。太尉大泣曰：『乃我困汝。』即自取水，洗去血，裂裳衣瘡，手注善藥，旦夕自哺農者，然後食。取騎馬賣，市穀代償，使勿知。淮西寓軍帥尹少榮，剛直士也，入見諶，大罵曰：『汝誠人耶！涇州野如赭，人且飢死，而必得穀，又用大杖擊無罪者。段公，仁信大人也，而汝不知敬。今段公唯一馬，賤賣市穀入汝，又取，不耻。凡爲人傲天災，犯大人，擊無罪

〔二〕「二」，原誤作「三」，今據兩浙本、孔本、《四庫》本、胡本、廣雅本、《通鑑》胡註改。

〔三〕「求」，《四庫》本、廣雅本、《通鑑》胡註作「來」。按：柳宗元《柳先生集·段太尉逸事狀》（上海商務印書館《四部叢刊》影印上海涵芬樓藏元刊本）原作「求」。

者，又取仁者穀，使主人出無馬，汝將何以視天地，尚不愧奴隸耶！』諶雖暴抗，然聞言則大愧，流汗，不能食，曰：『吾終不可以見段公。』一夕，自恨死。」按《段公別傳》，大曆八年焦令諶猶存。蓋宗元得於傳聞，其實令諶不死也。

資治通鑑考異卷第十七

端明殿學士兼翰林侍讀學士太中大夫提舉西京嵩山崇福宫上柱國河内郡開國公食邑二千六百户食實封壹阡户臣司馬光奉敕編集

唐紀九

永泰元年，九月，丁酉，懷恩死於鳴沙。

《舊·懷恩傳》曰：「懷恩領迴紇及朔方之衆繼進，行至鳴沙縣，遇疾，舁歸。九月九日，死於靈武。」按《長曆》，九月庚寅朔，丁酉，八日也。《唐曆》、《邠志》皆云：「九月八日，懷恩死於靈州。」今從《實録》。

魚朝恩欲奉上幸河中。

《新·魚朝恩傳》云：「僕固瑒攻絳州，使姚良據温，誘回紇陷河陽。朝恩遣李忠誠討瑒，以霍文瑒監之〔二〕；王景岑討良，王希遷監之。敗瑒於萬泉，生擒良。高暉等引吐蕃入寇，遣劉德信討斬之。故朝恩因麾下數克獲，竊以自高。是時郭子儀有定天下功，居人臣第一，心媢之，乘相州敗，醜爲詆譖。肅宗不內其語，然猶罷子儀兵，留京師。代宗立，與程元振一口加毁，帝未及寤，子儀憂甚。俄而吐蕃陷京師，卒用其力，王室再安。朝恩內慚，乃勸帝徙洛陽，欲遠戎狄。百僚在廷，朝恩從十餘人持兵出，曰：『虜犯都甸，欲幸洛，云何？』宰相未對。有近臣折曰：『敕使反耶！今屯兵足以捍寇，何遽脅天子棄宗廟爲！』朝恩色沮，而子儀亦謂不可，乃止。」李肇《國史補》曰：「代宗朝，百僚立班良久，閤門不開。魚朝恩忽擁白刃十餘人而出，宣言曰：『西蕃頻犯郊圻，欲幸河中，何如？』宰臣已下蒼黄不知所對。給事中劉，不記其名，出班抗聲曰『敕使反耶』云云。由此罷遷幸之議。」按：僕固瑒攻榆次，不聞攻絳州。高暉爲李日越所擒，不聞劉德信所斬。朝恩欲幸河中，不聞欲幸洛。既云頻犯郊圻，必是吐蕃後入寇時也。《新書》所云，不知據何書。今從《國史補》。

十月，辛酉，吐蕃、回紇至奉天。

《邠志》曰：「八月，懷恩以諸戎入寇。九月，詔郭公討之，師于涇陽。回紇屯涇北，去我十

〔二〕「瑒」，孔本、《四庫》本、胡本、廣雅本、《通鑑》胡註作「瑒」。《新唐書·魚朝恩傳》原作「場」。

里。朝恩請擊回紇，郭公曰：『我昔與回紇情契頗至，今兹爲寇，必將有故，吾方導而問之，可不戰而下也。』朝恩流言，謂郭公與懷恩爲應，陰率諸軍列營渭上。郭公章疏，逾旬不達。郭氏諸子在長安聞之〔二〕，使小將强羽以物議告郭公。郭公間道入覲〔三〕，且以衆議聞。上曰：『無是。』即日令赴涇陽。朝恩驚曰：『郭公真長者，吾比疑之，誠小人也。』」按：回紇九月末至涇陽，十月辛酉始至奉天，丙寅圍涇陽，丁卯子儀已與之盟，首尾纔七日，豈容有章疏逾旬不達之事！子儀爲元帥，與彊敵對壘，豈可棄軍入朝！《汾陽家傳》此際亦無入朝事。今不取。

丙子，郭子儀以回紇破吐蕃於涇州東。

《實録》曰：「十月，吐蕃退至邠州，與回紇相遇，復合從爲寇。辛酉，寇奉天。乙亥，回紇以懷恩死，貳於吐蕃。丁丑，郭子儀單騎詣回紇軍，免胄與回紇大將語，責以負約，遂與之盟。己卯，回紇首領石野那等六人來朝。庚辰，子儀遣白元光率精鋭會回紇兵數千人，大破吐蕃十餘萬衆于靈臺縣之西原。」《汾陽家傳》曰：「十月八日，吐蕃、回紇合圍涇陽，屯于北原。其夜，公使方面各除道二，詰朝將戰。明日，寇又至，兵甲益盛。公使衙前將李光瓚等出諭之，亦不受，

〔二〕「氏」，《通鑑》胡註作「公」。
〔三〕「間」，原誤作「聞」，今據孔本、《四庫》本、胡本、廣雅本、《通鑑》胡註改。

請決戰。公以虜騎勁，亦以衆寡不敵，孤軍無救，使闢軍門，躍一騎而出。兵部郎中馬錫、主客員外郎陳翃時以一騎從。回紇合胡禄都督藥葛羅宰相立于陣前，持滿相向，公前叱之云云。藥葛羅等惘然懷慚，伏而請罪，因與之盟。吐蕃聞之，夜半抽兵而逸[二]。回紇藥葛羅等遽追之，公使白元光等繼之。十五日，至靈臺，破尚結息一十萬衆。十八日，於涇州東又破之。」《舊·子儀傳》曰：「子儀自河中至，屯於涇陽，而虜騎已合。子儀一軍萬餘人，而雜虜圍之數重。子儀使李國臣、高昇拒其東，魏楚玉當其南，陳迴光當其西，朱元琮當其北，子儀率甲騎二千出没於左右前後。虜見而問曰：『此誰也？』報曰：『郭令公也。』回紇曰：『令公存乎？僕固懷恩言天可汗已棄四海，令公亦謝世，中國無主，故從其來。今令公存，天可汗存乎？』報之曰：『皇帝萬壽無疆。』回紇皆曰：『懷恩欺我！』子儀又使諭之云云。回紇曰：『謂令公亡矣，不然，何以至此！令公誠存，安得而見之？』子儀將出，諸將諫。子儀曰：『今力固不敵，且至誠感神[三]，況虜輩乎！』」《回紇傳》曰：「吐蕃將馬重英等十月初引退，取邠州舊路而歸。迴紇首領羅達干等率其衆二千餘騎詣涇陽請降，子儀許之，率衆被甲持滿數千人。回紇譯曰：『此來非惡心，要見

[二]「逸」，孔本、《四庫》本、胡本、廣雅本作「遁」。

[三]「感」，原誤作「咸」，今據兩浙本、孔本、《四庫》本、胡本、廣雅本、《通鑑》胡註及《舊唐書·郭子儀傳》改。

令公。』子儀曰：『我令公也。』回紇曰：『請去甲。』子儀便脱兜鍪槍甲，竦馬挺身而前。回紇酋長相顧曰：『是也！』便下馬羅拜。子儀亦下馬，執迴紇大將合胡禄都督藥葛羅等手〔二〕，責讓之曰：『國家知迴紇有功〔三〕，報汝大厚，汝何背約〔三〕，犯我王畿！我須與汝戰，何乃降爲！我一身挺入汝營，任心拘縶〔四〕，我下將士須與汝戰。』迴紇又譯曰：『懷恩負心，來報可汗云：「唐國天子今已向江、淮，令公亦不主兵。」我是以敢來。今知天可汗見在上都，令公爲將，懷恩天又殺之，今請追殺吐蕃，收其羊馬，以報國恩。』」《邠志》曰：「十月二十四日，迴紇逼涇陽，陣于郭西，使漢語者曰：『城中誰將？』軍吏對曰：『郭令公也。』虜曰：『郭令公亡矣，紿我也。』郭公聞之，獨與家僮五六人常服相詣。其子晞等扣馬止之，公撾其手曰：『去。』使人告虜，按轡就之。迴紇熟視曰：『是也！』下馬皆拜，曰：『始者不知令公尚在，今日降，可乎！』郭公入其衆，取酒飲之。虜又請曰：『恐不見信，願擊吐蕃以自效。』郭公從之。迴紇擊吐蕃，逐之，三十日，敗蕃衆於靈臺，殺萬餘人而去。」按《長曆》，十月己未朔，三日辛酉，十九日丁丑。如《實録》所

〔二〕「葛羅」，《舊唐書·迴紇傳》、《新唐書·回鶻傳》此二字原互乙。

〔三〕「知」下，兩浙本、孔本、《四庫》本、胡本、廣雅本有「汝」字。按：《舊唐書·迴紇傳》原有「汝」字。

〔三〕「背」，《通鑑》胡註作「負」。按：《舊唐書·迴紇傳》原作「背」。

〔四〕「心」，孔本、《四庫》本、胡本、廣雅本作「汝」。按：《舊唐書·迴紇傳》原作「汝」。

言，豈有迴紇、吐蕃數十萬衆入京畿，留十七日，而寂無攻戰之一事乎！當是時，陳翃在子儀軍中，所記月日近得其實。今二虜圍涇陽及子儀與迴紇盟及破吐蕃日[一]，皆從《汾陽家傳》，事則兼采衆書，擇其可信者取之。

閏月，李昌巎討崔旰。

《唐曆》作「李昌夔」。今從《實録》。

大曆元年，二月，邠卒引弓至二百四十斤。

《舊・傳》作「能引二十四弓」。今從《段公别傳》。

八月[二]，魚朝恩講《易》，譏王縉、元載。

是時縉留守東都，而得預此會者，按《實録》，明年二月，郭子儀入朝，許元載、王縉等宴於其第[三]。然則雖守東都，有時朝京師也。

[一]「及破」，原誤作「反破」，今據兩浙本、孔本、《四庫》本、胡本、廣雅本、《通鑑》胡註改；「日」上，《通鑑》胡註有「月」字。

[二]「八月」，《通鑑》正文此事在八月丁亥。按：《舊唐書・代宗紀》原在八月丁亥。

[三]「許」，胡本、廣雅本、《通鑑》胡註作「詔」。

二年，四月，杜鴻漸請入朝，以崔旰知西川留後。

《舊·鴻漸傳》云：「鴻漸仍率旰同入覲。」《寧傳》云：「鴻漸請旰爲行軍司馬，仍賜名寧。鴻漸歸，遂授寧西川節度使。至十四年，始入朝。」《實録》亦無隨鴻漸入朝事，《鴻漸傳》誤也。

七月，高郢上書。

《郢集》，前書八月二十五日、後書九月十二日上。今因造寺終言之。

九月，甲子，郭子儀移鎮奉天。

《汾陽家傳》：「八月十七日，吐蕃至涇西。二十七日，詔統精卒一萬與馬璘合攻之。」今從《實録》。《實録》：「甲寅，寇靈州。乙卯，寇宜禄。」蓋據奏到日。今從《唐曆》。

十月，戊寅，路嗣恭破吐蕃。

《唐曆》：「九月，吐蕃圍靈武。戊申，嗣恭破吐蕃。」按《長曆》，戊申，九月一日也。今從《實録》。

三年，四月，上欲以李泌爲相，固辭。

《鄴侯家傳》曰：「固辭，以讓元載。」按：載時已爲相，何讓之有！又曰：「到山四歲而二聖登遐。代宗踐阼，命中人手詔馹騎徵先公於衡嶽。先是，半年前，先公夜遇盜三人，爲其所拉，而投之於懸澗，及日出乃寤，下藉樹葉丈餘〔二〕，都無所傷，緣巖攀蘿而出，不敢至舊居，山中人初以爲仙去。及中貴將至，先公大懼，沐浴更衣以俟命，乃代宗踐阼之徵也。」疑盜爲張后及輔國所遣，亦竟不知其由。」按：玄、肅登遐，泌雖在山林，豈容全不知！如《家傳》所言，是代宗纔立，即召泌也。須經幸陝〔三〕，泌豈得全無一言！召泌必在幸陝之後，李繁誤記耳。

上爲泌娶盧氏女。

《鄴侯家傳》云：「永泰元年端午，上令泌食肉結婚。」按下云：「阿足師竊氈履，置紫宸。上欲使内人護燈燭。泌曰：『臣六七年在此。』」又曰「況新賜婚」。上即位至永泰，纔四年耳。又云：「因此得謗，元載遂因魚朝恩事排出之。」然則結婚與朝恩誅不相遠。今盡因追贈承天言之。

承天皇帝葬順陵〔三〕。

《鄴侯家傳》曰：「命使自彭原迎喪，葬齊陵。」今從《實録》，葬順陵。

〔二〕「葉丈餘」，孔本、《四庫》本、胡本、廣雅本作「枝肢體」。

〔三〕「須」，《通鑑》胡註作「頃」。

〔三〕《通鑑》正文此事在四月庚申。按：《舊唐書》、《新唐書》《代宗紀》皆在五月。據《資治通鑑目録》所録《長曆》、《二十史朔閏表》，是年四月甲戌朔，無庚申；五月甲辰朔，十七日庚申。

崔旰賜名寧。

《舊·傳》，旰初爲杜鴻漸行軍司馬，即改名寧。今從《實録》。

六月[一]，崔寧妾任氏破楊子琳。

《實録》：「五月，子琳襲據成都，即日詔寧還成都。」七月壬申又云[二]：「子琳寇成都，遂據其城，寧弟寬破之。」蓋五月奏據城，七月奏破之，成功雖因任氏，奏時須著寬名故也。

九月，白元光破吐蕃[三]，京師解嚴[四]。

《實録》：「戊戌，郭子儀奏靈州破吐蕃六萬餘衆，百僚入賀，京師解嚴。」蓋即壬辰白元光所破也。子儀合前後所破而奏之耳。

〔一〕「六月」，《通鑑》正文此事在七月。按：《舊唐書》、《新唐書》《代宗紀》原在七月壬申。

〔二〕「申」，原誤作「田」，今據兩浙本、孔本、《四庫》本、胡本、廣雅本、《通鑑》胡註改。

〔三〕《通鑑》正文此事在九月壬午、壬辰。按：《舊唐書·代宗紀》在九月壬辰，《新唐書·代宗紀》在九月壬午、壬辰。

〔四〕《通鑑》正文此事在九月戊戌。按：《舊唐書》、《新唐書》《代宗紀》原在九月戊戌。

十月[一]，命賀若察按李岵。

《實録》：「十月乙巳，潁州刺史李岵煞本道節度判官姚奭及奭之弟[二]，岵棄州奔汴州。本道節度使令狐彰以聞，岵亦抗表上聞。初，岵以公務爲彰所怒，因遣奭巡按境内，便留知潁州事。岵聞之[三]，遂與親吏潛謀，詐爲奭書，將爲變，使將士遺於路中。潁州守將得之，懼，乃與岵同謀煞奭。詔給事中賀若察使于潁按覆。」《唐曆》曰：「十月，潁州將士怒，殺亳州判官魏奭[四]。初，令狐彰怒潁州刺史李岵，遣奭代之，且告之曰：『若岵不受替，即殺之。』岵覺之，以告將吏，怒而殺奭并弟。」《統紀》作「滑亳州判官姚奭」，又曰：「彰表先至，遣給事中賀若察往滑州宣詔，決李岵配流夷州，尋賜自盡。」今姓名從《實録》、《統紀》，事則參取諸書。

[一]「十月」，《通鑑》正文此事在十月乙巳。

[二]「煞」，《四庫》本、《通鑑》胡註兩處皆作「殺」。「本」，原誤作「木」，今據兩浙本、孔本、《四庫》本、胡本、廣雅本、《通鑑》胡註改。

[三]「聞」，原誤作「間」，今據兩浙本、孔本、《四庫》本、胡本、廣雅本、《通鑑》胡註改。

[四]「亳」，原誤作「毫」，今據《四庫》本、《通鑑》胡註改。

十二月[一]**，徙馬璘於涇原，以邠、寧、慶隸朔方。**

《實録》：「己酉，以吐蕃歲犯西疆，增修鎮守，乃以邠寧節度馬璘鎮涇州，仍爲涇原節度使，以邠、寧、慶等州隸朔方。」《汾陽家傳》：「四年五月，詔集兵於邠郊。六月，公自河中遣一萬兵。二十八日，公如邠州。」《舊·子儀傳》：「時以西蕃侵寇，京師不安，馬璘雖在邠州，力不能拒，乃以子儀兼邠、寧、慶節度，自河中移鎮邠州，徙馬璘涇原節度使。」《邠志》：「初，吐蕃既退，諸侯入覲。是時馬鎮西以四鎮兼邠寧，李公軍澤潞，以防秋軍盩厔。丞相元公載使人諷諸將，使責己曰：『今四郊多壘，中外未寧，公執國柄有年矣，安危大計，一無所聞，如之何？』載曰：『非所及也。』他日又言，且曰：『得非曠職乎？』載莞然曰：『安危繫於大臣，非獨宰臣也。先王作兵，置之四境，所以禦戎狄也。今内地無虞，朔方軍在河中，澤潞軍在盩厔[二]，遊軍伺寇，不遠京室，王畿之内，豈假是邪！必令損益，須自此始。故曰非所及也。』郭、李曰：『宰臣但圖之。』載曰：『今若徙四鎮于涇，朔方于邠，澤潞于岐[三]，則内地無虞，三邊有備，三賢之意何如？』三公曰：『惟所指揮。』既而相謂曰：『我曹既爲所册，得無行乎？』十二月，詔馬公兼領涇原，尋以鄭潁資

[一]「十二月」，《通鑑》正文此事在十二月己酉。按：《舊唐書·代宗紀》原在十二月己酉。
[二]「盩」，原誤作「盩」，今據兩浙本、孔本、《四庫》本、胡本、廣雅本、《通鑑》胡註改。
[三]「潞」，原誤作「路」，今據兩浙本、孔本、《四庫》本、胡本、廣雅本、《通鑑》胡註改。

之；李公兼領山南，猶以澤潞資之；郭公兼領邠寧，亦以河中資之。三將皆如詔，朔方軍自此大徙于邠。郭公雖連統數道，軍之精甲，悉聚邠府，其它子弟，分居蒲、靈，各置守將，以專其令。蒲之餘卒，稍遷于邠，十年之間，無遺甲矣。」《段公别傳》曰：「馬公朝于京師，以公掌留事。馬公懇奏，請以邠、寧、慶三州讓副元帥子儀，令以朔方、河中之軍鎮之，自率四鎮、北庭之衆，遷赴涇州，將以拓西境。代宗壯而許之。十二月二日，朝廷以馬公爲涇原節度使。」蓋三年立此議，至四年子儀始遷邠。今參取諸書。

平盧行軍司馬許杲。

《舊·傳》作「許果」〔一〕。今從韓愈《順宗實録》。

五年，二月，元載謀誅魚朝恩。

《邠志》曰：「五年春，詔以寒食召郭公，豐年令節，思與大臣爲樂。時欲誅朝恩，因喻郭公：『朔方一軍，有社稷勞，宜以功卒數千人入朝，朕因宴賞，得以相識。』一月，郭公以組甲三千人入覲。魚朝恩請公遊章敬寺，公許之。丞相元公意其相得，使諷邠吏，請公無往。邠吏自中書馳告郭公曰：『軍容將不利於公。』亦告諸將。須臾，朝恩使至，郭公將行，士之衷甲請從者三

〔一〕「果」，《舊唐書·張萬福傳》原作「杲」。

百人，願備非常。郭公怒曰：『我大臣也，彼非有密旨，安敢害我！若天子之命，爾曹胡爲！』獨與僮僕十數人赴之。朝恩候之，驚曰：『何車騎之省也！』公以所聞對〔一〕，且曰：『恐勞思慮耳！』軍容撫胸捧手，嗚咽雪涕曰：『非公長者，得無疑乎！』」按《汾陽家傳》，子儀五月入朝，七月至邠州。或是四年正月入朝時事，於時未有誅朝恩之謀。今不取。《家傳》又曰：「三月，公上言魚朝恩潛結周智光爲外應，久掌禁兵，若不早圖，禍將作矣。」亦不取〔二〕。

周皓擒朝恩，縊殺之〔三〕。

《實録》：「是日，初詔罷朝恩觀軍容等使，更加實封，留于禁中。朝恩既奉詔，知負恩，乃自縊。」又曰：「載遣腹心京兆尹崔昭等候朝恩出處。會寒食〔四〕，宴近臣，朝恩入謁，有詔留之，朝恩乃懼，言頗悖戾。上以舊勳矜貸，不加嚴刑，朝恩遂自縊。」《新·傳》曰：「載用左常侍崔昭尹京兆，厚以財結其黨皇甫温、周皓。」按《實録》，去年十月乙卯，孟皥爲京兆尹；今年三月辛卯，

〔一〕「聞」，原誤作「閒」，今據孔本、《四庫》本、胡本、廣雅本、《通鑑》胡註改。

〔二〕「亦」，孔本、《四庫》本、胡本、廣雅本作「今」。

〔三〕《通鑑》正文此事在三月癸酉。按：《舊唐書·代宗紀》在二月己巳，《新唐書·代宗紀》在三月癸酉。據《二十史朔閏表》，大曆五年二月甲午朔，無己巳；三月甲子朔，十日癸酉。

〔四〕「食」，原脱，今據孔本、《四庫》本、胡本、廣雅本、《通鑑》胡註及《舊唐書》、《新唐書》《魚朝恩傳》補。

爲左常侍，未嘗言崔昭爲京兆也。奉詔自縊，殆非其實。《新·傳》云：「周皓與左右擒縊之。」今從之。

八年，五月，乙酉，徐浩、薛邕貶。

《實録》云：「侯莫陳怤爲美原尉。」《舊·李栖筠傳》云[一]：「華原尉侯莫陳怤，以主郵傳優，改長安尉。」又曰：「栖筠劾奏浩等，上依違未決。屬月蝕，上問其故，對曰：『臣聞日蝕修德，月蝕修刑，今誣上行私之罪未理，此天所以儆戒於明聖。』由是感寤，坐怤者皆貶謫。自此朝綱益振，百度肅然。」按：己丑月乃食，於時未也。今不取。

八月[二]，吐蕃寇靈武。

《汾陽家傳》：「八月，吐蕃五千騎至靈州南七級渠，公遣温儒雅、後政等連兵救之[三]。九月，大破之。」今從《實録》。

〔一〕「舊李栖筠傳」，按：《舊唐書》無李栖筠傳，《新唐書·李栖筠傳》載有此事而行文有異。

〔二〕「八月」，《通鑑》正文此事在八月己未。按：《舊唐書》、《新唐書》《代宗紀》原在八月己未。

〔三〕「後」，《通鑑》胡註作「從」。

十月，庚申，渾瑊與吐蕃戰于宜禄。

《實禄》作「甲子」，蓋奏到之日也。《邠志》云「十八日」，與《唐曆》合〔二〕，今從之。

甲子，馬璘爲吐蕃所敗。

《邠志》曰：「十月，西戎寇邠，涇原節度馬公襲之〔三〕，郭公使其將渾瑊率步騎五千爲之掎角。十八日，師登黄萯原，望見吐蕃，瑊急引其衆前據束險〔三〕，仍設拒馬槍以遏馳突之勢。史抗、温儒雅等宿將五六人任氣自負，輕侮都將〔四〕，置酒高飲；瑊使召之，至，則皆醉矣。見拒馬槍，曰：『野地見賊須擊，設此何爲！』命去之。戎衆既陣，抗等叱馬軍使馳賊，及回，自衝其軍，吐蕃躡背而入，我師大敗，卒之不死者十二三。」《汾陽家傳》：「十月，吐蕃四節度歷涇川〔五〕，過閤川南，於渭河合軍。公遣渾瑊等前後相接以待之。二十四日〔六〕，大戰于長武城，我師敗績。瑊等突出，乃免。」《唐曆》：「十八日，吐蕃寇邠州，瑊與戰于宜禄，官軍大敗。二十二日，馬璘出

〔二〕「合」，原誤作「命」，今據兩浙本、孔本、《四庫》本、胡本、廣雅本、《通鑑》胡註改。

〔三〕「度」下，《通鑑》胡註有「使」字。

〔三〕「束」，胡本、廣雅本、《通鑑》胡註作「乘」。

〔四〕「侮」，原誤作「海」，今據兩浙本、孔本、《四庫》本、胡本、廣雅本、《通鑑》胡註改。

〔五〕「歷」，原誤作「曆」，今據兩浙本、孔本、《四庫》本、胡本、廣雅本、《通鑑》胡註改。

〔六〕「二」，原誤作「三」，今據兩浙本、孔本、《四庫》本、胡本、廣雅本、《通鑑》胡註改。

兵擊之，又敗。二十七日己巳，璘遣兵斫吐蕃營〔一〕，破之。二十八日庚午，詔追諸道兵屯西郊。十一月一日，吐蕃退。」《段公別傳》曰：「八年冬十月二十三日，犬戎入寇，大戰于鹽倉，我軍與朔方兵馬使渾瑊之衆併力齊攻，防秋諸軍望賊而退〔二〕，於是我師不利。」今日從《邠志》、《唐曆》、《段公家傳》，事從《實録》、《舊・傳》，兼采諸書。

九年，二月，庚辰，汴宋兵潰。

《唐曆》作「十日己酉」。按《長曆》，是月庚午朔，十日，乃己卯也。今從《實録》。

四月，甲申，郭子儀辭還邠州。

《唐曆》作「癸未」。今從《實録》。

十年，三月〔三〕，陝州軍亂，逐趙令珍。

《唐曆》：「三月二十八日辛卯，陝州軍亂。」《實録》、《唐統紀》云「甲午朔」，今從之。

八月，辛巳，郭子儀還邠州。

《汾陽家傳》作「丁丑」。今從《實録》。

〔一〕「兵」，《通鑑》胡註作「軍」。

〔二〕「退」，孔本、《四庫》本、胡本、廣雅本作「潰」。

〔三〕「三月」，《通鑑》正文此事在三月甲午。按：《舊唐書》、《新唐書》《代宗紀》原在三月甲午。

九月，馬璘破吐蕃於百里城。

《汾陽家傳》：「九月，吐蕃略潘原西而還。八日，至小石門白草川。十八日，下朝那川。二十三日，至里城營、支磨原，入華亭。十月，公遣渾瑊、李懷光等與幽州、義寧、汴宋軍會于故平涼縣。三日詰朝，大破之。」今從《實録》。

十月，盧子期攻磁州。

《舊·李寶臣傳》作「攻邢州」〔二〕。今從《實録》。

田承嗣謂李正己曰：「承嗣今年八十有六。」

按：承嗣卒時年七十五。此云八十六者，蓋欺正己。

王武俊説李寶臣玩養田承嗣。

《舊·王武俊傳》曰：「代宗嘉其功，使中貴人馬承倩賚詔宣勞。承倩將歸，止傳舍，寶臣親遺百縑。承倩詬罵，擲出道中。王武俊勸玩養承嗣以爲己資。寶臣曰：『今與承嗣有釁矣，可推腹心哉！』武俊曰：『勢同患均，轉寇讎爲父子，欬唾間耳。若傳虛言，無益也。今中貴人劉

〔二〕「攻」，原誤作「文」，今據兩浙本、孔本、《四庫》本、胡本、廣雅本、《通鑑》胡註及《舊唐書·李寶臣傳》改。

清譚在驛，斬首送承嗣，承嗣立質妻孥矣。』寶臣曰：『吾不能如此〔一〕。』武俊曰：『朱滔爲國屯兵滄州，請擒送承嗣以取信。』許之。」按：承嗣方求解於寶臣，何必擒滔以取信！且承倩尚在傳舍〔二〕，武俊何不勸斬承倩而斬清譚乎！寶臣自以承嗣誘之共取幽州，故襲朱滔，非因承倩之辱也。今從《唐紀》。

十一月，路嗣恭擢敬冕爲將。

《鄴侯家傳》作「敬倪」。今從《舊·傳》。

嗣恭克廣州，斬哥舒晃〔三〕。

《舊·嗣恭傳》曰：「嗣恭平廣州，商舶之徒，多因晃事誅之。嗣恭前後没其家財寶數百萬貫，盡入私室，不以貢獻。代宗心甚銜之，故嗣恭雖有平方面功，止轉檢校兵部尚書，無所酬勞。」《建中實録》曰：「自兵興已來，諸軍殺將帥而要君者多矣，皆因授其任以苟安之。其王師征討，不失有罪，始斯役也。既而有謗其收南海府庫，閱上不實，不得用久之。」按：代宗以嗣恭附元載，遺載琉璃盤，惡之，故不用耳，事見《鄴侯家傳》。或當時亦有人迎合，以匿貨謗嗣恭，不

〔一〕「吾」，兩浙本、孔本、《四庫》本、胡本作「言」。按：《舊唐書·王武俊傳》原作「恐」。

〔二〕「倩」，原誤作「清」，今據兩浙本、孔本、《四庫》本、胡本、廣雅本、《通鑑》胡註改。

〔三〕《通鑑》正文此事在十一月丁未。按：《舊唐書》、《新唐書》《代宗紀》原在十一月丁未。

可知也。今不取。李肇《國史補》云：「路嗣恭初平五嶺，元載奏言：『嗣恭多取南人金寶，是欲爲亂。陛下不信，試召，必不入朝。』三伏中，追詔至，嗣恭不慮，請待秋凉，以修覲禮。江西判官柳渾入，雨泣曰：『公有功，方暑而追，是爲執政所中。今少遷延，必族滅也。』嗣恭懼曰：『爲之奈何？』渾曰：『健步追還表緘，公今日過江，宿石頭驛，乃可。』從之。代宗謂元載曰：『嗣恭不俟駕行矣。』載無以對。」按：嗣恭素附元載，載誅，賴李泌營救得免，事見《鄴侯家傳》。載豈有譖嗣恭，云欲爲亂之理！蓋載已被誅而召嗣恭，適在三伏，渾有此疑[二]，時人因以爲渾美事耳。今不取[三]。

十二月，回紇寇夏州。

此事出《汾陽家傳》，《實録》、《新》、《舊》《紀》皆無之。按《實録》，明年二月，加朔方戍兵以備回紇，則是回紇嘗入寇也。

〔二〕「此」，原誤重文，今據兩浙本、孔本、《四庫》本、胡本、廣雅本、《通鑑》胡註删。

〔三〕《通鑑》胡註曰：「余按：去年命路嗣恭爲嶺南節度使，討哥舒晃。嗣恭既誅晃而平廣州，則當在廣州。柳渾若以江西判官從嗣恭，亦當在廣州。今諫嗣恭請奉詔就道，乃言過江宿石頭驛。石頭驛，在豫章江之西岸。嗣恭自江西觀察赴召，可言宿石頭驛；自嶺南節度赴召，安得宿石頭驛哉！亦可以明李肇之誤。」

十一年，八月〔一〕，加朱泚同平章事。

《實録》：「閏八月己亥，遣朱泚如奉天行營。」按：去年已云泚出鎮奉天行營，至此又云，明年九月又云。蓋泚每年往奉天防秋，至春還京師，但《實録》不載其入朝耳〔二〕。

汴宋兵馬使李僧惠。

《汾陽家傳》作「李思惠」。今從《舊·傳》。

十二月，丙申，馬璘薨。

《實録》：「庚寅，璘薨。」《段公別傳》曰：「十二月十三日景申，馬公薨。十二年正月八日，奉制除涇州刺史，知節度事。」《實録》又云：「丁酉，以段秀實知河東留後。」按：時馬璘新薨，秀實涇原留後，備禦吐蕃，豈可輟之使攝河東！蓋奏報未至，有斯命〔三〕，尋聞璘薨，遂除涇原耳。

〔一〕「八月」，《通鑑》正文此事在八月丙寅。按：《舊唐書·代宗紀》原在八月丙寅。

〔二〕「但」，原誤作「伹」，今據兩浙本、孔本、《四庫》本、胡本、廣雅本、《通鑑》胡註改。按：原本「但」或以形近誤作「伹」，以下徑改，不再出校。

〔三〕「有」上，兩浙本、孔本、《四庫》本、胡本、廣雅本有「故」字。

十二年，九月〔二〕，段秀實爲涇原節度使。

《段公別傳》曰：「自授鉞三五年間，西鄰無烽燧之警。」又曰：「戎帥論乞力陀慕公清德，不敢侵陵我疆。」《舊·傳》亦曰：「三四年間，吐蕃不敢犯塞。」按：是月，吐蕃寇原州。十二月，朱泚拒吐蕃，自涇州還。明年九月，吐蕃逼涇州。云三四年間不敢犯塞，蓋史家溢美之辭耳。

十月，劉洽爲宋州刺史。

《舊·劉玄佐傳》云：「李靈曜據汴州，洽將兵乘其無備，徑入宋州。」按：劉昌以宋州牙門將説李僧惠歸順，則是僧惠先已爲靈曜守宋州，朝廷因授宋州刺史耳。若僧惠未降，則洽不能得宋州；已降，則不敢取宋州。蓋僧惠已爲李忠臣所殺，洽因引兵據宋州耳。《舊·傳》欲以爲洽功，故云然，其實非也。

十二月，李納爲青州刺史〔三〕。

《實録》，此年二月丙戌，以納爲青州刺史，充淄青留後。至此又云爲青州刺史。《舊·正己

〔二〕「九月」，《通鑑》正文此事在九月辛酉。按：《舊唐書·代宗紀》原在九月辛酉。

〔三〕按：點校本《通鑑》正文脱去「癸卯以李納爲青州刺史」事。

傳》云：「正己自青州徙居鄆州，使子納及腹心之將分理其地。」《納傳》云：「正己擊田承嗣，署奏留後〔一〕，尋遷青州刺史。」今從之。

十四年，五月，崔祐甫作相未二百日，除官八百人。

《舊・紀》云〔二〕：「祐甫作相未逾年，凡除吏幾八百員〔三〕，多稱允當。」今從《建中實録》。

八月〔四〕，楊炎爲門下侍郎、同平章事。

崔祐甫與炎皆自門下遷中書，是時中書在上也。憲宗以後，門下在上，中書在下，不知何時升改。

十月〔五〕，吐蕃入寇，一出茂州，一出扶、文，一出黎、雅。

《建中實録》、裴垍《德宗實録》，此月吐蕃三道入寇，皆在梁、益之境。而來年四月乃云：「去冬，吐蕃三道來侵，一自靈武，一自山南，一自蜀。」又云：「贊普謂韋倫曰：『今靈武之師，聞

〔一〕「署奏」，《舊唐書・李納傳》此二字原互乙。

〔二〕「舊紀云」，按：《舊唐書》《德宗紀》不載此語，見於《崔祐甫傳》，「紀」當作「傳」。

〔三〕「八」，原誤重文，今據兩浙本、孔本、《四庫》本、胡本、廣雅本、《通鑑》胡註及《舊唐書・崔祐甫傳》删。

〔四〕「八月」，《通鑑》正文此事在八月甲辰。按：《舊唐書》、《新唐書》《德宗紀》原在八月甲辰。

〔五〕「十月」，《通鑑》正文此事在十月丁酉朔。按：《舊唐書》、《新唐書》《德宗紀》原在十月丁酉。

命輟矣，而山南已入扶、文，蜀師已趣灌口，追且不及。』」與此自相違。今不取。

輜輬車稍指丁未。

按：車指丁未之間，則行出道外矣。蓋出門欲斜就道西，不當道中間行耳。

張光晟知單于、振武等城〔一〕。

《舊・傳》云王雄爲振武〔二〕。今從《實録》。

楊炎欲奪崔寧權，置三留後。

《舊・傳》：「初，寧代喬琳爲御史大夫、平章事。寧以爲選擇御史當出大夫，不謀及宰相，乃奏請以李衡、于結等數人爲御史。楊炎大怒，其狀遂寢。炎又數譏毀劉晏，寧又救解之，因此大怒。其年十月，南蠻大下〔三〕，上遣寧還鎮。炎懼怨己，入蜀難制，奏止之〔四〕。」按：寧爲御史大夫，在吐蕃、南蠻寇蜀後。《舊・傳》恐誤。

〔一〕《通鑑》正文此事在十一月癸巳。按：《舊唐書・德宗紀》原在十一月癸巳。

〔二〕「雄」，《舊唐書・崔寧傳》原作「翃」。

〔三〕「下」，原誤作「王」，胡本、廣雅本、《通鑑》胡註作「至」，今據孔本、《四庫》本及《舊唐書・崔寧傳》改。

〔四〕「止」，原誤作「上」，今據孔本、《四庫》本、胡本、廣雅本、《通鑑》胡註及《舊唐書・崔寧傳》改。

十二月，詔財賦歸左藏，歲擇三、五千匹進入大盈。

《德宗實録》作「三、五十萬匹」。今從《建中實録》。

德宗建中元年，正月〔一〕**，罷劉晏轉運等使。**

《建中實録》曰：「初，大曆中，上居東宫。貞懿皇后方爲妃，有寵，生韓王回〔二〕。帝又鍾愛，故閹官劉清潭、京兆尹黎幹與左右嬖幸欲立貞懿爲皇后，且言韓王所居獲黄蛇，以爲符，動摇儲宫。而晏附其謀，冀立殊效，圖爲宰輔。時宰臣元載獨保護上，以爲最長而賢，且嘗有功，義不當移。王縉亦謂人曰：『晏，黠者也。今所圖無乃過黠乎！』後其議漸定，貞懿卒不立。上憾之。至是，以晏大臣而附邪爲奸，不去將爲亂，託陳奏不實，謫爲忠州刺史。」沈既濟，楊炎所薦，蓋附炎爲説。今從《舊·傳》。

二月〔三〕**，遣黜陟使十一人，洪經綸等使河北。**

《建中實録》，黜陟使十一人而無名。《德宗實録》有十人名，而無河北道及經綸名。蓋脱

〔一〕「正月」，《通鑑》正文此事在正月甲子。按：《舊唐書·德宗紀》原在正月甲午。據《通鑑》正文，是年正月丁卯朔，無甲子，二十八日甲午。

〔二〕「回」，《通鑑》胡註作「迥」。按：《舊唐書·代宗諸子傳》、《新唐書·十一宗諸子傳》原作「迥」。

〔三〕「二月」，《通鑑》正文此事在二月丙申朔。按：《舊唐書·德宗紀》原在二月丙申。

誤也。

四月〔一〕，吐蕃發使隨韋倫入貢，上命歸其俘。

《建中實録》曰：「及境，境上守障者焚樓櫓、棄城壁而去。初，吐蕃既得河、湟之地，土宇日廣，守兵勞弊，以國家始因用胡爲邊將而致禍，故得河、隴之士約五十萬人，以爲非族類也，無賢愚莫敢任者，悉以爲婢僕，故其人苦之。及見倫歸國，皆毛裘蓬首，窺覷牆隙，或搥心隕泣，或東向拜舞，及密通章疏，言蕃之虚實，望王師之若歲焉〔二〕。君子曰：惜乎，人心之可乘也。若逾代之後，斯人既没，後生安於所習，難乎哉！」此恐沈既濟之溢美，且欲附楊炎復河、隴之説耳。今不取。

五月〔三〕，劉海賓殺劉文喜。

《邠志》曰：「詔李懷光、朱泚并軍誅之。師圍涇城，數月不拔。文喜使其子求救于吐蕃。蕃衆將至，二將議退軍以避之。都遊弈使韓遊瓌爭之曰：『西戎若來，涇衆必變，義不爲文喜没身於戎虜。』秋七月，西蕃遊騎登高，麾涇人。涇人果曰：『始吾爲文喜求節度耳，王師致討，困則歸之，安能赤土塗面爲異方之人乎！』劉海賓因之殺文喜，以衆降泚。泚無所戮，涇人德之，

〔一〕「四月」，《通鑑》正文此事在四月癸卯。

〔二〕「之」下，《通鑑》胡註有「至」字。

〔三〕「五月」，《通鑑》正文此事在五月庚寅。

萌泚之亂，亦自此始。」按：是時吐蕃通好，無入援文喜事。又《實録》此月涇州平，而《邠志》云七月西蕃至，皆相違。今從《建中實録》。

六月〔一〕**，桑道茂請城奉天。**

《舊·傳》云：「道茂待詔翰林，建中初，神策修奉天城，道茂請高其垣墻，大爲制度，德宗不之省。及朱泚之亂，帝蒼猝出幸，至奉天，方思道茂之言。時道茂已卒，命祭之。」今從《實録》及崔庭光《幸奉天録》〔二〕。

九姓胡説回紇乘喪入寇。

既云「乘喪入寇」，當在去年。今因遣源休册命〔三〕，追敘之耳。

源休使回紇〔四〕。

《舊·傳》曰：「休妻，即吏部侍郎王翊女也。因小忿而離，妻族上訢，下御史臺驗理。休遲

〔一〕「六月」，《通鑑》正文此事在六月辛丑。按：《舊唐書·德宗紀》原在六月辛丑。

〔二〕「庭光」，《新唐書·藝文志》、王堯臣等《崇文總目》（臺灣商務印書館影印清文淵閣《四庫全書》收録《永樂大典》輯佚本，下同）此二字原互乙；「奉天録」，原脱三字，今據兩浙本、孔本、《四庫》本、胡本、廣雅本、《通鑑》胡註補。

〔三〕「遣」，《通鑑》胡註誤脱此字。

〔四〕《通鑑》正文此事在六月乙卯。按：《舊唐書·德宗紀》原在六月乙卯。

留不答款狀，除名，配流溱州。久之，移岳州。建中初，楊炎執政，以京兆尹嚴郢威名稍著，心欲傾之。郢，即王翊甥壻也。休與王氏離絶之時，炎風聞休、郢有隙，遂擢休自流人爲京兆少尹，俾令伺郢過失。休既在職久，與郢親善。炎怒之，奏令以本官兼御史中丞，奉使回紇。」按：休奉使時，回紇方恭順，張光晟未殺突董〔二〕，炎安知回紇欲殺休而遣之！今不取。

八月，姚令言爲涇州留後。

《舊·傳》：「孟皥尋歸朝，遂拜令言爲四鎮、北庭行營、涇原節度使。」按《實録》，建中三年八月，以涇原節度留後姚令言爲節度使，此年必始爲留後也〔三〕。

九月，不按贓吏殆二十年。

《建中實録》云「三十年」，蓋字之誤也。

〔二〕「突董」，《通鑑》正文、胡註、《資治通鑑目録》此二字皆互乙。按：《舊唐書》《德宗紀》原作「突董統」，《張光晟傳》、《源休傳》、《新唐書·回鶻傳》原作「突董」。

〔三〕《通鑑》胡註曰：「按《姚令言傳》：『建中元年，孟皥爲涇原節度留後，自以文吏進身，不樂軍旅，頻表薦令言謹肅，堪任將帥。皥尋歸朝。」

資治通鑑考異卷第十八

端明殿學士兼翰林侍讀學士太中大夫提舉西京嵩山崇福宮上柱國河内郡開國公食邑二千六百户食實封壹阡户臣司馬光奉敕編集

唐紀十

建中二年，正月，戊辰，李寶臣薨。

《建中實録》云：「二月丁巳，寶臣卒。」疑奏到之日也。今從《德宗實録》。谷況《燕南記》曰：「忠志末年，唯納妖妄之人，兼陰陽、術數、諂媚苟且之輩，爭獻圖讖，稱有尊位，詐作朱草、靈芝，鑿石上作名字。又於後堂院結壇場，清齋菜食，置金杯、玉斝、銀盤，云甘靈神酒自至其内[一]。

[一]「靈」，孔本、《四庫》本、胡本、廣雅本、《通鑑》胡註作「露」。

又言天符下降。忠志自謂命符上天〔一〕，將吏罔有諫者。使行文牒，布告州縣云：『靈芝朱草，王者之瑞，輒生壇上，香滿院中，靈石呈祥，天符飛應，甘露如蜜〔二〕，神酒盈杯，匪我所求，不期自至。各牒管内郡縣，宜令知悉〔三〕，同爲喜慶也。』既而日爲妖妄者更相矯云：『不日當有天神下降，持金箱玉印而至，然後即大位，爲天所授也。四方皆自歸伏，不待征討，海内坐而定矣。』忠志大悦，多以金銀、羅錦、異物賞之。陰陽、妖妄者自知虛僞，恐事泄見誅，共言：『相公宜服甘露、靈芝草湯，即天神降速。』忠志一任妖者，遂於湯中密著毒藥，既飲畢，便失音，三日而卒。」《舊・傳》亦以爲然。按：方士妖妄，必爲一府所疾，所憑恃者寶臣一人耳。若酖殺寶臣，身在府中，逃無所之，安能免死乎！計方士雖愚，必不爲此。蓋時人見寶臣曾飲其湯，遇疾而死，以爲方士所酖，谷況承而書之耳。

五月，田悦將兵數萬圍臨洺。

《馬燧傳》：「悦自將兵三萬圍邢州，次臨洺。」《燕南記》：「悦自統馬步五千人應接〔四〕。」今

〔一〕「志」，原誤作「至」，今據孔本、《四庫》本、胡本、廣雅本、《通鑑》胡註及《舊唐書・李寶臣傳》改。
〔二〕「蜜」，原誤作「密」，今據兩浙本、孔本、《四庫》本、胡本、廣雅本、《通鑑》胡註改。
〔三〕「悉」，原誤作「委」，今據孔本、《四庫》本、胡本、廣雅本改。
〔四〕「接」，孔本、《四庫》本、胡本、廣雅本作「援」。

從《悦傳》。

六月〔一〕**，加李希烈漢南、北招討使。**

《德宗實録》：「五月己巳，加淮寧節度李希烈南平郡王、漢南、漢北通知諸道兵馬使、招撫處置使。」《希烈傳》曰：「山南東道節度使梁崇義拒捍朝命，迫脅使臣。二年六月，詔諸道節度率兵討之〔二〕，加希烈南平郡王，兼漢北都知諸道兵馬〔三〕、招撫處置使。」今從《建中實録》。

七月〔四〕**，楊炎罷相。**

《舊・傳》曰：「初，炎之南來，途經襄、漢，固勸梁崇義入朝，崇義不能從，已懷反側。尋又使其黨李舟奉使馳説，崇義因而拒命，遂圖叛逆，皆炎迫而成之。至是，德宗欲假希烈兵勢以討崇義，炎又固言不可；上不能平。會德宗嘗訪宰相羣臣中可以大任者，盧杞薦張鎰、嚴郢，而炎舉崔昭、趙惠伯。上以炎論議疏闊，遂罷炎相。」《建中實録》曰：「炎與盧杞同執大政，杞形神詭陋，夙爲人所褻，而炎氣岸高峻，罕防細故；方病，飲食無節，或爲糜餐，別食閤中，每登堂會食，

〔一〕「六月」，《通鑑》正文此事在六月癸巳。按：《舊唐書・德宗紀》在五月己巳，《新唐書・德宗紀》在六月癸巳。

〔二〕「道」，《舊唐書・李希烈傳》原作「軍」。

〔三〕「漢」下，《通鑑》胡註有「南」字。按：《舊唐書・李希烈傳》原無此字。「道」，《舊唐書・李希烈傳》原無此字。

〔四〕「七月」，《通鑑》正文此事在七月庚申。按：《舊唐書》、《新唐書》《德宗紀》原在七月庚申。

辭不能偶。讒者乘之，謂杞曰：『楊公鄙公，不欲同食。』杞銜之。舊制，中書舍人分署尚書六曹以平奏報，中廢其職。杞議復之以疏其煩，炎不可。杞曰：『杞不才，幸措足於斯，亦當有運用以答天造，寧常拳杞之手乎！』因密啓中書主書有過咎者[二]，有詔逐之。炎怒曰：『中書，吾局也，政之不修，吾自理之；設不理，當共議，何陰訴而越官邪！』因不相平。時淮西節度使李希烈寵任方盛，上欲以之平襄陽，炎以爲不可。上曰：『卿勿復言。』遂以希烈統之。時夏潦方壯，澶漫數百里，故希烈軍久不得發。會炎病，請急累日，杞啓免炎相以悦之。上以爲然，乃使中官朱如玉就第先喻旨，翌日，遷左僕射。謁謝之日，恩旨甚渥，杞大懼。」按：沈既濟爲炎所引，故《建中實録》言炎罷相，與《德宗實録》頗異。今取其可信者書之。然《舊·傳》云「梁崇義之反，炎迫而成之」，亦近誣也。

馬燧、李抱真合兵八萬，東下壺關。

《舊·田悦傳》曰：「七月三日，師自壺關東下，收賊盧家砦。」《燧傳》云：「十一月，師次邯鄲。」恐誤。今從《悦傳》、《燕南記》。

〔二〕「咎」，《通鑑》胡註作「局」。

燧等大破田悦。

《舊・李晟傳》曰〔二〕：「戰於臨洺，諸軍皆卻。晟引兵度洺水，乘冰而濟，横擊悦軍。王師復振，擊悦，大破之。」據此，則是臨洺戰在冬也，與《馬燧傳》「十一月師次邯鄲」相應。《實録》：「十二月庚寅，馬燧加左僕射。」又云：「先是，悦遣將康愔領兵圍邢州，楊朝光圍臨洺，燧與抱真及神策將李晟合勢救之，大敗賊於雙岡，斬楊朝光，擒其大將盧子昌。乘勝進軍，又破悦於臨洺，故燧等加官。」按《實録》，此戰無月日，但於馬燧加官時言之。今據《燧傳》，先敗悦於雙岡，斬楊朝光，居五日，乃進至臨洺。即《實録》此月癸未衆軍破悦於臨洺也。《實録》在此年冬，與此相違。《燕南記》亦云：「七月，燧與抱真兵八萬，自潞府東下壺關，先收邯鄲盧家砦，朝光戰死臨洺城；又大破悦。」悦退走在李正己死前，與《實録》此月相應。臨洺之戰，疑諸軍已集。燧等若未至，張伾必不能獨破悦軍。《新・本紀》：「十一月丁丑，馬燧及田悦戰于雙岡，敗之。」不知此日何出，亦與諸書相違。今止從七月。

十月，李洧言與海、沂刺史王涉、馬萬通素有約。

此據《舊・傳》也。《實録》，萬通以密州降，蓋自沂移密。

〔二〕「曰」，《通鑑》胡註無此字。

十一月，李納將石隱金。

《實録》前作「隱金」，後作「隱全」。今從其前。

三年，正月，馬燧等大破田悦於洹水。

《實録》：「閏月庚戌，馬燧等破田悦於洹水。」按《舊·馬燧傳》，洹水之戰，李惟岳救兵與田悦兵猶連營相拒。又《燕南記》：「惟岳見悦在圍，故謀歸順。」然則洹水戰必在惟岳死前，《實録》誤也。《燕南記》又曰：「燧與抱真雖頻破悦，聞李納助軍到，乃駐軍候勢，晝必取之計。去悦軍三十里下營，夜坐帳中，使心手人潛領悦兵及小將等五十餘人立帳外〔二〕。燧因矯與兵馬衙官已下高語曰：『昨日所以頻破田悦兵馬者，蓋偶然之事，本亦不料有此勝也。看悦兵雖敗，其將健皆能死戰，亦天下之强敵矣。今更得李納兵助，其勢不小。我雖頻利，利則有鈍。他日田悦更戰，大將必須審看便宜，如悦直進，不可當鋒耳。』悦帳外兵將往往共聞燧語。良久曰：『昨日陳上獲得田悦將健，所由領過！』既至，燧大罵曰：『田悦小賊，菽麥未分，敢肆猖狂，妄動兵馬。你有何所解，與我相敵！汝皆不自由，被驅入陳，又何過也！今矜汝放去。』敗兵等大歡

〔二〕「手」，《四庫》本作「腹」。

叫〔一〕，拜謝而去，具燧前後言見悦。悦召大將，喜而謂曰：『馬燧放言懼我，對人罵我，此可知矣。吾再戰必捷也。』又恃李納助軍新到，乃引兵出洹水又陳。燧先伏兵要處，佯不勝，引退。悦使兵盡出逐燧，燧引至伏兵處，伏兵齊發，横截悦軍兩段，與抱真縱兵擊之，大破悦軍三萬餘人。」今從《馬燧傳》。

李納軍於濮陽，奔還濮州。

時濮州治鄄城，别有濮陽縣〔二〕。

朱滔、張孝忠大破李惟岳於束鹿〔三〕。

《實録》及《舊·惟岳傳》止言惟岳一敗。按《滔傳》曰：「滔與孝忠征之，大破惟岳於束鹿。滔命偏師守束鹿，進圍深州。惟岳乃統萬餘衆，及田悦援兵圍束鹿。惟岳將王武俊以騎三千方陳横進〔四〕。滔繢帛爲狻猊象，使猛士百人蒙之，鼓譟奮馳，賊馬驚亂〔五〕，隨擊，大破之，惟岳焚營

〔一〕「敗」，《通鑑》胡註無此字。
〔二〕《通鑑》胡註曰：「按《九域志》，濮陽縣東至濮州九十里。」
〔三〕《通鑑》正文此事在正月丙寅。按：《舊唐書》、《新唐書》《德宗紀》原在正月丙寅。
〔四〕「惟」，原誤作「進」，今據孔本、《四庫》本、胡本、廣雅本、《通鑑》胡註及《舊唐書·朱滔傳》改。
〔五〕「馬」，《舊唐書·朱滔傳》原作「爲」。

而遁。」據此，則是惟岳再敗也。《燕南記》，孟祐先敗，惟岳又敗，與《滔傳》相應，今從之。

二月，田悦遣王侑等説滔，滔遣王郅説王武俊。

《舊・傳》「王郅」作「王郢」。今從《燕南記》。

四月〔一〕，以李士真、李長卿爲德、棣二州刺史。

《燕南記》云：「授士真德、棣兩州觀察團練使〔二〕。」今從《實録》。

田悦遣康愔將萬餘人與馬燧等戰，大敗而還。

《悦傳》曰：「五月，悦以救軍將至，盡率其衆出戰於御河之上，大敗而還。」《燧傳》曰：「悦恃燕、趙之援，又出兵二萬，背城而陳。燧復與諸軍擊破之。」今從《實録》。

借商、括僦質，所得二百萬緡。

《實録》：「借商，統計田宅、奴婢等估，纔餘八萬貫。」今從《舊・盧杞傳》。《杞傳》又曰：「杜佑計京師帑廩，不支數月，且得五百萬貫，可支半歲用則兵濟矣〔三〕。於是户部侍郎判度支趙

〔一〕「四月」，《通鑑》正文此事在四月戊午。《新唐書・德宗紀》原在四月戊午。

〔二〕「士」，原誤作「上」，今據孔本、《四庫》本、胡本、廣雅本、《通鑑》胡註改。

〔三〕「用則」，《舊唐書・盧杞傳》此二字原互乙。

贊與韋都賓等謀行括借，約罷兵後以公錢還。敕既下，京兆少尹韋貞督責頗峻〔一〕，長安尉薛萃荷校乘車，搜人財貨，計富户田宅奴婢等，估纔及八十八萬貫。又借僦匱質錢，共纔及二百萬貫。」今從《實録》。

召朱泚於鳳翔，示以蠟書。

《幸奉天録》曰：「上命還私第，但絶朝謁，日給酒肉而已。以内侍一人監之。」今從《實録》及《舊・傳》。

貶嚴郢費州刺史〔二〕。

《舊・盧杞傳》云「貶郢驩州刺史」。今從《實録》〔三〕。

朱滔、王武俊大敗官軍，堰永濟渠入王莽故河。七月，馬燧等退保魏縣。

《實録》：「六月辛巳，朱滔、王武俊兵至魏州。是日，李懷光之師亦至。七月庚子，馬燧等四節度兵退保魏縣。」又曰：「田悦等築堰，欲決御河水，灌王莽故河，以絶我糧道。燧令白懷

〔一〕「貞」，《舊唐書・盧杞傳》原作「禎」。「責」，原誤作「貢」，今據兩浙本、孔本、《四庫》本、胡本、廣雅本、《通鑑》胡註及《舊唐書・盧杞傳》改。

〔二〕《通鑑》正文此事在四月壬午。按：《舊唐書・德宗紀》原在四月壬午。

〔三〕「實録」，《通鑑》胡註作「新傳」。按：《唐德宗實録》已佚。《新唐書・嚴郢傳》作「出郢爲費州刺史」。

光，欲退軍，懷光不可。抱真、晟亦欲決死守之。賊築堰愈急，勢迫，會夜，乃俱引退。」《燕南記》曰：「六月，朱滔、武俊、懷光俱至。懷光即欲戰，馬燧、抱真不得已，從之。七月六日，懷光等擊滔，勝之，尋爲王武俊所敗。其夜，決河水，絕懷光等西歸之路。明日，水深三尺餘。馬燧與朱滔有外族之親，呼滔爲表姪，使人説滔曰：『老夫不度氣力，與李相公等昨日先陳。王大夫善戰，海内所知也。司徒五郎與商議，放老夫等卻歸太原，諸節度亦各還本道，當爲聞奏〔二〕，河北地任五郎收取。』滔見武俊戰勝，私心忌其勝己，乃謂武俊曰：『大夫二兄破懷光等，氣已沮喪。馬司徒既屈服如此，且放去，漸圖未晚。』武俊曰：『豈有四五節度，兵逾十萬，使打賊，始經一陳，被殺卻五萬人，將何面目歸見天子！今窮蹙，詐求退去，料不過到洺州界，必築壘相待，悔難及也。』滔心明知其事，竟絕水，放燧等。既離魏府城下，退行三十里，遂連魏縣河，列營相拒。滔雖慚謝，武俊終有恨意。又同進軍魏橋河東南，去懷光營五里。」移營在七月中旬也。《邠志》曰：「三年夏，詔懷光率邠甲五千，兼統諸軍東征。六月，師及魏郛，戰焉，陷燕人之衆，師入賊營，取其寶貨〔三〕。馬公燧曰：『我二年困此賊，彼旦至而夕破之，人其謂我何！』乃稍抽戰卒，以

〔二〕「聞奏」，《四庫》本此二字互乙。
〔三〕「取」，《通鑑》胡註作「收」。

孤其勢。田悦曰：『馬太原妒功也，朔方軍可襲矣。』乃使步卒七百人負刀而趨，乘我失度，擠之於河，死者數百人，皆精騎也。馬公遽命平射三百人爭橋，以出我軍，故步軍不敗，軍勢大衄。詔唐朝臣自河南引軍會之。」《舊・田悦傳》曰：「王武俊以二千騎横擊懷光陳，滔軍繼踵而進，禁軍大敗，人相蹈藉，投尸於河二十里〔二〕，河水爲之不流。馬燧收軍保壘。是夜，王武俊決河水入王莽故河，欲隔官軍。水已深三尺，糧餉路絶，王師計無從出，乃遣人告朱滔云云。時武俊戰勝，滔心忌之，即曰：『大夫二兄已敗官軍，馬司徒卑屈若此，不宜迫人於險也。』武俊曰：『燧等連兵十萬，皆是國之名臣，一戰而北，貽國之耻，不知此等何面目見天子邪！然吾不惜放還，但不行五十里，必反相拒。』」按《長曆》，六月壬子朔，七月壬午朔。然則辛巳，六月三十日；庚子，七月十九日也。滔與懷光至魏之日，滔營壘猶未立，懷光即與之戰，豈得至七月六日邪！戰於愜山之夜，武俊決水，明日，燧等即退保魏縣，豈得至十九日邪！《實録》、《燕南記》所載日，皆不可據也。然《實録》多據奏到之日，不知戰與移營的在何日，要之必在六七月之際，故但記七月退保魏縣耳。朱滔與王武俊同舉兵，志在破馬燧軍，豈有一戰纔勝，遽忌武俊，縱燧令去，自貽後患邪！直是滔無遠識，謂燧等不足畏，得其卑辭而縱去耳。又《舊・悦傳》云「決河水」。若決

〔二〕「二」，《舊唐書・田悦傳》原作「三」。

黄河，不須築堰；決水經日，不止三尺；既決之後，不可復壅。今從《實録》，決御河水，灌王莽河耳。

十月〔二〕**，吏部侍郎關播同平章事。**

《舊·播傳》曰：「播爲吏部侍郎，轉刑部尚書。十月，拜銀青光禄大夫、中書侍郎、同中書門下平章事。」今《實録》自吏部侍郎爲相，與《傳》不同。疑《傳》誤。明年罷相，乃改刑部尚書。

十一月，幽州判官李子千、恒冀判官鄭濡。

《舊·傳》作「李子牟、鄭儒」。今從《燕南記》。

己卯，朱滔等築壇稱王。

《實録》於十一月末云：「是月，朱滔僭稱大冀王。」《燕南記》云：「十月十一日，於下營處各築壇場，設儀注，告天，稽首稱名，同日僞立爲王。」《舊》《本紀》、《朱滔》、《王武俊傳》皆云十一月而無日，惟《田悦傳》云「十一月一日」〔三〕。今從之。

〔二〕「十月」，《通鑑》正文此事在十月丙辰。按：《舊唐書》、《新唐書》《德宗紀》原在十月丙辰。

〔三〕「惟」，原誤作「推」，今據孔本、《四庫》本、胡本、廣雅本、《通鑑》胡註改。

四年，正月〔二〕，顔真卿使李希烈。

《顔氏行狀》以爲：「公至許州，希烈前後詐爲公表，奏請汴州者數十，上知而寢之。」《舊·真卿傳》以爲：「希烈逼爲章表，令雪己，願罷兵馬，累遣真卿兄子峴與從吏凡數輩繼來京師。上皆不報。希烈大宴逆黨，倡優斥黷朝政，真卿拂衣起。後張伯儀敗績，令以首級誇示，真卿號慟。周曾謀奉真卿，遂送真卿於龍興寺。」按：滔等推尊希烈在去年〔三〕，真卿使許在今年正月，蓋滔等始勸希烈稱帝，希烈但稱都元帥、建興王，故今年滔等再遣樊播等勸進，稱爲都統也。真卿剛烈，守之以死，希烈豈能逼之，使爲章表雪己！《行狀》云「詐爲表奏」，是也。

五月，李晟爲朱滔所敗，還保定州。

《燕南記》曰：「晟與張昇雲等圍鄭景濟於清苑，自二月至四月。滔自統馬步萬五千人救清苑，四月二日，發館陶砦，五月内到。晟出戰不利，城中又出攻晟，晟敗去。滔乘勝逐晟等，大破之。晟奔易州，染病，不復更出。」《實録》曰：「庚子，李晟自清苑退保易州。」《舊·晟傳》曰：「自正月至于五月，會晟病甚，不知人者數焉。軍吏合謀，乃以馬輿還定州。」今從之。《實録》所

〔二〕「正月」，《通鑑》正文此事在正月甲午。按：《舊唐書·德宗紀》原在正月甲午。

〔三〕「烈」，原誤作「列」，今據孔本、《四庫》本、胡本、廣雅本、《通鑑》胡註改。

云庚子，蓋奏到之日也。

九月〔一〕**，劉德信、唐漢臣敗於滬澗。**

徐岱《奉天記》曰：「大將唐漢臣、劉德信、高秉哲自大梁合統兵一萬，屯于汝州。三師各領本軍，城小卒衆，教令不一。軍進至薛店，更無佗路，又不設支軍。賊諜知之，乘霧而進。三師望敵大潰，戈楯資實山積，馬萬餘蹄，皆没焉。汝州遂陷，攝刺史李元平爲寇所獲，賊羅兵北至彭婆〔二〕。」今從《實録》。

李勉遣李堅助守東都。

《新·傳》作「李堅華」。今從《實録》。

十月〔三〕**，姚令言將兵五千至京師。**

《舊·傳》云：「令言率本鎮兵五萬赴援。」按《奉天記》曰：「哥舒曜表請加師，上使涇州節度姚令言赴援〔四〕。令言本領三千，請加至五千。」今從之。

〔一〕「九月」，《通鑑》正文此事在九月丙戌。按：《舊唐書》、《新唐書》《德宗紀》原在九月丙戌。

〔二〕「羅」，《通鑑》胡註作「邏」。

〔三〕「十月」，《通鑑》正文此事在十月丙午。按：《舊唐書·德宗紀》原在十月丙午。

〔四〕「度」下，《通鑑》胡註有「使」字。

賊迎朱泚於晉昌里第〔一〕。

《舊・泚傳》作「招國里」〔二〕。今從《實録》。

涇原孔目官岐靈岳。

《舊・傳》云「判官岐靈岳」〔三〕。今從《段公別傳》。

李忠臣助朱泚，段秀實被殺〔四〕。

《段公別傳》曰：「五日夜，泚使涇原將李忠臣、高昂等統鋭兵五千以襲奉天。六日，賊泚又令兵馬使韓旻領馬步二千以繼之。」《奉天記》曰：「秀實與海賓密謀誅泚，佯入，請間計事。而海賓置匕首於靴〔五〕，欲以相應，爲閽者見覺。秀實遽奪源休笏，挺而擊之。」《舊・泚傳》曰：「秀實與劉海賓謀誅泚，且虞叛卒之震驚法駕，乃潛爲賊符，追所發兵。至六日，兵及駱驛而回。因與海賓同入見泚，爲陳逆順之理，而海賓於靴中取匕首，爲其所覺，遂不得前。秀實知不可以義

〔一〕《通鑑》正文此事在十月丁未。

〔二〕「招國」，《舊唐書・朱泚傳》原作「晉昌」。

〔三〕「云」，《通鑑》胡註作「曰」。

〔四〕《通鑑》正文此事在十月辛亥。

〔五〕「而」，兩浙本、孔本、《四庫》本、胡本、廣雅本作「令」。

動，遽奪源休象笏，挺而擊泚。」《秀實傳》曰：「與海賓約，事急爲繼，而令明禮應於外。及秀實擊泚，而海賓等不至。」按：李忠臣等若已將五千人襲奉天，則秀實雖追還是兵〔二〕，無益矣。又海賓若於靴中取匕首爲賊所覺，則登時死矣，焉能復逃！若爲閽者所覺，亦應時被擒，事迹諠著，賊爲之備，秀實亦不得發矣！此數者，皆恐難信。今但取《段公行狀》、《幸奉天録》及《舊·傳》可信者存之。

李楚琳殺張鎰，齊映等獲免。

《舊·映傳》曰：「鎰不從映言，乃示寬大，召楚琳語之曰：『欲令公使於外。』楚琳恐，是夜作亂，殺鎰以應泚。」今從《鎰傳》。

丁巳，朱泚自將逼奉天，以姚令言爲元帥。

《奉天記》：「十月十日，賊泚自統衆攻奉天，以姚令言爲都統。」今從《實録》、《舊·泚傳》。

隴右營田判官韋皋。

《奉天記》作「鳳翔節度判官」。今從《實録》。

〔二〕「是」，胡本、廣雅本、《通鑑》胡註作「旻」。

十一月，賊造雲梯，高廣各數丈。

《劇談録》曰：「高九十餘尺，下瞰城中。」今從《實録》。

包佶有錢帛八百萬，陳少遊强取之。

《奉天記》曰：「佶以財幣一百八十萬，欲轉輸入城。少遊强收之。」今從《舊・傳》。

十二月，赦田悦、王武俊等罪。

《燕南記》，十二月二十四日前已云捨武俊等罪〔二〕，而《實録》明年正月改元，乃赦武俊等。蓋上先已諭旨赦罪，及赦書出，始明言之耳。

朱希彩。

《燕南記》作「朱寀」。今從《舊・傳》。

興元元年，正月，李希烈稱帝。

希烈稱帝，《實録》、《舊》《希烈傳》、《顔真卿傳》皆無年月。今據《奉天記》、《幸奉天録》皆云：「赦令既行，諸方莫不向化，惟李希烈長惡不悛，國號大楚。」又《實録》，今年閏月庚午詔曰：「朕苟存拯物，不憚屈身。故於歲首，特布新令。赦其殊死，待以初誠。使臣纔及於郊畿，

〔二〕「捨」，《四庫》本、《通鑑》胡註作「赦」。

巨猾已聞於僭竊。」然則希烈稱帝，必在正月初也。

希烈將楊峰。

《舊·傳》作「楊豐」。今從《奉天記》。

吏部侍郎盧翰爲兵部侍郎、同平章事〔二〕。

《實録》、《新》、《舊》《紀》、《表》皆同。蓋翰罷領選，故自吏部遷兵部耳。

杜黄裳宣慰江淮。

《實録》，去年十二月癸酉，已云黄裳使江淮，此又有之。按《舊·紀》，去年十二月，黄裳爲給事耳。《實録》誤也。

六軍各置統軍〔三〕。

《實録》云：「詔六軍各置軍使一員。」又云：「因置統軍。」按《舊·紀》，獨置統軍耳。今從之。

〔二〕《通鑑》正文此事在正月丙戌。按：《舊唐書》、《新唐書》《德宗紀》原在正月丙戌。

〔三〕《通鑑》正文此事在正月辛丑。按：《舊唐書·德宗紀》原在正月辛丑。

二月，韓滉遣王栖曜入寧陵。

《新書·柏良器傳》曰：「良器爲武衛中郎將，以兵隸浙西。希烈圍寧陵，遏水灌之，親令軍中明日拔城。良器以救兵至，擇弩手善游者沿汴渠夜入[一]，及旦，伏弩發，乘城者皆死。」疑韓滉遣栖曜及良器同救寧陵。《舊·栖曜傳》云[二]：「將强弩數千夜入寧陵。」與此共是一事。今參取之。

李懷光屯咸陽累月，逗留不進。

《實録》云：「懷光堅壁自守，凡八十餘日。」按：懷光以十一月癸巳解奉天圍，李晟以二月戊申徙東渭橋，其間纔七十六日。《實録》所言，謂懷光奔河中以前耳。今但云累月。

甲子，加懷光太尉，遣李卞諭旨。

《邠志》曰：「十六日，詔加懷光太尉。」按《實録》，甲子二十三日。《邠志》誤。《幸奉天録》、《舊·傳》「李弁」作「李昪」[三]。今從《奉天記》。

[一]「汴」，原誤作「河」，今據孔本、《四庫》本、胡本、廣雅本及《新唐書·柏良器傳》改。

[二]「云」，《通鑑》胡註作「曰」。

[三]「昪」，原誤作「昇」，今據孔本、《四庫》本、胡本及《舊唐書·李懷光傳》改。

懷光殺張名振、石演芬。

《邠志》曰：「懷光投鐵券于地，使者懼焉。名振呼於軍門。」又曰：「二月二十一日，懷光拔其軍居咸陽。」又曰：「三月三日，懷光巡咸陽城，名振曰：『昨日言不反，今悉軍此來，何也？』」又曰：「懷光既殺名振，召演芬責之。」按：名振云「昨日言不反，今何此來」，則是呼軍門之明日，懷光即移軍咸陽。若至咸陽已十三日，因巡城而名振言之，何得云昨日！又何得云悉軍此來！又名振與演芬同日死。按《舊·傳》云：「郜成義至奉天，乃反以其言告懷光子璀〔一〕，璀密告其父懷光。」若三月三日，則車駕已幸梁、洋，不在奉天。且是時反狀已彰灼如此，豈能尚欺人云不反邪！今從《幸奉天録》，悉因投鐵券言之。

懷光別將達奚小俊〔二〕。

《邠志》作「達奚小進」。今從《實録》。

丁卯，幸梁州。

《邠志》：「二十六日，懷光又使持書促遊瓌，渾公獲而奏之，且使其卒物色我軍。遊瓌不

〔一〕「以」，原脱，今據《通鑑》胡註及《舊唐書·石演芬傳》補。

〔二〕《通鑑》正文此事在二月丁卯。

知，不得以聞，又怒瑊之虞己也，嫚駡于途。上疑其變，即日幸梁州。」今從《實録》。《奉天記》曰：「上初拔奉天，而車駕至宜壽縣渭水之陽，謂侍臣曰：『朕之此行，莫同永嘉之勢！』因潸然流涕。渾瑊對曰：『臨大難無憂懼者，聖人之勇也。』言訖，濟河。」按《新·傳》，李惟簡追及上於盩厔西，然後渾瑊繼至，則上至渭陽時瑊猶未來[二]。今不取。

懷光遣孟保邀車駕。

《邠志》作「孟廷寶」。今從《實録》。

三將以追不及還報。

《實録》曰：「纔入駱谷，懷光遣其將孟保等以數百騎來襲，爲後軍將侯仲莊所拒而退，遂焚店驛而去。」《舊·嚴震傳》曰：「賴山南兵擊之而退，輿駕無警急之患。」今從《邠志》。

三月，韓遊瓌還邠州。

《邠志》曰：「韓遊瓌使其子欽緒扈從，懷光知之，以戴休顔代領其職[三]，仍假遊瓌邠州刺史，將使其黨張昕害之。遊瓌既失兵柄，未知所從。説客劉南金曰：『竊觀人心，莫不戀主。邠

[二]「則」，原誤重文，今據孔本、《四庫》本、胡本、廣雅本、《通鑑》胡註删。
[三]「領」，原誤作「顔」，今據孔本、《四庫》本、胡本、廣雅本、《通鑑》胡註改。

有留甲，可以圖變。公得之邠，殆天假也。』乃使麾下將范希朝、趙懷仙誘其軍歸邠，士皆從之。休顔率麾下卒據城門，士不得盡出，其從遊瓌至邠者八百餘人。」按《舊・遊瓌傳》，無受懷光邠州刺史事。《休顔傳》云：「及李懷光叛據咸陽，使誘休顔，休顔集三軍斬其使，嬰城自守。懷光大駭，遂自涇陽夜遁。其月，拜檢校工部尚書、奉天行營節度使。」且上幸山南，命休顔留守奉天，遊瓌先發懷光陰謀，二人豈肯更受懷光節度！蓋當時出幸蒼猝，遊瓌扈從不及，或以與渾瑊有隙，不敢南行，故帥麾下歸邠州耳。

懷光説衆，欲屯涇陽。

《幸奉天録》曰〔一〕：「李晟至東渭橋，旬日之後，軍用整備。懷光患之，稍移軍涇陽，與朱泚約同滅晟軍。」《舊・懷光傳》曰：「懷光劫李建徽等軍，移於好畤。」又曰：「居二旬，乃驅兵掠涇陽、富平，自同州往河中。」《朱泚傳》曰：「懷光爲泚所賣，慚怒憤耻，移於好畤。」按《實録》：「三月甲申，懷光自咸陽燒營，走歸河中。」《幸奉天録》曰：「三月，懷光拔咸陽，掠三原等十二縣，雞犬無遺，老小步騎百餘萬。」皆不云移軍好畤及涇陽。今從《邠志》及《幸奉天録》。

〔一〕「曰」，《通鑑》胡註無此字。

張昕謀殺諸將之不從者。

《邠志》曰：「三月二十三日，張昕戒劉禮等衷甲而入，昕小吏李岌密報遊瓌。遊瓌伏甲先起，高固等帥衆應之，遂斬昕于府中。遊瓌既據邠府，遣李旻，懷光乃走蒲州。」按《實録》：「甲申，懷光自咸陽燒營，走歸河中。」然則遊瓌殺昕，必在其前。今因懷光走見之。

懷光燒營東走。

《舊·高郢傳》曰：「懷光將歸河中，郢言：『西迎大駕，豈非忠乎！』懷光不聽。」按：德宗因懷光迫逐，遂幸梁州。借使懷光欲迎駕，德宗豈肯來乎！今不取。

詔罷懷光副元帥官〔一〕。

《舊·高郢傳》曰：「懷光歸河中，又欲悉衆而西。時渾瑊軍孤，羣帥未集，郢與李鄘誓死駐之。屬懷光長子璀候郢〔二〕，郢乃諭以逆順曰：『人臣所宜效順。且自天寶以來，阻兵者今復誰在！況國家自有天命，非獨人力。今若恃衆西向，自絶于天，安知三軍不有奔潰者乎！』李璀震懼，流涙氣索。明年春，郢與都知兵馬使呂鳴岳、都虞候張延英同謀，間道上表。及受密詔事

〔一〕《通鑑》正文此事在三月庚子。按：《舊唐書·德宗紀》在三月己亥。

〔二〕「璀」，《舊唐書·高郢傳》原皆作「琟」。

泄，二將立死。懷光乃大集將卒，白刃盈庭，引郢詰之。郢挺然抗詞，無所慚隱，憤氣感發，觀者淚下。懷光慚沮而止。」按《實録》，懷光以興元元年三月甲申走歸河中。己亥，以渾瑊爲副元帥。四月辛丑朔，始臨軒授瑊節鉞。與《郢傳》年月全不相應。今不取。

四月，庚戌，曹子達破韓旻。

《邠志》云「十日破旻等」。而《實録》云「乙丑」，蓋據奏到之日也〔一〕。今從《邠志》。

田希鑒殺馮河清。

《邠志》曰：「興元元年四月，渾公受鉞專征，出斜谷。崔公勸吐蕃分軍應援，尚結贊曰：『邠軍不出，乘我也。』韓公使曹子達率甲三千赴于渾公，吐蕃乃以二萬餘從之。李楚琳使石鍠以卒七百人從渾公進收武功，遂居之。十日，朱泚使韓旻、田旻以卒三千寇武功，渾公禦之，陳于東郊。石鍠以其卒降旻于陳。渾公軍敗，乃馳登西原，建旗收卒。會邠師以吐蕃至，賊不知，乃悉衆追渾公，遂爲吐蕃所覆，皆死焉。田旻以馬逸獲免。吐蕃既勝泚軍，乃大掠而去。涇人相傳，言吐蕃助國有功，將以叛卒之孥賞而歸之。涇人曰：『不殺馮公，雖吾親族亦將不免矣。』十四日，涇卒殺河清，以田希鑒請命於泚。泚授希鑒涇原節度大使，賜金帛，使和西戎，西戎皆

〔一〕「據」，《通鑑》胡註無此字。

授賂焉〔一〕。希鑒疏涇將之不與己者以告朱泚，請殺之。泚曰：『我曲彼直。』不許。」按：希鑒殺河清，必有宿謀，或爲此訛言以揺衆耳。今從《實録》。河清死在三月，今從《邠志》。

五月，韓滉運米餉李晟。

柳玭《敘訓》曰〔二〕：「上初至梁，省奏甚悦。又知西平聚兵必乏糧糗，命運米百艘。」按：五月初梁州尚未春服，月末已克長安。梁、潤相去數千里，詔命豈能遽達乎！今不取。

渾瑊奏吐蕃引去。

《實録》、《舊・本紀》皆云：「乙丑，渾瑊與蕃將論莽羅衣衆大破朱泚將韓旻等於武功武亭川〔三〕。」《吐蕃傳》亦同。《邠志》曰：「李懷光竟不署敕，結贊亦不進軍。」又曰：「渾公出斜谷，曹子達赴渾公，吐蕃以二萬騎從之，既勝泚軍，大掠而去。泚使田希鑒以金帛賂之。」蓋尚結贊雖引兵入塞，止屯邠南，但遣論莽羅衣將偏軍助瑊破泚於武功，大掠而去。既受泚賂，遂引兵歸國。瑊於吐蕃歸國之時，有此奏耳。

〔一〕「授」，《通鑑》胡註作「受」。
〔二〕「玭」，原誤作「玼」，今據兩浙本、孔本、《四庫》本、胡本、廣雅本、《通鑑》胡註及《新唐書・藝文志》改。
〔三〕「衣」，《舊唐書》《德宗紀》、《渾瑊傳》原作「之」，《吐蕃傳》作「率」。

滄州亂兵請程華知州事。

《舊・張孝忠傳》曰：「遣華往滄州交檢府藏。」《程日華傳》曰：「孝忠令華詣固烈交郡，固烈死，孝忠板授華知滄州事〔一〕。」《燕南記》曰：「孝忠差牙官程華與固烈交割，固烈死，孝忠聞之，當日差人送文牒，令攝刺史。」按：固烈既去，則滄州無主，孝忠豈得但令華交檢府藏！今從《華傳》、《燕南記》〔二〕。

六月〔三〕，李晟斬崔宣等。

袁皓《興元聖功録》載李晟《奏宥郭晞狀》曰：「晞頃因鑾輿順動，山谷潛藏，逆賊所知，舁致城邑，迫脇授任，前後極多，蒼黄之中，僞令仍及，堅卧當節，即懼嚴刑，隨俗從官，又傷素業。然晞已染汙俗，尚可昭明；子儀勳勞，書在王府，父爲中興之佐，子有疑謗之名，非止在其一身〔四〕，實恐玷於先烈。況臣總領士馬，孤立渭橋，頻有帛書，累陳誠效。」按晞《舊・傳》：「泚欲令掌兵，晞陽瘖。泚以兵脇之，終不語。賊知其不可用，乃止。晞潛奔奉天，從駕還京。」不云終

〔一〕「板」，《通鑑》胡註作「版」。按：《舊唐書・程日華傳》原作「因」。「授」，《通鑑》胡註脱此字。
〔二〕「傳」下，《通鑑》胡註有「及」字。
〔三〕「六月」，《通鑑》正文此事在六月丙午。
〔四〕「其」，《通鑑》胡註作「於」。

臣事洩。而皓載晟此狀，恐非其實。今不取。

七月，高郢數勸李懷光歸款。

《興元聖功録》有李晟《奏郢勸懷光歸投狀》云：「今懷光即欲束身，蓋自郢之勸導。」今取之。

懷光殺孔巢父、啖守盈〔一〕。

《邠志》曰：「七月十二日，駕還長安。上使諫議大夫孔巢父、中官譚懷仙持詔赦懷光，曰：『奉天之時，非卿不能救朕；今日之事，非朕不能容卿。宜委軍赴闕，以保官爵。』使者將至，懷光陰導其卒使留己。卒之蕃、渾者希懷光意，輒害二使，欲食其肉。懷光翼而覆之，全尸以聞。」今從《實録》。

八月，壬寅，李希烈殺顔真卿。

《顔氏行狀》：「其年八月二十四日，又使辛景臻等害公於龍興寺〔二〕。」又曰：「初遭難後，嗣曹王皋上表曰：『臣見蔡州歸順腳力張希璨、王仕顒等説，去年八月二十四日，蔡州城中見

〔一〕《通鑑》正文此事在七月丁亥。按：《舊唐書》、《新唐書》《德宗紀》原在七月丁亥。

〔二〕「龍」，原誤作「襲」，今據孔本、《四庫》本、胡本、廣雅本、《通鑑》胡註及《舊唐書·顔真卿傳》改。

封，有鄰兒不得名字，云希烈令僞皇城使辛景臻、右軍安華於龍興寺殺顔真卿。』」《實録》及《舊・傳》云「三日」，今從之。

竇文場、王希遷分典禁旅〔一〕。

《舊・竇文場傳》云：「文場與霍仙鳴分統禁旅。」蓋希遷尋罷而仙鳴代也〔二〕。今從《實録》。

閏月，李晟誅田希鑒。

《舊・晟傳》曰：「晟至涇州，希鑒迎謁，於座執而誅之。還鎮，表李觀爲涇原節度使。」《幸奉天録》：「十月丁丑，李晟誅田希鑒於涇州。」《實録》：「閏月癸酉，除李觀涇原節度使。丙子，以希鑒爲衛尉卿。丁丑，晟誅希鑒。」今從之。

李澄爲汴滑節度使〔三〕。

二月已云上以澄爲滑州節度使，蓋於時但許之耳。

〔一〕《通鑑》正文此事在十月戊辰。按：《舊唐書・德宗紀》原在十月戊辰。

〔二〕「代」下，兩浙本、孔本、《四庫》本、胡本、廣雅本、《通鑑》胡註有「之」字。

〔三〕《通鑑》正文此事在閏月甲午。按：《舊唐書・德宗紀》原在閏月甲午。

貞元元年，七月[一]**，馬燧入朝，請討懷光。**

《鄴侯家傳》稱：「李泌語曰：『臣但恐梟於帳下太速，何足憂也！臣能爲陛下取之。』上曰：『未喻卿意，何故以太速爲憂，而卿能取也？』對曰：『臣爲陛下憂，不在河中，乃在太原。今馬燧亦蹭蹬矣。領河東十萬之師，遣王權領五千人赴難。及再幸梁、洋，遂抽歸本道。男暢在奉天[二]，亦便北歸。陛下更收復後，宣慰云：王權擅抽兵馬，暢不扈從，並宜釋放。此則尤不安矣。臣比年曾與之言[三]，甚有心路[四]，今之雄傑也。若使之有異志，則不比希烈、朱泚之徒，或能旰食。伏望陛下聽臣之言，緩鞚遠馭以羈之。』上曰：『卿所欲何也？』對曰：『馬燧保全河東十餘州，以待陛下還宮，此亦功也。臣爲常侍，與燧兄炫同列，然其兄弟素不相能，其語無益。臣重表兄鄭叔規爲賓佐[五]，臣令以炫意請至京城，欲與相見。即至，臣激燧，令其取李懷光自效，必可致也。因令燧爲忠臣矣。』」又曰：「貞元元年，上因郊天改元，時馬燧在太原，遣其行軍

〔一〕「七月」，《通鑑》正文此事在七月甲午朔。按：《舊唐書·德宗紀》原在七月甲午朔。
〔二〕「男」，孔本、《四庫》本、胡本、廣雅本作「馬」。
〔三〕「曾」，原誤作「魯」，今據兩浙本、孔本、《四庫》本、胡本、廣雅本、《通鑑》胡註改。
〔四〕「路」，孔本、《四庫》本、胡本、廣雅本皆作「略」。
〔五〕「爲」下，兩浙本、孔本、《四庫》本、胡本、廣雅本有「燧」字。

鄭叔規奏事〔一〕，請因鴻恩以雪懷光，并致書信於先公。先公不與之報，留其信物，且令叔規謂之曰：『比年展奉，得接語言，心期以爲丈夫。且河東節度，以破靈曜之功，上所與也。奉天之難，握十萬彊兵，而令懷光解圍。及懷光圖危社稷，車駕幸梁、洋，逢此際會，又令他人立蓋代之功。今聖主已歸宫闕，懷光蹭蹬，在於近畿，旦夕爲帳下所梟，乃尸居也，不速出軍收取，以自解而快上心者，即不及矣〔二〕！若河中既平，公即如懷光之蹭蹬矣。欲於滔、俊之下作倔强之臣，亦必不成。不言公才略不及也，緣腹中有三、二百卷書，蹭蹬至此，必自内慚。是進不立忠勳，退不能效夷狄，既而持疑，則舟中帳下皆敵國矣。可惜八尺之軀，聲氣如鍾，而心不果決，乃婦人也，著裙可矣。欲奉答以裙衫，而家累在江東未至。今聖上收復之後，含垢匿瑕，與人更始。某又特蒙聽信，已於上前保薦，可使司徒以取懷光。今弟來又請雪之，大失所望。且望弟速去爲説。若河中既平，司徒何面目更來朝，而與士人相見！今雖請雪，昨赦書亦許束身入朝矣。若以建中同征之故〔三〕，當發一使喻之，準赦歸朝，必爲保全。如不奉詔，當領全師問罪，因速上表，求自征之。至河中輕騎入朝，親稟廟略，乃天與之便也。能如是，當與司徒爲中朝應接，有須陳奏，

〔一〕「軍」下，《通鑑》胡註有「司馬」二字。

〔二〕「者」，原誤作「看」，兩浙本作「着」，孔本、《四庫》本、胡本、廣雅本作「遲」，今據《通鑑》胡註改。

〔三〕「若」，兩浙本、孔本、《四庫》本、胡本、廣雅本作「君」。

必聞聖聽。若不能，何敢有書也！』叔規既去，具奏於上。上每憂河中驍將達奚小俊等突犯宫闕，居常不安。會東面苑牆有崩倒者，上大驚，以爲有應之者，將啓賊。上顧問泌，對曰：『此賊不足憂也，乃猶机上肉耳。但恐梟懸太速，不得與馬燧藉手爲憂。』上曰：『古人云，輕敵者亡。今卿心輕敵如是，朕甚憂之！』對曰：『陛下初經難危〔一〕，憂慮太過。輕敵者亡，誠如聖旨。至如懷光，豈可謂之敵乎！陛下比在梁、洋，元惡據宫闕，渠以朔方全軍在河中，李晟保東渭橋，此時足以傍助逆順之勢。不然，苟欲偷安，脇爲遲棋亦可。而竟如醉如魘，都不能動。今陛下復歸京闕，又安足慮之哉！臣伏計馬燧請討之章即至。若以宗社之靈，此賊且未爲帳下所圖，得河東軍有以藉手，陛下無憂矣。不喜於平懷光〔二〕，喜得馬燧也。』既而馬燧表至，請全軍南收河中，仍自供糧。上大悦，召先公對，曰：『馬燧果請全軍討懷光來矣，兼請至行營已來自備軍糧，何其畏伏卿如此也！』對曰：『此乃畏伏天威而然，於臣何有，而能使其畏伏〔三〕！臣曾與之言，諳其爲人頗見機識勢，今之雄傑也。臣昨故令叔規傳詞以激怒之，且曰：「欲寄婦人之服。當艱虞之際，握十萬彊兵，收復功在它人。今聖主已還宫闕，惟有懷光，不速收取以立功自解，它

〔一〕「難」，兩浙本、孔本、《四庫》本、胡本、廣雅本作「艱」。
〔二〕「光」，原誤作「先」，今據兩浙本、孔本、《四庫》本、胡本、廣雅本、《通鑑》胡註改。
〔三〕「伏」，孔本、《四庫》本、胡本、廣雅本皆作「服」。

時復何面目至朝廷，與公卿相見！則蹭蹬之勢，又不及懷光，猶有解重圍之功。」料以此告之，燧必能覺悟，果得如此。既以師至河中，旬月當平，而燧因此有功，便爲忠臣矣。』上曰：『當盡用卿言。』初，叔規至太原，具以先公言告燧，燧搏髀驚曰：『有是哉，賴子之至京也！不然，燧幾爲懷光矣。非賢表兄，豈有告燧者乎！』即日上表請行。叔規又請『如泌言，先寫表本示懷光，勸其束身歸朝；彼必不從，然後表請全軍往討，則聖上信司徒誠心，又可以忠義告四鄰。不然，朝救而夕請誅，恐中外尤疑。』燧曰：『誠然。』乃令叔規草書寫表本〔二〕，馳驛以告，懷光果不從，於是乃請全軍南討。尋發太原，使者相繼奏事，及與先公書，言征討之謀及須上聞者。先公因對，皆爲奏之。又諷令下營訖，輕騎由臨晉度朝謁，燧皆然之。七月，乃自臨晉、夏陽來朝。上大悦，遂具告以先公言『卿才略必可使圖懷光，初見卿請雪，朕所未諭，今乃果然。比亦有人毁卿，言詞百端，聞於遠近，唯先公保卿於朕，朕信其言。既見卿〔三〕，益知先公忠讜，豁然體卿至誠奉國矣。』燧謝恩出，而請先公至中書，具説上言，泣下拜謝。後對，上曰：『馬燧昨對，其器質意趣固不易有，且甚有心路，感而用之，必有成算，皆如卿言，信雄豪也。』」按：泌到長安數日，即除

〔二〕「乃」，《通鑑》胡註作「仍」。
〔三〕「既」，兩浙本、孔本、《四庫》本、胡本、廣雅本作「朕」。

常侍，時興元元年七月乙未也。八月癸卯，加燧晉慈隰節度使。然則癸卯之前，燧已取晉、慈、隰三州矣，故朝廷命爲副元帥以討懷光。十月，已拔絳州及猗氏等諸縣矣。貞元元年正月，改元，赦。於時燧豈得猶在太原雪懷光邪！自乙未至癸卯纔九日，自長安至晉陽千餘里，若因泌諷諭鄭叔規始來京師，又令叔規還激勸燧，又使燧以書諭懷光，懷光不從，然後上表興師伐之，事多如此，豈九日之内所能容也！此直李繁欲取馬燧平河中之功，皆歸於其父耳。今從《舊·燧傳》。李肇《國史補》曰：「馬司徒面雪李懷光。上曰：『惟卿不合雪人。』惶恐而退。李令聞之，請全軍自備資糧以討凶逆。由此李、馬不平。」《邠志》曰：「七月，馬公朝于京師，請赦懷光。隴右節度李公晟聞之，上表請發兵二萬獨討懷光，芻糧之費，軍中自備。上以李公表示馬公，因曰：『朱泚之反，不得已也。懷光勃逆，使朕再遷，此而可赦，何者爲罪！』馬公雨泣曰：『十日之内，請獻其首。』上遣之。」按：是時懷光垂亡，燧功已成八九，故自入朝爭之，豈肯面雪懷光邪[二]！今從《舊·傳》。

[二]「邪」，原誤重文，今據兩浙本、孔本、《四庫》本、胡本、廣雅本、《通鑑》胡註删。

八月〔一〕**，燧率諸軍至河西。**

《舊・燧傳》云〔二〕：「燧帥諸軍濟河，兵凡八萬，陳於城下。是日，牛名俊斬懷光首，以城降。」今從《邠志》。

燧斬閻晏等七人。

《邠志》云「八人」。今從《舊・馬燧傳》。

壬午，駱元光殺徐庭光。

《實録》：「甲申，駱元光專殺徐庭光，上令宰相諭諫官勿論。」《邠志》曰：「二十日，駱公謀於韓公曰：『徐庭光見詬，辱及祖父，義不同天。』是日，遂殺之。」按：是月癸亥朔，甲申二十二日，蓋奏到之日也。今從《邠志》。

二年，四月〔三〕**，陳仙奇毒殺李希烈。**

杜牧《竇烈女傳》曰：「初，希烈入汴州，聞户曹參軍竇良女美，使甲士至良門，取桂娘以去。將出門，顧其父曰：『慎無戚，必能滅賊，使大人取富貴於天子。』桂娘以才色在希烈側，復能巧

〔一〕「八月」，《通鑑》正文此事在八月甲戌。

〔二〕「云」，《通鑑》胡註作「曰」。

〔三〕「四月」，《通鑑》正文此事在四月丙寅。按：《舊唐書》、《新唐書》《德宗紀》原在四月丙寅。

曲取信，凡希烈之密謀[一]，雖妻子不知者，悉皆得聞。希烈歸蔡州，桂娘謂希烈曰：『忠而勇，一軍莫如陳先奇。其妻竇氏，先奇寵且信之，願得相往來，以姊妹敘齒，因徐説之，使堅先奇之心。』希烈然之。桂娘因以姊事先奇妻，嘗間曰：『爲賊遲晚必敗，姊宜早圖遺種之地[二]。』先奇妻然之。興元元年四月，希烈暴死，其子不發喪，欲盡誅老將校，以卑少者代之，計未決。有獻含桃者，桂娘白希烈子，請分遺先奇妻，且以示無事於外。因爲蠟帛書曰：『前日已死，殯在後堂，欲誅大臣，須自爲計。』以朱染帛，丸如含桃。先奇發丸見之，言於薛育。育曰：『兩日希烈稱疾，但怪樂曲雜發，晝夜不絶，此乃有誅未定，示暇於外，事不疑矣。』明日，先奇、薛育各以所部譟於牙門，請見希烈。希烈子迫，出拜曰：『願去僞號，一如李納。』先奇曰：『爾父勃逆，天子有命誅之。』因斬希烈及妻、子，函七首以獻，暴其尸於市。後兩月，吳少誠殺先奇，知桂娘謀，因亦殺之。」今從《實録》及《舊·傳》。

十一月[三]，吐蕃據鹽州。

《邠志》曰：「十二月三日，吐蕃圍鹽州，刺史杜彥光請委城以其衆去，吐蕃許之，分軍竊

〔一〕「謀」，杜牧《樊川文集·竇烈女傳》（上海商務印書館《四部叢刊》影印江南圖書館藏明翻宋刊本，下同）原無此字。

〔二〕「地」，原誤作「城」，今據兩浙本、孔本、《四庫》本、胡本、廣雅本、《通鑑》胡註及《樊川文集·竇烈女傳》改。

〔三〕「十一月」，《通鑑》正文此事在十一月辛丑。按：《舊唐書》、《新唐書》《德宗紀》原在十一月辛丑。

據。」今據《實録》在此月。

韓滉過汴，大出金帛賞勞。

《柳氏敘訓》云：「以綾二十萬匹犒軍。」今從《國史補》。

劉玄佐入朝〔一〕。

《鄴侯家傳》曰：「韓相將入朝覲〔二〕，先公令人報：『比在闕庭已奏，來則必能致大梁入朝。今來，所望善諭以致之。』十二月，劉玄佐果入朝。」此蓋李繁掠美。今從《柳氏敘訓》〔三〕。

韓滉短元琇，貶雷州司户〔四〕。

《實録》曰：「初，元琇判度支，關輔旱儉，請運江、淮租米以給京師。上以韓滉素著威名，加江、淮轉運使，欲令專督運務。琇以滉性剛愎，難與集事，乃條奏，令滉督運江南米至揚子，凡一十八里〔五〕，自揚子以北，皆琇主之。滉深怒於琇。琇以京師錢重貨輕，乃於江東監院收獲見錢

〔一〕《通鑑》正文此事在十一月壬寅。按：《舊唐書·德宗紀》原在十一月壬寅。

〔二〕「入」，原闕，今據《通鑑》胡註補。

〔三〕《通鑑》胡註曰：「韓滉既遣劉玄佐以入朝之資，又大出賞勞以動其一軍之心，玄佐雖欲不入朝，得乎！」

〔四〕《通鑑》正文此事在十二月庚申。按：《舊唐書·德宗紀》、《新唐書·宰相表》原在十二月庚申。

〔五〕「一」下，《通鑑》胡註有「百」字。按：《舊唐書》《韓滉傳》、《崔造傳》亦無此字。

四十餘萬貫，令轉送入關。滉不許，誣奏以爲運千錢至京師，費錢萬。上以問琇，琇奏曰：『千錢之重約與一斗米均，自江南水路至京〔一〕，所費三二百耳。』上然之，遣中使賚手詔令運錢。滉堅執以爲不可。及滉總度支，遂逞宿心，累誣奏琇，至是而貶焉。」《舊·崔造傳》曰：「造與元琇素厚，罷使之後，以鹽鐵委之。而韓滉以司務久行，不可遽改，德宗復以滉爲江、淮轉運使，餘如造所條奏。其年秋初，江、淮漕米大至京師，德宗嘉其功，以滉專領度支、諸道鹽鐵、轉運等使，造所條奏皆改。乃罷造知政事，貶琇雷州司户。」《鄴侯家傳》曰：「時元琇判度支，江、淮進米相次已入汴州，而淄青及魏府蝗旱尤甚，人皆相食。李納無計，欲束身入朝。元琇乃支米十五萬石與之，納軍遂濟。三月，入河運第一綱米三萬石，自集津車般至三門〔二〕，十日而畢，造入渭船亦成，米至陝。俄而度支牒至，支充河中軍糧。先公憂迫，不知所爲，欲使人聞奏，先令走馬與韓相謀之。韓相報曰：『慎不可奏。某判度支，來在外，勢不禁他，反被更鼓作言語〔三〕。待某今冬運畢，當請朝覲，此時面奏。』時蝗旱，運路阻澀，自四月初後，有一日之内七奉手詔者，皆爲催

〔一〕「京」下，《通鑑》胡註有「師」字。按：《舊唐書·韓滉傳》亦無此字。
〔二〕「般」，孔本、《四庫》本、胡本、廣雅本作「船」。
〔三〕「反」，原誤作「及」，今據胡本、廣雅本、《通鑑》胡註改。「被」下，《通鑑》胡註有「他」字。

米，且言：『軍國糧儲，自今月半後悉盡。此米所藉，公忠副朕憂，屬星夜發遣，以濟憂勤〔一〕。』其旨如此，而不知米皆被外支。蓋琇及時宰忌韓相及先公運米功成，而不爲朝廷大計，幾至再亂。十月，韓相以饋運功成，請入朝。及對見，上大悦，言無不從，遂奏運事，且言：『元琇支米與淄青、河中，臣在外，與先公皆不敢奏。』上大驚，即日貶琇爲雷州司户。」二説相違，恐各有所私。今但取其大要。

〔一〕「勤」，原誤作「功」，孔本、《四庫》本、胡本、廣雅本作「恤」，今據《通鑑》胡註改。

資治通鑑考異卷第十九

端明殿學士兼翰林侍讀學士太中大夫提舉西京嵩山崇福宮上柱國河內郡開國公食邑二千六百户食實封壹阡户臣司馬光奉敕編集

唐紀十一

貞元三年，三月，吐蕃使論頰熱。

《邠志》作「論莽熱」。今從《實録》。

四月[一]，遣渾瑊盟於清水。

《實録》：「丙寅[二]，崔澣至自鳴沙[三]，傳尚結贊言：『盟會之期及定界之所，唯命是聽。君

[一]「四月」，《通鑑》正文此事在四月辛未。《舊唐書·德宗紀》在五月丁亥。

[二]「丙寅」，《通鑑》胡註無此二字。

[三]「澣」，原誤作「幹」，今據孔本、《四庫》本、胡本、廣雅本、《通鑑》胡註改。

歸奏決定，當以鹽、夏相還。』又云：『清水之會，同盟者少，是以和好輕慢不成。今蕃相及元帥已下凡二十一人赴盟，靈州節度使杜希全稟性和善，外境所知，請令主此盟會。涇原節度使李觀，亦請同主之。』辛未，以澣爲鴻臚卿，充入吐蕃使，令澣報尚結贊：『希全職在靈州，不可出境。李觀又已改官，遣侍中渾瑊充盟會使〔一〕。約以五月二十四日復盟於清水。』」按：尚結贊本怨渾瑊，故欲劫而執之。然則求瑊主盟，乃吐蕃意，非由唐出也。今從《鄴侯家傳》。

六月，李叔明之子昪。

《鄴侯家傳》及《舊·叔明傳》皆作「昪」〔二〕。今從《實録》及《舊·蕭復傳》。

八月，李泌言「陛下惟有一子」。

按：德宗十一子，誼、謜非所生外〔三〕，猶有九子。而泌云惟有一子者，蓋當是時小王或未生，或太子、誼、謜之外尚有昭靖子也〔四〕。

〔一〕「盟會」，《通鑑》胡註此二字互乙。
〔二〕「昪」，孔本、《四庫》本、胡本、廣雅本、《通鑑》胡註作「昪」。按：《舊唐書·李叔明傳》原作「昪」。
〔三〕「非」，原誤作「其」，今據孔本、《四庫》本、胡本、廣雅本及《舊唐書·德宗諸子傳》、《新唐書·十一宗諸子傳》改。
〔四〕「或太子」，《通鑑》胡註無此三字。

九月，李泌請與回紇和親。癸亥，遣回紇使者合闕將軍歸，許以咸安公主妻可汗。

《鄴侯家傳》：「九月，泌請與回紇和親。十月，與回紇書。十二月，回紇遣聿支達干上表謝恩，皆請如宰相約和親。」按《實録》：「八月丁酉，回紇遣默啜達干來貢方物，且請和親。九月癸亥，遣回紇使合闕將軍歸其國。初，合闕將其君命請昏，上許以咸安公主嫁之，命見于麟德殿，且令齎公主畫圖就示可汗，以馬價絹五萬還之，許互市而去。」十二月，無聿支入聘之事。回紇自大曆十一年以來，未嘗入寇，信使往來，亦無不和及求和之迹。蓋德宗心恨回紇，而外迹猶羈縻不絶。今回紇請昏，則拒絶不許，而李泌勸與爲昏耳。其月數之差，則恐李繁記之不詳。或者聿支即默啜與合闕，皆不可知也。若以默啜即爲請昏之使，合闕即爲謝恩之人，又泌論回紇凡十五餘對，須半月以上。泌又云：「臣木夾中與書，令朝臣遞，云一月可到，歲内報至。」自丁酉至癸亥，纔二十六日耳。今依《實録》月日。因許嫁咸安，本其事而言之。

吐蕃陷連雲堡。

《鄴侯家傳》曰：「時京西諸鎮報種麥已畢，絶萬頃而皆亘野，上大喜。既而尚結贊來入寇，諸軍閉壁，候夜斫營，悉捷，結贊乃退歸。上以十餘年來，邊軍常被戎挫，皆入踐京畿，此來始敗，又不能更深入，且報種麥已畢而喜甚。」按《實録》：「吐蕃陷華亭及連雲堡，驅掠邠、涇編户牛畜萬計，悉送至彈筝峽。是秋，數州人無種麥者。」與《家傳》相反。今從《實録》。

十一月，吐蕃不入寇，詔渾瑊歸河中。

《鄴侯家傳》曰〔一〕：「十一月，以張獻甫爲邠寧等州節度使〔二〕，代韓遊瓌，而以渾侍中爲朔方、河中、絳、邠、寧、慶副元帥。先公乃令獻甫修西界堡障、濠塹，南接涇州，於是塞內始有藩籬之固，尚結贊不能輕入窺邊矣。」按：獻甫明年七月乃爲邠寧節度。《家傳》誤也。

四年，正月〔三〕，赦，詔兩税等第，三年一定。

《實録》赦云：「天下兩税，更審定等第，仍加三年一定，以爲常式。」按陸贄《論兩税狀》云：「兩税之立，惟以資産爲宗，不以丁身爲本。資産少者則其税少，資産多者則其税多。」然則當時税賦但以貧富爲等第，若今時坊郭十等〔四〕、鄉村五等户臨時科配也。又云：「額内官勿更注擬，見任者三考勒停。」此蓋用李泌之策也。按《鄴侯家傳》：「泌請罷天下額外官。」又云：「陛下許復所減官員，臣因請停額外官，許其得資後停。額内官員當正官三分之一〔五〕，則今年計

〔一〕「曰」，《通鑑》胡註無此字。
〔二〕「甫」，原誤作「角」，今據兩浙本、孔本、《四庫》本、胡本、廣雅本、《通鑑》胡註改。
〔三〕「正月」，《通鑑》正文此事在正月庚戌朔。
〔四〕「等」下，《通鑑》胡註有「户」字。
〔五〕「内」，《通鑑》胡註作「外」。

已停一半。」據此，則似有額内官，又有額外官，皆在正員之外。不則「内」皆應作「外」，字之誤也。

增京官俸。

《實録》：「辛巳，詔以中外給用除陌錢給文武官俸料，自是京官益重，頗優裕焉。初除陌錢隸度支，至是令户部别庫貯之，給俸之餘，以備它用。」按：興元元年正月赦，其所加墊陌錢、税間架之類，悉宜停罷。今猶有除陌錢者，蓋當時止罷所加之數，或私買賣者，官不收墊陌錢，官給錢猶有除陌在故也。

李泌言盧杞奸邪〔一〕。

《舊·李勉傳》，勉對德宗已有此語，而《鄴侯家傳》述泌語與勉略同〔二〕，未知孰是。今兩存之。

四月〔三〕**，更命殿前左、右射生曰神威軍。**

《實録》作「神武軍」。今從《新·志》。

〔一〕《通鑑》正文此事在二月。
〔二〕「而」，原誤作「與」，今據兩浙本、孔本、《四庫》本、胡本、廣雅本改。「與勉」，《通鑑》胡註無此二字。
〔三〕「四月」，《通鑑》正文此事在四月乙未。

十月〔一〕，回紇請改爲回鶻。

《舊·回紇傳》：「元和四年，里迦可汗遣使，請改爲回鶻，義取回旋輕捷如鶻。」崔鉉《續會要》：「貞元五年七月，公主至衙帳，回紇使李義進請改『紇』字爲『鶻』。」與《統紀》同。《鄴侯家傳》：「四年七月，可汗上表，請改『紇』字爲『鶻』。」與李繁《北荒君長録》及《新·回鶻傳》同。按：李泌明年春薨，若明年七月方改，《家傳》不應言之。今從《家傳》、《君長録》、《新書》。

五年，二月，董晉充位，爲人重慎。

韓愈作《晉行狀》曰：「在宰相位凡五年，所奏於上前者，皆二帝、三王之道，由秦、漢以降未嘗言；退歸，未嘗言所言於上者於人。子弟有私問者，公曰：『宰相所職繫天下，天下安危〔二〕，宰相之能與否可見。欲知宰相之能與否，如此視之其可。凡所謀議於上前者，不足道也〔三〕。』故其事卒不聞。」愈作《行狀》，必揚美蓋惡，敘其爲相時事止於此，則其循默充位可知，然其重慎亦可稱也。今略取《行狀》。

〔一〕「十月」，《通鑑》正文此事在十月戊子。
〔二〕「天下」，《通鑑》胡註無此二字。
〔三〕「足」，原誤作「爲」，今據孔本、《四庫》本、胡本、廣雅本、《通鑑》胡註及《昌黎先生文集·董晉行狀》改。

三月〔一〕**，李泌好談神仙，爲世所輕。**

《國史補》曰：「李泌相，以虚誕自任，常對客教家人速灑掃，今夜洪崖先生來宿。有人遺美酒一榼，會有客至，乃曰：『麻姑送酒，與君同傾。』傾未畢，門者曰：『某侍郎取榼〔二〕。』泌令倒還，略無愧色。」《舊·泌傳》曰：「德宗初即位，尤惡巫祝、怪譚之士〔三〕。及建中末，寇戎内梗，桑道茂有城奉天之説，上稍以時日禁忌爲意。而雅聞泌長於鬼道，故自外徵還，以至大用，時論不以爲愜。及在相位，隨時俯仰，無足可稱。復引顧況輩輕薄之流，動爲朝士戲侮，頗貽譏誚。泌放曠敏辯，好大言，自出入中禁，累爲權倖忌嫉，恒由智免。終以言論縱横，上悟聖主，以躋相位。初，泌流放江南，與柳渾、顧況爲人外之交，吟詠自適。而渾先達，故泌復得入官於朝。況，蘇州人。」按：泌雖詭誕，好談神仙，然其知略實有過人者。至於佐肅、代復兩京，不受相位而去，代宗、順宗之在東宫，皆賴泌得安，此其大節可重者也。《舊·傳》毁之太過。《家傳》出於其子，雖難盡信，亦豈得盡不信！今擇其可信者存之。

〔一〕「三月」，《通鑑》正文此事在三月甲辰。按：《舊唐書》、《新唐書》《德宗紀》原在三月甲辰。
〔二〕「取」上，《通鑑》胡註有「來」字。
〔三〕「譚」，《四庫》本作「誕」。按：《舊唐書·李泌傳》原作「誕」。

六年，三月，回鶻忠貞可汗之弟弑忠貞而自立。

《新·傳》曰：「可汗爲少可敦葉公主所毒死〔一〕，可汗之弟乃自立。」今從《實録》。

七年，二月〔二〕，遣庾鋋册回鶻。

《實録》作「康鋋」。今從《新》、《舊》《傳》。

八年，四月〔三〕，以劉士寧爲宣武節度使。

《實録》：「士寧位未定，遣使通王武俊、劉濟、田緒〔四〕，以士寧未受詔有國，使皆留之。」《舊·傳》云：「以士寧未受詔於國，皆留之。」《新·傳》云：「諸鎮不直之，皆執其使。」然則《舊·傳》是也。

劉逸準。

《韓愈集》作「逸淮」。今從《舊·傳》。

〔一〕「死」，原誤重文，今據兩浙本、孔本、《四庫》本、胡本、廣雅本、《通鑑》胡註删。

〔二〕「二月」，《通鑑》正文此事在二月癸卯。

〔三〕「四月」，《通鑑》正文此事在四月庚寅。按：《舊唐書·德宗紀》原在四月庚寅。

〔四〕「田」，原誤作「曰」，今據胡本、廣雅本、《通鑑》胡註及《舊唐書》、《新唐書》《劉士寧傳》改。

貶竇參爲郴州别駕[一]。

柳玭《上清傳》曰：「貞元壬申歲春三月，相國竇公居光福里第，月夜閑步於中庭。有常所寵青衣上清者，乃曰：『今欲啓事，郎須到堂前[二]，方敢言之。』竇公亟上堂。上清曰：『庭樹上有人，恐驚郎，請謹避之。』竇公曰：『陸贄久欲傾奪吾權位，今有人在庭樹上，吾禍將至。且此事奏與不奏，皆受禍，必竄死於道路。汝在輩流中不可多得，吾身死家破，汝定爲宫婢。聖君若顧問，善爲我辭焉。』上清泣曰：『誠如是，死生以之。』竇公下階大呼曰：『樹上君子，應是陸贄使來，能全老夫性命，敢不厚報。』樹上應聲而下，乃衣縗粗者也。曰：『家有大喪，貧甚，不辦葬禮。伏知相公推心濟物，所以卜夜而來，幸相公無怪。』公曰：『某罄所有，堂封絹千匹而已。方擬修私廟，今且輟贈可乎？』縗者拜謝，竇公答之如禮。又曰：『便辭相公，請左右賫所賜絹擲於牆外，某先於街中俟之。』竇公依其請，命僕使偵其絶蹤且久[三]，方敢歸寢。翌日，執金吾先奏其事，竇公得次又奏之。德宗厲聲曰：『卿交通節將，蓄養俠刺，位崇台鼎，更欲何求！』竇公頓首曰：『臣起自刀筆小才，官以至貴，皆陛下獎拔，實不由人。今不幸至此，抑乃仇家所爲耳！

[一]《通鑑》正文此事在四月乙未。按：《舊唐書》、《新唐書》《德宗紀》原在四月乙未。

[二]「郎」，《通鑑》胡註作「即」。按：《太平廣記》卷二七五「三清」條引《異聞集》無此字。

[三]「久」，原脱，今據《太平廣記》卷二七五「三清」條引《異聞集》補。

陛下忽震雷霆之怒，臣便合萬死。』中使下殿宣曰：『卿且歸私第，待候進止。』越月，貶郴州別駕。會宣武節度使劉士寧通好于郴州，廉使條疏上聞。德宗曰：『交通節將，信而有徵。』流竇公于驩州，没入家資，一簪不著。身竟未達流所，詔自盡。上清果隸名掖庭。後數年，以善應對，能煎茶，數得在帝左右。德宗謂曰：『宫掖間人數不少，汝了事，從何得至此？』上清對曰：『妾本故宰相竇參家女奴，竇某妻早亡，故妾得陪掃灑〔一〕。及竇某家破，幸得填宫，既侍龍顔，如在天上。』德宗曰：『竇某罪不止養俠刺，亦甚有贓汙。前時納官銀器至多。』上清流涕而言曰：『竇某自御史中丞，歷度支、户部、鹽鐵三使，至宰相，首尾六年，月入數十萬，前後非時賞賜亦不知紀極。乃者郴州所送納官銀物，皆是恩賜。當部録日〔二〕，妾在郴州，親見州縣希陸贄意旨，刮去所進銀器上刻作藩鎮官銜姓名，誣爲贓物。伏乞陛下驗之。』於是宣索竇某没官銀器，覆視其刮字處，皆如上清言。時貞元十二年。德宗又問蓄養俠刺事，上清曰：『本實無，悉是陸贄陷害，使人爲之。』德宗怒陸贄曰：『這獠奴，我脱却伊緑衫，便與紫衫著，又常唤伊作陸九。我任使竇參方稱意次，須教我枉殺卻他。及至權入伊手，其爲軟弱甚於泥團。』乃下詔雪竇參。時裴

〔一〕「掃灑」，《四庫》本此二字互乙。按：《太平廣記》卷二七五「三清」條引《異聞集》原作「灑掃」。

〔二〕「日」，原誤作「曰」，今據兩浙本、孔本、《四庫》本、胡本、廣雅本、《通鑑》胡註及《太平廣記》卷二七五「三清」條引《異聞集》改。按：原本「日」、「曰」二字或以形近而誤，以下徑改，不再出校。

延齡探知陸贄恩衰，得恣行媒孽，贄竟受譴不迴。後上清特敕丹書，度爲女道士，終嫁爲金忠義妻。世以陸贄門生名位多顯達者，不敢傳説，故此事絶無人知。」信如此説，則參爲人所劫，德宗豈得反云「蓄養俠刺」！況陸贄賢相，安肯爲此！就使欲陷參，其術固多，豈肯爲此兒戲！全不近人情。今不取。

九月，詔西北邊貴糴以實倉儲。

《實録》云：「凡積米三十三萬斛。」按陸贄《論守備狀》云：「坐致邊儲，數逾百萬，諸鎮收糴，今已向終。」又云：「更經二年〔一〕，可積十萬人三歲之糧矣。」蓋《實録》所言，今年之數，贄狀通計來春也。

十月〔二〕，貶姜公輔爲吉州别駕。

《實録》：「初，公輔罷相爲左庶子，以憂免，復除右庶子，數私謁竇參，參數奏公輔以他官，上不許，而有怒公輔之言。公輔恐，乃請免官爲道士〔三〕。久之，未報。因開延英奏之，上問

〔一〕「二」，孔本、《四庫》本、胡本、廣雅本作「三」，《通鑑》胡註作「一」。按：陸贄《陸宣公奏議·論沿邊守備事宜狀》（上海古籍出版社《續修四庫全書》影印元至正十四年劉氏翠巖精舍刻本，下同）原作「二」。

〔二〕「十月」，《通鑑》正文此事在十一月己巳。按：《舊唐書·德宗紀》原在十一月己巳。

〔三〕「士」，原誤作「上」，今據兩浙本、孔本、《四庫》本、胡本、廣雅本、《通鑑》胡註改。

其故，公輔對以參言。上曉之，固不已，大怒，貶之，而詔書責參推過於上。」《公輔傳》曰：「陸贄知政事，以有翰林之舊，數告贄求官。贄密謂公輔曰：『予常見郴州竇相，言爲公奏擬數矣，上旨不允，有怒公之言。』公輔恐懼，上疏乞罷官爲道士。久之，未報。後又庭奏，德宗問其故，公輔不敢泄贄〔一〕，便以參言爲對。帝怒，貶公輔爲泉州别駕，又遣中使賫詔責參。」《贄傳》曰：「姜公輔奏稱〔二〕：『竇參嘗語臣云，陛下怒臣未已。』德宗怒，再貶參，竟殺之。時議云公輔奏竇參語，得之於贄，云參之死，贄有力焉。」按贄《請令長官舉屬吏狀》云〔三〕：「亦由私訪所親，轉爲所賣，其弊非遠，聖鑒明知。」此乃解參之語也。及參之死，贄救解甚至。由是觀之，贄豈有殺參之意邪！且贄語公輔之時，安知公輔請爲道士，及於上前以泄言之罪歸參！此乃公輔之意，非贄意也。當時之人，見參、贄有隙，遂以己意猜之。史官不悦贄者，因歸罪於贄耳。今不取〔四〕。

〔一〕「贄」下，《通鑑》胡註有「言」字。按：《舊唐書·姜公輔傳》原無此字。

〔二〕「稱」，《通鑑》胡註無此字。按：《舊唐書·陸贄傳》原有「稱」字。

〔三〕「舉」，原誤作「與」，今據孔本、《四庫》本、胡本、廣雅本、《通鑑》胡註及《陸宣公奏議·請許臺省長官舉薦屬吏狀》改。

〔四〕《通鑑》胡註曰：「姜公輔居猜忌之朝，不能安於命義，而由此重竇參之罪，亦陸贄之一言也。」

九年，二月〔一〕，城鹽州。

《邠志》：「八年，詔追張公議築鹽、夏二城。張公奏曰：『師之進取，切藉驍將。神策散將魏芄者，朔方子弟，武藝冠絶，得芄，足以集事。』上遣之。張公以芄爲邠寧馬軍兵馬使。三月，師及諸軍赴于五原，去城百里而軍。芄獨以其騎徑至城下，陷城而入，逐吐蕃，召諸軍城之，更引其軍西略境上〔二〕，往復走望，爲師耳目。蕃衆拒境而不敢入，官軍城二郡而歸。」白居易《樂府・城鹽州》注亦云〔三〕：「貞元壬申歲，特詔城之。」而《實録》在九年二月。蓋去歲詔使城之，今年因命杜彦光等而言之。

五月〔四〕，趙憬爲門下侍郎，由是與陸贄有隙。

《舊・憬傳》曰：「憬與陸贄同知政事。贄恃久在禁庭，特承恩顧，以國政爲己任。纔周歲，轉憬爲門下侍郎，憬由是深銜之，數以目疾請告，不甚當政事，因是不相協。」按：憬遷門下猶爲

〔一〕「二月」，《通鑑》正文此事在二月辛酉。按：《舊唐書・德宗紀》原在二月辛酉。

〔二〕「略」，《通鑑》胡註作「掠」。

〔三〕「城」，原脱，今據兩浙本、孔本、《四庫》本、胡本、廣雅本、《通鑑》胡註及《白氏長慶集・樂府・城鹽州》（上海商務印書館《四部叢刊》影印上海圖書館藏日本活字本，下同）補。

〔四〕「五月」，《通鑑》正文此事在五月甲辰。

宰相，又益以賈耽、盧邁，贄豈得專政！蓋憬以此心疑之耳。

十年，正月，崔佐時至羊苴咩城。

《舊・傳》作「陽苴咩城」。今從《新・傳》。

異牟尋斬吐蕃使，歸唐。

《舊・韋皋傳》云〔一〕：「四年正月〔二〕，皋遣判官崔佐時至苴咩城〔三〕。」按《西南夷事狀》：「四年，皋微聞異牟尋之意，始因諸蠻寓書於牟尋。自是比年招諭，至九年，牟尋始遣使分皋書以來。朝廷賜之詔書，皋乃遣佐時賫詔以往。牟尋猶欲使佐時易服而入。」《皋傳》誤也〔四〕。

六月〔五〕，袁滋册南詔。

《舊・南詔傳》：「十年八月，遣湊羅棟獻吐蕃印〔六〕。」《新・傳》曰：「異牟尋與崔佐時盟點

〔一〕「云」，《通鑑》胡註無此字。

〔二〕「正月」，兩浙本、孔本、《四庫》本、胡本、廣雅本作「五月」。按：《舊唐書・韋皋傳》原在四年而無月。

〔三〕「苴」上，《舊唐書・韋皋傳》原有「羊」字。

〔四〕「誤」，原誤作「詔」，今據兩浙本、孔本、《四庫》本、胡本、廣雅本、《通鑑》胡註改。

〔五〕「六月」，《通鑑》正文此事在六月癸丑。按：《舊唐書・德宗紀》原在六月癸丑。

〔六〕「棟」，原誤作「揀」，今據《通鑑》胡註及《舊唐書・南詔傳》改。

蒼山，敗突厥於神川〔一〕。明年六月，册異牟尋爲南詔王。」按《實録》，乃今年六月，《新》、《舊》《傳》皆誤也。韋皋奏狀皆稱「雲南王」，而竇滂《雲南別録》曰：「詔袁滋册異牟尋爲南詔。」蓋從其請，南詔之名自此始也。蠻語，詔即王也。《新·傳》云「南詔王」，亦誤。

賜張昇雲名茂昭。

《舊·傳》於其父孝忠卒時言改名。《年代記》在此年九月。今從《實録》。

十二月〔二〕，陸贄罷爲太子賓客。

韓愈《順宗實録》曰：「德宗在位稍久，益自攬機柄，親治細事，失人君大體，宰相益不得行其職，而議者乃云由贄而然。」按：凡爲宰相者，皆欲專權，安肯自求失職！不任宰相，乃德宗之失，而歸咎於贄，豈人情也！又贄《論朝官闕員狀》云：「頃之輔臣鮮克勝任，過蒙容養，苟備職員，致勞睿思，巨細經慮。」此乃諫德宗不任宰相、親治細事之辭也〔三〕。

〔一〕「突厥」，《新唐書·南詔傳》原作「吐蕃」，《通鑑》胡註亦曰：「余按：異牟尋破吐蕃於神川，《考異》誤作『突厥』。」

〔二〕「十二月」，《通鑑》正文此事在十二月壬戌。按：《舊唐書》、《新唐書》《德宗紀》原在十二月壬戌。

〔三〕「親」，原誤作「新」，今據兩浙本、孔本、《四庫》本、胡本、廣雅本、《通鑑》胡註改。

十一年，二月〔一〕，册勃海王嵩鄰爲忽汗州都督。

《實録》：「乙巳，册大嶺嵩鄰爲勃海郡王。」今從《新·傳》。

七月，王定遠欲殺李説，墜城而死。

《舊·説傳》曰：「定遠殺彭令茵，説具以事聞。德宗以定遠有奉天扈從功，恕死，停任。制未至，定遠怒説奏聞，趨府謀殺説。昇堂未坐，抽刀刺説，説走而獲免。」又曰：「定遠墜城下槎枿，傷而不死，尋有詔削奪，長流崖州。」今從《實録》。

十三年，三月，方渠三城成。

《實録》：「先是，邠寧楊朝晟奏：『方渠、合道、木波皆賊路也，請城其地以備之。』詔問：『須幾何人？』」《邠志》曰：「十三年春，詔問楊公曰：『方渠、合道、木波皆賊路也，城之可乎？若以爲可。更要幾兵？』二月十一日，起復除本官。十四日，制書到軍。十八日，發軍。二十六日，軍次石堂谷。三月二十八日〔二〕，功就三城。」今從《邠志》，而不取其日。

〔一〕「二月」，《通鑑》正文此事在二月乙巳。按：《舊唐書·德宗紀》原在二月乙巳。

〔二〕「三月」，原誤作「二月」，《通鑑》胡註無此二字，今據孔本、《四庫》本、胡本、廣雅本改。

八月〔一〕**，蔣乂諫張茂宗起復尚主**〔二〕**。**

《實録》作「蔣武」。按《舊·傳》，乂本名武。

十四年，九月，己巳，左遷陽城道州刺史。

《實録》、《新》、《舊》《傳》無年月。柳宗元《陽公遺愛碣》曰：「四年五月，皇帝以銀印赤紱即隱所起陽公爲諫議大夫。後七年，廷諍懇至，帝尤嘉異，遷爲國子司業。又四年九月己巳，出拜道州刺史。太學生魯郡季儻〔三〕、廬江何蕃等百六十人投業奔走，稽首闕下，叫閽籲天，願乞復舊。朝廷重更其事，如己巳詔。」今從之。

十六年，四月〔四〕**，加杜佑兼濠泗觀察使。**

《實録》：「十二月癸卯，泗州、濠州宣令淮南觀察使收管。」今因此終言之。

〔一〕「八月」，《通鑑》正文此事在八月癸酉。

〔二〕「宗」，原誤作「昭」，今據《通鑑》正文、《資治通鑑目録》及《舊唐書》《張茂宗傳》、《蔣乂傳》、《新唐書·蔣乂傳》改。

〔三〕「生」，《通鑑》胡註無此字。

〔四〕「四月」，《通鑑》正文此事在五月。

九月〔一〕，貶鄭餘慶郴州司馬。

《舊・傳》曰：「時歲旱人飢，德宗與宰相議，將賑給禁衛十軍，事未行，爲中書吏所泄，餘慶貶郴州司馬。」按《實録》，餘慶與于頔同貶。餘慶制辭云：「乃乖正直，有涉比周，棄法弄情，公行黨庇。」頔制辭云：「性本纖狡，行惟黨附，奏對每乖於事實，傾邪有蠹於彝章。」今從之。

十月〔二〕，赦吴少誠。

《實録》：「九月壬寅，宰相對於延英，賈耽奏：『一昨韓全義五樓退軍，賊不敢追趁者，應望國家恩貸，恐須開其生路。』上是之。」按：全義自五樓退保溵水，少誠逼溵水下營，全義又退保陳州，非不敢追趁也！又云：「諸軍討蔡州，未嘗整陳交鋒，而王師累挫潰。吴少誠知王師無能爲，致書幣以告監軍〔三〕，願求昭洗。上既納賈耽之議，又得監軍善奏，遂復其官爵。」按：少誠知王師無能爲，則愈當侵軼，豈肯從監軍求昭洗！蓋少誠起兵以來，不能無疲弊，故求休息耳。今不取。

〔一〕「九月」，《通鑑》正文此事在九月庚戌。按：《舊唐書》、《新唐書》《德宗紀》原在九月庚戌。

〔二〕「十月」，《通鑑》正文此事在十月戊子。按：《舊唐書・德宗紀》原在十月戊子。

〔三〕「幣」，原誤作「弊」，今據《四庫》本、胡本、廣雅本、《通鑑》胡註改。

十七年，正月〔一〕，韓全義稱足疾，不任朝謁。

《舊·全義傳》云：「令中使就第賜宴，自還至辭，都不謁見而去。議者以隳敗法制，從古以還，未如貞元之甚。」按《實録》：「壬戌，宴全義于麟德殿。」又云：「自還及歸，不見不辭于正朝。」蓋非不謁也，但不於正朝耳。

十八年，正月〔二〕，韋皋獻論莽熱。

《舊·韋皋傳》云：「十月，遣使獻論莽熱。」今從《實録》。

十九年，六月〔三〕，孫榮義爲中尉，與楊志廉皆驕縱。

《實録》：「十七年六月，以中官楊志廉充左神策護軍中尉。七月丙戌，以内給事楊志廉、孫榮義爲左、右神策護軍中尉副使。九月戊寅，以志廉爲左神策中尉。十九年六月辛卯，以榮義爲右神策中尉。二十年十月戊申，以志廉爲特進、右監軍將軍、左軍中尉〔四〕。」其重複差互如此。蓋十七年六月攝領耳，七月始爲副使，九月及十九年六月始正爲中尉，二十年十月但進階加官

〔一〕「正月」，《通鑑》正文此事在正月甲寅。按：《舊唐書·德宗紀》原在正月甲寅。
〔二〕「正月」，《通鑑》正文此事在正月乙亥。按：《舊唐書·德宗紀》原在正月乙亥。
〔三〕「六月」，《通鑑》正文此事在六月辛卯。
〔四〕《通鑑》胡註曰：「余按：『右監軍將軍』當作『右監門將軍』。」

耳。《舊·傳》又云：「先是，竇文場致仕，十五年以後，志廉、榮義爲左、右軍中尉，亦踵竇之事。」此蓋言其大略耳，未必爲中尉適在十五年也。

七月，張正一上書，得召見。

《順宗實録》作「張正買」。今從《德宗實録》。

正一與王仲舒、劉伯芻、吕洞善〔二〕。

《韓愈集》有《仲舒神道碑》，云「諱弘中，字某」。按：《實録》、《新》、《舊》《傳》皆名仲舒，字弘中。愈又作《燕喜亭記》，稱爲王弘中。然則弘中必字也，碑文誤耳。《順宗實録》云：「正買與王仲舒、劉伯芻、裴茝、常仲孺、吕洞相善，數遊止。」今從《德宗實録》。

十二月，韓愈貶陽山令。

韓愈《河南令張署墓誌》曰：「自京兆武功尉拜監察御史，爲幸臣所讒，與同輩韓愈、李方叔三人俱爲縣令南方。」又《祭署文》曰：「貞元十九，君爲御史。余以無能，同詔並峙。」又曰：「我落陽山，以尹鼯猱。君飄臨武，山林之牢。歲弊寒凶，雪虐風號〔三〕。」與署同貶，當在此年冬。

〔二〕「吕洞」，《通鑑》正文作「等」。
〔三〕「號」，《通鑑》胡註作「饕」。

二十年，吐蕃贊普死。

《實録》及《舊・傳》皆云：「贊普以貞元十三年四月卒，長子立。一歲又卒，次子嗣立。」韓愈《順宗實録・張薦傳》云：「二十年，贊普死，遣薦弔贈。」《新・傳》云：「十三年，贊普死，其子足之煎立[一]。二十年，贊普死，遣工部侍郎張薦弔祠，其弟嗣立。」疑《實録》、《舊・傳》誤以是字爲一字[二]。今從《順宗録》及《新・傳》。

六月，昭義兵馬使盧從史。

杜牧《上李司徒書》作「押衙盧從史」。今從《實録》。

順宗永貞元年，正月[三]，太子紫衣麻鞋。

按：秘喪則不應麻鞋，發喪則不應紫衣。蓋當時倉猝，偶著此服，非秘喪也。以未成服，故不衣縗絰耳。

甲午，宣遺詔。

《德宗實録》：「癸巳，宣遺詔。」今從《順宗實録》。

[一]「之」，原誤作「以」，今據《通鑑》胡註及《新唐書・吐蕃傳》改。

[二]《通鑑》胡註曰：「按：『字』當作『事』。」

[三]「正月」，《通鑑》正文此事在正月癸巳。按：《舊唐書》、《新唐書》《順宗紀》原在正月癸巳。

二月〔一〕**，李師古發兵屯曹州。**

《舊・韓愈傳》云：「撰《順宗實録》，繁簡不當，穆宗、文宗嘗詔史臣添改。時愈壻李漢、蔣係在顯位，諸公難之，而韋處厚竟别撰《順宗實録》三卷。」景祐中，詔編次《崇文總目》，《順宗實録》有七本，皆五卷，題云「韓愈等撰」〔二〕，五本略而二本詳，編次者兩存之，其中多異同。今以詳、略爲别。此李師古脇滑州事，詳本有而略本無。詳《録》又云：「使衡密以其本示之。師古不受，杖衡幾死。」衡蓋使者之名而無姓。又云：「遂以師至濮州，伺候爲變。」按韓愈撰《韓弘碑》云〔三〕：「屯兵于曹〔四〕。」今從之。

三月〔五〕**，李錡爲鎮海節度使，解鹽鐵轉運。**

《舊・錡傳》云：「德宗於潤州置鎮海軍。」《新書・方鎮表》：「元和二年，升浙西觀察使爲鎮海軍節度使。」按《實録》八月辛酉詔曰：「頃年江、淮租賦，爰及榷税，委在藩服，使其平均。

〔一〕「二月」，《通鑑》正文此事在二月壬子。按：《舊唐書・順宗紀》原在二月壬子。
〔二〕「云」，《通鑑》胡註作「曰」。
〔三〕「云」，原脱，今據孔本、《四庫》本、胡本、廣雅本、《通鑑》胡註補。
〔四〕「屯」下，原衍「也」字，今據孔本、《四庫》本、胡本、廣雅本、《通鑑》胡註删。
〔五〕「三月」，《通鑑》正文此事在三月丙戌。

太上皇君臨之初，務從省便，令使府歸在中朝〔一〕。」然則云德宗、元和者，皆誤也。

王叔文之黨欲逐竇羣，韋執誼止之。

《舊·劉禹錫傳》曰：「羣即日罷官。」《羣傳》曰：「其黨議欲貶其官〔二〕，韋執誼止之。」又曰：「叔文雖異其言，竟不之用。」按：《順宗實録》凡爲伾、文所排擯者無不載，未嘗言羣罷官。今從之。

六月，裴均表至。

《實録》略本云：「尋而裴垍、嚴綬表繼至，悉與皋同。」又云：「外有韋皋、裴垍、嚴綬等牋表。」詳本「裴垍」皆作「裴均」。按：裴垍時爲考功員外郎，裴均爲荆南節度使。今從詳本。

王叔文以母喪去位〔三〕。

《實録》詳本曰：「叔文母將死前一日，叔文以五十人擔酒饌入翰林，讌李忠言、劉光奇〔四〕、俱文珍及諸學士等。中飲，叔文執盞云云。又曰：『羊士諤毀叔文，叔文將杖殺之，而韋執誼懦

〔一〕「令」上，兩浙本、孔本、《四庫》本、胡本、廣雅本有「遂」字。
〔二〕「其」，《通鑑》胡註作「羣」。按：《舊唐書·竇羣傳》原作「羣」。
〔三〕《通鑑》正文此事在六月丁巳。
〔四〕「奇」，《通鑑》胡註作「琦」。

不敢。劉闢以韋皋迫脅叔文求三川，叔文平生不識闢。叔文今日名位何如，而闢欲前執叔文手，豈非凶人邪！叔文時已令掃木場，將集衆斬之，執誼又執不可。每念失此兩賊，令人不快。』又自陳判度支已來，所爲國家興利除害，出若干錢以爲功能。俱文珍隨語折之，叔文無以對，命滿酌雙巵對飲，酒數行而罷。方飲時，有暫起至廳側者，聞叔文從人相謂曰：『母死已臰，不欲棺斂，方與人飲酒，不知欲何所爲！』歸之明日，而其母死。或傳母死數日乃發喪。」《國史補》曰：「王叔文以度支使設饌於翰林，大宴諸閹，袖金以贈。明日又至，揚言：『聖人適於苑中射兔，上馬如飛[一]，敢有異議者腰斬。』其日，丁母憂。」今從二本《實録》。

七月[二]，程執恭爲橫海留後。

《舊·傳》曰：「程懷信死，懷直子執恭知留後事，乃遣懷直歸滄州。十六年卒，執恭代襲父位，朝廷因而授之。」按：懷信逐懷直而奪其位，安肯以懷直之子知留後！又《德宗實録》俱無此事，《順宗實録》略本亦無，蓋《舊·傳》誤也。惟詳本：「永貞元年七月癸巳，橫海軍節度使程懷信卒，以其子副使執恭爲橫海軍節度使。」路隋《憲宗實録》：「元和元年五月丙子，以橫海

[一]「上」，原誤重文，今據兩浙本、孔本、《四庫》本、胡本、廣雅本及李肇《唐國史補》（臺灣商務印書館影印清文淵閣《四庫全書》本，下同）刪。

[二]「七月」，《通鑑》正文此事在七月癸巳。按：《舊唐書·順宗紀》在七月癸巳，《新唐書·順宗紀》在七月辛卯。

留後程執恭爲節度使。」蓋《順録》「留後」字誤爲「使」字耳。

憲宗元和元年，正月〔一〕**，高崇文爲前軍。**

《實録》云「爲左軍」。按：有左必有右，而云「李元弈爲次軍」，則崇文必前軍也。

三月，崇文斬李康。

劉崇遠《金華子雜編》曰：「高駢在淮海、周寶在浙西爲節度使，相與有隙。駢忽遣使悔敘離絶，願復和好，請境會於金山〔二〕。寶謂其使者曰：『我非李康，更要作家門功勳，欺誑朝廷邪！』」注云：「元和中，李康鎮東川，傳有異志。駢祖崇文鎮西川，乃僞設鄰好〔三〕。康不防備，來會於境，爲崇文所斬。」《補國史》曰：「劉闢舉兵下東蜀，連帥李康棄城奔走。崇文下劍閣日，長子日暉不當矢石，欲戮之以勵衆。師次綿州，斬李康，疏康擅離征鎮，不爲拒敵。」注云：「當時議論云，康任懷州刺史日，杖殺武陟尉，即崇文判官宋君平之父，乘此事爲之復讎。」按《金華子》言，固不知李康爲劉闢所圍事，而云崇文誘誅之。《補國史》又不知被擒事，而云棄城走。此皆得於傳聞，不可爲據。今從《舊·傳》。

〔一〕「正月」，《通鑑》正文此事在正月戊子。按：《舊唐書·憲宗紀》原在正月戊子。

〔二〕「境」上，孔本、《四庫》本、胡本、廣雅本有「越」字。

〔三〕「僞」，原誤作「爲」，今據《通鑑》胡註改。

阿跌光進、光顔擊楊惠琳。

《舊・李光進傳》曰：「肅宗自靈武觀兵，光進從郭子儀破賊，收兩京。上元初，郭子儀爲朔方節度，用光進爲都知兵馬使，尋遷渭北節度使。大曆四年，葬母於京城南原[一]，將相致祭者凡四十四幄。」此乃李光弼弟光進事也，而劉昫置之此《傳》下，乃云：「元和四年，范希朝救易定，表光進爲馬步都虞候[二]。」其疏謬如此。

四月[三]，高崇文爲東川節度副使。

《實録》於此云爲東川節度使，至十月除西川時，則云東川節度副使、知節度事，蓋此時誤也。

元稹上疏論諫職。

稹《自敘》及《新・傳》，先上《教本書》，《論諫職》在後。今從《舊・傳》。

[一]「母」，原誤作「丹」，今據孔本、《四庫》本、胡本、廣雅本、《通鑑》胡註及《舊唐書・李光進傳》改。

[二]「馬」，《舊唐書・李光進傳》無此字。

[三]「四月」，《通鑑》正文此事在四月丁酉。

九月〔一〕，高崇文斬沈衍。

林恩《補國史》曰：「衍與段文昌，闒逼令判案，禮同上介，亦接諸公候謁。崇文目段公曰：『公必爲將相，未敢奉薦。』揖起。沈衍令梟首摽於驛門。二人誅賞之異，未曉其意何如也。」

二年，十月，高崇文願效死邊陲。

《舊・崇文傳》曰：「崇文不通文字，厭大府案牘諮稟之繁〔二〕，且以優富之地，無所陳力，乞居塞上，以扞邊戍，懇疏累上。」《舊・武元衡傳》曰：「崇文理軍有法，而不知州縣之政，上難其代者。」今從《補國史》，參以《舊・傳》。

武元衡爲西川節度使〔三〕。

孫光憲《北夢瑣言》曰：「李德裕太尉未出學院，盛有詞藻，而不樂應舉。吉甫相，俾親表勉之。掌武曰：『好驢馬不入行！』由是以品子敘官也。吉甫相，以武相元衡同列，事多不叶，每退，公詞色不懌。掌武啓白曰：『此出之何難！』乃請修狄梁公廟，於是武相漸求出鎮。智計已

〔一〕「九月」，《通鑑》正文此事在九月辛亥。按：《舊唐書》、《新唐書》《憲宗紀》原在九月辛亥。

〔二〕「繁」，《通鑑》胡註作「煩」。按：《舊唐書・高崇文傳》原作「繁」。

〔三〕《通鑑》正文此事在十月丁卯。按：《舊唐書・憲宗紀》原在十月丁卯。

聞於早成矣[二]。」今從《實録》及《舊·傳》。

十一月[三]，斬李錡。

《實録》：「誅錡後數日，上遣中使賫黄衣二襲，命有司收其尸并男，以庶人禮葬焉。」《國史補》曰：「李錡之擒也，得侍婢一人隨之。錡夜則裂襟自書筦榷之功，言爲張子良所賣[三]。教侍婢曰：『結之於帶。吾若從容奏對，必當爲宰相、楊益節度；不得從容，當受極刑矣。我死，汝必入内，上必問汝，當以此進之。』及錡伏法，京城大霧三日不解，或聞鬼哭。憲宗又得帛書，頗疑其寃，内出黄衣二襲賜錡及子，敕京兆收葬。」按：李錡驕逆，何寃之有！今從《實録》。

盧從史擅引兵東出，久之乃還。

蔣偕《李司空論事》曰：「絳奏：『從史比來事迹[四]，彰露頗多，意不自安，務欲生事，所以曲

〔二〕「智」上，《通鑑》胡註有「其」字。按：孫光憲《北夢瑣言》（上海商務印書館《叢書集成初編》據《雅雨堂藏書》排印本，下同）原無此字。

〔三〕「十一月」，《通鑑》正文此事在十一月甲申朔。按：《舊唐書》、《新唐書》《憲宗紀》原在十一月甲申。

〔三〕「良」，原誤作「房」，今據兩浙本、孔本、《四庫》本、胡本、廣雅本、《通鑑》胡註及《唐國史補》改。

〔四〕「迹」，原誤作「就」，今據孔本、《四庫》本、胡本、廣雅本及蔣偕《李相國論事集·論盧從史請用兵事》（臺灣商務印書館影印清文淵閣《四庫全書》本，下同）改。

陳利害，頻獻計謀，冀許用兵，以求姑息。今請親領士馬，欲往邢、洺，假以就糧，實爲動衆[一]。去就之際，情狀可知。』」《舊·從史傳》曰：「前年丁父憂，朝旨未議起復。屬王士真卒，從史竊獻誅承宗計以希上意，用是起授，委其成功。及詔下討賊，兵出，逗留不進，陰與承宗通謀，令軍士潛懷賊號。」按：三年九月戊戌，李吉甫罷相，出鎮揚州。四年二月丁卯，鄭絪罷相。三月乙酉，王士真卒，承宗始襲位。四月壬辰，從史起復。若以從史山東就糧即請討承宗之時，則於時吉甫、絪皆已罷相[二]，何得有譖絪之事！又《貶從史制辭》云：「況頃年上請，就食山東，及遣旋師，不時恭命，致動其衆，覬生其心。賴劉濟抗忠正之辭，使邪豎絶遲迴之計。加以遍毁鄰境[三]，密疏事情，反覆百端，高下在手。」若是討承宗時朝廷不違其請，何嘗使之旋師！蓋李、鄭未罷之前，從史嘗毁鄰道，乞加征討，因擅引兵出山東[四]。朝廷命旋師，託以就食邢、洺[五]，不時奉詔。但不知事在何年月日，所欲攻討者何人，劉濟有何辭而從史肯旋。今因李絳論李錡家財

[一]「實」，原誤作「貴」，今據孔本、《四庫》本、胡本、廣雅本、《通鑑》胡註及《李相國論事集·論盧從史請用兵事》改。
[二]「時」，原誤作「是」，今據兩浙本、孔本、《四庫》本、胡本、廣雅本、《通鑑》胡註改。
[三]「遍」，原誤作「偏」，今據兩浙本、孔本、《四庫》本、胡本、廣雅本、《通鑑》胡註及《舊唐書·盧從史傳》改。
[四]「擅」，原誤作「壇」，今據兩浙本、孔本、《四庫》本、胡本、廣雅本、《通鑑》胡註改。
[五]「洺」，原誤作「洛」，今據兩浙本、孔本、《四庫》本、胡本、廣雅本、《通鑑》胡註改。

事并言之。《新書》云：「從史與承宗連和，有詔歸潞。」誤也。

于頔子尚主，遂入朝〔二〕。

《實録》不見頔入朝月日，今因尚主終言之。

三年，正月，涇原節度使段祐。

《舊・傳》作「段佐」，《新・傳》作「佑」。今從《實録》。

二月〔三〕**，盧坦彈柳晟、閻濟美進奉。**

《舊・晟傳》曰：「罷鎮入朝，以違詔進奉爲御史元稹所劾，詔宥之。」今從《實録》。《舊・濟美傳》：「自福建觀察使復爲浙西觀察使。」《新・傳》曰：「自福建觀察使徙浙西。罷浙西也，方在道見詔，而貢獻無所還，故帝爲言之。」今據《實録》云：「離越州後，方見赦文。」則是浙東。《新》、《舊》《傳》誤也。

六月，沙陀詣靈州降。

趙鳳《後唐懿祖紀年録》曰：「懿祖諱執宜，烈考諱盡忠，自曾祖入覲，復典兵於磧北。德宗

〔二〕《通鑑》正文尚主事在十二月己卯。

〔三〕「二月」，《通鑑》正文此事在三月辛亥。

貞元五年，回紇葛禄部及白眼突厥叛回紇忠貞可汗，附于吐蕃，因爲鄉導，驅吐蕃之衆三十萬寇我北庭〔二〕。烈考謂忠貞可汗曰：『吐蕃前年屠陷靈、鹽，聞唐天子欲與贊普和親。可汗數世有功，尚主，恩若驕兒，若贊普有寵於唐，則可汗必無前日之寵矣。』忠貞曰：『若之何？』烈考曰：『唐將楊襲古固守北庭，無路歸朝，今吐蕃、突厥併兵攻之，儻無援助，陷亡必矣。北庭既没，次及于吾，可汗得無慮乎！』忠貞懼，乃命其將頡干迦斯與烈考將兵援北庭。貞元六年，與吐蕃戰于磧口，頡干迦斯戰不利而退〔三〕。烈考牙於城下，以援襲古，吐蕃攻圍經年，諸部繼没。十二月，北庭之衆刦烈考降於吐蕃〔三〕，由是舉族七千帳徙於甘州，臣事贊普。貞元十三年，回紇奉誠可汗收復涼州，大敗吐蕃之衆。或有間烈考於贊普者云：『沙陀本回紇部人，今聞回紇彊，必爲内應。』贊普將遷烈考之牙於河外。時懿祖年已及冠，白烈考曰：『吾家世爲唐臣，不幸陷虜，爲它效命，反見猜嫌，不如乘其不意，復歸本朝。』烈考然之。貞元十七年，自烏德鞬山率其部三萬東奔〔四〕。居三日，吐蕃追兵大至，自洮河轉戰至石門關，委曲三千里，凡數百戰，烈考戰没，懿祖

〔二〕「三」，兩浙本、孔本、《四庫》本、胡本、廣雅本作「二」。
〔三〕「戰」，《通鑑》胡註無此字。
〔三〕「考」，原誤作「祖」，今據《通鑑》胡註改。
〔四〕「三」，兩浙本、孔本、《四庫》本、胡本、廣雅本作「二」。

挾護靈輿，收合餘衆，至於靈州，猶有馬三千騎，勝兵一萬。時范希朝爲河西、靈鹽節度使，聞懿祖至，自率師蕃界，應接而歸，以事奏聞。德宗遣中使賜詔慰勞，賞錫數十萬，因於鹽州置陰山府，以懿祖爲都督，授特進、驍衛將軍同正。憲宗即位，詔懿祖入覲。元和元年七月，帝自振武至長安，授特進、金吾衛將軍，留宿衛。時范希朝亦徵爲金吾上將軍。二年，吐蕃誘我党項部，寇犯河西，天子復命希朝爲靈鹽節度，命懿祖將兵佐之。賊平，戍西受降城。」據《德宗實録》，貞元十七年無沙陀歸國事。《范希朝傳》，德宗時爲振武節度[一]，元和二年乃爲朔方、靈鹽節度[二]，誘致沙陀。元和元年亦無沙陀朝見。《紀年録》恐誤。今從《實録》、《舊・傳》、《新書》。

九月，王鍔求加平章事，白居易上言[三]。

按：《舊》《李藩》、《權德輿傳》、《白居易集》、李絳《論事集》，皆有諫加王鍔平章事事，觀其辭意，各是一時。居易所論者，云「淮南百姓，日夜無憀」，又云「鍔歸鎮與在朝，望並不除宰相」，則是自淮南入朝，未除河中時也。權、李同在中書受密旨，云「可兼宰相」，則初除河中時也。《李司空論事》云：「至太原一二年間，財力贍足。」則是除太原以後，六年十一月李絳作相

〔一〕「度」下，《通鑑》胡註有「使」字。
〔二〕「度」下，《通鑑》胡註有「使」字。
〔三〕「上言」，《通鑑》正文脱此二字，《資治通鑑目録》作「諫」。

前也。今附居易疏於初除太原之時。又《舊·鍔傳》云，在淮南四年，元和二年入朝。按《實録》，鍔以貞元十九年鎮淮南。居易狀云「五年誅求」，又云「昨日裴均除平章事」，故置此。

李吉甫爲淮南節度使〔一〕。

《舊·吉甫傳》曰：「初，裴均爲僕射，判度支，交結權幸，欲求宰相。先是，制試直言極諫科，其中有譏刺時政、忤犯權倖者，因此均黨揚言皆執政教指，冀以摇動吉甫。賴諫官李約、獨孤郁、李正辭、蕭俛密疏陳奏，帝意乃解。吉甫早歲知奬羊士諤，擢爲監察御史。又司封員外郎吕温有詞藝，吉甫亦眷接之。竇羣初拜御史中丞，奏請士諤爲侍御史，温爲郎中，知雜事。吉甫怒其不先關白，而所請又有超資者，持之數日不行，因而有隙。羣遂伺得日者陳克明出入吉甫家，密捕以聞。憲宗詰之，無奸狀。吉甫以裴垍久在翰林，憲宗親信，必當大用，遂密薦垍代己，因自圖出鎮。其年九月，拜淮南節度使，在揚州，每有朝廷得失，皆密疏論列。」按：牛僧孺等指陳時政之失，吉甫泣訴，故貶考覆官。裴均等雖欲爲讒，若云執政自教指舉人詆時政之失，豈近人情邪！吉甫自以誣構鄭絪，貶斥裴垍等，蓋憲宗察見其情而疏薄之，故出鎮淮南。及子德裕秉政，掩先人之惡，改定《實録》，故有此説耳。

〔一〕《通鑑》正文此事在九月戊戌。按：《舊唐書》、《新唐書》《憲宗紀》原在九月戊戌。

四年，三月，欲降德音，李絳、白居易上言。

《李司空論事》及《居易集》皆有此奏，語雖小異，大指不殊，蓋同上奏耳。

王士則與劉栖楚自歸京師。

《舊·傳》：「栖楚爲吏鎮州，王承宗甚奇之。」今從《實録》。

四月，李絳、白居易諫受裴均銀器。有旨諭進奏院，居易復以爲言。

《居易集》奏狀曰：「伏見六七日來，向外傳説，皆云有進止，令宣與諸道進奏院：『自今已後，應有進奉，並不用申報御史臺；如有人勘問，便録名奏來者。』内外相傳，不無驚怪。臣伏料此事多是虚傳，且有此聞，不敢不奏」云云。又曰：「若此果虚，即望宣示内外〔一〕，令知聖旨，使息虚聲。」按：禁止進奉，前後制敕非一，不止於昨閏三月德音也。去歲三月〔二〕，柳晟、閻濟美違敕進奉，已爲盧坦所彈。憲宗云：「濟美離越州，乃逢赦令，釋其罪。」今裴均所進，假使在德音前，亦赦後矣。又云：「赦書未到前已在道路〔三〕，捨其過。」是則憲深惑於左右之言〔四〕，外示不受

〔一〕「内」，《通鑑》胡註作「中」。按：《白氏長慶集·奏所聞狀》原作「内」。
〔二〕「歲」，《通鑑》胡註作「年」。
〔三〕「赦」，兩浙本、孔本、《四庫》本、胡本、廣雅本作「敕」。「路」，《通鑑》胡註無此字。
〔四〕「憲」下，《通鑑》胡註有「宗」字。

獻，内實欲其來獻也。然則居易所聞，不爲虚矣；若其虚，必辨明也。《實録》及《李司空論事》皆以此爲憲宗之美，今故直之。

九月，甲辰，裴武復命。庚戌，以薛昌朝爲保信節度使。

《李司空論事》：「初，武銜命使鎮州，令諭王承宗割德、棣兩州歸朝廷。武飛表上言，一如朝廷意旨，遂除昌朝德棣節度。及旌節至德州[一]，而昌朝尋已追到鎮州，朝命遂不行。比及武回，事宜與先上表參差。」按《實録》：「甲辰，武至自鎮州。庚戌，除昌朝。」非武未還，據所上表除之也。《論事集》誤。今從《實録》。

十月[二]，李元素等諫以吐突承璀爲招討。

《舊·承璀傳》曰：「諫官、御史上疏相屬，皆言自古無中貴人爲兵馬統帥者，補闕獨孤郁、段平仲尤激切。」《吕元膺傳》：「元膺與給事中穆質、孟簡、兵部侍郎許孟容等八人抗論不可。」若據《承璀傳》，則是九人[三]。又，平仲時爲諫議大夫，非補闕，恐誤。今從《實録》。

[一]「德」，《李相國論事集·論裴武事》原作「魏」。

[二]「十月」，《通鑑》正文此事在十月癸未。按：《舊唐書》、《新唐書》《憲宗紀》原在十月癸未。

[三]「人」，原誤重文，今據兩浙本、孔本、《四庫》本、胡本、廣雅本、《通鑑》胡註删。

五年，正月，内侍與元稹爭驛。

《實録》云：「中使仇士良與稹爭廳。」按：《稹》及《白居易傳》皆云「劉士元」，而《實録》云「仇士良」，恐誤。今止云内侍。

四月〔一〕**，白居易請罷兵。**

《白氏集》云「五月十日進」。據此疏云：「從史雖經接戰，與賊勝負略均。」則是未就縛也。此月戊戌，從史已流驩州，疑「五月」當爲「四月」。故移於此。

吐突承璀縛盧從史〔二〕**。**

《承璀傳》曰：「承璀出師經年無功，乃遣密人告王承宗，令上疏待罪，許以罷兵爲解〔三〕；仍奏昭義節度使盧從史素與賊通，許爲承宗求節鉞。乃誘潞州牙將烏重胤謀，執從史送京師。」今從裴垍等《傳》〔四〕。

〔一〕「四月」，《通鑑》正文此事在三月。

〔二〕《通鑑》正文此事在四月甲申。按：《舊唐書·憲宗紀》原在四月甲申。

〔三〕「許」，原誤作「計」，今據孔本、《四庫》本、胡本、廣雅本、《通鑑》胡註及《舊唐書·吐突承璀傳》改。

〔四〕「傳」，原脱，今據孔本、《四庫》本、胡本、廣雅本、《通鑑》胡註補。

六月，上欲令白居易出院，李絳諫。

《舊·居易傳》曰：「吐突承璀爲招討使，諫官上章者十七八。居易面論，辭情切至；既而又請罷河北用兵，凡數千百言，皆人之難言者〔一〕，上多聽納。唯諫承璀事切，上頗不悅，謂李絳曰：『白居易小子是朕拔擢，而無禮於朕，朕實難奈。』絳對曰：『居易所以不避死亡之誅，事無巨細必言者，蓋酬陛下特力拔擢耳〔二〕。陛下欲開諫諍之路，不宜阻居易言。』上曰：『卿言是也。』繇是多見聽納。」今從《李司空論事》。

七月，李師道等請雪王承宗。

《實録》云〔三〕：「淄青、幽州累有章表，請赦承宗。」按：劉濟素與成德有怨，攻之最力。白居易《請罷兵狀》云：「劉濟近日，情似近忠，今忽罷兵，慮傷其意。又豈緣劉濟一人惆悵，而不顧天下遠圖！」然則濟豈肯請赦承宗！今不取。

〔一〕「之」下，《通鑑》胡註有「所」字。按：《舊唐書·白居易傳》原無此字。
〔二〕「蓋」下，《通鑑》胡註有「欲」字。按：《舊唐書·白居易傳》原無此字。
〔三〕「云」，《通鑑》胡註無此字。

十一月〔一〕，命王鍔兼平章事，李藩固執不可。

《舊·李藩傳》曰：「鍔以錢數千萬賂遺權侍〔二〕，求兼宰相。藩與權德輿在中書，有密旨曰：『王鍔可兼宰相，宜即擬來。』藩遂以筆塗『兼宰相』字，卻奏上云〔三〕：『不可！』德輿失色曰：『縱不可，宜別作奏，豈可以筆塗詔邪！』曰：『勢迫矣，出今日，便不可止〔四〕，日又暮，何暇別作奏。』事果寢。」《會要》崔鉉曰：「此乃不諳故事者之妄傳〔五〕，史官之謬記耳。既稱奉密旨，宜擬狀中陳論，固不假以筆塗詔矣〔六〕。凡欲降白麻，若商量於中書、門下，皆前一日進文書，然後付翰林草麻制〔七〕。又稱藩曰：『勢迫矣，出今日，便不可止。』尤爲疏闊。蓋由史氏以藩有直亮之名，欲委曲成其美，豈所謂直筆哉！」《舊·德輿傳》曰：「初，鍔來朝，貴倖多譽鍔者，上將加平章事，李藩堅執以爲不可，德輿繼奏云云，乃止。」今從之。

〔一〕「十一月」，《通鑑》正文此事在十一月庚戌。按：《舊唐書·憲宗紀》原在十一月庚戌。
〔二〕「侍」，《舊唐書·李藩傳》原作「倖」。
〔三〕「奏」，原誤作「奉」，今據兩浙本、孔本、《四庫》本、胡本、廣雅本、《通鑑》胡註及《舊唐書·李藩傳》改。
〔四〕「可」，原脱，今據兩浙本、孔本、《四庫》本、胡本、廣雅本、《通鑑》胡註及《舊唐書·李藩傳》補。
〔五〕「故事」，《唐會要·識量下》崔氏曰此二字原互乙。
〔六〕「詔」，原誤作「語」，今據兩浙本、孔本、《四庫》本、胡本、廣雅本、《通鑑》胡註及《唐會要·識量下》崔氏曰改。
〔七〕「制」，《通鑑》胡註無此字。按：《唐會要·識量下》崔氏曰原有「制」字。

六年，九月，辰、溆二州蠻反。

《舊·傳》作「辰、錦二州」。今從《實録》。

十一月，十六宅諸王不出閤。

《新·李吉甫傳》作「十宅」。按《舊·紀》，自此至唐末皆云「十六宅」。《新·傳》誤也〔二〕。

十二月，己丑，李絳同平章事。

《舊·傳》曰：「吐突承璀恩寵莫二。是歲，將用絳爲宰相，前一日，出璀爲淮南監軍。翌日降制，以絳同平章事。」《新·傳》曰：「絳所言無不聽，帝欲遂以爲相，而承璀寵方盛，忌其進，陰有毁短，帝乃出承璀淮南監軍。翌日，拜絳同平章事。」今據《實録》，出承璀至絳入相五十四日。《舊·傳》云「翌日」，誤也。

七年，七月〔三〕，立遂王宥爲太子，更名恒。

《舊·澧王惲傳》曰：「時吐突承璀恩寵特異。惠昭太子薨，議立儲副，承璀獨排羣議，屬澧

〔二〕《通鑑》胡註曰：「余按：開元以來，皇子多居禁中，詔附苑城爲大宮，分院而處，號十王宅，中人押之；就夾城參天子起居。其後增爲十六宅。《舊史》曰：開元於安國寺東附苑城爲大宅，分院而居，號十王宅。十王，謂慶、忠、棣、鄂、儀、潁、永、榮、延、濟。其後盛、儀、壽、豐、恒、梁六王又就封入内宅，此十六宅得名之始也。」

〔三〕「七月」，《通鑑》正文此事在七月乙亥。按：《舊唐書》、《新唐書》《憲宗紀》原在七月乙亥。

王，欲以威權自樹。賴上明斷不惑。」《承璀傳》曰：「八年，欲召承璀還，乃罷絳相位。承璀還，復爲神策中尉。惠昭太子薨，承璀建議請立澧王寬爲太子。憲宗不納，立遂王宥。」《崔羣傳》曰：「憲宗以澧王居長，又多内助。」《新·傳》亦曰：「惠昭太子薨，承璀請立澧王，不從。」據《實録》：「六年十一月，承璀監淮南軍。閏十二月，惠昭太子薨。明年，承璀乃召還。」而《新》、《舊》《傳》皆如此。穆宗卒以此殺承璀。蓋憲宗末年，承璀欲廢太子，立澧王耳，非惠昭初薨時也。

八月，田懷諫年十一。

《論事集》作「十二」。今從《實録》及《舊·傳》。

李吉甫請討魏博。

《新·吉甫傳》曰〔二〕：「魏博節度使田季安疾甚，吉甫請任薛平爲義成節度使，以重兵控邢、洺，因圖上河北險要所在。帝張於浴堂門壁，每議河北事，必指吉甫曰：『朕日按圖，信如卿料矣。』」按：憲宗竟用李絳之册〔三〕，不用兵而魏博平，不如《新·傳》所言。今不取。

〔二〕「曰」，《通鑑》胡註無此字。

〔三〕「册」，《通鑑》胡註作「策」。

資治通鑑考異卷第二十

端明殿學士兼翰林侍讀學士太中大夫提舉西京嵩山崇福宮上柱國河内郡開國公食邑二千六百户食實封壹阡户臣司馬光奉敕編集

唐紀十二

元和八年，三月，丙辰，杖殺僧鑒虚。

《實録》在二月。按《長曆》，二月乙酉朔，三月甲寅朔。丙辰，三月三日。甲子，武元衡入知政事，十一日也。《實録》脱，不書月耳。

七月，李光進請修受降城。

《實録》云：「李光進請修東受降城，兼理河防。」又云：「以中受降城及所管騎士一千一百四十人隸于天德軍。」《舊·傳》：「盧坦與李絳叶議，以爲西城張仁愿所築，不可廢。」三者不同，莫知孰是。今但云受降城，所闕疑也。又《李司空論事》云：「中城舊屬振武，有鎮兵四百人，其時割屬天德，交割惟有五十人〔一〕。」人數如此不同，或者一千一百四十人是三城都數耳。

九年，閏八月，丙辰，吴少陽薨。

《實録》，少陽卒在九月己丑下、壬辰上〔二〕，而并元濟焚舞陽言之。《統紀》、《舊·紀》，少陽卒皆在九月。按《舊·傳》曰：「少陽卒，凡四十日，不爲輟朝。」《唐紀》：「張弘靖請爲少陽廢朝贈官。」而《實録》：「辛丑，贈少陽右僕射。」然則己丑至辛丑，才十二日耳，豈容四十日不輟朝乎！今從《新·紀》。

十月〔三〕**，崔潭峻監軍。**

《實録》作「談峻」。今從《舊·傳》。

十年，三月〔四〕**，劉禹錫爲播州刺史，改連州。**

《舊·禹錫傳》：「元和十年，自武陵召還，宰相復欲置之郎署。時禹錫作《遊玄都觀詠看

〔一〕「五」，《李相國論事集·論邊事》原無此字。

〔二〕「九月」，《通鑑》胡註作「閏月」。按《二十史朔閏表》，元和九年閏八月乙巳朔，無己丑；九月甲戌朔，己丑十六日，壬辰十九日。

〔三〕「十月」，《通鑑》正文此事在十月乙丑。按：《舊唐書·憲宗紀》原在十月甲子。

〔四〕「三月」，《通鑑》正文此事在三月乙酉。按：《舊唐書·憲宗紀》原在三月乙酉。

花君子》詩，語涉譏刺，執政不悦，復出爲播州刺史。」《禹錫集》載其詩曰：「玄都觀裏桃千樹，盡是劉郎去後栽。」按：當時叔文之黨，一切除遠州刺史，不止禹錫一人，豈緣此詩！蓋以此得播州惡處耳。《實録》曰：「中丞裴度奏：『其母老，必與此子爲死别，臣恐傷陛下孝理之風。』憲宗曰：『爲子尤須謹慎，恐貽親之憂。禹錫更合重於它人，卿豈可以此論之！』度無以對。良久，帝改容而言曰：『朕所言，是責人子之事，然終不欲傷其所親之心。』明日，改授禹錫連州。」趙元拱《唐諫諍集》：「度曰〔二〕：『陛下方侍太后，以孝理天下，至如禹錫，誠合哀矜。』憲宗乃從之。明日，制授禹錫連州。既而語左右：『裴度終愛我切。』」趙璘《因話録》曰：「憲宗初徵柳宗元、劉禹錫至京城，俄而柳爲柳州刺史，劉爲播州刺史。柳以劉須侍親，播州最爲惡處，請以柳州换。上不許。宰相對曰：『禹錫有老親。』上曰：『但要與郡，豈繫母在！』裴晉公進曰：『陛下方侍太后，不合發此言。』上有愧色，劉遂改爲連州。」按柳宗元《墓誌》，將拜疏而未上耳，非已上而不許也。禹錫除播州時，裴度未爲相。今從《實録》及《諫諍集》。

〔二〕「度」上，《通鑑》胡註有「裴」字。

六月〔一〕**，盜殺武元衡，斬張晏等，李師道客潛匿亡去**〔二〕。

《舊·張弘靖傳》曰：「初，盜殺元衡，京師索賊未得。時王承宗邸中有鎮卒張晏輩數人，行止無狀，人多意之。詔録付御史臺御史陳中師按之，皆附致其罪，如京中所説。弘靖疑其不直，驟於上前言之，憲宗不聽。及田弘正入鄆，按簿書，亦有殺元衡者，但事曖昧，互有所説，卒未得其實。」按《舊·吕元膺傳》：「獲李師道將訾嘉珍、門察，皆稱害武元衡者。」然則元衡之死，必師道所爲也。但以元衡叱尹少卿，及承宗上表詆元衡，故時人皆指承宗耳。今從薛圖存《河南記》。

七月〔三〕**，李師道遣賊謀焚東都宫闕。**

《河南記》曰：「賊帥訾嘉珍果於東都留後院潛召募一百餘人，兼造置兵仗，部署已定。會門子健兒有小過，被笞責之，遂使兄弟一人告河南府。當時飭兩縣驅丁壯，悉持弓矢刀棒，圍興道坊院數重。賊黨迫蹙，遞相蹂，四面矢下如雨，俄然殄滅，因縱火焚其院宇，悉爲煨燼。」今從《實録》。

〔一〕「六月」，《通鑑》正文殺武元衡在六月癸卯。按：《舊唐書》、《新唐書》《憲宗紀》原在六月癸卯。

〔二〕《通鑑》正文斬張晏事在六月戊辰。

〔三〕「七月」，《通鑑》正文此事在八月。按：《舊唐書·吕元膺傳》在七月，《舊唐書》、《新唐書》《憲宗紀》在八月丁未。

九月，韓弘欲倚賊自重，不願淮西速平。

《舊·傳》曰：「弘鎮汴州，當兩河賊之衝要，朝廷慮其異志，欲以兵柄授之，而令李光顔、烏重胤實當旗鼓，乃授弘淮西諸軍行營都統。弘雖居統帥，常不欲諸軍立功，陰爲逗撓之計。每聞獻捷，輒數日不怡，其危國邀功如是。」按：弘承宣武積亂之後，鎮定一方，居彊寇之間，威望甚著。若有異志，與諸鎮連衡跋扈，如反掌耳。然觀其始末，未嘗失臣節。朝廷若疑其有異志而更用爲都統，則光顔、重胤更受其節制，非所以防之也。且數日不怡，有何狀可尋，恐毁之過其實耳。今從其可信者。

十一年，十一月，柳公綽杖殺神策將。

《柳氏敘訓》曰：「公穆宗朝爲大京兆，有禁軍校冒騶卒唱，駐馬斃之。翌日[一]，延英對上云云。朝退，上顧左右曰：『爾輩大須作意，如此神采，我亦怕他。』」《因話録》曰：「憲宗正色詰公專殺之狀，公曰：『京兆尹在取則之地。臣初受陛下奬擢[二]，軍中偏裨，躍馬衝過，此乃輕陛

[一] 「翌」，《通鑑》胡註作「明」。

[二] 「受」，原誤作「授」，今據孔本、《四庫》本、胡本、廣雅本、《通鑑》胡註及趙璘《因話録》（上海商務印書館《叢書集成初編》據《稗海》排印本，下同）改。

下法，不獨試臣〔一〕。臣杖無禮之人，不打神策軍將。』」按：公綽，憲宗、穆宗朝俱嘗爲京兆尹。此事恐非穆宗所能爲，《敘訓》之誤也。今從《因話録》。

十二年，正月，淮西人輕李愬，不爲備。

《舊·傳》曰：「愬沈勇長算，推誠待士，故能用其卑弱之勢，出賊不意。居半歲，知人可用，乃謀襲蔡，表請濟師，詔以河中、鄜坊騎兵二千人益之。」鄭澥《平蔡録》曰：「正月二十四日甲申，公至所部。先是，士卒經萬勝、蕭陂、鐵城、新興之敗，人心皆惴恐，不敢言戰。公佯曰：『戰爭非吾所能。』既而陰召大將計其事。是時，公以表請徑襲元濟，人皆笑其説，乃使觀察判官王擬請師闕下，詔徵義成、河中、鄜坊馬步共二千，以補其闕。」據此，則是始至便請益兵。又二月，即擒丁士良，降吴秀琳，是不待半歲然後知人可用。《舊·傳》恐誤。然愬密謀襲蔡，豈可先泄之，而云「以表請襲元濟，人皆笑其説」，則是人人知之，恐非也！今不取。

九月〔二〕，愬斬淮西將孫獻忠。

《舊·傳》作「孫忠憲」。今從《平蔡録》。

〔一〕「試」，孔本、《四庫》本、胡本、廣雅本作「欺」。按：《因話録》原作「侮」。
〔二〕「九月」，《通鑑》正文此事在九月甲寅。按：《新唐書·憲宗紀》原在九月甲寅。

蔡之精兵皆在洄曲。

《舊・元濟傳》：「李祐曰：『元濟勁軍多在時曲〔一〕。』」按《李光顔傳》云〔二〕：「董重質棄洄曲軍。」《李愬傳》云：「分五百人斷洄曲路。」又云：「洄曲子弟歸求寒衣。」然則《元濟傳》誤，當爲「洄曲」〔三〕。

十月，辛未，李愬襲蔡州。

《舊・愬傳》曰：「其月七日，使判官鄭澥告期於裴度。十日夜，以李祐率突將三千爲先鋒，愬自帥中軍三千，田進誠以後軍三千殿而行。」《元濟傳》曰：「十一月，愬夜出軍，令李祐爲前鋒，其十日夜至蔡州城下。」《實録》曰：「愬以十月將襲蔡州，先七日，使判官鄭澥告師期於裴度。」按：先七日，即是《平蔡録》所云「八日甲子」也。而《愬傳》誤云「七日」，而又云「十日夜帥軍行」，亦誤。《元濟傳》「十一月，愬出軍」，尤誤。《裴度傳》：「十月十一日，李愬襲破懸瓠城，擒元濟。」亦誤。按：十月戊午朔，韓愈《平淮西碑》云：「壬申，愬用所得賊將，自文城，因天大雪，疾馳百二十里。」即十五日也。又曰：「用夜半到蔡，破其門，取元濟以獻。」即十六日

〔一〕「時曲」，《舊唐書・吴元濟傳》原作「洄曲」。
〔二〕「云」，《通鑑》胡註作「曰」。
〔三〕《通鑑》胡註曰：「余意洄曲蓋即時曲也。」

也。《實録》「己卯執元濟」，乃奏到日也。今從《平蔡録》。

十三年，正月，李師道謀逆命，高沐與郭昈、李公度諫之。

《新・傳》又有郭航名。按：航乃牙將，昈所使詣李愿者，非幕僚同諫者也。今從《河南記》。

十一月，田弘正度河，距鄆州四十里築壘。

《河南記》云：「營於陽穀西北。」今從《實録》。

十四年，四月，皇甫鎛之黨擠裴度。

《舊・傳》曰：「鎛與辛相李逢吉、令狐楚合勢擠度，故出鎮。」按：逢吉時在東川，楚在昭義〔一〕，皆不爲相。今不取。

十五年，正月〔二〕，帝暴崩，時人言陳弘志弑逆。

《實録》但云：「上崩于大明宮之中和殿〔三〕。」《舊・紀》曰：「時帝暴崩，皆言内官陳弘志弑逆，史氏諱而不書。」《王守澄傳》曰：「憲宗疾大漸，内官陳弘慶等弑逆。憲宗英武，威德在人，

〔一〕《通鑑》胡註曰：「按：後『昭義』當作『河陽』。」

〔二〕「正月」，《通鑑》正文此事在正月庚子。按：《舊唐書》、《新唐書》《憲宗紀》原在正月庚子。

〔三〕「大」，原誤作「天」，今據兩浙本、孔本、《四庫》本、胡本、廣雅本、《通鑑》胡註及《舊唐書・憲宗紀》改。

内官秘之，不敢除討，但云藥發暴崩。」《新・傳》曰：「守澄與内常侍陳弘志弑帝於中和殿。」裴廷裕《東觀奏記》云：「宣宗追恨光陵商臣之酷〔二〕，郭太后亦以此暴崩。」然兹事曖昧，終不能測其虛實，故但云暴崩。

十月，王承元年二十。

《舊・傳》作「年十八」。按：承元大和七年卒，年三十三，則於今年二十矣。今從《實録》。

鄭覃、崔郾等諫宴樂、畋游。

《舊・崔郾傳》曰：「上即位，荒於禽酒，坐朝常晚。郾與同列鄭覃等延英切諫，上甚嘉之，畋遊稍簡。」杜牧《郾行狀》曰：「穆宗皇帝春秋富盛，稍以畋遊聲色爲事。公晨朝正殿，揮同列進而言曰：『十一聖之功德，四海之大，萬國之衆，之治之亂，懸於陛下。自山已東，百城千里，昨日得之，今日失之。西望戎壘，距宗廟十舍，百姓憔悴，蓄積無有。願陛下稍親政事，天下幸甚！』誠至氣直，天子爲之動容斂袵，慰而謝之。」按：是時未失山東，杜牧直取穆宗時事，文飾以爲郾諫辭耳。《新・傳》承而用之，皆誤也。今從《實録》、《舊・傳》。

〔二〕「商」，原誤作「商」，今據兩浙本、孔本、《四庫》本、胡本、廣雅本、《通鑑》胡註改。

丁公著對「宴樂非佳事」。

《實録》，「明年二月景子，觀神策雜伎」，因云「上嘗召公著問」云云。《舊・紀》遂云，「其日，上歡甚，顧公著」云云。此誤也。今因覃等諫荒宴事言之。

李光顔救涇州。

《舊・傳》，光顔救涇州事在十四年。今從《實録》。

十一月[一]**，鄭覃宣慰鎮州，王承元與柏耆諭諸將。**

《舊・承元傳》曰：「承元與柏耆召諸將於館驛，諭之，斬李寂等，軍中始定。」《舊・鄭覃傳》曰：「王承元移授鄭滑，鎮之三軍留承元，不能赴鎮。承元乞重臣宣諭，乃以覃爲宣諭使。初，鎮卒辭語不遜。覃至，宣詔，諭以大義，軍人釋然聽命。」按《實録》：「辛亥，田弘正奏：『今月九日，王承元領兵二千人赴滑州。』」計覃於時猶未能到鎮州，作傳者推以爲覃功耳。今從《承元傳》。

穆宗長慶元年，二月[二]**，劉總乞棄官爲僧。**

《舊・温造傳》曰：「長慶元年，奉使河朔稱旨，遷殿中侍御史。既而幽州劉總請以所部

[一]「十一月」，《通鑑》正文此事在十一月癸卯。按：《舊唐書・穆宗紀》原在十一月癸卯。

[二]「二月」，《通鑑》正文此事在二月己卯。按：《舊唐書》、《新唐書》《穆宗紀》原在二月己卯。

九州聽朝旨，穆宗選可使者，或薦造，乃拜起居舍人，充太原、鎮州、幽州宣諭使〔一〕。造初至范陽，劉總具櫜鞬郊迎，乃宣聖旨，示以禍福。總俯伏流汗，若兵加於頸矣。及造使還，總遂移家入覲。」按《實録》，長慶元年正月己巳，以造爲太原、鎮州等道宣慰使。二月己卯，劉總奏乞爲僧。計造奉使尚未還。三月癸亥，總已卒。八月丁亥，以殿中侍御史温造爲起居舍人，充鎮州四面諸軍宣慰使。造前以京兆司録宣慰兩河，衆推其材，故有是命。《舊・傳》誤也。

三月，總以印節授張玘。

《新・傳》曰〔二〕：「總以節付張皋。皋，玘之兄，爲涿州刺史，總之妻父也。」按《實録》：「幽州留後張玘奏：『總以剃髮爲僧，不知所在。』」然則不以節付皋也。

四月〔三〕，詔黜鄭朗等。

《鄭覃傳》曰：「朗，長慶元年登進士甲科。」此蓋言其始者登科耳。

〔一〕「鎮州幽州」，《通鑑》胡註此二詞互乙。按：《舊唐書・温造傳》原作「鎮州幽州」。
〔二〕「曰」，《通鑑》胡註無此字。
〔三〕「四月」，《通鑑》正文此事在四月丁丑。按：《舊唐書・穆宗紀》原在四月丁丑。

七月〔一〕**，幽州軍亂，殺張宗元。**

《舊・傳》作「張宗厚」。今從《實録》。

又殺張徹。

《實録》：「徹到職纔數日，軍人不之殺，與弘靖同館處之。後數日，軍人恐徹與弘靖爲謀，將移之他所。徹自疑就戮，因抗聲大罵，復遇害。」《舊・傳》曰：「續有張徹〔二〕，自遠使迴，軍人以其無過，不欲加害，將引置館中。徹不知其心，遂索弘靖所在，大罵軍人，亦爲亂兵所殺。」韓愈《徹墓誌》曰：「徹累官至范陽府監察御史。長慶元年〔三〕，今牛宰相爲中丞，奏君爲御史，其府惜不敢留，遣之，而密奏：『臣始至孤怯，須彊佐乃濟。』發半道，有詔以君還之。至數日，軍亂，怨其府從事，盡殺之而囚其帥，且相約張御史長者，無庸殺，置之帥所。居月餘，聞有中貴人自京師至。君謂其帥：『公無負此土人，上使至，可因請見自辯，幸得脱免歸。』即推門求出。守者以告其魁，魁與其徒皆駭曰：『張御史忠義，必爲其帥告此餘人，不如遷之别館〔四〕。』即以衆出

〔一〕「七月」，《通鑑》正文此事在七月甲辰。按：《舊唐書》、《新唐書》《穆宗紀》原在七月甲辰。

〔二〕「徹」下，《通鑑》胡註有「者」字。按：《舊唐書・張弘靖傳》原有此字。

〔三〕「元」，原誤作「二」，今據《通鑑》胡註及《昌黎先生文集・張徹墓誌銘》改。

〔四〕「館」，原誤作「餘」，今據兩浙本、孔本、《四庫》本、胡本、廣雅本、《通鑑》胡註及《昌黎先生文集・張徹墓誌銘》改。

君。君出門罵衆曰：『汝何敢反！前日吴元濟斬東市，昨日李師道斬於軍中，同惡者父母妻子皆屠死，肉餧狗鼠鴟鵶。汝何敢反！』行且罵。衆畏惡其言，不忍聞，且虞生變，即擊君以死。君抵死口不絶罵，衆皆曰：『義士！義士！』或收瘞之以俟。」據《舊・傳》：「徹以弘靖因時被殺。」《實録》云「後數日」，《墓誌》云「居月餘」，三書各不同。按：此月丁巳，弘靖已貶官，月餘則離幽州矣。今從《實録》，參以《墓誌》〔二〕。

再貶張弘靖吉州刺史〔三〕。

《舊・傳》：「貶撫州刺史。」按：明年乃改撫州。今從《實録》。

田弘正遣魏兵歸。

《舊・弘正傳》云：「七月，歸卒於魏州。」《王庭湊傳》云：「六月，魏兵還鎮。」《崔倰傳》曰：「遣魏卒還鎮，不數日而鎮州亂。」今從之。

〔二〕《通鑑》胡註曰：「余謂韓愈《墓誌》能紀張徹所以罵賊之言。《實録》及《舊・傳》能原張徹所以罵賊之心。若其月日，則《考異》已有所去取矣。」

〔三〕《通鑑》正文此事在七月己未。按：《舊唐書・穆宗紀》原在七月己未。

十一月〔二〕，薛平斬馬廷崟。

《河南記》曰：「韓國公之節制青州也，長慶元年，詔徵數道兵馬，且問罪於常山。平盧發二千餘人，駐於無棣。臨當回戈青州，所駐兵部内隊長有馬士端者，殺其首領，遂驅所部士卒，兼招召迫脅，比到博昌，已萬餘人，便謀入青州有日矣。韓公聞之，便議除討。大將等進計曰：『彼賊者凶頑一卒，無經遠之謀，可令紿以尚書已赴闕庭〔三〕，三軍將吏皆延頸以待留後。賊必信之，懈然無備，可伏甲而虜之。』韓公大然其策。於是賊心不復疑貳，翌日，引兵而來。遂於城北三十餘里三面伏兵，賊衆果陷於我圍。信旗一麾，步騎雲合，賊衆驚擾，不知所爲，悉皆降伏。遂令投戈釋甲，驅入青州，矯令還家，待以不死。遂條其數目，明立簿書，三千、二千，各屯一處，霜刀齊發，蟻衆湯消，二萬餘人，同命一日。賊帥馬士端潰圍奔走，尋於鄒平渡口追獲，磔於城北。於是具列其狀以上聞，旋除左僕射。」據《實録》作「馬廷崟」，《舊・傳》作「馬狼兒」，《河南記》作「馬士端」。今名從《實録》，事從《舊・傳》。明年二月，平加僕射，《舊・傳》云「封魏國公」，《河南記》作「韓公」，恐誤。

〔二〕「十一月」，《通鑑》正文此事在十一月辛酉。按：《舊唐書・穆宗紀》原在十一月辛酉。

〔三〕「庭」，原誤作「亭」，今據《通鑑》胡註改。

二年，正月，白居易言「諸道兵計十七八萬」。

《白集》作「七八十萬」，計無此數，恐是十七八萬誤耳。

二月〔一〕，元稹同平章事。

《實録》：「以御史中丞牛僧孺爲户部侍郎，翰林學士李德裕爲御史中丞。」《舊·李德裕傳》：「元和初，用兵伐叛，始於杜黄裳誅蜀。吉甫經畫，欲定兩河，方欲出師而卒。繼之元衡、裴度，而韋貫之、李逢吉沮議，深以用兵爲非，而韋、李相次罷相，故逢吉常怒吉甫、裴度。而德裕於元和時，久之不調，逢吉、僧孺、宗閔以私怨恒排擯之。時德裕與李紳、元稹俱在翰林，以學識才名相類，情頗款密。逢吉之黨深惡之，其月，罷學士〔二〕，出爲御史中丞。」按：德裕元和中揚歷清要，非爲不調。此際元稹入相，逢吉在淮南，豈能排擯德裕！蓋出於德裕黨人之語耳。今不取。

裴度爲司空、東都留守〔三〕。

《舊》《紀》、《傳》皆云：「度守司徒，爲東都留守。」《實録》此云「司徒」，後領淮南及拜相，

〔一〕「二月」，《通鑑》正文此事在二月辛巳。按：《舊唐書》、《新唐書》《穆宗紀》原在二月辛巳。

〔二〕「罷」，原脱，《通鑑》胡註作「自」，今據兩浙本、孔本、《四庫》本、胡本、廣雅本及《舊唐書·李德裕傳》補。

〔三〕《通鑑》正文此事在二月丁亥。按：《舊唐書·穆宗紀》原在二月丁亥。

皆云「司空」。《新書》，度自檢校司空爲守司空、東都留守，及領淮南，乃爲司徒。蓋《實録》此月誤，《紀》、《傳》遂因之。《新·傳》後云「司徒」，亦誤。今據《實録》除淮南及拜相制書，自此至罷相，止是守司空。《舊·裴度傳》又曰：「元稹爲相，請上罷兵，洗雪廷湊、克融，解深州之圍，蓋欲罷度兵柄故也。」按：此月甲子雪廷湊，辛巳稹爲相。蓋稹未爲相時勸上也。

劉悟諷軍士作亂。

《實録》：「監軍劉承偕頗恃恩侵權，嘗對衆辱悟，又縱其下亂法。悟不能平。異日，有中使至，承偕宴之，請悟。悟欲往，左右皆曰：『往則必爲其困辱矣。』軍衆因亂，悟不止之，遂擒承偕，殺其二傔。欲并害承偕，悟救之，獲免。」《新·劉悟傳》曰：「承偕與都將張問謀縛悟送京師，以問代節度事。悟知之，以兵圍監軍，殺小使。其屬賈直言質責悟，悟即撝兵退，匿承偕，囚之。」《新·直言傳》，「張問」作「張汶」。杜牧《上李司徒書》亦云：「其軍大亂，殺磁州刺史張汶。」又云：「汶既因依承偕〔二〕，謀殺悟自取，軍人忌怒，遂至大亂。」蓋軍士圍承偕必出於悟志，及奏朝廷，則云軍衆所爲耳。今承偕名從《實録》，汶名從杜《書》。

〔二〕「偕」，《樊川文集·上李司徒相公論用兵書》原作「階」。

三月〔一〕**，王智興逐崔羣。**

《實録》：「羣累表請追智興，授以它官，事未行，詔班師。智興帥衆斬關而入。」《舊·智興傳》亦同。《舊·羣傳》則曰：「羣以智興早得士心，表請因授智興旄鉞，寢不報。智興回戈，城内皆是父兄，開關延入。」今兼取之。

李光顔乞歸許州〔二〕**。**

《舊·光顔傳》曰：「光顔以朝廷制置乖方，賊帥連結，未可朝夕平定，事若差跌，即前功悉棄〔三〕，乃懇辭兼鎮。尋以疾作，表祈歸鎮。朝廷果以討賊無功而赦廷湊〔四〕。」今從《實録》。

四月，張平叔請官自糶鹽，韓愈、韋處厚言不可。

《實録》因三月壬寅平叔遷户部侍郎事，遂言變鹽法及處厚駁議。按：韓愈時奉使鎮州猶未還。又壬寅，三月十一日。愈《論鹽法狀》云「奉今月九日敕」，不知其何月也。今附於四月之末。

〔一〕「三月」，《通鑑》正文此事在三月乙巳。按：《舊唐書·穆宗紀》在三月癸丑，《新唐書·穆宗紀》在三月乙巳。

〔二〕《通鑑》正文此事在三月己酉。

〔三〕「悉」，《通鑑》胡註作「盡」。按：《舊唐書·李光顔傳》原作「悉」。

〔四〕「廷」，《通鑑》胡註作「庭」。按：《舊唐書·李光顔傳》原作「廷」。

五月，于方客王昭、于友明。

《實録》初作「于友明」〔一〕，後作「于啓明」。《舊・元稹傳》作「王友明」。今從《實録》之初及《新書》〔二〕。

李賞告于方結客刺裴度。

《舊・裴度傳》曰：「初，度與李逢吉素不協。度自太原入朝，而惡度者以逢吉善於陰計，足能構度，乃自襄陽召逢吉入朝，爲兵部尚書。度既復知政事，而魏弘簡、劉承偕之黨在禁中。逢吉用族子仲言之謀，因醫人鄭注與中尉王守澄交結，内官皆爲之助。五月，左神策軍奏：『告事人李賞稱，于方受元稹所使〔三〕，結客欲刺裴度。』」按：惡度者不過元稹與宦官，彼欲害度，其術甚多，何必召逢吉！又如所謀，則稹當獲罪，非所以害度也。又逢吉若使李賞告之，下御史按鞫，賞急，必連引逢吉，非所以自謀也。蓋賞自告耳，非逢吉教令也。

七月，壬辰，宣武軍亂，逐李愿。

《實録》：「戊戌，汴州監軍使奏：六月四日夜，軍亂，節度使李愿踰城以遁。」《新・紀》亦

〔一〕「初」，《通鑑》胡註無此字。

〔二〕「及新書」，孔本、《四庫》本無此三字，胡本、廣雅本作「及新傳」。按：《新唐書・元稹傳》亦作「于友明」。

〔三〕「稹」，原誤作「稙」，今據兩浙本、孔本、《四庫》本、胡本、廣雅本、《通鑑》胡註及《舊唐書・裴度傳》改。

云：「六月癸亥，李夼反，逐李愿。」按：李愿若以六月四日夜被逐，不應至此月十日方奏到京師。疑《實録》「七」字誤爲「六」[二]，《舊·紀》止用此奏到日。今從《愿傳》「七月四日」。

九月[三]，竇易直誅王國清及其黨二百餘人。

《舊·易直傳》曰：「時江、淮旱，水淺，轉運司錢帛委積，不能漕。國清指以爲賞，激諷州兵謀亂。先事有告者，乃收國清下獄。其黨數千大呼，入獄中篡取國清而出之，因欲大剽。易直登樓謂將吏曰：『能誅爲亂者，每獲一人，賞千萬[三]。』衆喜，倒戈擊亂黨，擒國清等三百餘人，皆斬之。」今從《實録》。

十二月[四]，立景王湛爲太子。

劉軻《牛羊日曆》曰：「穆宗不愈[五]，宰臣議立敬宗爲皇太子。時牛僧孺懷異圖[六]，欲立諸子。僧孺乃昌言於朝曰：『梁守謙、王守澄將不利於上。』又使楊虞卿、漢公輩宣言於外曰：『王

〔二〕「七」，原誤作「十」，今據兩浙本、孔本、《四庫》本、胡本、廣雅本、《通鑑》胡註改。
〔三〕「九月」，《通鑑》正文此事在九月戊子朔。按：《舊唐書》、《新唐書》《穆宗紀》原在九月戊子。
〔三〕「千」，《舊唐書·竇易直傳》原作「十」。
〔四〕「十二月」，《通鑑》正文此事在十二月癸巳。按：《舊唐書》、《新唐書》《穆宗紀》原在十二月癸巳。
〔五〕「愈」，原誤作「悆」，今據胡本、廣雅本、《通鑑》胡註改。
〔六〕「懷」上，《通鑑》胡註有「獨」字。

守澄欲謀廢立〔一〕。』又令其徒於街衢門墻上施榜，每於穆宗行幸處路傍或苑内草間削白而書之，冀謀大亂，其凶險若此〔二〕。」此出於朋黨之言，不足信也。

三年，三月〔三〕，牛僧孺同平章事，李德裕出爲浙西觀察使。

《舊・德裕傳》曰：「初，李逢吉自襄陽入朝，乃密賂纖人，構成于方獄。六月，元稹、裴度俱罷。逢吉代裴度爲相，既得權位，鋭意報怨。時德裕與僧孺俱有相望，逢吉欲引僧孺，懼紳與德裕禁中沮之，九月，出德裕浙西，尋引僧孺同平章事，繇是交怨愈深。」蓋德裕以此疑怨逢吉，未必皆出逢吉之意也！

五月，柳公綽誅舞文吏。

《柳氏敘訓》曰：「公爲襄陽節度使，有名馬，人爭畫爲圖。圉人絜其蹄尾〔四〕，被蹴致斃，命斬於鞠場。賓吏請曰：『圉人備之不至，良馬可惜！』公曰：『有良馬之貌，含駑馬之性，必殺之。』有齊縗者，哭且獻狀曰：『遷三世十二喪于武昌，爲津吏所遏，不得出。』公覽狀，召軍候擒

〔一〕「王」，原誤作「主」，今據兩浙本、孔本、《四庫》本、胡本、廣雅本、《通鑑》胡註改。
〔二〕「若」，《通鑑》胡註作「如」。
〔三〕「三月」，《通鑑》正文此事在三月壬戌。按：《新唐書・穆宗紀》原在三月壬戌。
〔四〕「蹄」，兩浙本、孔本、《四庫》本、胡本、廣雅本作「騣」。

之，破其十二柩，皆實以稻米。時歲儉，鄰境尤甚，人以爲神明之政。」按：韓愈《與公綽書》曰，「殺所乘馬以祭踶死之士」，乃在鄂岳時事，《敘訓》、《舊·傳》皆誤也。察齊衰者，乃是閉糴，非美事。今不取。

七月，南詔勸利卒，立豐祐。

《實録》：「九月辛酉，南詔王立佺進其國信。」歲末又云：「南詔請立蒙勸利之弟豐祐。」云立佺者，蓋誤也。今從《新·傳》。

九月，李逢吉結王守澄。

李讓夷《敬宗實録》曰：「逢吉用族子仲言之謀，因鄭注與守澄潛結上於東宮，且言逢吉實立殿下，上深德之。」又曰：「張又新、李續之皆逢吉藩僚，時又新爲右補闕，續之爲度支員外郎〔二〕。」劉昫承之爲《逢吉傳》，亦言：「逢吉令仲言賂注，求結於守澄。仲言辯譎多端，守澄見之甚悦，自是逢吉有助，事無違者。」其《李訓傳》則云：「訓自流所還，丁母憂，居洛中。時逢吉爲留守，思復爲相，乃使訓因鄭注結王守澄。」然則逢吉結守澄，乃在文宗時，非穆宗時也。二傳自相違。逢吉結守澄，要爲不誣，然未必因鄭注。李讓夷乃李德裕之黨，惡逢吉，欲重其罪，使與

〔二〕「之」，原二處皆脱，今據《通鑑》胡註及《舊唐書·李逢吉傳》補。

李訓、鄭注皆有連結之迹，故云用訓謀，因注以交守澄耳。又張又新、李續之爲逢吉藩僚，乃在逢吉再鎮襄陽後，於此時未也。今不取。

十月[一]，李紳爲户部侍郎。

《穆宗實録》曰：「紳性險果，交結權倖，自以望輕，頗忌朝廷有名之士。及居近署，封植己類以樹黨援，進修之士懼爲傷毒，疾之。常指鈞衡，欲逞其私志，時宰病之，因以人情上論，諫官歷獻疏，方有江西之命。行有日矣，因延英對辭，又泣請留侍，故有是拜，人情憂駭。」此蓋修《穆宗實録》者惡紳，故毁之如是。今從《敬宗實録》。

四年，二月，韋處厚上疏救李紳。

《處厚傳》曰：「敬宗即位，李逢吉用事，素惡李紳，乃構成其罪，禍將不測。處厚乃上疏云云。帝悟其事，紳得減死，貶端州司馬。」今從《實録》，處厚上疏，在紳貶端州後。

三月[二]，劉栖楚叩頭諫晚朝。

《實録》曰：「莊周云：『爲善無近名，爲惡無近刑。』意者既能爲近名之善，即必忍爲近刑

[一] 「十月」，《通鑑》正文此事在十月壬辰。

[二] 「三月」，《通鑑》正文此事在三月戊辰。按：《舊唐書·敬宗紀》原在三月戊辰。

之惡。棲楚本王承宗小吏，果敢有聞，逢吉擢而用之，蓋取其鷹犬之效耳。夫諫諍之道，是豈能知之乎！即如比干剖心，當文王與紂之事也；朱雲折檻，恐漢氏之爲新室也。時危事迫，不得不然，故忠臣有死諫之義。至如上年少嗜寢，坐朝稍晚，蓋宰臣密勿、諫官封事而可止者也〔一〕，豈在暴揚面數，激訐於羽儀之前，致使上疑死諫爲不難，謂細事皆當碎首，從此遂不覽章疏，卒有克明之難，實棲楚兆之。況諫辭皆羣黨所作，而使棲楚道之哉！賣前直而資後詐，殊可歎駭！」按：李讓夷此論，豈非惡棲楚而彊毀之邪！今所不取。

四月，八關、十六子〔三〕。

按：宰相之門，何嘗無特所親愛之士，數蒙引接，詢訪得失，否臧人物，其間忠邪溷殽，固亦多矣。其疏遠不得志者，則從而怨疾之，巧立品目，以相譏誚，此乃古今常態〔三〕，非獨逢吉之門有八關、十六子也。《舊・逢吉傳》以爲：「有求於逢吉者，必先經此八人納賂，無不如意。」亦恐未必然，但逢吉之門，險詖者爲多耳。此皆出於李讓夷《敬宗實録》。按：棲楚爲吏，敢與王承宗爭事，此乃正直之士，何得爲佞邪之黨哉！蓋讓夷德裕之黨，而棲楚爲逢吉所善，故深詆

〔一〕「官」，《通鑑》胡註作「臣」。
〔二〕「子」，原誤作「字」，今據孔本、《四庫》本、胡本、廣雅本、《通鑑》胡註及《舊唐書・李逢吉傳》改。
〔三〕「乃」，《通鑑》胡註無此字。

之耳。

敬宗寶曆元年，正月〔一〕**，牛僧孺爲武昌節度使。**

皇甫松《續牛羊日曆》曰：「太牢既交惡黨，潛豫奸謀。太牢，乃元和中青衫外郎耳，穆宗世，因承和薦，不三二年，位兼將相。憲宗仙駕至灞上，以從官召知制誥。當時宰臣未盡兼職，而獨綜集賢、史館兩司；出鎮未盡佩相印，而太牢同平章事，出夏口。夏口去節十五年，由太牢而加節焉。太牢早孤，母周氏，冶蕩無檢，鄉里云〔二〕，兄弟羞赧，乃令改醮，既與前夫義絶矣。及貴，請以出母追贈。禮云：『庶氏之母死，何爲哭於孔氏之廟乎！』又曰：『不爲伋也妻者，是不爲白也母。』而李清心妻配牛幼簡，是夏侯銘所謂『魂而有知，前夫不納於幽壤；殁而可作，後夫必訴於玄穹。』使其母爲失行無適從之鬼，上罔聖朝，下欺先父，得曰忠孝智識者乎！作《周秦行紀》，呼德宗爲沈婆兒，謂睿真皇太后爲沈婆，此乃無君甚矣。」此朋黨之論，今不取。

八月，庚戌，劉悟暴疾薨，子從諫匿喪，賈直言責之。

據李絳疏云，悟八月十日得病。計是日便死，故置此。餘從杜牧《書》。

〔一〕「正月」，《通鑑》正文此事在正月乙卯。按：《舊唐書》、《新唐書》《敬宗紀》原在正月乙卯。

〔二〕「云」，《通鑑》胡註此字重文。

十一月，李絳請除昭義師〔一〕**，李逢吉、王守澄不用其謀。**

《實録》：「從諫以金幣賂當權者。」《舊·從諫傳》曰：「李逢吉、王守澄受其賂，曲爲奏請。」事有無難明，今不取。

二年，正月，張權輿言「裴度名應圖讖」。

《舊·逢吉傳》曰：「寶曆初，度連上章請入覲。逢吉之黨坐不安席，如矢攢身，乃相與爲謀，欲沮其來。張權輿撰『非衣小兒』之謡，傳於閭巷，言度相有天分，名應謡讖。而韋處厚於上前解析，言權輿所撰之言〔二〕。」按：權輿若撰謡言，當更加以惡言，不止云「天上有口被驅逐」而已。蓋民間先有此謡，權輿因言度名應謡讖，非撰之也。

十一月，癸卯〔三〕**，百官謁見江王；甲辰，見諸軍使。**

魏謩《文宗實録》，見軍使事承見百官下，不云別日。今從《敬宗實録》。

〔一〕「師」，《通鑑》正文載李絳請除昭義節度使，《資治通鑑目録》作「帥」，胡元常亦云：「『師』當作『帥』。」

〔二〕上「言」字，《通鑑》胡註無此字。按：《舊唐書·李逢吉傳》原有此字。

〔三〕「十一月癸卯」，《通鑑》正文此事在十二月癸卯。按：《舊唐書·文宗紀》亦在十二月癸卯。

文宗大和二年〔一〕，**閏月**〔二〕，**亓志沼討李同捷**〔三〕。

《實録》或作「于志沼」，或作「开志沼」，或作「亓志紹」。《舊・紀》作「开志沼」〔四〕。《新紀》、《傳》作「亓志沼」，今從之。

馬植，勛之子。

《舊・傳》「勛」作「曛」，誤也。勛事見《德宗實録》。

三年，五月，壬寅〔五〕，**加李載義平章事。**

《實録》作「庚寅」，誤。

貶柏耆循州司户〔六〕。

《實録》：「四月，李祐收德州，同捷請降于祐。祐疑其詐，柏耆請以騎兵三百入滄州，祐從

〔一〕「大和」，《四庫》本、《通鑑》正文、《資治通鑑目録》作「太和」。按：《舊唐書》、《新唐書》《文宗紀》原作「太和」。以下同，不再出校。

〔二〕「閏月」，《通鑑》正文此事在閏月丙戌朔。

〔三〕「沼」，《通鑑》正文、《資治通鑑目録》作「紹」，胡註曰：「據《考異》，『紹』當作『沼』。」按：《新唐書》《文宗紀》、《史憲誠傳》原作「沼」。

〔四〕「沼」，《通鑑》胡註作「紹」。按：《舊唐書・文宗紀》原作「紹」。

〔五〕「壬寅」，《通鑑》正文作「庚寅」，與《考異》抵牾不合。

〔六〕《通鑑》正文此事在五月辛卯。

之。耆徑入滄[二]，收同捷與其家屬赴京師。」又詔曰：「假勢張皇，乘險縱恣，指揮彈壓，奏報蔑聞。擅入滄州，專殺大將，補置逆校[三]，潛送凶渠。」《舊·傳》曰：「滄、德平，諸將害耆邀功，爭上表論列。上不獲已，貶循州司户。」《新·傳》曰：「同捷請降，祐使萬洪代守滄州，同捷未出也。耆以三百騎馳入滄，以事誅洪，與同捷朝京師。既行，諜言王廷湊欲以奇兵劫同捷[三]，耆遂斬其首以獻。諸將疾耆功[四]，比奏攢詆，文宗不獲已，貶耆循州司户參軍。」蓋耆張皇邀功則有之，然諸將疾之而論奏，文宗不得已而貶黜，亦其實也。至於賜死，則因馬國亮奏其受同捷奴婢、綾絹故也。

六月，王庭湊請納景州。

按：景州本隸横海，蓋因李同捷之亂，庭湊據有之。同捷既平，庭湊懼而復進之也。

〔二〕「滄」，原誤作「治」，今據兩浙本、孔本、《四庫》本、胡本、廣雅本、《通鑑》胡註改。

〔三〕「置」，《通鑑》胡註作「署」。

〔三〕「廷」，《通鑑》胡註作「庭」。按：《新唐書·柏耆傳》原作「廷」。

〔四〕「耆」，《通鑑》胡註作「其」。按：《新唐書·柏耆傳》原作「耆」。

魏博軍亂，殺史憲誠，奉何進滔知留後[一]。

《新·進滔傳》曰：「進滔下令曰：『公等既迫我，當聽吾令。』衆唯唯。『孰殺前使及監軍者，疏出之。』凡斬九十餘人，釋脅從者。素服臨哭，將吏皆入弔。詔拜留後。」按：進滔結王庭湊以拒李聽，又襲擊聽，大破之，安能如是！《新·傳》蓋據柳公權《進滔德政碑》云[二]：「公謂將士曰：『既迫以爲長，當謹而聽承。』命都將總事者諭之曰：『害前使與監軍凶黨，籍其姓名，仍集之於庭，無使漏網。』卒獲九十三人。白黑既分，善惡無誤，會衆顯戮共棄，咸悦。公於是素服而哭，將吏序弔。」此恐涉溢美之辭耳。今從《舊·傳》。

十二月[三]**，南詔陷成都外郭，杜元穎保牙城。**

《實録》：「寇及子城，元穎方覺知。」按《實録》：「十一月丙申，元穎奏南詔入寇。乙巳，奏圍清溪關。十二月丙辰，奏官軍失利，蠻陷邛州。」至此乃云「寇及子城，元穎方覺知」，似尤之太過，今不取。

〔一〕《通鑑》正文此事在六月甲戌。按：《舊唐書》、《新唐書》《文宗紀》原在六月甲戌。
〔二〕「進滔」，《通鑑》胡註無此二字。
〔三〕「十二月」，《通鑑》正文此事在十二月庚戌。按：《新唐書·文宗紀》原在十二月庚戌。

四年，二月〔一〕，李絳爲亂兵所害。

《新·傳》曰：「楊叔元素疾絳，遣人迎説軍士曰：『將收募直，而還爲民。』士皆怒，乃譟而入，劫庫兵。絳方宴，不設備，遂握節登陴。或言縋城可以免，絳不從，遂遇害。」《實録》：「絳召諸卒，以詔旨諭而遣之，發廩麥以賞衆，皆怏怏而退。出壘門，衆有請辭監軍者，而監軍使楊叔元貪財怙寵〔二〕，素怨絳之不奉己，與絳爲隙久矣，至是因以賞薄激之。散卒遂作亂。」今從之。

六月〔三〕，裴度爲司徒、平章軍國重事。

寶曆二年度入相時猶守司空，自後未嘗遷官。至此，《實録》直言「司徒裴度」。按制辭云：「遷秩上公，式是殊寵。」又云：「宜其首贊機衡，弘敷教典。」蓋此時方遷司徒。《實録》先云「司徒裴度」，誤也。

五年，二月，宋申錫引王璠爲京兆尹。

按《舊·璠傳》：「去年七月，爲京兆尹。十二月，遷左丞。」故申錫得罪時，京兆尹乃崔琯也。

〔一〕「二月」，《通鑑》正文此事在二月乙卯。按：《舊唐書·文宗紀》在二月戊午，《新唐書·文宗紀》在二月乙卯。

〔二〕「使」，《通鑑》胡註無此字。

〔三〕「六月」，《通鑑》正文此事在六月丁未。按：《舊唐書》、《新唐書》《文宗紀》原在六月丁未。

五月〔一〕，李德裕索南詔所掠百姓，得四千人。

德裕《西南備邊録》曰：「南詔以所虜男女五千三百六十四人歸于我。」《舊・傳》曰：「又遣人入南詔，求其所俘工匠，得僧、道、工巧四千餘人，復歸成都。」按：《實録》云「約四千人」，今從之。

八月〔二〕，牛僧孺言「得維州未能損吐蕃」。

《舊・僧孺傳》載僧孺語曰：「今論董勃纔還，劉元鼎未至。」按《穆宗實録》：「長慶二年八月，大理卿劉元鼎使吐蕃回。」《文宗實録》：「大和六年三月，吐蕃遣論董勃藏入見。」不言元鼎再奉使。杜牧《僧孺墓誌》亦無董勃等名。蓋《舊・傳》誤也。

六年，三月，回鶻昭禮可汗爲其下所殺，子胡特勒立〔三〕。

《舊・傳》云：「七年三月，回鶻李義節等將駝馬到，且報可汗二月二十七日薨〔四〕，已册親弟薩特勒。廢朝三日。」今從《新・傳》。

〔一〕「五月」，《通鑑》正文此事在五月丙辰。按：《舊唐書・文宗紀》在五月戊午。

〔二〕「八月」，《通鑑》正文此事在九月。按：《舊唐書》《文宗紀》、《牛僧孺傳》原在九月。

〔三〕「子」上，《通鑑》正文、《資治通鑑目録》有「從」字。按：《新唐書・回鶻傳》原有「從」字。

〔四〕「二月」，兩浙本、孔本、《四庫》本、胡本、廣雅本作「三月」。按：《舊唐書・迴紇傳》原作「三月」。

七年，正月〔一〕，劉從諫歸鎮，心輕朝廷。

《補國史》曰：「文宗朝，劉從諫朝覲，渥澤甚厚。自謂河朔近無比倫，頗矜臣節，文武百辟盡湊其門。從諫廣行金帛，賂諸權要，求登台席，人情多可，相國李公固言獨無一言。從諫欲市其歡，玉不可染，欲諛其意，水不可穿，門館不敢導其誠懇。遇休假，謁於私第，投誠瀝懇，至於再三。相公正色謂曰：『僕射先君以東平之功，鎮潞二十餘年。及即世之後，僕射擅領戎務，坐邀朝命。朝廷以先君勳績，不絶賞延，任居蕃閫，位劇南宫，豈是恩澤降於等倫，欲以何事效忠報國！僕射若請邊陲一鎮，大展籌謀，拓境復疆，乃爲勳業。朝廷豈不以衮職之重，命賞封功；區區躁求，一何容易！某比謂僕射英雄忠義，首冠蕃臣；今求佩相印，擁節旄，榮歸舊藩，亦河朔尋常倔彊之臣所措履也，忠節安在，深爲解體。』從諫矍然噤口無詞，再拜趨出。然從諫厚賂倖臣，旬日間果以本官加平章事，遽辭歸鎮。宰相餞於郵亭，李相公謂曰：『相公少年昌盛，勉報國恩，幸望保家，勿殃後嗣。』從諫以笏叩額，灑淚而辭。及至本鎮，謂從事將校曰：『昨者入覲闕庭，遍觀朝德，唯李公峻直貞明，凜然可懼，真社稷之重臣也！』」按：固言此年未爲相，其説妄也。今從《實録》。

〔一〕「正月」，《通鑑》正文此事在正月甲午。按：《舊唐書・文宗紀》原在正月甲午。

徐州卒驕，高瑀不能制。

杜牧《上崔相公書》曰：「高僕射寬厚聞名，能治軍事〔一〕，舉動汗流，拜于堂下。」此蓋文士筆快耳，未必然也。

七月〔二〕，加楊志誠檢校右僕射。

《舊·傳》曰：「朝廷納裴度言，務以含垢，下詔諭之，因再遣使加尚書右僕射。」按：此時度爲襄陽節度使，《舊·傳》恐誤。今從《實録》。

九月，王守澄奏鄭注爲神策判官。

《開成紀事》曰：「五年，金吾將軍孟文亮出鎮邠郊，以與注姻懿之故，奏爲軍司馬。路經奉天，防遏使、御史大夫王從亮薄其爲人，不爲之禮。注毁從亮於守澄，竟爲守澄誣構，決杖投荒。未幾，文亮殁，罷職還城，守澄潛置爲軍畫。時澤潞劉從諫本欲誅注〔三〕，忌其權勢，因辟爲節度副使。纔至潞州，涉旬之間，會上乖愈，大和七年十一月，驛徵之赴闕。偶遭其時，聖體獲愈，上

〔一〕「能」上，胡本、廣雅本、《通鑑》胡註有「不」字。按：《樊川文集·上門下崔相公書》原無此字。

〔二〕「七月」，《通鑑》正文此事在八月壬寅。

〔三〕「時」，原誤作「侍」，今據兩浙本、孔本、《四庫》本、胡本、廣雅本、《通鑑》胡註改。

悦之，自此恩寵漸隆，凡臺省府縣軍戎，莫不從風。七年九月十三日，侍御史李款彈奏注〔一〕：『内通敕使，外連朝臣，兩地往來，卜射財貨〔二〕，晝伏夜動，干竊化權，人不敢言，道路以目。城社轉固，恐爲禍胎，罪不容誅，理合顯戮。其鄭注請付有司。』時王涯重處台司，注之所致，又慮守澄黨援，遂寢不行。注潛遁軍司矣。」李德裕《文武兩朝獻替記》曰：「八年春暮，上對宰臣歎天下無名醫〔三〕，便及鄭注精於服食。或欲置於翰林伎術院，或欲令爲左神策判官。注自稱衣冠，皆不願此職。守澄遂託從諫奏爲行軍司馬。及赴職，宗閔又自山南令判官楊儉至澤潞與從諫要約〔四〕，令卻薦入。」今從《實録》。

〔一〕「奏」，《通鑑》胡註無此字。
〔二〕「卜」，原誤作「上」，今據孔本、《四庫》本、胡本、廣雅本、《通鑑》胡註及《舊唐書·鄭注傳》改。
〔三〕「臣」，《通鑑》胡註作「相」。
〔四〕「潞」，原誤作「路」，今據兩浙本、孔本、《四庫》本、胡本、廣雅本、《通鑑》胡註改。

資治通鑑考異卷第二十一

端明殿學士兼翰林侍讀學士太中大夫提舉西京嵩山崇福宫上柱國河内郡開國公食邑二千六百户食實封壹阡户臣司馬光奉敕編集

唐紀十三

大和八年，六月，李中敏請斬鄭注。

《新》、《舊》《中敏傳》皆云，六年夏上此疏。今據《開成紀事》、《大和摧凶記》，皆云八年六月。又，中敏疏言申錫臨終。按：申錫去年七月卒，若六年，則申錫尚在。今從《開成紀事》。

王守澄薦李仲言。

《舊·傳》：「李訓初名仲言，居洛中。李逢吉爲留守，思入相。訓揣知其意，即以奇計動之，自言與鄭注善。逢吉遺訓金帛珍寶數百萬，令持入長安以賂注。」又曰：「初，注構宋申錫事，帝深惡之，欲令京兆尹杖殺。至是，以藥稍效，始善遇之。」《獻替記》曰：「先是，上惡鄭注極甚，嘗謂樞密使曰：『卿知有善和端公無？歎京兆尹懦弱，不能斃於枯木！』」《開成紀事》曰：「訓除名，流象州。會恩，歸于東洛。投謁諸處困乏，逢吉斥之不顧[一]。會鄭注賓副上黨，路經東都，于道投之[二]，廣以古今義烈披述衷款。注本凶邪，趨而附之，自此豁然相然諾，情契稠疊。及注徵赴闕，訓隨而到京，別第安置。注因陳奏，言訓文學優盛無比，上納之。大和八年三月，以布衣在翰林，注之援也。」《甘露記》曰：「訓爲人長大美貌，口辯無前，常以英雄自任。會鄭注介上黨，出洛陽。訓慨然太息曰：『當世操權力者，齷齪苛細，無足與言。吾聞鄭注爲人好義而求奇士，且通於内官，易爲因緣。』乃往說之。注見訓大驚，如舊相識，遂結爲死交。及注赴闕，請訓行京師，爲卜居供給，日夕往來，乘間奏於上。」按《實録》，去年九月李款彈鄭注，云「前邠州行軍司馬」。今年九月庚申，王守澄宣召鄭注，對於浴堂門。《獻替記》：「八年春暮，上對宰臣歎天下無名醫，便及鄭注精於服食。或欲置於伎術，或欲令爲神策判官，注皆不願此職。守澄遂託從諫奏爲行軍司馬。」又云：「去歲春夏，李仲言猶喪母，已潛入城，稱王山人，兩度對於含元殿。今年八月十三日，欲與諫官。至九月三日，鄭注自絳州至，便於宣徽對。」然則訓自去年

[一]「斥」，《通鑑》胡註作「叱」。

[二]「于」，原誤作「二」，今據胡本、廣雅本、《通鑑》胡註改。

已因注謁守澄，得見上。注今年暮春後方從昭義辟。然則訓舊與注善，去春已入長安見上，非注赴昭義時始定交，亦非去年十一月徵注於潞州，又非訓隨注到京也。今從《實録》、《獻替記》。

十二月〔一〕**，史元忠爲盧龍留後。**

《實録》，十一月，鎮州奏幽州留後史元忠爲瀛莫三軍逐出，不知所在。後不言元忠復歸幽州，而至此有新命。蓋因莫州軍亂，鎮州承傳聞之誤而奏之耳。

九年，四月〔二〕**，鄭注舉李款自代。**

《甘露記》曰：「時論或云，款外沽直名，而陰事注。」按：款彈注之文皆訐其隱慝，豈有於人如此，而能陰與之合乎！此皆當時庸人見注舉款自代，遂有此疑耳。今不取。

路隋爲鎮海節度使〔三〕。

《舊·隋傳》曰：「德裕貶袁州長史，隋不署奏狀，始爲鄭注所忌，出鎮浙西。」按《實録》，隋出鎮在德裕貶前四日。今不取。

〔一〕「十二月」，《通鑑》正文此事在十二月癸未。按：《舊唐書·文宗紀》原在十二月癸未。
〔二〕「四月」，《通鑑》正文此事在四月癸巳。
〔三〕《通鑑》正文此事在四月丙申。按：《舊唐書》、《新唐書》《文宗紀》原在四月丙申。

上與李訓、鄭注密謀誅宦官。

《舊·傳》以爲，上出《易義》以示羣臣之時，已與訓有誅宦官之謀。按《補國史》云：「許康佐進《新注春秋列國經傳》六十卷，上問闍弑吴子餘祭事，康佐託以：『《春秋》義奥，臣窮究未精，不敢容易解陳。』後上以問李仲言[二]，仲言乃精爲上言之。上曰：『朕左右刑臣多矣，餘祭之禍，安得不慮！』仲言曰：『陛下留意於未萌，臣願遵聖謀。』」《實録》：「今年四月癸亥，許康佐進《纂集左氏傳》三十卷。五月乙巳朔，以御集《左氏列國經傳》三十卷宣付史館。」然則上與訓謀誅宦官，必在此際矣。然文宗與訓語時，宦官必盈左右，恐亦未敢班班顯言，如《補國史》所云也。

七月[三]，貶李甘封州司馬。

《舊·傳》曰：「鄭注入翰林侍講，舒元輿既作相，注亦求入中書。甘昌言於朝云云，貶封州。」按：是時元輿未作相，《舊·傳》誤也。

[二] 「問」，原誤作「門」，今據兩浙本、孔本、《四庫》本、胡本、廣雅本、《通鑑》胡註改。

[三] 「七月」，《通鑑》正文此事在七月癸亥。按：《舊唐書·文宗紀》原在七月癸亥。

八月〔一〕**，杖殺陳弘志。**

《舊·傳》〔二〕：「李訓既秉權衡，即謀誅内豎。陳弘慶自元和末負弑逆之名〔三〕，遣人封杖決殺。」按：此時李訓未爲相。今從《實録》。

九月，丁卯，李固言爲山南西道節度使。

宋敏求《宣宗實録》曰：「固言性狷急，無重望。時訓、注用事，雖相之，中實惡與宗閔爲黨，乃出爲興元節度。」按：固言鍛鍊楊虞卿獄，宗閔由是罷相，而固言代之，豈得爲宗閔黨也！今從《開成紀事》。

鄭注爲鳳翔節度使。

《開成紀事》：「注引舒元輿、李訓，俱擢相庭。注自諂宰臣李固言，求鳳翔節度〔四〕，固言剛勁不許，唯王涯、賈餗贊從其事。」九月二十五日，《紀事》誤。今從《實録》。

〔一〕「八月」，《通鑑》正文此事在九月癸亥。按：《舊唐書》、《新唐書》《文宗紀》亦在九月癸亥。
〔二〕「傳」下，《通鑑》胡註有「曰」字。
〔三〕「慶」，孔本、《四庫》本、胡本、廣雅本作「志」。按：《舊唐書》《李訓傳》原作「慶」，《憲宗紀》、《文宗紀》、《新唐書·李訓傳》作「志」。
〔四〕「度」下，《通鑑》胡註有「使」字。

十一月〔一〕**，韓約奏甘露，李訓奏「未可遽宣布」**。

按：訓與韓約共謀，詐爲甘露，而自言恐非真瑞者，蓋欲使宦官盡往金吾覆視，因伏兵誅之耳。故二十二日令狐楚所草制書，亦云「凶渠仍請其覆視」。今從《實録》。

張仲方權知京兆尹〔二〕。

《實録》，乙丑，閤門使馬元贄已宣授仲方京兆尹〔三〕，至此又言者，蓋當時止是口宣，至此乃降敕耳。

殺生除拜，皆決於兩中尉。

皮光業《見聞録》曰：「崔慎由以元和元年登第，至開成，已入翰林。因寓直之夕，二更以來，有中使宣召，引入數重門。至一處，堂宇華煥，簾幕俱垂。見左右二廣，燃蠟而坐，謂慎由曰：『上不豫來已數日，兼自登極後聖政多虧。今奉太后中旨，命學士草廢立令。』慎由大驚曰：『某有中外親族數千口，列在縉紳，長行、兄弟、甥姪僅三百人，一旦聞此覆族之言，寧死不敢承命！況聖上高明之德，覆于八荒，豈可輕議！』二廣默然，無以爲對。良久，啓後户，引慎由

〔一〕「十一月」，《通鑑》正文此事在十一月壬戌。《舊唐書》、《新唐書》《文宗紀》原在十一月壬戌。

〔二〕《通鑑》正文此事在十一月乙丑。

〔三〕「宣」，原誤作「宜」，今據兩浙本、孔本、《四庫》本、胡本、廣雅本、《通鑑》胡註改。

至一小殿。見文宗坐於殿上，二廣逕登階而疏文宗過惡，上唯俯首。又曰：『不爲此拗木枕措大，不合更在此坐矣！』街談以好拗爲『拗木枕』。仍戒慎由曰：『事泄即是此措大也！』於是二廣自執炬，送慎由出邃殿門，復令中使送至本院。慎由尋以疾出翰林，遂金縢其事付胤。故胤切於勦絶北司者，由此也。誅北司後，胤方彰其事。」《新·傳》曰：「慎由記其事，藏箱枕間，將没，以授其子胤。故胤惡中官，終討除之。」按《舊·傳》，崔慎由大中初始入朝爲右拾遺、員外郎、知制誥，文宗時未爲翰林學士。蓋崔胤欲重宦官之罪而誣之，《新·傳》承皮《録》之誤也。

戊辰，張仲清獻鄭注首。

據《實録》，甲子已傳注首，而《開成紀事》，二十六日方下詔削官爵，云鄭注初誅，京師尚未知。李濬用《乙卯記》亦云，丁卯張仲清誘注而殺之，與《開成紀事》同。但《開成紀事·注傳》云，二十六日奏朝覲，恐誤。《乙卯記》，注庚申入覲，十九日也。至扶風，聞訓敗，乃還。似近之。《實録》恐太在前。《新·本紀》云：「戊辰，張仲清殺注。」今不書日以傳疑。

十二月，薛元賞杖殺神策軍將。

《開成紀事》，以秘書少監王會爲京兆尹。按：薛元賞已爲京兆尹，《紀事》誤。

開成元年，三月，命京兆收葬王涯等十一人。

《開成紀事》云：「京兆薛元賞於城西張村葬涯等七人[一]。」今從《新·傳》。

七月，取李孝本二女入宮。

《實録》上云「取孝本女二人入内」，下魏謩疏云「取孝本次女一人入内」。所以如此不同者，蓋孝本二女皆籍没在右軍，先取長女入内，謩不之知；又取次女，謩乃知之上疏故也。

二年，七月[二]，韋温罷太子侍讀。

《舊·傳》曰：「兼太子侍讀，每晨至少陽院，午見太子。温云云，太子不能行其言。温稱疾，上不悦，改太常少卿。未幾，拜給事中。」按：温已爲給事中，乃兼太子侍讀。《舊·傳》誤。今從《新·傳》。

三年，正月[三]，楊嗣復、李珏同平章事。

《舊·傳》：「三年，楊嗣復輔政，薦珏，以本官同平章事。」按：珏與嗣復並命，今從《實録》。

〔一〕「兆」下，《通鑑》胡注有「尹」字。

〔二〕「七月」，《通鑑》正文此事在七月辛未。

〔三〕「正月」，《通鑑》正文此事在正月戊申。按：《舊唐書》、《新唐書》《文宗紀》原在正月戊申。

五月〔一〕，詔停奏祥瑞。

《實録》：「初，上謂宰臣曰：『歲豐人安，豈非上瑞！』宰臣因言《春秋》不書祥瑞，上深然之，遂有此詔。」《補國史》以爲因杜琮進言〔二〕，今兼取之。

十月〔三〕，太子永暴薨。

按：文宗後見緣橦者而泣曰：「朕爲天子，不能全一子！」遂殺劉楚材等，然則太子非良死也。但宫省事秘，外人莫知其詳，故《實録》但云：「終不悛過，是日暴薨。」

郭旼爲邠寧節度使〔四〕。

《舊·柳公權傳》作「皎」〔五〕。按：子儀子姪名皆連「日」旁。今從《實録》。

十一月〔六〕，張元益出定州。

《補國史》曰：「易定張公璠卒，三軍請公璠子元益繼統軍務。公璠乃孝忠孫也。公璠彌留

〔一〕「五月」，《通鑑》正文此事在五月乙亥。
〔二〕「琮」，《通鑑》胡註作「悰」。按：《舊唐書》、《新唐書》亦作「悰」。
〔三〕「十月」，《通鑑》正文此事在十月庚子。按：《舊唐書》、《新唐書》《文宗紀》原在十月庚子。
〔四〕《通鑑》正文此事在十月乙巳。按：《舊唐書·文宗紀》原在十月乙巳。
〔五〕「皎」，《舊唐書·柳公權傳》原作「旼」。
〔六〕「十一月」，《通鑑》正文此事在十一月丁卯。

之際，誠元益歸闕。三軍復效幽、鎮、魏三道，自立連帥，坐邀制命。廟謀未決，丞相衛公欲伐而克之〔一〕。貞穆公議未可興師，且行弔贈禮，追元益赴闕，若拒命跋扈，討之不遲。上前互陳短長，未行朝典。貞穆公有密疏，進追元益詔意云：『敕張元益：卿太祖孝忠，功列鼎彝，垂於不朽。卿乃祖茂昭，克荷遺訓，不墜義風』云云。文宗覽詔意，深叶睿謀。詔下定州，元益拜詔慟哭，焚墨衰，請死於衆。三軍將士南向稽首，蹈舞流涕，扶元益就苫廬，請監軍使、幕府準諸道例各知留後。公璠遂全家赴闕。詔以神策軍使陳君賞爲帥。」所謂貞穆公者，李珏也。按《實録》，璠定州衙將，非孝忠孫。又李德裕此年不爲相。《補國史》蓋傳聞之説，不可據。今從《實録》。

吐蕃彝泰贊普卒，弟達磨立，吐蕃益衰。

彝泰卒及達磨立，《實録》不書，《舊·傳》、《續會要》皆無之。今據《補國史》。

四年，十一月〔二〕，上問周墀「可方何主」。

高彦休《唐闕史》曰：「文宗開成後常鬱鬱不樂。五年春〔三〕，風痺稍間，坐思政殿，問周墀云

〔一〕「伐」，原誤作「代」，今據兩浙本、孔本、《四庫》本、胡本、廣雅本、《通鑑》胡註改。

〔二〕「十一月」，《通鑑》正文此事在十一月乙亥。

〔三〕「五年春」，高彦休《唐闕史·周丞相對敭》（上海商務印書館《叢書集成初編》據《知不足齋叢書》排印本，下同）原作「四年冬杪」。

云。既而龍姿掩抑，淚落衣襟。汝南公俯伏嗚咽，再拜而退。自是不復視朝[二]，以至厭代。」按《實録》：「明年正月朔，上不康，不受朝賀。四日，帝崩。」恐非五年春。今從《新·傳》，仍置於此。

回紇相掘羅勿借朱邪赤心兵，殺彰信可汗，國人立盧駁特勒。

《後唐獻祖紀年録》曰：「開成四年，回鶻大飢，族帳離散，復爲黠戛斯所逼，漸過磧口，至於榆林。天德軍使温德彝請帝爲援，遂帥騎赴之。時胡特勒可汗牙帳在近，帝遣使説回鶻相嗢没斯，爲陳利害云云。嗢没斯然之，決有歸國之約。俄而回鶻宰相勿篤公叛可汗，將圖歸義，遣人獻良馬三百，以求應接。帝自天德引軍至磧口援之，爲回鶻所薄。帝一戰敗之，進擊可汗牙帳。胡特勒可汗勢窮自殺，國昌因奏勿篤公爲署颯可汗。是歲開成五年也。文宗崩，武宗即位，遣嗣澤王溶告哀於回鶻。使還，始知特勒可汗易代。」按：朱邪赤心若奏勿篤公爲可汗，安得因溶告哀始知易代乎！此則自相違矣。《舊·傳》：「開成初，其相有安允合者，與特勒柴革欲篡薩特勒可汗，可汗覺，殺柴革及安允合。又有回鶻相掘羅勿者，擁兵在外，怨誅柴革、安允合，又殺薩特勒可汗，以盧馺特勒爲可汗。」《新·傳》云：「開成四年，其相掘羅勿作難，引沙陀共攻可

[二]「不復」，此二字原誤乙，今據胡本、《通鑑》胡註及《唐闕史·周丞相對敭》乙正。

汗。可汗自殺，國人立廅馺特勒爲可汗。」今從之。

五年，正月〔二〕，立潁王瀍爲太弟。

《唐闕史》曰：「武宗皇帝王夫人者，燕趙倡女也。武宗爲潁王，獲愛幸。文宗於十六宅西別建安王溶、潁王瀍院，上數幸其中，縱酒如家人禮。及文宗晏駕，後宮無子，所立敬宗男陳王，年幼且病，未任軍國事。中貴主禁掖者，以安王大行親弟，既賢且長，遂起左、右神策軍及飛龍、羽林、驍騎數千衆，即藩邸奉迎安王。中貴遥呼曰：『迎大者！迎大者！』如是者數四，意以安王爲兄，即大者也。及兵仗至二王宅首，兵士相語曰：『奉命迎大者，不言安、潁孰爲大者〔三〕？』王夫人竊聞之，擁髻褰裙走出，矯言曰：『大者潁王也。大家左右以王魁梧頎長，皆呼爲大王，且與中尉有死生之契，汝曹或誤，必赤族矣！』時安王心云其次弟合立，志少疑懦，懼未敢出。潁王神氣抑揚，隱于屏間，夫人自後聳出之。衆惑其語，遂扶上馬，戈甲霜擁，前至少陽院。諸中貴知已誤，無敢出言者，遂羅拜馬前，連呼萬歲。尋下詔，以潁王瀍立爲皇太弟，權句當軍國事。」《新·后妃傳》曰：「武宗賢妃王氏，開成末，王嗣帝位，妃陰爲助畫，故進號才人。」蓋亦取

〔二〕「正月」，《通鑑》正文此事在正月己卯。按：《舊唐書》、《新唐書》《文宗紀》原在正月己卯。

〔三〕「言」，《通鑑》胡註作「知」。

於《闕史》也。按：立嗣大事，豈容謬誤！《闕史》難信，今不取，從《文宗》、《武宗實録》。

賜楊賢妃、安王溶、陳王成美死〔一〕。

《舊·傳》曰：「安王溶，穆宗第八子，母楊賢妃。武宗即位，李德裕秉政。或告文宗崩時，楊嗣復以與賢妃宗家，欲立安王爲嗣，故王受禍，嗣復貶官〔二〕。」按：是時德裕未入相。今從《武宗實録》。

敕大行以十四日殯，成服。

《武宗實録》：「裴夷直上言：『伏見二日敕，令有司以今月十四日攢斂成服。』」按：文宗以四日崩，豈得二日遽有此敕！必誤也。

九月，黠戛斯破回鶻。

李德裕《會昌一品集·安撫回鶻制》作「紇吃斯」，又作「紇扢斯」。今從德裕《會昌伐叛記》、《杜牧集》、《新》、《舊》《傳》、《實録》。

〔一〕《通鑑》正文此事在正月癸未。按：《舊唐書》、《新唐書》《武宗紀》原在正月辛卯。

〔二〕「嗣」，原脱，今據孔本、《四庫》本、胡本、廣雅本及《舊唐書·安王溶傳》補。

回鶻別將句録莫賀殺廅馺。

《舊・傳》作「句録末賀」。今從《新・傳》。

十月[一]**，劉沔屯雲迦關**[二]**。**

《新・傳》、《實録》作「雲伽關」。今從《一品集》。

十一月，裴夷直坐漏名，貶。

《新・傳》曰：「武宗立，夷直視册牒不肯署。」今從《武宗實録》。

武宗會昌元年，二月，回鶻立烏希特勒爲烏介可汗。

據《伐叛記》，烏介立在二月，今從之。《後唐獻祖紀年録》曰[三]：「王子烏希特勒者，曷薩之弟，胡特勒之叔。爲黠戛斯所迫，帥衆來歸，至錯子山，乃自立爲可汗。二年七月，册爲烏介可汗。」

[一]「十月」，《通鑑》正文此事在十月丙辰。

[二]「迦」，李德裕《會昌一品集・論振武以北事宜狀》（上海商務印書館《叢書集成初編》據《畿輔叢書》排印本，下同）原作「伽」。

[三]「紀」，《通鑑》胡註作「繫」。按：鄭樵《通志・藝文略》（北京中華書局一九八七年影印本，下同）、《崇文總目》皆作「紀」。

三月〔一〕，誅劉弘逸、薛季稜，貶楊嗣復、李珏。

《舊・紀》：「開成五年八月十七日，葬文宗于章陵。知樞密劉弘逸、薛季稜率禁軍護靈駕。二人素爲文宗獎遇〔二〕，仇士良惡之，心不自安，因是欲倒戈誅士良、弘志。鹵簿使王起、山陵使崔鄲覺其謀〔三〕，先諭鹵簿諸軍。是日，弘逸、季稜伏誅，以楊嗣復爲湖南觀察使，李珏爲桂管觀察使，中丞裴夷直爲杭州刺史，皆坐弘逸、季稜也。」賈緯《唐年補録》曰〔四〕：「五年八月，云是月誅樞密使劉弘逸、薛季稜。帝即位，尤忌宦官，季稜、弘逸深懼之。及將葬文宗於章陵，聚禁兵，欲議廢立。賴山陵使崔鄲、鹵簿使王起等拒而獲濟，遂擒弘逸、季稜殺之。」《舊・王起傳》：「八月，充山陵鹵簿使。樞密使劉弘逸、薛季稜懼誅，欲因山陵兵士謀廢立。起與山陵使知其謀，密奏，皆伏誅。」《舊・嗣復傳》：「五年九月，貶湖南。明年，誅季稜、弘逸。中人言：『二人頃附嗣復、李珏，不利於陛下。』武宗性急，立命中使往湖南、桂管，殺嗣復與珏。」按：去年八月若已

〔一〕「三月」，《通鑑》正文誅劉、薛在三月乙未，貶楊、李在丙申。

〔二〕「二」，原誤作「一」，今據《四庫》本、胡本、廣雅本、《通鑑》胡註及《舊唐書・武宗紀》改。

〔三〕「鄲」，《舊唐書・武宗紀》原作「稜」。

〔四〕《通鑑》胡註曰：「宋白曰：天福六年，修撰起居注賈緯奏：『伏覩史館唐高祖至代宗已有紀傳，德宗亦存實録，武宗至濟陰廢帝凡六代，惟有《武宗實録》一卷，餘皆闕落。臣今采訪遺文及耆舊傳説，編六十五卷，目爲《唐年補遺録》，以備將來史館修述。』詔褒美，付史館。」

誅弘逸、季稜，不當至此月始再貶嗣復等。《舊》《紀》、《王起傳》與《嗣復傳》自相違，今從《實録》。《實録》又曰：「時有再以其事動帝意者，帝赫怒，欲殺之。中使既發，雖宰相亦不知之。户部尚書、判度支杜悰，奔馬見德裕」云云。《舊·嗣復傳》曰：「宰相崔鄲、崔珙等亟請開延英，極言」云云。《獻替記》曰：「會昌元年三月二十四日〔二〕，遇假在宅。向晚聞有中使一人向東，一人向南，處置二故相及裴夷直。余遣人問鹽鐵崔相、度支杜尚書、京兆盧尹，皆言聞有使去，不知其故。余遂草約奏狀。二十五日早，入中書，崔相珙續至，崔鄲次至，陳相最後至，已巳時矣。余令三相會食〔三〕，自歸廳寫狀進〔三〕，請開延英賜對。進狀後更無報答。至午，又自寫第二狀封進，兼請得樞密使至中書，問有此事無〔四〕。樞密使對曰：『向者不敢言。相公既知，只是二人：嗣復、李珏。』德裕言：『此事至重，陛下都不訪問，便遣使去，物情無不驚懼。請附德裕奏。聖旨若疑德裕情故，請先自遠貶，唯此一事不可更行！德裕等至夜不敢離中書，請早開延英賜對。』至申時，報開延英。余邀得丞相、兩省官謂曰：『上性剛，若有一人進狀伏問，必不捨矣。

〔二〕「二」，原誤作「三」，今據兩浙本、孔本、《四庫》本、胡本、廣雅本、《通鑑》胡註改。

〔三〕「食」，原誤作「良」，今據兩浙本、孔本、《四庫》本、胡本、廣雅本、《通鑑》胡註改。

〔三〕「進」，《通鑑》胡註無此字。

〔四〕「問」，原誤作「門」，今據兩浙本、孔本、《四庫》本、胡本、廣雅本、《通鑑》胡註改。

容德裕極力救解，繼於叩頭流血〔一〕。德裕救不得，他人固不可矣。』及召入延英殿，德裕率三相公立當御榻奏事，嗚咽流涕云云。上既捨之，又令德裕召丞郎、兩省官宣示。」今從《實録》，亦采《獻替記》。

六月，王哲諫建道場、受法籙〔二〕，坐貶。

《實録》：「道士趙歸真等八十一人，於三殿建九天道場，帝親傳法籙。右拾遺王哲上疏，請不度進士、明經爲道士，不從。又上疏諫求仙事〔三〕，詞甚切直，貶河南府士曹參軍。」《舊・紀》：「以衡山道士劉玄靖爲崇玄館學士〔四〕，令與趙歸真於禁中修法籙〔五〕。左補闕劉彦謨切諫，貶彦謨河南府户曹。」《實録》，去年九月已命歸真建道場，親受法籙。哲疏言：「王業之始，不宜崇信過篤。」至此又有此事，與《舊・紀》劉彦謨事相類。今從《實録》。

〔一〕「於」，《通鑑》胡註作「以」。

〔二〕「受」，《通鑑》正文、《資治通鑑目録》作「授」，胡註曰：「『授』當作『受』。」

〔三〕「疏」，《通鑑》胡註作「書」。

〔四〕「靖」，《通鑑》胡註作「静」。按：《舊唐書・武宗紀》原作「靖」。

〔五〕「趙」上，《通鑑》胡註有「道士」二字。按：《舊唐書・武宗紀》原有此二字。

八月，張賈爲巡邊使，察回鶻情僞。

《一品集・賜嗢没斯等詔》曰：「天德軍遞至，覽所奉表。」〔一〕又曰：「方圖鎮撫，已命使臣。今又知堅昆等五族深入陵虐，可汗被害，公主及新可汗播越它所，特勒等相率遁逃，萬里歸命。」又曰：「豈非欲討除外寇，匡復本蕃？」又曰：「但緣未知指的，難便聽從。」又曰：「又慮邊境守臣，或懷疑阻〔二〕。」又曰：「故遣張賈往安撫。」又曰：「秋熱。」然則詔下必在此際也。

詔田牟約勒將士及雜虜，毋犯回鶻〔三〕。

《舊・紀》：「八月，烏介遣使告：　故可汗死，部人推爲可汗，今奉公主南投大國〔四〕。　時烏介至塞上，嗢没斯與赤心相攻殺，赤心帥數千帳近西城〔五〕，田牟以聞。　烏介又令其相頡干迦斯表借天德城，仍乞糧儲牛羊。　詔王會、李師偃往宣慰，令放公主入朝，賑粟二萬石。」《舊・德裕傳》曰：「開成末，回鶻爲黠戛斯所攻〔六〕，部族離散，烏介奉大和公主南來。　會昌二年二月，牙於

〔一〕「至覽所奉表」，《會昌一品集・賜回鶻嗢没斯特勒等詔書》原作「所奏表至」。

〔二〕「阻」，《通鑑》胡註作「沮」。按：《會昌一品集・賜回鶻嗢没斯特勒等詔書》原作「阻」。

〔三〕《通鑑》正文此事在八月辛酉。

〔四〕「大」，原誤作「犬」，今據兩浙本、孔本、《四庫》本、胡本、廣雅本、《通鑑》胡註及《舊唐書・武宗紀》改。

〔五〕「帳」，原誤作「悵」，今據孔本、《四庫》本、胡本、廣雅本、《通鑑》胡註及《舊唐書・武宗紀》改。

〔六〕「攻」，《通鑑》胡註作「破」。按：《舊唐書・李德裕傳》原作「攻」。

塞上，遣使求助兵糧，收復本國，權借天德軍。田牟請以沙陀、退渾諸部擊之，下百寮議，議者多云如牟之奏。德裕云云。帝以爲然，許借米三萬石。」《伐叛記》曰：「會昌元年二月，回鶻遠涉沙漠，饑餓尤甚，將金寶於塞上部落博糴糧食。邊人貪其財寶，生攘奪之心。至其年秋，城使田牟、監軍韋仲平上表，稱退渾、党項與回鶻宿有嫌怨，願出本部兵馬驅逐。其時天德城内只有將士一千人，職事人居其半〔一〕。上令宰臣商量，德裕面奏云云。八月二十四日，請賜田牟、仲平詔，漢兵及蕃、渾不得先犯回鶻。語在《會昌集》奏狀中。」按：《舊·紀》、《實録》皆采集衆書爲之，事前後多差互。今從《伐叛記》、《一品集》。

閏月〔二〕，以穀二萬斛賑回鶻。

《伐叛記》云：「降使賜米二萬石，尋又烏介至天德。」按《實録》〔三〕，十一月初猶未知公主所在，遣苗縝至嗢没斯處訪問。月末始云公主遣使言烏介可汗乞册命，及降使宣慰。十二月庚辰，制曰：「公主遣使入朝，已知新立可汗寓居塞下，宜令王會慰問，仍賑米二萬石〔四〕。」然則閏

〔一〕「人」，《通鑑》胡註作「又」。
〔二〕「閏月」，《通鑑》正文此事在閏月己亥。
〔三〕「實」，原誤作「寶」，今據兩浙本、孔本、《四庫》本、胡本、廣雅本、《通鑑》胡註改。
〔四〕「石」，《通鑑》胡註皆作「斛」。

九月中，烏介未至天德，德裕但欲賑嗢没斯等耳。上雖許賜米，而未遣使，會聞烏介在塞下，因遣王會，并賜之二萬石耳，非再賜也。《伐叛記》終言其事，非以閏九月中即降使賜米也。

幽州軍殺陳行泰〔一〕，立張絳。

《舊·紀》：「十月，幽州雄武軍使張絳遣軍吏吴仲舒入朝，言行泰慘虐，請以鎮軍加討，許之。是月，誅行泰，遂以絳知兵馬事。二年正月，以絳知留後，仍賜名仲武。」以兩人爲一人，誤也。今從《舊·仲武傳》、《伐叛記》、《實録》。

十一月，回鶻上表，借振武一城。

《新·傳》曰：「達干奉主來歸，烏介怒，擊達干，殺之，劫主南度磧，進攻天德城。劉沔屯雲伽關拒却之。」按：烏介方倚唐爲援，豈敢攻天德！今從《舊》《紀》、《傳》、《實録》。

二年，三月，回鶻嗢没斯殺赤心、僕固。

《伐叛記》曰：「赤心宰相欲謀犯塞，嗢没斯先布誠於田牟，然後誘赤心同謁可汗，戮於可汗帳下。赤心所領兵馬遂潰散東去，歸投幽州。」《一品集·幽州紀聖功碑》曰：「赤心怙力負氣，

〔一〕「幽州軍」，《資治通鑑目録》同，《通鑑》正文作「盧龍軍」。按：《舊唐書·武宗紀》作「幽州雄武軍」，《新唐書·武宗紀》作「幽州盧龍軍」。

潛圖厲階，爲嗢沒斯所紿，誘以俱謁可汗，戮於帳下。其衆大潰，東逼漁陽。」《舊・傳》曰：「回鶻相赤心者，與連位相姓僕固者〔二〕，與特勒那頡啜擁部衆不賓烏介〔三〕。赤心欲犯塞，烏介遣其屬嗢沒斯先布誠於田牟，然後誘赤心同謁烏介，戮赤心於可汗帳下，并僕固二人。那頡戰勝，全占赤心下七千帳，東瞰振武、大同，據室韋、黑沙、榆林，東南入幽州雄武軍西北界。」《新・傳》曰：「嗢沒斯以赤心奸桀，難得要領，即密約田牟，誘赤心斬帳下。」按《一品集・賜可汗敕書》雖云：「去歲嗢沒斯已至近界，今可汗既立，彼又降附。」然《賜可汗書意》又云：「嗢沒斯自本國破亡之初，奔迸先至塞上，不隨可汗、公主已是二年。」是則嗢沒斯自有部衆，雖遥降烏介，身未嘗往也，安得斬赤心、僕固於可汗帳下乎！且赤心若不賓烏介，又安肯隨嗢沒斯同謁烏介乎！蓋嗢沒斯自惡赤心桀黠，誘至己之帳下而殺之耳。今從《新・傳》。又，《伐叛記》嗢沒斯殺赤心，於烏介至天德下連言之。《舊・傳》亦然。《新・傳》在召諸道兵討烏介下。按《一品集》，據回鶻到橫水柵，未知是那頡特下，爲復是可汗遣來。蓋「那頡特」下脱「勒」字，即那頡啜也。然則虜犯橫水在赤心死後，故置於此。

〔二〕「與」，原脱，今據兩浙本、孔本、《四庫》本、胡本、廣雅本、《通鑑》胡註及《舊唐書・迴紇傳》補。

〔三〕「勒」，原脱，今據《通鑑》胡註及《舊唐書・迴紇傳》補。

河東奏「回鶻兵至横水」。

《實録》，符澈奏回鶻掠横水[一]，事在正月李拭巡邊前。按《一品集》此狀云，「宜密詔劉沔、忠順」，則狀必在李忠順鎮振武之後也。蓋澈在太原時奏之，沔除河東後德裕方有此奏，故置於此。

四月，壬午，李德裕請加嗢没斯官賞。

《一品集·異域歸忠傳序》云：「二年四月甲申，回鶻大特勒嗢没斯率其國特勒、宰相等内附。」而此四月十八日狀已言嗢没斯送款者，蓋温没斯自欲誅赤心之時已送款於田牟，至二十日乃帥衆至天德耳。故其《授左金吾大將軍制》云：「屢獻款誠[二]，布于邊將；尋執反虜，不遺君親。戢其餒殍之徒，曾靡秋豪之犯。旋覩所履[三]，大節甚明。」蓋回鶻亂亡，嗢没斯本與赤心等來歸唐，而邊吏疑阻，故赤心等怒欲犯塞。而嗢没斯先告邊吏，誘赤心之衆東走，而嗢没斯帥其衆降唐也。

[一]「符」，《通鑑》胡註作「苻」。按：《舊唐書·武宗紀》、《會昌一品集》皆作「苻」。

[二]「屢」，《會昌一品集·授嗢没斯左金吾衛大將軍制》原作「屬」。

[三]「旋」，原誤作「族」，今據兩浙本、孔本、《四庫》本、胡本、廣雅本、《通鑑》胡註及《會昌一品集·授嗢没斯左金吾衛大將軍制》改。

忠傳序》。

甲申，嗢没斯降〔一〕。

《一品集》，嗢没斯特勒等狀五月四日上。《實録》在五月丙申，蓋據奏到之日也。今從《歸忠傳序》。

五月，張仲武大破那頡啜。

《伐叛記》曰：「仲武招降赤心下潰兵及可汗下部落前後三萬餘人，分配諸道，回鶻種族遂至寡弱。」《新》、《舊》《紀》皆無仲武破回鶻事。《舊·回紇傳》曰：「仲武大破那頡之衆，全收七千帳，殺戮收擒老小共九萬人。那頡中箭，透駝羣潛脱，烏介獲而殺之。」《一品集·幽州紀聖功碑》曰：「公前後受降三萬人、特勒二人、可汗姊一人、大都督外宰相四人〔二〕，其它禆王〔三〕、騎將不可備載。」諸書皆不言仲武破那頡啜月日，故附於此。

八月〔四〕**，回鶻帥衆至雲州，詔發陳、許等兵屯太原。**

《實録》：「六月，回鶻寇雲州，劉沔出太原兵禦之。」又云：「劉沔救雲州，爲回鶻所敗。」七

〔一〕「没」，原脱，今據兩浙本、孔本、《四庫》本、胡本、廣雅本、《通鑑》正文、《資治通鑑目録》及《會昌一品集》補。

〔二〕「大」，《會昌一品集·幽州紀聖功碑銘》原無此字。

〔三〕「禆」，《會昌一品集·幽州紀聖功碑銘》原作「侯」。

〔四〕「八月」，《通鑑》正文此事在八月庚午。

月又云：「烏介過天德，至把頭烽〔一〕，突入大同川，驅太原部落牛馬數萬，轉戰至雲州。」《新·紀》：「正月，回鶻寇横水栅，略天德、振武軍。三月，回鶻寇雲、朔。六月，劉沔及回鶻戰于雲州，敗績。」按《一品集·奏回鶻事宜狀》：「臣等見楊觀説，緣回鶻赤心下兵馬多散在山北，恐與奚、契丹、室韋同邀截可汗，所以未敢遠去。今因賜仲武詔，令諭以朝旨。緣回鶻曾有忠效，又因殘破，歸附國家，朝廷事體，須有存恤。令奚、契丹等與其同力〔二〕，討除赤心下散卒，遣可汗漸出漢界，免有滯留。」此狀雖無月日，約須在楊觀自回鶻還、赤心死、那頡啜未敗前也。又《賜可汗書》云：「一昨數使卻回〔三〕，皆言可汗只待馬價。及令交付之次，又聞所止屢遷。」則是可汗邀求馬價，而朝廷於此盡給之也。又七月十九日狀云：「望賜可汗書：『得嗢没斯表，稱在本國之時各有本分馬，其馬價絹並合落下，請充進奉。以可汗本國殘破，久在邊陲，此已量與嗢没斯優當，其嗢没斯以下本分馬價絹，便賜可汗。』」然則給其馬價，必在七月十九日前。當是時，回鶻必未寇雲州，敗劉沔，突入大同川，掠太原牛馬，故朝廷曲徇其所求，欲其早離塞下北去，尚未有攻討之意也。又《實録》：「八月壬戌朔，李德裕奏請遣石雄斫營取公主，擒可汗。戊辰，又奏斫

〔一〕「把」，胡本、廣雅本、《通鑑》胡註作「杷」。按：《會昌一品集·論回鶻事宜狀》亦作「把」。
〔二〕「令」，胡本、廣雅本、《通鑑》胡註作「今」。
〔三〕「一」，《會昌一品集·賜回鶻可汗書》原作「日」。

營事令且住。辛未，詔發陳、許、徐、汝、襄陽兵屯太原、振武、天德救援。」按《一品集》，德裕論《討襲回鶻狀》云：「臣頻奉聖旨，緣回鶻漸逼杷頭烽[一]，早須討襲。臣比聞戎虜不解攻城，只知馬上馳突。臣料必無遊弈伏道，又不會斫營[二]。儻令石雄以義武馬軍兼退渾馬騎，精選步卒以爲羽翼，銜枚夜襲，必易成功。」狀無月日。《實録》據七日狀云，今月一日所商量石雄斫營事，望且令駐[三]，故置之朔日耳。此時猶云漸逼杷頭烽，則是尚未知過杷頭烽南也。又八月七日《論回鶻事宜狀》云：「回鶻自到杷頭烽北[四]，已是數旬[五]，奏報寂然，更無侵軼。察其情狀，只與在天德、振武界首不殊。臣等今月一日所商量石雄斫營事，望且令住[六]，更審候事勢。」據此狀意，則是殊未知可汗深入犯雲州也。又八月十日《請發陳許等兵狀》云：「臣等昨日已於延英面奏，請太原、振武、天德各加兵備，請更徵發陳、許、徐、汝、襄陽等兵。至河冰合時，深慮可汗突出過

〔一〕「杷」，《會昌一品集・討襲回鶻事宜狀》原作「把」；以下同，不再出校。
〔二〕「不」，《會昌一品集・討襲回鶻事宜狀》原作「未」。
〔三〕「駐」，《通鑑》胡註作「住」。
〔四〕「到」，《通鑑》胡註作「至」。按：《會昌一品集・論回鶻事宜狀》原作「到」。
〔五〕「旬」，《會昌一品集・論回鶻事宜狀》原作「日」。
〔六〕「望且令住」，《會昌一品集・論回鶻事宜狀》原作「今且駐」。

河，兼與吐蕃連結，則爲患不細，深要防虞。其所徵諸道兵，恐不可停，須令及冰未合前〔一〕，各到所在。」然則回鶻突入大同川，犯雲州，必在八月之初，一日、七日猶未知，九日始奏到，故議發兵守備驅逐。《實録》、《新·紀》皆誤。今從《舊·紀》。

丁丑，賜嗢没斯及其弟等姓名〔二〕。

《舊·紀》：「六月，嗢没斯等至京師，制以嗢没斯充歸義軍使，賜姓名李思忠；以回鶻宰相受邪勿爲歸義軍副使，賜姓名李弘順。」《舊·回鶻傳》曰〔三〕：「二年冬，三年春，回鶻七部共三萬衆相次降於幽州，詔配諸道。有嗢没斯、受邪勿等諸部降振武〔四〕，皆賜姓李氏，及名思忠、思貞、思義〔五〕。」今從《實録》。

遣石戒直還國，賜可汗書。

《舊·紀》此詔在劉沔、張仲武爲招討使下。按《一品集》八月十八日狀：「兩日來，臣

〔一〕「令」，《會昌一品集·請發陳許徐汝襄陽等兵狀》原作「要」。「合」下，《請發陳許徐汝襄陽等兵狀》有「時」字。
〔二〕「及」，《通鑑》正文作「與」。
〔三〕「回鶻傳」，《舊唐書》原作「迴紇傳」；以下同，不再出校。
〔四〕「受邪」，《舊唐書·迴紇傳》原作「愛耶」。
〔五〕「思義」，《舊唐書·迴紇傳》原作「思惠、思恩」。

等竊聞外議云，石誠直久在京城，事無巨細，靡不諳悉。昨緣收入鴻臚，懼朝廷處置，因求奉使〔一〕，意在脱身。」又云：「石誠直先有兩男逃走，必是已入回鶻，料其此去，豈肯盡心！伏望速詔劉沔，所在勒回。」然則遣石戒直賜可汗書必在此狀之前〔二〕，未知後來果曾勒回否也。

十二月〔三〕，吐蕃來告達磨贊普之喪。

《實録》：「丁卯，吐蕃贊普卒，遣使告喪，廢朝三日。贊普立僅三十餘年，有心疾，不知國事，委政大臣焉。命將作少監李璟爲弔祭使。」據《補國史》，彝泰卒後又有達磨贊普，此年卒者達磨也。《文宗實録》不書彝泰贊普卒，《舊·傳》及《續會要》亦皆無達磨。《新書》據《補國史》。疑《文宗實録》闕略，故它書皆因而誤。彝泰以元和十一年立，至此二十七年，然開成三年已卒。達磨立至此五年，而《實録》云僅三十年，亦是誤以達磨爲彝泰也。

〔一〕「因」，《會昌一品集·論回鶻石誠直狀》原作「内」。
〔二〕「戒」，《四庫》本、《通鑑》胡註作「誠」。
〔三〕「十二月」，《通鑑》正文此事在十二月丁卯。

洛門川討擊使論恐熱。

《補國史》曰：「恐熱姓末[一]，名農力。」吐蕃國法不呼本姓，但王族則曰論[二]，官族則曰尚，其中字即蕃號也。熱者，例皆言之，如中華呼郎。

[一] 「姓」，原誤作「如」，今據兩浙本、孔本、《四庫》本、胡本、廣雅本、《通鑑》胡註改。

[二] 「王」，原誤作「土」，今據兩浙本、孔本、《四庫》本、胡本、廣雅本、《通鑑》胡註改。

資治通鑑考異卷第二十二

端明殿學士兼翰林侍讀學士太中大夫提舉西京嵩山崇福宫上柱國河内郡開國公食邑二千六百户食實封壹阡户臣司馬光奉敕編集

唐紀十四

會昌三年，正月，劉沔遣麟州刺史石雄襲可汗。

《舊·回鶻傳》云豐州刺史石雄。《後唐獻祖紀年録》云石州刺史石雄。按：是時田牟爲豐州刺史。今從《實録》。

石雄大破回鶻，迎大和公主以歸〔一〕。

《舊·石雄傳》曰：「三年，回鶻大略雲、朔，劉沔以太原之師屯於雲州。沔謂雄曰：『國家

〔一〕《通鑑》正文此事在正月庚子。按：《舊唐書·武宗紀》在二月，《新唐書·武宗紀》在正月庚子。

以公主之故，不欲急攻；我輩捍邊，但能除患，專之可也。』雄受教，自選勁騎，得沙陀部落，兼契苾、拓拔雜虜，夜發馬邑，徑趨烏介之牙。時虜帳逼振武，雄既入城，登堞視其衆寡，見氈車數十云云，遂迎公主還太原。」《回鶻傳》：「烏介去幽州八十里下營。是夜，河東劉沔帥兵奄至。烏介驚走東北，依和解室韋下營，不及將太和公主同走。石雄兵遇公主帳，因迎歸國。」《後唐獻祖紀年録》曰：「沔表帝爲前鋒。回鶻可汗樹牙於殺胡山，帝與石雄銜枚夜進，圍其牙帳。烏介可汗輕騎而遁。帝於牙帳謁見太和公主，奉而歸國。」按《一品集》，會昌二年十月十七日狀：「訪聞劉沔頗練邊事〔二〕，唯臨機決策，不免遲疑。深恐過爲慎重，漸失事機。望賜劉沔詔：『比緣回鶻未爲侵擾，且務綏懷。今既殺戮邊人，驅劫牛馬，頻已有詔，速令驅除。自度便宜，臨機應變，不得過懷疑慮，皆待朝廷指揮〔三〕。既假以使名，令爲諸軍節制，邊境之事，皆以責成。向後或要移營進軍，一切自取機便，不必皆候進止！』」《實録》：戊寅，詔劉沔云云如前。據德裕此狀，則沔豈敢不俟詔旨，擅遣石雄襲擊可汗牙帳，況已有不須聞奏之詔也。《舊·德裕傳》：「德裕曰：『杷頭烽北便是砂磧，彼中野戰須用騎兵，若以步卒敵之，理難必勝。今烏介所恃者公主，

〔二〕「邊事」，《會昌一品集·請賜劉沔詔狀》原作「兵機」。
〔三〕「朝廷指揮」，《會昌一品集·請賜劉沔詔狀》此二詞原互乙。

如令勇將出騎〔二〕，奪得公主，虜自敗矣。』上然之，即令德裕草制處分。」《伐叛記》曰：「上問討襲之計，德裕奏：『若以步兵與回鶻野戰，必無勝理。回鶻常質公主同行，臣思得一計。料回鶻必未知有斫營，石雄驍勇無敵，若令揀蕃、渾及漢兵鋭卒，銜枚夜進，必取得公主，兼可汗可擒。』上從之。遂令石雄領蕃、渾及漢兵夜進，回鶻果無遊弈伏道，直至帳幕方覺。遂取得公主，唯可汗輕騎而遁。」按：德裕尋自請駐斫營事，而石雄於城上見公主牙帳，迎得之，非因德裕之策。今不取。

烏介可汗走保黑車子族。

《舊・回鶻傳》云：「烏介驚走東北約四百里外，依和解室韋下營，嫁妹與室韋，依附之〔三〕。」今從《伐叛記》、《實録》、《新・傳》。《舊・張仲武傳》又云：「烏介既敗，乃依康居求活，盡徙餘種，寄託黑車子。」蓋以李德裕《紀聖功碑》云：「烏介并丁令以圖安，依康居而求活，盡徙餘種，屈意黑車。」彼所謂康居，用郅支故事耳，致此誤也。

〔二〕「騎」，《舊唐書・李德裕傳》原作「奇」。

〔三〕「依」，《舊唐書・迴紇傳》原作「托」。

二月，李德裕等言「求安西、北庭非計」。

《德裕傳》曰：「三年二月，趙蕃奏黠戛斯攻安西、北庭都護府，宜出師應援〔二〕。」德裕奏辭與此同。《獻替記》曰：「三年二月十一日，延英，德裕奏：『九日奉宣，令臣等向趙蕃説，於黠戛斯處邀求安西、北庭。深恐不可。』」其下辭亦與此同。按《實録》：「辛未，注吾合索始至，命趙蕃飲勞之。丙子，中書門下奏九日奉宣。」其辭亦與《獻替記》同。不知宋據何書得此辛未及丙子日也。今且没其日，繫於注吾合索入對之下以傳疑。

四月，劉從諫從子匡周。

《實録》作「莊周」。今從《一品集》。

李德裕請討澤潞。

按《舊》《紀》、《傳》及《實録》所載德裕之語，皆出於《伐叛記》。《伐叛記》繫於四月劉從諫始亡之時。至此，君相誅討之意已決，百官集議及宰臣再議，皆備禮耳。德裕之言當在事初，《實録》置此，誤也。

〔二〕「應」，原誤作「影」，今據廣雅本及《舊唐書·李德裕傳》改。

解朝政至上黨。

《實録》云：「時從諫死二十日矣。」按：姜崟等云，自四月六日後不見本使。而辛巳爲從諫輟朝，自六日至辛巳，纔十八日耳。《實録》自相違，今不取。

五月[一]，以李宗閔爲湖州刺史。

《獻替記》曰：「四月十九日，上言：『東都李宗閔，我聞比與從諫交通。今澤潞事如何？可別與一官，不要令在東都。』德裕曰：『臣等續商量。』上又云：『不可與方鎮，只與一遠郡！』德裕又奏云：『須與一郡！』」此蓋德裕自以宿憾，因劉稹事害宗閔，畏人譏議，故於《獻替記》載此語以隱其迹耳[二]。今從《實録》。

宰相欲且遣使諭劉稹，上即命討之。

《獻替記》曰：「五月十一日，德裕疾病，先請假在宅。李相紳其日亦請假。李相讓夷獨對，上便決攻討之意。李相歸中書後，録聖意四紙，令德裕草制，至薄晚封進。明日，遂降麻處分。」《舊·本紀》，九月下制討稹。今從《實録》。

〔一〕「五月」，《通鑑》正文此事在五月戊戌。

〔二〕「獻」，原誤作「雷」，今據兩浙本、孔本、《四庫》本、胡本、廣雅本、《通鑑》胡註改。

崔鉉同平章事〔一〕。

《實録》，李讓夷引鉉爲相。今從《補國史》。

九月〔二〕**，以石雄代李彦佐。**

《實録》：「召彦佐入奉朝請〔三〕，俟罷兵日赴鎮。」按：彦佐前已罷武寧，今又罷晉絳，復赴何鎮！《實録》誤也。

十月，庚申，上稱石雄良將。

《獻替》、《伐叛記》皆云：「十月五日，上言石雄破賊。」而《實録》己巳奏到，庚午對宰臣言，乃是十五日。恐誤。

十二月〔四〕**，王宰進攻澤州。**

《一品集》十月二十三日狀〔五〕：「緣王宰兵已深入，須取澤州。」按：此月三日宰始得天井

〔一〕《通鑑》正文此事在五月壬寅。按：《新唐書·武宗紀》原在五月戊申。

〔二〕「九月」，《通鑑》正文此事在九月庚戌。

〔三〕「請」，原誤作「議」，今據兩浙本、孔本、《四庫》本、胡本、廣雅本、《通鑑》胡註改。

〔四〕「十二月」，《通鑑》正文此事在十二月戊辰。

〔五〕「十月二十三日」，《會昌一品集·請諸道進軍狀》原作「十一月二十二日」。

關，於十月之末豈能深入取澤州！蓋十二月十三日狀，「二」字誤在「月」下耳。

劉稹請降於李石，李德裕上言。

《一品集》正月四日狀曰：「臣等得李石狀，報劉稹潛有款誠」云云。又曰：「今饋運之費，計至春末並足，如二月已來尚未殄滅，然議納降，亦未爲晚。」又草詔賜石曰：「必不得因此遷延，令其得計。仍不得先受章表，便與奏聞。」《實録》：「上貶崔碣，仍詔敢言罷兵者送賊境戮之。」德裕狀正月四日上，然石發奏必在楊弁未亂前，故置於此。

四年，正月，德裕上言：「劉稹與諸將舉族面縛，方可受納。」

《一品集》奏狀云：「如劉稹自來，卻令送入，輒不得受。」按：稹若自來，豈有卻送入之理！恐是「稹」下脱「不」字。

詔王元逵以步騎自土門入，應接王逢軍〔二〕。

《實録》：「詔側近行營量抽兵翦撲。又詔王元逵以兵五千扼土門，張仲武把雁門，以爲聲援。」今從《伐叛記》。

〔二〕《通鑑》正文此事在正月辛卯。

三月〔一〕，王逢敗康良佺。

《實録》：「王宰奏賊將康良佺敗，棄石會關，移軍入三十里，守鼓腰嶺。」按：石會關在潞州北，與河東接。宰時在澤州南，何以得敗良佺！蓋「逢」字誤爲「宰」耳。

劉濛爲巡邊使。

《實録》，以濛爲巡邊使，在明年二月壬寅。壬寅，二十五日也。按《一品集》，會昌四年二月二十二日奏狀曰〔二〕：「緣李回等稱黠戛斯使云，今冬必欲就黑車子，收回鶻可汗餘燼，切望國家兵馬應接。黠戛斯使回日已賜敕書，許令幽州、太原、振武、天德各於要路出兵邀截。」又曰：「仍令代北諸軍擞擞排比。」又曰：「其幽州兵馬至多，不必先令排比，待至冬初，續降中使賜詔。」黠戛斯使來在四年二月，德裕奏狀所謂今冬、防秋、冬初者，皆四年事也。不容至五年二月始以濛巡邊使〔三〕。濛之奉使要在今年春夏，不知的何月日，且附於此。

六月，減州縣佐官一千二百一十四員。

《獻替記》曰「減得二千二員」。《新・傳》曰「罷二千餘員」。《舊・柳仲郢傳》曰「減一千

〔一〕「三月」，《通鑑》正文此事在二月下，無三月。
〔二〕「四年二月二十二日」，《會昌一品集・巡邊使劉濛狀》原作「五年二月二十三日」。
〔三〕「濛」下，《通鑑》胡註有「爲」字。

二百員」，今從之。

七月，甲辰，杜悰同平章事。

《新·表》，悰入相在閏月壬戌。今從《實録》。

八月〔二〕**，德裕請以盧弘止爲三州留後。**

《舊》《紀》、《傳》皆作「弘正」。《實録》、《新》《紀》、《傳》皆作「弘止」，今從之。

十二月，石雄爲河陽節度使。

《實録》：「九月，盧鈞奏，十七日，石雄回軍赴孟州。」按：雄於時未爲河陽節度使，《實録》誤也。

五年，七月，上都、東都兩街各留二寺，每寺留僧三十人；節度等州各一寺，三等留僧。

《實録》：「中書門下奏請：上都、東都兩街各留寺十所，每寺留僧十人；大藩鎮各一所，僧亦依前詔。敕：上都、東都每街各留寺兩所，每寺僧各留三十人。中書門下奏：『奉敕諸道所留僧尼數，宜令更商量，分爲三等：上至二十人，中至十人，下至五人。今據天下諸道，共五十處、四十六道，合配三等：鎮州、魏博、淮南、西川、山南東道、荆南、嶺南、汴宋、幽州、東川、鄂

〔二〕「八月」，《通鑑》正文此事在八月辛卯。

岳、浙西、浙東、宣歙、湖南、江西、河南府，望每道許留僧二十人；山南西道、河東、鄭滑、陳許、潞磁、鄆曹、徐泗、鳳翔、兖海、淄青、滄齊、易定、福建、同華州，望令每道許留十人；夏桂、邕管、黔中、安南、汝、金、商州、容管，望每道許留五人；一道河中，已敕下留十三人。』」按：鎮州等凡五十六州、四十一道，今云五十處、四十六道，誤也。杜牧《杭州南亭記》曰：「武宗即位，始去其山臺野邑四萬所，冠其徒幾至十萬人。後至會昌五年，始命西京留佛寺四，僧惟十人；東京二寺〔一〕。天下所謂節度、觀察、同、華、汝三十四治所得留一寺，僧準西京數。其他刺史州不得有寺。凡除寺四千六百，僧、尼笄冠二十六萬五百。」《實録》注又云：「按唐時石刻云：『兩都留寺四，僧各十人；郡國留寺二，僧各三人。』」數皆不同，今從《實録》前文。

八月〔二〕，毁招提、蘭若四萬餘區。

《會要》：「元和二年，薛平奏請賜中條山蘭若額爲大和寺〔三〕。」蓋官賜額者爲寺，私造者爲招提、蘭若，杜牧所謂「山臺野邑」是也。

〔一〕「京」，《通鑑》胡註作「都」。按：《樊川文集·杭州新造南亭子記》原作「京」。

〔二〕「八月」，《通鑑》正文此事在八月壬午。按：《舊唐書·武宗紀》在八月，《新唐書·武宗紀》在八月壬午。

〔三〕「大」，孔本、《四庫》本、胡本、廣雅本作「太」。按：《唐會要·寺》原作「太」。

盧鈞還入上黨，盡殺亂兵。

《獻替記》：「上信任宰臣，無不先訪問，無獨斷之事。唯誅討澤潞不肯捨赴振武官健[一]，及誅翦党項，此二事並禁中發詔處分，更不顧問。振武官健回旗，不肯進發，先害監軍傔一人，監軍王惟直自出曉諭，又被傷痍，旬日而卒。禁中兩軍樞密已下，恨其不殺節將，唯害中人，所以激上之怒，盡須勦戮。上問宰臣曰：『我送石雄領兵至澤潞[二]，令盧鈞不誅討罪人，如何？』德裕奏曰[三]：『盧鈞已失律，性又寬愞，必恐自誅不得。若便替卻盧鈞，亂卒罪惡轉大，須興兵討伐。恐不如先除替，令新帥誅翦。』上謂德裕曰：『勿惜盧鈞！本非材將。救澤潞叛兵，疑李丕報嫌。往劉積平後[四]，處置澤潞與劉積同惡，僅五千餘人，皆是取得高文端、王釗狀，通姓名，勘李丕狀同，然後處分。其間有三兩人或王釗狀無名，並不更問，足明是李丕不能逞其憾。』又云：『唯務苟安，因循爲政。凡方鎮發兵，只合不出軍城，嚴兵自衛，於城門閱過部伍，更令軍將慰安。豈有自出送兵馬，又令家口縱觀，事同兒戲，實不足惜！』『緣大兵之後，須有防虞，臣不

〔一〕「討」，原誤作「誅」，今據兩浙本、孔本、《四庫》本、胡本、廣雅本、《通鑑》胡註改。
〔二〕「送」，孔本、《四庫》本、胡本、廣雅本作「遣」。
〔三〕「奏」，《通鑑》胡註無此字。
〔四〕「往」，原誤作「注」，今據胡本、廣雅本、《通鑑》胡註改。

敢隱默。』由是中詔處分，不復顧問。」按：盧鈞還入潞州，諭戍兵使赴振武，尋遣兵追擊，盡殺之，非上不肯捨也。既云「不可便替」，又云「不如先除替」，語自相違。上云「勿惜盧鈞」，是上語，下云「臣不敢隱默」，乃是德裕語。《獻替記》至此差舛尤甚，不可復據。又處置澤潞五千餘人太多，必是「五十」字誤耳。

六年，上自正月乙卯不視朝〔二〕。

《實録》作「十五日」。按《獻替記》：「自正月十三日後，至三月二十日，更不開延英，時見中詔處分，莫得預焉。」今從之。

上不禮光王怡。

韋昭度《續皇王寶運録》曰：「宣宗即憲皇第四子。自憲皇崩，便合紹位，乃與姪文宗。文宗崩，武皇慮有他謀，乃密令中常侍四人擒宣宗，於永巷幽之，數日，沉於宮廁。宦者仇公武愍之，乃奏武宗曰：『前者王子，不宜久於宮廁。誅之。』武宗曰：『唯唯。』仇公武取出，於車中以糞土雜物覆之，將別路歸家，密養之。三年後，武皇宫車晏駕，百官奉迎，於玉宸殿立之。尋擢仇公武爲軍容使。」尉遲偓《中朝故事》曰：「敬宗、文宗、武宗相次即位，宣皇皆叔父也。武宗初

〔二〕《通鑑》正文此事置於三月。

登極，深忌焉。一日，會鞠於禁苑間，武宗召上，遥睹瞬目於中官仇士良。士良躍馬向前曰：『適有旨，王可下馬！』士良命中官輿出軍中，奏云：『落馬，已不救矣！』尋請爲僧，游行江表間。會昌末，中人請還京，遂即位。」令狐澄《貞陵遺事》曰：「上在藩時，嘗從駕迴，而上誤墮馬，人不之覺。比二更，方能興。時天大雪，四顧悄無人聲。上寒甚，會巡警者至，大驚。上曰：『我光王也。不悟至此，方困且渴，若爲我求水。』警者即於旁近得水以進，遂委而去。上良久起，舉甌將飲〔二〕，顧甌中水盡爲芳醪矣。上獨喜自負，一舉盡甌，已而體微暖有力，遂步歸藩邸。」此三事皆鄙妄無稽，今不取。

三月，辛酉，立怡爲皇太叔。

《舊·紀》：「三月一日，立爲皇太叔。」《武宗實録》云「壬戌」。《宣宗實録》云「辛酉」。按《獻替記》云：「自正月十三日後，至三月二十日，更不開延英。」蓋二十一日，則宣宗見百寮也。今從《宣宗實録》。

〔二〕「飲」，原誤作「欲」，今據兩浙本、孔本、《四庫》本、胡本、廣雅本、《通鑑》胡註改。

四月[一]**，李德裕同平章事、荆南節度使。**

《實録》、《新》《表》、《傳》皆云：「德裕自守大尉檢校司徒，爲荆南節度使。」按：制辭皆無責降之語，豈可遽自守太尉檢校司徒！今從《舊・紀》。又《貞陵遺事》曰：「上初即位於太極殿，時宰相李德裕與行册禮。及退，上謂宦侍云云。聽政之二日，遂出爲荆門。」《舊・德裕傳》曰：「五年，武宗上徽號，累表乞骸，不許。德裕病月餘，堅請解機務，乃以本官平章事兼江陵尹、荆南節度使。數月，追復知政事。宣宗即位，罷相，出爲東都留守。」按《舊・紀》、《新・表》及諸書，武宗朝德裕未嘗罷免。此年九月，方自江陵除東都留守。《舊・傳》謬誤。今從《實録》。

五月[二]**，上京兩街留兩寺外，各增置八寺。**

《杭州南亭記》曰：「今天子即位，天下州率與二寺，用齒衰男女爲其徒，各止三十人，兩京數倍其四五焉。」《實録》：「準五日敕，兩街先留寺兩所外，更添置八所。」注：「唐石刻云：京都兩街各置十寺[三]，寺僧五十人。」蓋謂二年正月赦後，非今赦也。

[一]「四月」，《通鑑》正文此事在四月壬申。按：《舊唐書・宣宗紀》在四月，《新唐書・宣宗紀》在四月丙子。

[二]「五月」，《通鑑》正文此事在五月乙巳。按：《舊唐書・宣宗紀》原在五月乙巳。

[三]「都」，《通鑑》胡注作「師」。

八月〔二〕，贈王才人貴妃，隨葬端陵。

蔡京《王貴妃傳》曰：「帝疾亟，才人久視帝而歸燕息處，濃粧潔服如常日。乃取所玩用物散與内家淨盡〔三〕，持帝所授巾至帝前，已見升遐，容易自縊，而仆於御座下，以縊爲名而得卒。」《舊・紀》：「武宗葬端陵，德妃王氏祔焉。」李德裕《獻替記》曰〔三〕：「自上臨御，王妃有專房之寵。至是，以嬌妒忤旨，一夕而殞，羣情無不驚懼，以謂上功成之後喜怒不測。德裕因以進諫。」在五年十月，與《王貴妃傳》不同，恐《獻替記》誤。康軿《劇談録》曰：「孟才人善歌，有寵於武宗。屬一旦聖體不豫，召而問之曰：『我或不諱，汝將何之？』對曰：『若陛下萬歲之後，無復生爲！』是日令於御前歌《河滿子》一曲，聲調悽咽，聞者涕零。及宮車晏駕，哀慟數日而殞，窆於端陵之側。」此事恐正是王才人〔四〕，傳聞不同。

宣宗大中元年，二月，白敏中排李德裕。

《實録》：「白敏中、令狐綯在會昌中，德裕不以朋黨疑之，置之臺閣。及德裕失勢，抵掌戟

〔二〕「八月」，《通鑑》正文此事在八月壬申。按：《舊唐書・武宗紀》在八月，《新唐書・宣宗紀》在八月壬申。
〔三〕「淨」，原誤作「靜」，今據《通鑑》胡註改。
〔三〕「曰」，《通鑑》胡注無此字。
〔四〕「正」，原誤作「上」，孔本、《四庫》本、胡本、廣雅本作「止」，今據《通鑑》胡註改。

手，同謀斥逐。而崔鉉亦以會昌末罷相怨德裕。大中初，敏中復薦鉉在中書，乃令其黨人李咸者，訟德裕輔政時陰事，罷德裕留守，以太子少保分司東都。」按《舊・傳》，綯以大中二年自湖州刺史入知制誥〔一〕，鉉以三年自河中節度使入爲相，此時未也。《實録》誤。

八月，史憲忠破突厥。

按：突厥亡已久，蓋猶有餘種在振武之北者〔二〕。

二年，五月〔三〕，太皇太后郭氏崩。

《實録》：「五月戊寅，以太皇太后寢疾，權不聽政，宰臣帥百僚問太后起居。己卯，復問起居，下遺令。是日，太后崩。初，上纂位，以憲宗遇弒，頗疑后在黨中，至是，暴得疾崩，帝之志也。甲申，白敏中帥百僚上表請聽政，不許。乙酉，又上表，不許。丙戌，三上表，乃依。六月，貶禮院檢討官王皞爲潤州句容令。」《舊・傳》曰：「宣宗繼統，即后之諸子也，恩禮愈異於前朝。大中年崩，祔景陵。后歷位七朝，五居太母之尊，人君行子孫之禮，福壽隆貴四十餘年，雖漢之

〔一〕《通鑑》胡注曰：「今按：《通鑑》所書令狐綯知制誥，在是年六七月之間。湖州刺史有『前』字。」

〔二〕《通鑑》胡注曰：「余謂：此突厥餘種保塞内屬者也。」

〔三〕「五月」，《通鑑》正文此事在五月己卯。按：《舊唐書・宣宗紀》在六月己丑，《新唐書・宣宗紀》在五月己卯。

馬、鄧無以加焉，識者以爲汾陽社稷之功未泯，復鍾慶於懿安焉。」裴延裕《東觀奏記》曰〔一〕：「憲宗皇帝晏駕之夕，上雖幼，頗記其事，追恨光陵商臣之酷，即位後，誅鋤惡黨，無漏網者〔二〕。郭太后以上英察孝果，且懷慚懼。時居興慶宮，一日，與一二侍兒同升勤政樓〔三〕，倚衡而望，便欲殞於樓下，欲成上過。左右急持之，即聞于上。上大怒，其夕，太后暴崩，上志也。」又曰：「懿安郭太后既崩，喪服許如故事。禮院檢討官王皞抗疏，請后合葬景陵，配饗憲宗廟室。既入，上大怒。宰臣白敏中召皞詰其事，皞對云云。翌日，皞貶潤州句容縣令，周墀亦免相。」按：《實録》所言暴崩事，皆出於《東觀奏記》。若實有此事，則既云是夕暴崩，何得前一日先下詔云，以太后寢疾，權不聽政。若無此事，則廷裕豈敢輒誣宣宗！或者郭后實以病終，而宣宗以平日疑忿之心，欲黜其禮，故皞爭之。疑以傳疑，今參取之。《東觀奏記》又曰：「杜悰通貴日久，門下有術士姓李。悰任西川節度使，馬植罷黔中赴闕，至西川，李術士一見植，謂悰曰：『馬中丞非常人也，相公厚遇之。』悰未之信。術士一日密言於悰曰：『相公將有甚禍，非馬中丞不能救，乞厚結

〔一〕「延裕」，《通鑑》胡註曰：「按：『裴延裕』後作『廷裕』，必有一誤。」今按：《新唐書·藝文志》原作「庭裕」。

〔二〕「網」，原誤作「綱」，今據兩浙本、孔本、《四庫》本、胡本、廣雅本、《通鑑》胡註及裴庭裕《東觀奏記》（北京中華書局一九九四年《唐宋史料筆記叢刊》點校本，下同）改。

〔三〕「一二」，《東觀奏記》原無此字。

之。』悰始驚信。發日，厚幣贈之〔一〕，仍令邸吏爲植於闕下買宅〔二〕，生生之費無闕焉。植至門，方知感悰，不知其旨。尋除光禄卿，報狀至蜀，悰謂術士曰：『貴人到闕作光禄勳矣。』術士曰：『姑待之。』稍進大理卿，又遷刑部侍郎，充諸道鹽鐵使。悰始驚憂。俄而作相。懿安皇太后崩後，悰，懿安子壻也，忽一日，内榜子索檢責宰相元載故事。植諭旨。翌日延英，上前萬端營救。植素辯，能回上旨，事遂中寢。」按：植會昌中已自黔中入爲大理卿，悰今年二月始爲西川節度使〔三〕。今不取。

七月〔四〕，石雄自陳黑山、烏嶺之功。

此出范攄《雲谿友議》。彼以「烏嶺」爲「天井」，誤也。

三年，二月，吐蕃三州七關降。

《實録》：「涇原節度使康季榮奏，吐蕃宰相論恐熱殺東道節度使，奉表以三州、七關來降。」

〔一〕「幣」，原誤作「常」，今據孔本、《四庫》本、胡本、廣雅本、《通鑑》胡註及《東觀奏記》改。
〔二〕「買」，原誤作「賣」，今據廣雅本、《通鑑》胡註及《東觀奏記》改。
〔三〕「川」，原誤重文，今據兩浙本、孔本、《四庫》本、胡本、廣雅本、《通鑑》胡註删。「使」，《通鑑》胡註無此字。
〔四〕「七月」，《通鑑》正文此事在九月。

《獻祖紀年録》亦云：「殺東道節度使〔一〕。」按：《補國史》敍論恐熱事甚詳，至五年五月始來降，此際未降也。又不云殺東道節度使。且恐熱若以三州、七關來降，朝廷必官賞之，何故但賞邊將而不及恐熱。蓋三州、七關以吐蕃國亂，自來降唐，朝廷遣諸道應接撫納之，非恐熱帥以來。《實録》誤耳。

八月〔二〕，河、隴老幼千餘人。

《實録》云「數千人」。今從《舊·傳》。

十一月〔三〕，幽州逐張直方，推周綝爲留後。

《舊·紀》：「十一月，幽州軍亂，逐張直方，軍人推周綝爲留後。四年九月，周綝卒，軍人立張允伸爲留後。」《直方傳》曰：「直方多不法，慮爲將卒所圖，三年冬，託以遊獵，奔赴闕廷。」《張允伸傳》曰：「四年，戎帥周綝寢疾，表允伸爲留後。」《新·紀》：「四年八月，幽州軍亂，逐張直方，張允伸自稱留後。」《傳》亦言直方出奔，即以允伸爲留後。《實録》直方赴闕，亦在去年

〔一〕「使」下，《通鑑》胡註有「奉表」二字。
〔二〕「八月」，《通鑑》正文此事在八月己丑。按：《舊唐書·宣宗紀》原在七月。
〔三〕「十一月」，《通鑑》正文此事在閏十一月。按：《舊唐書·宣宗紀》原在十一月。

八月至九月。又云張允伸知留後，皆無周綝姓名。今從《舊書》。

四年，七月〔一〕**，周綝薨，張允伸爲留後。**

《舊・紀》亦無朝廷命綝爲節度使年月，至此但云：「幽州節度使周綝卒，軍人立張允伸爲留後。」《實録》：「九月，幽州大將表請押衙張允伸知留後事。」《舊・允伸傳》曰：「大中四年，戎帥周綝寢疾，表允伸爲留後，朝廷可其奏。」今參取之。

十月〔二〕**，令狐綯同平章事。**

《舊・紀》在十一月。今從《實録》、《新・紀》。

五年，二月〔三〕**，張義潮降。**

《補國史》作「議潮」。今從《實録》、《新》、《舊》《紀》、《傳》。

〔一〕「七月」，孔本、《四庫》本、胡本、廣雅本、《通鑑》正文作「八月」，胡註曰：「今按：《通鑑》書八月周琳薨，《考異》以爲七月。」按：《舊唐書・宣宗紀》在九月，《新唐書・宣宗紀》在八月。

〔二〕「十月」，《通鑑》正文此事在十月辛未。按：《舊唐書・宣宗紀》在十一月，《新唐書・宣宗紀》在十月辛未。

〔三〕「二月」，《通鑑》正文此事在正月壬戌。按：《二十史朔閏表》，大中五年正月甲戌朔，無壬戌；二月甲辰朔，十九日壬戌。《舊唐書・宣宗紀》在八月，《新唐書・宣宗紀》在十月。

上以南山、平夏党項久未平。

《唐年補録》曰：「松州南有雪山，故曰南山。平夏，川名也。」〔一〕

十一月，以張義潮爲歸義節度使。

《唐年補録》、《舊・紀》，義潮降在五年八月。《獻祖紀年録》及《新・紀》在十月。按《實録》：「五年二月壬戌，天德軍奏沙州刺史張義潮、安景旻及部落使閻英達等差使上表，請以沙州降。十月，義潮遣兄義澤以本道瓜、沙、伊、肅等十一州地圖户籍來獻。河、隴陷没百餘年，至是悉復故地。十一月，建沙州爲歸義軍，以張義潮爲節度使，河、沙等十一州觀察、營田、處置等使。」《新・紀》：「五年十月，沙州人張義潮以瓜、沙、伊、肅、鄯、甘、河、西、蘭、岷、廓十一州歸于有司。」《新・傳》：「三州、七關降之明年，沙州首領張義潮奉十一州地圖以獻，擢義潮沙州防禦使。俄號歸義軍，遂爲節度使。」參考諸書，蓋二月義潮使者始以得沙州來告〔二〕，除防禦使，十月又遣義澤以十一州圖籍來上，除節度使也。今從《實録》。《新・傳》云「三州降之明年」，誤也。

〔一〕《通鑑》胡註曰：「余按：《唐年補録》，乃末學膚受者之爲耳。今不欲復言地理，姑以《通鑑》義例言之。《考異》者，考羣書之同異而審其是，訓釋其義，付之後學。南山之説，既無異同之可考，今而引之，疑非《考異》本指也。」

〔二〕「二」，原誤作「一」，今據兩浙本、孔本、《四庫》本、胡本、廣雅本、《通鑑》胡註改。

六年，六月〔一〕**，畢諴除邠寧節度使。**

《舊·傳》：「懿宗召問邊事。」今從《實録》。

七年，十二月，度支奏天下所納錢數。

《續皇王寶運録》具載是歲度支支收之數，舛錯不可曉，今特存其可曉者〔二〕。

八年，九月，立皇子洽、汭、汶爲王。

《唐年補録》：「五年正月甲戌朔，封三王。」今從《實録》、《新·紀》。

十年，五月〔三〕**，韋澳爲京兆尹。**

《貞陵遺事》、《東觀奏記》皆曰：「帝以崔罕、崔郢併敗官，面除澳京兆尹。」按《大中制集》，澳代罕，郢代澳，云罕、郢併敗官，誤也。今從《實録》、《新·紀》、《舊·紀》、《新·傳》耳〔四〕。

〔一〕「六月」，《通鑑》正文此事在六月癸酉。

〔二〕《通鑑》胡註曰：「温公拳拳于史之闕文，蓋其所重者，制國用也。」

〔三〕「五月」，《通鑑》正文此事在五月丁卯。

〔四〕「耳」，《通鑑》胡註無此字。

澳杖鄭光莊吏〔一〕。

《東觀奏記》曰：「太后爲上言之，上於延英問澳，澳具奏本末。上曰：『今日納租足，放否？』澳曰：『尚在限内，明日則不得矣。』上入奏太后曰：『韋澳不可犯，且與送錢納卻。』頃刻而租入。」今從柳玭《續貞陵遺事》。

九月，韋厪貶永州司馬。

《東觀奏記》、《實録》，貶司農卿韋厪爲永州司馬。厪夜令術士爲厭勝之術，御史臺劾奏故也。范攄《雲谿友議》曰，太僕卿韋覲欲求夏州節度使云云〔二〕，貶潘州司馬。今官名從《東觀奏記》及《實録》，事采《雲谿友議》。

鄭顥求作相，父祗德與書。

劉崇遠《金華子雜編》：「顥既判户部，馳逐台司甚切。時家君猶鎮山東，聞之，遣書謂顥」云云。按《實録》，九年十二月，顥父祗德以賓客分司。《金華子》云鎮山東，誤也。

〔一〕《考異》此條原誤置於「九月韋厪貶永州司馬」條下，今據兩浙本、孔本、《四庫》本、胡本、廣雅本調正順序，《通鑑》正文亦載此事於「五月韋澳爲京兆尹」之下。

〔二〕「覲」，《通鑑》胡註作「厪」。按：范攄《雲谿友議》（上海商務印書館《四部叢刊》影印常熟瞿氏鐵琴銅劍樓藏明刊本）原作「覲」。

十一年，正月〔一〕，韋澳爲河陽節度使。

《舊·傳》云「十二年」，誤也。今從《實録》。

七月，流祝漢貞。

《實録》：「大中十一年七月，貶嗣韓王乾裕於嶺外。初，伶人祝漢貞寵冠諸優，復出入宫邸。乾裕以金帛結之，求刺史，雖已納賂而未敢言。至是，爲御史臺劾奏，故貶；杖漢貞，流天德軍。」今從《貞陵遺事》。

十月，李承勛奏尚延心爲河、渭都遊弈使。

此事出《補國史》。按：張義潮以十一州降，河、渭已在其間。今延心復以河、渭降者，義潮所帥者漢民，延心所帥者蕃族也。又《補國史》不云延心以何年月降。《新·傳》但云：「張義潮降，其後河、渭州虜將尚延心以國破亡，亦獻款。秦州刺史高駢誘降延心及渾末部萬帳，遂收二州，拜延心武衛將軍。駢收鳳林關，以延心爲河、渭等州都遊弈使。」按《舊·傳》，高駢懿宗時始爲秦州刺史。《新·傳》誤也。今從《補國史》。因承勛移鎮涇原，并延心事置於此。

〔一〕「正月」，《通鑑》正文此事在正月丙辰。按：《舊唐書·宣宗紀》在正月而無日。

十二年，正月，王式爲安南都護。

《舊·紀》，式爲安南在二月[一]。今從《實録》。

戊午，劉瑑同平章事。

《東觀奏記》曰：「十一年，上手詔追之，既至，拜户部侍郎、判度支。十二月十七日，次對，上以御案曆日付瑑，令於下旬擇一吉日。瑑不論上旨。上曰：『但擇一拜官日即得。』瑑跪奏：『二十五日甚佳。』上笑曰：『此日命卿爲相。』秘，世無知者。高湜爲鳳翔從事，湜即瑑舊寮也。二十四日，辭瑑於宣平里私第。湜曰：『竊度旬時，必副具瞻之望。』瑑笑曰：『來日具瞻，何旬時也！』湜不敢發。詰旦，果爰立矣，始以此事泄於湜。」《實録·瑑傳》曰：「明年正月十七日，次對，帝以曆日付瑑，令擇吉日。瑑跪奏二十五日。」今從之。

二月[二]，崔慎由罷相。

《唐闕史》曰：「丞相太保崔公一日備顧問於便殿，上欲御樓肆赦，太保奏云云。後旬日，罷知政事。」《舊·傳》：「初，慎由與蕭鄴同在翰林，情不相洽。及慎由作相，罷鄴學士。俄而鄴自

[一]「二月」，《舊唐書·宣宗紀》此事原在正月。

[二]「二月」，《通鑑》正文此事在二月戊辰。按：《舊唐書·宣宗紀》在正月，《新唐書·宣宗紀》在二月壬申。

度支平章事，恩顧甚隆，鄴引瑑同知政事，遂出慎由東川。」《東觀奏記》：「劉瑑既入相，與慎由議政於上前。慎由曰『唯當甄別品流』，瑑云云，慎由不能對。因此恩澤浸衰，尋罷相爲東川節度使，削平章事。」今從《唐闕史》。

五月，使優人追李璲節[一]。

此出《東觀奏記》，而璲不知以何時除嶺南。按《實録》，大中九年，韋曙除嶺南節度使。今年正月薨，楊發代之。三月，蕭倣言柳珪。四月，璲自司農卿爲右金吾大將軍。五月，聞嶺南亂。蓋於此除璲嶺南，而倣封還，以璲爲非定亂之才故也。今置於此。

六月，安南都護李涿。

《實録》或作「琢」，或作「涿」。樊綽《蠻書》亦作「涿」。《實録》及《新書》皆有《李琢傳》，聽之子也。大中三年，自洛州刺史除義昌節度使[二]。九年九月，自金吾將軍除平盧節度使，不云曾爲安南都護。按：都護位卑，琢既爲義昌節度使，不應爲都護。疑作都護者，別一李涿，非聽子也。

[一] 「璲」，《資治通鑑目録》同，《通鑑》正文作「燧」。按：《東觀奏記》原作「璲」。

[二] 「洛」，《通鑑》胡註作「洺」。

羣蠻導南詔侵邊。

《舊・紀》：「琢侵刻獠民，羣獠引林邑蠻攻安南府。」按《蠻書》，寇安南者南詔，非林邑也。

蠻寇安南。

《實録》無涿除安南年月。《蠻書》云：「大中八年，安南都護擅罷林西原防冬戍卒，洞主李由獨等七綰首領被蠻誘引，復爲親情，日往月來，漸遭侵軼。」又云[一]：「桃花蠻本屬由獨管轄，亦爲界上戍卒。自大中八年，被峰州知州官申文狀與李涿，請罷防冬將健六千人，不要味、真、登等州界上防遏。其由獨兄弟力不禁，被蠻拓東節度使與書信，將外甥嫁與由獨小男，補拓東押衙[二]，自此後七綰洞悉爲蠻收管。」《舊・紀》：「咸通四年十一月，劉蜕等言：令狐綯受李琢賄[三]，除安南，生蠻寇。」《實録》：「咸通二年六月，詔：『如聞李琢在安南日，殺害杜存誠，貪殘頗甚，致令溪洞懷怨。』」據此，則本因李涿貪暴無謀，以致蠻寇，明矣。然則大中八年至十一年，《舊・紀》、《實録》不言蠻爲邊患，蓋但時於邊境小有鈔盜，未敢犯州縣，至此寇安南，而《舊・

[一]「云」，《通鑑》胡註作「曰」。

[二]「拓」，《通鑑》胡註皆作「柘」。按：樊綽《蠻書》（臺灣商務印書館影印清文淵閣《四庫全書》收録《永樂大典》輯佚本）原作「柘」。

[三]「琢」，《通鑑》胡註作「涿」。按：《舊唐書・懿宗紀》原作「琢」。

紀》、《實録》始載之。又不知此寇安南，即鄭言《平剡録》所謂至錦田步時非也。

十三年，八月，左軍副使亓元實。

或作「邢元實」。今從《東觀奏記》、《懿宗實録》。

宣宗明察沈斷。

《續貞陵遺事》曰：「越守嘗進女樂，有絶色者，上初悦之，數月，錫賚盈積。一旦晨興，忽不樂，曰：『玄宗只一楊妃，天下至今未平。我豈敢忘！』乃召美人曰：『應留汝不得。』左右或奏：『可以放還。』上曰：『放還我必思之，可命賜酒一杯。』」此太不近人情，恐譽之太過。今不取。

李玄伯等伏誅。

《東觀奏記》：「畢諴在翰林，上恩顧特異，許用爲相。深爲丞相令狐綯緩其入相之謀。諴思有以結綯，在北門求得絶色，非人世所有，盛飾珠翠，專使獻綯。綯一見之心動，謂其子曰：『畢太原於吾無分，今以是餌吾，將傾吾家族也！』一見立返之。諴又瀝血輸啓事于綯，綯終不内，乃命邸貨之。東頭醫官李玄伯，上所狎昵者，以錢七十萬致於家，乃舍正堂坐之玄伯〔二〕，夫妻執賤役以事焉。踰月，盡得其歡心矣，乃進于上。上一見惑之，寵冠六宮。玄伯燒伏火丹砂連進，以市恩

〔二〕「舍正堂坐之」，《東觀奏記》原作「舍之正堂」。

澤，致上瘡疾，皆玄伯之罪也。懿宗即位，玄伯與山人王岳、道士虞紫芝俱棄市。」今從《實録》。

九月，何弘敬兼中書令。

《東觀奏記》：「大中十三年三月，魏博何弘敬就加中書令。」據《實録》，二月弘敬加太傅，此月乃加中書令，在懿宗即位後。《東觀奏記》誤也。

十二月，裘甫攻陷象山。

《實録》作「仇甫」。按：《平剡録》作「裘甫」〔二〕，今從之。

南詔陷播州。

《舊·紀》、《實録》今年皆無陷播州事，惟《新·紀》有之。《實録》：「咸通六年三月，盧潘奏云：大中十三年，南蠻陷播州。」《補國史》曰：「雲南自大中初朝貢使及西川質子人數漸多，節度使奏請釐革減省，有詔許之，録詔報雲南，雲南回牒不遜。」《新·南詔傳》曰：「朝貢歲至，從者多。杜悰自西川入朝，表無多内蠻傔。豐祐怒，即慢言索質子。」蓋謂蠻子弟學成都者也〔三〕。按：杜悰以咸通二年十月入朝，而豐祐大中十三年已死，則建議減蠻傔者，必非悰入朝後事。《新·傳》誤也。

〔二〕「平」，原誤作「干」，今據兩浙本、孔本、《四庫》本、胡本、廣雅本、《通鑑》胡註改。
〔三〕「學」，原誤作「有」，今據兩浙本、孔本、《四庫》本、胡本、廣雅本、《通鑑》胡註改。

資治通鑑考異卷第二十三

端明殿學士兼翰林侍讀學士太中大夫提舉西京嵩山崇福宫上柱國河内郡開國公食邑二千六百户食實封壹阡户臣司馬光奉敕編集

唐紀十五

懿宗咸通元年，六月[一]，王式械裘甫送京師。

《平剡録》曰：「諸軍圍賊於剡，賊悍甚，其所謂女軍者，亦乘城擿礫以中人。三日，凡八十三戰，賊雖衄，官軍亦疲。裘甫佯言乞降[二]，諸將使騎來白。公曰：『賊憊暫休耳，謹備之。』仍遣押牙薛敬義謂諸將曰：『功成矣，勉之，勿怠也。』果復三戰。二十一日夜，甫與劉晅、劉慶十

[一]「六月」，《通鑑》正文此事在六月壬寅。

[二]「裘」，原誤作「仇」，今據孔本、《四庫》本、胡本、廣雅本、《通鑑》胡註改。

餘輩，又從百餘人出，遥與諸將語，伺我軍之懈，將使勇者潰圍焉。諸將得公誡，夜皆設伏於營前。甫輩離城數十步，伏兵疾走以間之，鋭師數百復繼之，城中賊不出。甫遽甚，不知所爲，遂成擒焉。至是，用兵六十六日矣。二十三日，縛置府城〔二〕，公於衙門陳兵以見，執其徒劉晊、劉慶二十餘輩，三斬之，械裘甫獻闕下。」《玉泉子見聞録》曰：「王式討裘甫。甫始起於剡，既爲官軍所敗，復入于剡，城堅卒鋭，不可遽拔。式乃約降，許奏以金吾將軍。甫許焉，其將劉晊獨以爲不可。比及越城，左右則械手以木，曳頸以組。甫曰：『吾既已降，何用是爲？』左右曰：『法也，到越則釋去。公且行，有命矣。』既至，式登南樓俟之，曰：『裘甫何罪，罪皆劉晊輩。』命三斬之。晊顧謂甫曰：『君竟拜金吾乎！』斬甫于長安東市。初，甫之入剡也，雖已累敗，向使城守，期歲未可平也。玉泉子曰：古人有言，殺降不祥。李廣所以不侯，良有以也！王公亦不聞大貴。鄭公述《平剡録》，一何曲筆哉！雖驟歷清顯，而卒以喪明不復起，可不慎哉！」按：二書所言，莫知孰是。然裘甫在剡城，窮困已極，勢不能久，式不必更以詐誘之，或者諸將爲之，不可知也。甫之出降也，或欲突走，或被誘而來，皆不可知。要之爲出城乞降，官軍因邀斷其後擒之耳。

〔二〕「置」，《通鑑》胡註作「致」。

九月，劉鄴請贈李德裕官。

裴旦《李太尉南行録》，載咸通二年九月二十六日右拾遺内供奉劉鄴表，略云：「子曄，貶立山尉，去年獲遇陛下惟新之命，覃作解之恩，移授郴縣尉，今已没於貶所。」又曰：「血屬已盡，生涯悉空。」又曰：「孤骨未歸於塋域〔一〕，一男又隕於江湘。」又曰：「其李德裕，請特賜贈官。」敕依奏。《實録》注引《東觀奏記》云：「令狐相綯夢德裕曰：『某已謝明時〔二〕，幸相公哀之，許歸葬故里。』綯具爲其子滈言之。滈曰：『李衛公犯衆怒，又崔相鉉、魏相謩皆敵人也，見持政，必將上前異同，未可言之也〔三〕。』後數日，上將坐延英，綯又夢德裕曰：『某委骨海上，思還故里，與相公有舊，幸憫而許之。』既寤，復謂滈曰：『向見衛公精爽尚可畏，吾不言，必掇禍。明日入中書，且爲同列言之。』既而於帝前論奏，許其子蒙州立山尉曄護喪歸葬。」又，是時柳仲郢鎮東蜀，設奠於荆南，命從事李商隱爲文曰：「恭承新渥，言還舊止。」又曰〔四〕：「身留蜀郡，路隔伊川。」鄴奏乃云：「孤骨未歸塋域。」曄，懿宗初纔徙郴縣尉，未詳，或者後人僞

〔一〕「孤」，《通鑑》胡註曰「枯」。

〔二〕「謝」，原誤作「謀」，今據兩浙本、孔本、《四庫》本、胡本、廣雅本、《通鑑》胡註及《東觀奏記》改。

〔三〕「之」，《通鑑》胡註無此字。按：《東觀奏記》原有「之」字。

〔四〕「曰」，《通鑑》胡註作「云」。

作之，非鄴本奏也。《實録》注又云：「白敏中爲中書令，時與右庶子段全緯書云：『故衛公、太尉〔一〕，災興鵂鳥，怨結江魚，親交雨散於西園〔二〕，子弟蓬飄於南土。嘗蒙一顧，繼履三台。保持獲盡於天年，論請爰加於寵贈。』全緯嘗爲德裕西川從事〔三〕，故敏中語及云。」按：此似繇敏中開發，而數本追復贈官，多連鄴奏。德裕素有恩於敏中，敏中前作相，既遠貶之，至此又掠其美，鄙哉！按《劉鄴表》云：「去年獲遇陛下惟新之命，覃作解之恩。」則上此表在咸通元年，非二年也。《舊・傳》：「鄴爲翰林學士承旨，以李德裕貶死珠崖〔四〕，大中朝，令狐綯當權，累有赦宥，不蒙恩例〔五〕。懿宗即位，綯在方鎮，屬郊天大赦，鄴奏論之。」《李太尉南行録》，鄴此時未爲翰林學士，因上此表，敕批：「便令内養宣喚入翰林充學士，餘依奏。」《金華子雜編》曰：「宣宗嘗私行經延資庫，見廣厦連綿，錢帛山積，問左右曰：『誰爲此庫？』侍臣對曰：『宰相李德裕執政日，以天下每歲備用之餘盡實此〔六〕。自是以來，邊庭有急，支備無乏者，

〔一〕「尉」，原誤重文，今據兩浙本、孔本、《四庫》本、胡本、廣雅本、《通鑑》胡註删。
〔二〕「雨」，原誤作「兩」，今據兩浙本、孔本、《四庫》本、胡本、廣雅本、《通鑑》胡註改。
〔三〕「事」，《通鑑》胡註作「軍」。
〔四〕「珠」，《通鑑》胡註作「朱」。按：《舊唐書・劉鄴傳》原作「珠」。
〔五〕「例」，《通鑑》胡註作「列」。按：《舊唐書・劉鄴傳》原作「例」。
〔六〕「每」，原誤重文，今據兩浙本、孔本、《四庫》本、胡本、廣雅本、《通鑑》胡註删。

茲實有賴。』上曰：『今何在？』曰：『頃以坐吴湘獄，貶于崖州。』上曰：『如有此功於國，微罪豈合深譴！』由是劉公鄴得以進表，乞追雪之。上一覽表，遂許其加贈、歸葬焉。」按：宣宗素惡德裕，故始即位即逐之，豈有不知其在崖州，而云「豈合深譴」！又，劉鄴追雪在懿宗時。此説殊爲淺陋，今不取。

十二月[一]**，南詔陷交趾。**

《新·南詔傳》：「大中時，李琢爲安南經略使，苛墨自私，以斗鹽易一牛。夷人不堪，結南詔將段酋遷，陷安南都護府，號白衣没命軍。懿宗絶其朝貢，乃陷播州。安南都護李鄠屯武州，咸通元年，爲蠻所攻，棄州走。天子斥鄠，以王寬代之。」按：宣宗時，南詔未嘗陷安南。據《新·傳》，則似大中時已陷安南，咸通元年又陷武州也。且李鄠安南失守，然後奔武州，非在武州而棄之。《新·傳》誤也。今從《實録》。

[一] 「十二月」，《通鑑》正文此事在十二月戊申。按：《新唐書·懿宗紀》原在十二月戊申。

二年，二月，杜悰請不罪宰相〔一〕。

《新·傳》云：「宣宗大漸，樞密使王歸長等矯詔迎鄆王立之〔二〕。懿宗即位，欲罪大臣，悰解之。」按：立鄆王者王宗實，《新·傳》云「歸長」，誤也。今從《補國史》。

六月〔三〕，王寛爲安南經略使，李鄠貶儋州司户。

《實録》：「又賜寛手詔云云：『如聞李琢在安南日，殺害杜存誠，李鄠又處置其子守澄，使誘導羣蠻，陷没城邑。卿到鎮日，於李鄠處索取前後敕詔，一一參詳。』初，李琢在鎮，蠻首領愛州刺史兼土軍兵馬使杜存誠密誘溪洞夷、獠，爲之鄉導，涿察其不忠〔四〕，戮死焉。及李鄠至鎮，蠻陷安南，鄠走武州，召土軍收復城邑。而存誠家兵甚衆，朝廷務姑息，乃贈存誠金吾將軍。鄠以失備，貶儋州。」《補國史》：「蠻陷安南，李鄠投武州，召土軍收復，頗有功績。殺首領杜存誠，

〔一〕《通鑑》胡註曰：「意此亦是據杜悰《家傳》書之，其辭旨抑揚，容有過其實者。洪邁《隨筆》曰：按懿宗即位之日，宰相四人：曰令狐綯，曰蕭鄴，曰夏侯孜，曰蔣伸。至是惟有伸在，三人者罷去矣。誠及審權，乃懿宗自用者，無有斯事，蓋野史之妄。温公以唐事屬之范祖禹，其審取可謂詳盡，尚如此。信乎修史之難哉！」

〔二〕「王歸長等矯詔迎鄆王立之」，《新唐書·杜悰傳》原作：「帝大漸，樞密使王歸長、馬公儒等以遺詔立夔王，而左軍中尉王宗實等入殿中，以爲歸長等矯詔，乃迎鄆王立之，是爲懿宗。」

〔三〕「六月」，《通鑑》正文此事在六月癸丑。按：《新唐書·懿宗紀》原在六月。

〔四〕「涿」，孔本、《通鑑》《四庫》本、胡本、廣雅本作「琢」。

以捍禦盤桓，不戮力盡敵，兼洞夷、獠爲鄉導之罪也。鄠貶儋州後，以存誠谿洞彊獷，家兵數多，子弟繼總軍旅，皆輸忠勇，軍府倚賴方甚，朝廷亦加姑息，乃再舉憲章，長流鄠崖州，贈存誠金吾將軍，以誘其竭力。命前鹽州刺史王宙爲都護。」按：鄠所殺存誠之子守澄，已爲王式所逐，鄠至旬日殺之，非因扞禦不戮力也。代鄠者乃王寬，非王宙。《補國史》誤也。今獨取鄠克復安南一事，餘皆從《平剡録》、《實録》〔二〕。

七月，孟穆爲南詔弔祭使，會南詔入寇，不行。

《實録》在此年十二月。按《補國史》：「杜邠公再入輔，建議遣使弔祭，令其改名。纔命使臣，已破越嶲城池，攻邛崍關鎮，使臣逗留，數月不發。」然則命穆充使，當在寇嶲州前，《實録》書於十二月，誤也。按：南詔已稱帝，陷安南，豈可彌縫！悰但欲姑息，故陽不知其僭號，及以陷安南者爲土蠻耳。

三年，二月，以蔡襲代王寬。

《補國史》：「王宙有緝理撫衆才，遠人懷惠。纔未周歲，南蠻復侵封部，請兵設備，累以危急上聞。乃命桂管都防禦使蔡襲代之。」《實録》：「以前湖南觀察使蔡襲爲安南經略等使。王

〔二〕《通鑑》胡註曰：「按：唐朝若以杜守澄之戮爲李鄠罪，則當贈守澄官，不當贈其父官，此余所以致疑於前也。」

寬亦制置失宜，諸部蠻相帥内寇，故命襲往代焉。」今從之。

發諸道兵授襲，蠻引去。

《實録》：「咸通三年二月，以蔡襲爲安南經略、招討、處置等使。三月，以蔡京充荆襄以南宣慰安撫使。五月，以京爲嶺南西道節度使。」《舊・紀》：「三年十一月，遣蔡襲率禁軍三千赴援安南。」按《補國史》云：「咸通三年，使左庶子蔡京制置嶺南事。」又云：「命桂管都防禦使蔡襲代王宙。其明年，使蔡京制置嶺南事。」然則襲除安南，似在咸通二年也。又按樊綽《蠻書》云：「臣咸通三年三月四日，奉本使尚書蔡襲手示，密委臣深入賊帥朱道古營寨。三月八日，入賊重圍之中。臣卻回，一一白於都護王寬，領得臣書牒，全無指揮，擅放軍回，苟求朝獎，致襲枉傷矢石，陷失城池。徵之其由，莫非蔡京、王寬之過。」綽既謂襲爲本使，爲之入蠻，則是襲已到官。又云回白都護王寬，則是寬猶未去任也。不知綽不白襲而白寬，何故也？又，襲將兵代寬，寬爲已替之人，安能擅放軍回，令襲陷没！疑《蠻書》「擅放軍回」字上，少「蔡京」二字。襲除安南，不知的在何年月，今從《實録》。

段文楚坐變更舊制，左遷。

《補國史》：「文楚到後，城邑牢落，人户彫殘。纔得數月，朝廷責其更改舊制，降授威衛分司。」蓋文楚既之官，而朝議責邕州陷没，由文楚請罷三道戍兵，自募土軍，故云更改舊制。而

《實録》云：「及文楚再至，城池圮廢，人户殘耗，由是頗更舊制。未數月，朝廷慮致煩擾[二]，復改命懷玉焉。」《新·傳》：「文楚數改條約，衆不悦，以胡懷玉代之。」蓋因《補國史》改更舊制之語，相承致誤也。

七月，徐州軍逐温璋。

《舊·傳》曰：「璋，咸通末爲徐泗節度使。徐州牙卒曰銀刀軍，頗驕横。璋至，誅其凶惡者五百餘人，自是軍中畏法。」按：誅銀刀軍者，王式也。《舊·傳》誤。

八月，王式誅銀刀軍。

《舊·傳》曰：「式至鎮，盡誅銀刀等七軍，徐方平定。」《金華子雜編》曰：「温璋失律於徐州，自河陽移式往鎮之，式領河陽全軍赴任。徐州將士聞式到近境，先遣衙隊三百人遠接。式衩衣坐胡床受參，既畢，乃問其逐帥之罪，命皆斬於帳前，不留一人。既而相次繼來，莫知前死者音耗，至則又斬之，亦無脱者。如是數日，銀刀都數千人垂盡。虎狼之衆，居常咸謂能吞噬於人，及于斯際，式衣襖子、半臂，曳屐危坐，逐人皆拱手就戮，無一敢旅拒者。其後親戚相訝，不能自會焉。」按：若頓殺數千人，豈有人不知者。又式自浙東除武寧，非河陽也。今從《實録》。

[二]「擾」，原誤作「攄」，今據兩浙本、孔本、《四庫》本、胡本、廣雅本、《通鑑》胡註改。

十一月，南詔寇安南。

《補國史》云：「四年春，南蠻帥衆五萬攻安南。」按《蠻書》：「咸通三年十二月二十一日，桃花人安南城西南角下營，茫蠻於蘇歷江岸屯聚，裸形蠻亦當陳面。二十七日，蠻賊逼交州城。」則是今年冬末，蠻已圍交州也。今從《實録》。

敕蔡襲屯海門。

《實録》：「詔襲且住海門。」是令棄交趾，退屯海門也。按：襲死時猶在交趾。蓋詔書到時，襲已被圍，不得通也。

四年，正月〔二〕，南詔陷交趾。

《實録》：「二月，安南經略使蔡襲奏：『蠻賊楊思僭、羅伏州扶耶縣令麻光高部領其衆五六千人，於城西角下營。』嶺南東道節度使韋宙奏：『蠻賊去十二月二十七日，逼安南城池，經略使檢校工部尚書蔡襲出兵格鬬，殺傷相當。正月三日，賊衆圍城，進攻甚急，襲城上以車弩射之。至七日，城陷，襲右膊中弩箭死，家口并元從七十餘人悉隕於賊，從事樊綽攜印渡江。其荆南、江西、鄂岳、襄州兵突到城東水際，無船卻回，相率入東羅門，殺蠻僅一二千人。至夜，賊救兵

〔二〕「正月」，《通鑑》正文此事在正月庚午。按：《新唐書·懿宗紀》原在正月庚午。

至，遂屠其城。』」按：此二奏似後人采集《蠻書》爲之，其中又多差舛。如楊思僭，《蠻書》中兩處有之，皆作「楊思縉」，蓋草書誤爲「僭」耳。彼雖蠻夷，豈肯名「思僭」也！張彰《錦里耆舊傳》載高駢與雲南牒，亦云楊思縉，善蘭節度使。《新書》亦承此誤爲「僭」。又《蠻書》所云思縉、光高部領者，桃花蠻五六千人耳，非謂盡將羣蠻也。《補國史》云蠻衆五萬攻安南，非止五六千人也。又十二月二十一日，裸形蠻、茫蠻、桃花人已在城下，豈至二十七日始逼安南也！《蠻書》言二十七日逼城者，但記見河蠻、尋傳蠻之日耳；又言正月二日、三日者，但記以車弩射得苴子之日耳，非其日始圍城也。且城陷奔迸之際，非樊綽身在其間，豈知其詳！然四道兵入城所殺人數〔二〕，猶因僧無旱説始知之。韋宙身在廣州，何得所奏一如樊綽之書，其僞明矣。《新・傳》曰：「是夜，蠻遂屠城。」亦承《實録》而誤。

二月，甲午，歷拜十六陵。

拜十六陵，非一日可了，而舊史無還宮之日。《唐年補録》云，二月庚子，一日拜十六陵，尤難信也。

〔二〕「然」，《通鑑》胡註無此字。

七月，復置安南都護府於行交州。

《實録》以郡州爲交州。《補國史》亦同。又云，夏侯貞孝公請用高駢爲郡州進討使。按《地理志》，無郡州。《補國史》又云，海門，今晏州。《地理志》，晏州乃屬瀘州都督府，嶺南亦無之。

五年，七月，康承訓分司。

《補國史》：「嶺南東道節度使韋宙兼領供軍使，將吏在邕州者，潛令申報，事無巨細，莫不知之；復究尋克捷事多虚妄，具所聞啓於丞相。承訓已自懷疑懼，辭疾免，責授右武衛大將軍、分司東都。」《僖宗實禄·承訓傳》曰：「南蠻陷交趾，以承訓爲嶺南西道節度使，踰歲，討平之，加檢校右僕射。與鄰帥不叶，以右武衛大將軍罷歸。」蓋其家《行狀》云爾。今從《補國史》、《懿宗實録》、《新·傳》。

張茵不敢進取，以高駢代之。

《補國史》：「茵驍將，無遠略，經年不敢進軍。丞相夏侯貞孝公獨獻密疏，請用驍衛將軍高駢。有制，以本官充郡州進討使，旋拜安南節度使。其茵所領兵並付高公指揮。」按：今年正月，詔茵進軍收復安南，若經年，則孜已罷相。今從《實録》附於此。《實録》，駢官爲右領軍上將軍，太高。今從《補國史》。《舊·紀》：「五年四月，南蠻寇邕管，以秦州經略使高駢率禁軍五千，會諸道之師禦之。」今不取。

六年，九月，高駢大破蠻衆。

《舊·紀》、《實録》皆云：「五月，駢奏於邕管大敗林邑蠻。」按：林邑在海南，自至德後號環王，與中國久絶。劉昫但見南蠻，則謂之林邑，誤也。《新·南詔傳》亦云：「駢以選士五千度江，敗林邑兵於邕州。」亦承此而誤也。《舊·紀》又云：「是歲秋，高駢自海門進軍，破蠻軍，收復安南府。」蓋因駢今秋發海門，遂云復安南耳。復安南實在明年也。《補國史》云：「五年九月，高公力戰，破峰州蠻於南定縣。」按：張茵以五年正月句當交州，受詔收復安南。《補國史》云「經年不進軍，乃以駢代之」，則駢豈得以其年九月已破峰州蠻乎！《補國史》又云：「駢破峰州蠻後，近四月餘日，表報不至，朝廷以王晏權代之。六月，高公進軍收復安南。」亦不云幾年六月。蓋駢以六年九月破峰州蠻，七年六月破安南耳。《實録》又云：「九月，駢奏破蠻龍州營寨，并燒食糧等事。詔駢令於當界守備，緣近有赦文，已許恩宥，伺其悛改，亦未要更深加討逐。」按：赦在明年十一月，此詔必在駢已平安南後，《實録》誤也。《新·傳》又云：「駢擊南詔龍州屯，蠻酋燒貲畜走。」龍州，即安南所管龍編縣也。

十二月〔一〕**，鄭太后崩。**

《舊·傳》大中末崩，誤也。今從《實録》。

七年，二月，張義潮奏僕固俊克西州〔二〕。

《實録》：「義潮奏俊收西河，及部落胡、漢皆歸伏，并表賀收西州等城事。」《新·吐蕃傳》曰：「七年，俊擊取西州，收諸部。」按：大中五年，義潮以十一州圖籍來上，西州已在其中。今始云收西州者，蓋當時雖得其圖籍，其地猶爲吐蕃所據耳。

拓跋懷光破論恐熱。

《實録》：「義潮又奏，鄯州城使張季顒押領拓跋懷光下使送到尚恐熱將〔三〕，并隨身器甲等，並以進奉。」《新·吐蕃傳》曰：「鄯州城使張季顒與尚恐熱戰，破之，收器鎧以獻。」今從《補國史》、《實録》。

〔一〕「十二月」，《通鑑》正文此事在十二月壬子。按：《舊唐書·懿宗紀》在十二月，《新唐書·懿宗紀》在十二月壬子。

〔二〕「僕」，《資治通鑑目録》同，《通鑑》正文作「回鶻」。按：《舊唐書·懿宗紀》、《新唐書》《張義潮傳》、《吐蕃傳》原作「僕」。

〔三〕「熱」，原誤作「執」，今據兩浙本、孔本、《四庫》本、胡本、廣雅本、《通鑑》胡註改。

六月，以王晏權代高駢鎮安南。

《補國史》謂駢及晏權，皆云安南節度使。按：時安南止有都護、經略、招討使耳，無節度使也。《舊・王智興傳》，九子，無晏權名。《實録》亦云命晏權代駢爲節度，而無月日，蓋闕漏也。

十月，高駢克安南。

《舊・紀》：「十月，駢奏蠻寇悉平。」《實録》：「九月，駢奏殺戮都蠻統皈首遷、朱道古，及斬首三千餘級。」十月丙申日下，又云：「駢奏收復安南，蠻寇遁散。」又云：「敗楊緝思、段酋遷、朱道古，殺戮三萬餘級。」《新・紀》：「十月，高駢克安南。」按：皈首遷，即段酋遷，字之誤也。《補國史》收城與敗緝思等共是一事[一]。《實録》分在兩月，不知其何所據也。《新・南詔傳》曰：「七年六月，駢次交州，戰數勝，士酣鬬，斬其將張詮，李溠龍舉衆萬人降，拔波風三壁。緝思出戰，敗，還走城。士乘之，超堞入[二]，斬酋遷、昵些、諾眉，上首三萬級，安南平。」蓋因駢以六月至安南，終言之耳，安南實不以六月平也。今從《新》、《舊》《紀》。

[一]「城」，兩浙本、孔本、《四庫》本、胡本作「賊」。

[二]「堞」，原誤作「⿰王枼」，今據孔本、《四庫》本、胡本、廣雅本、《通鑑》胡註及《新唐書・南詔傳》改。

八年，八月[一]**，貶楊收端州司馬。**

《舊·傳》曰：「韋保衡作相，又發收陰事，言前用嚴譔爲江西節度，納賂百萬。明年，貶爲端州司馬。」按：是時保衡未作相，《舊·傳》誤。今從《實録》。

九年，八月，高駢請以從孫潯代鎮交趾。

《補國史》曰：「高公姪孫潯將先鋒軍，每遇陣敵，身當矢石。及高公内舉交代，朝廷命潯節制交趾。」《實録》但云高潯以下勒姓名於碑陰，不云潯爲節度使。《新·傳》曰：「駢之戰，其從孫潯常爲先鋒，冒矢石以勸士。駢徙天平，薦潯自代，詔拜交州節度使。」按：駢爲金吾半歲始除天平。今從《補國史》。

十月，庚午，龐勛陷宿州。

《舊·紀》：「九月甲午，勛陷宿州。」今從鄭樵《彭門紀亂》及《新·紀》。

丁丑，陷徐州。

《舊·紀》：「九月乙未，龐勛陷徐州，殺節度使崔彦曾、判官焦潞等[二]。賊令别將梁伾守宿

[一]「八月」，《通鑑》正文此事在八月庚寅。

[二]「潞」，兩浙本、孔本、《四庫》本、胡本、廣雅本、《通鑑》胡註作「璐」。按：《舊唐書·懿宗紀》原作「潞」。

州[二]，又遣劉行及、丁景琮、吳迥攻圍泗州。」今從《彭門紀亂》及《新・紀》。《舊・彦曾傳》曰：「九年九月十四日，賊逼徐州。十五日後，每旦大霧。十六日，彦曾並誅逆卒家口。十七日，昏霧尤甚，賊四面斬關而入。」《實録》，自勛知徐州出兵退至符離以後[二]，皆置於十一月。今從《彭門紀亂》。

劉行及入濠州，囚盧望回。

《舊・紀》、《實録》、《新・紀》，濠州陷在十一月。按：濠本徐之屬郡，勛始得徐州，則遣行及取之，望回猶未及爲備，豈得至十一月！今從《彭門紀亂》[三]。

十一月，以康承訓等爲徐州招討使。

《舊・紀》：「十年正月，以神武大將軍王晏權爲武寧節度使[四]。晏權，智興之從子也。以右神策大將軍康承訓充徐泗行營都招討使，凡十八將，分董諸道之兵七萬三千一十五人。正月

[一]「伾」，《通鑑》胡註作「丕」。按：《舊唐書・懿宗紀》原作「伾」。
[二]「符」，《通鑑》胡註作「苻」。按：《舊唐書》、《新唐書》《地理志》皆作「符」。
[三]「亂」，原脱，今據兩浙本、孔本、《四庫》本、胡本、廣雅本、《通鑑》胡註補。
[四]「使」上，原衍「榮」字，今據兩浙本、孔本、《四庫》本、胡本、廣雅本、《通鑑》胡註及《舊唐書・懿宗紀》删。

一日，進軍攻徐州。」又曰：「承訓大軍攻宿州，賊將梁伾出戰，屢敗，乃授承訓義成軍節度使〔一〕。」《實録》：「九年十二月，以右金吾大將軍康承訓爲義成軍節度使，充徐泗行營兵馬都招討使。承訓不赴鎮，以節度副使陳魴句當留後，以王晏權爲徐、泗、濠、宿等州觀察使、充徐州北面行營招討等使，羽林將軍戴可師爲徐州南面行營招討等使。」《彭門紀亂》、《新・紀》，承訓等除招討使皆在十一月。《唐年補録》：「十一月庚申，以太原節度使康承訓爲都統，討徐州。」按：庚申乃十二月一日，承訓舊官亦非太原節度使，《補録》誤也。今從《彭門紀亂》、《新・紀》。

敕使郭厚本。

《舊・紀》、《實録》作「郗厚本」〔二〕。今從《彭門紀亂》及《舊・傳》。

十二月〔三〕，賊陷都梁城，執李湘、郭厚本。

《舊・紀》：「十月，賊攻泗州勢急，令狐綯慮失泗口，乃令大將李湘赴援，舉軍皆没，湘與都

〔一〕「軍」，《通鑑》胡註無此字。按：《舊唐書・懿宗紀》原有「軍」字。
〔二〕「郗」，《舊唐書・懿宗紀》原作「郭」，同《辛讜傳》。
〔三〕「十二月」，《通鑑》正文此事在十二月甲子。

監郗厚本俱爲賊所執〔一〕，送徐州。」《令狐綯傳》曰：「賊聞湘來援，遣人致書于綯，辭情遜順，言：『朝廷累有詔赦宥，但抗拒者三兩人耳，旦夕圖去之，即束身請命，願相公保任之。』綯即奏聞，請賜勛節鉞，仍誡李湘但戍淮口，賊已招降，不得立異。繇是湘軍解甲安寢〔二〕，去警徹備，日與賊軍相對，歡笑交言。一日，賊軍乘間，步騎徑入湘壘，淮卒五千人皆被生縶，送徐州，爲賊蒸而食之〔三〕。湘與監軍郭厚本爲龐勛斷手足，以徇於康承訓軍。時浙西杜審權發軍千人，與李湘約會兵，大將翟行約勇敢知名。浙軍未至而湘軍敗，賊乃分兵，立淮南旗幟，爲交鬬之狀〔四〕。行約軍望見，急趨之，千人並爲賊所縛，送徐州。綯既喪師，朝廷以馬舉代綯爲淮南節度使。」《辛讜傳》曰：「湘率五千來援，賊詐降，敗于淮口，湘與郭厚本皆爲賊所執。」《彭門紀亂》曰：「勛以泗州堅守，遣劉佶共謀攻取。時淮南、宣、潤三道發兵戍都梁山舊城〔五〕，與泗州隔淮而已，賊衆乃夜潛師渡淮，及明而逼城。濠州賊帥劉行及亦遣王弘立侵掠淮南，於是合衆急攻，官軍遂

〔一〕「郗」，《通鑑》胡註作「郭」。按：《舊唐書·懿宗紀》原作「郭」。

〔二〕「湘」，原誤作「淮」，今據兩浙本、孔本、《四庫》本、胡本、廣雅本、《通鑑》胡註及《舊唐書·令狐綯傳》改。

〔三〕「蒸」，《通鑑》胡註作「烝」。按：《舊唐書·令狐綯傳》原作「蒸」。

〔四〕「鬬」，原誤作「闔」，今據兩浙本、孔本、《四庫》本、胡本、廣雅本、《通鑑》胡註及《舊唐書·令狐綯傳》改。

〔五〕「潤」，原誤作「閏」，今據兩浙本、孔本、《四庫》本、胡本、廣雅本、《通鑑》胡註改。

棄城出戰。十一月三十日，賊乃大敗官軍，殺害二千人，生降七八百人，并虜其將李湘等，咸送於徐州。賊遂據有淮口，斷絶驛路。」又曰：「賊既破戴可師，令狐綯懼，乃遣使誘諭，約爲奏請節旄〔一〕。」《續皇王寶運録》曰：「十一月二十九日，浙西節度使杜審權差都頭翟行約將兵二千來救。三十日，行約領兵方欲入泗州，又被賊奔來〔二〕，行約占山，尋被圍合，城中兵士無可出救。賊又開圍，行約不知是計，便走欲去，而築着山下伏兵，須臾被殺，匹馬不餘，賊遂圍淮口鎮。有淮南都押衙李湘、鎮將袁公弁領馬步三千人被圍〔三〕，從十一月三十日至十二月五日，李湘束甲出軍，被襲逐殺盡〔四〕，卻入鎮者，使竪降旗，鎮内兵士老幼一萬餘人〔五〕，被劫驅送濠州。郭厚本此時遇害。」今從《續寶運録》。

龐勛陷滁州、和州。

《彭門紀亂》：「光、蔡山中草賊數百，攻破滁州，殺刺史高錫望，歸附龐勛〔六〕。」《舊・紀》：

〔一〕「旄」，兩浙本、孔本、《四庫》本、胡本、廣雅本作「旌」。

〔二〕「被」，原誤作「彼」，今據兩浙本、孔本、《四庫》本、胡本、廣雅本、《通鑑》胡註改。

〔三〕「袁」，原誤作「表」，今據兩浙本、孔本、《四庫》本、胡本、廣雅本、《通鑑》胡註改。

〔四〕「逐」，原誤作「遂」，今據兩浙本、孔本、《四庫》本、胡本、廣雅本、《通鑑》胡註改。

〔五〕「幼」，《通鑑》胡註作「小」。

〔六〕「龐」，原誤作「寵」，今據兩浙本、孔本、《四庫》本、胡本、廣雅本、《通鑑》胡註改。

「十一月，吴迥既執李湘，乃令小將張行簡、吴約攻滁州，執刺史高錫望，手刃之，屠其城而去。行簡又進攻和州，刺史崔雍登城樓，謂吴約云云[一]，遂剽城中居民，殺判官張琢，以琢浚城濠故也[二]。勛又令劉贊攻濠州，陷之，囚刺史盧望回於迥車館，望回鬱憤而死。」《實録》：「閏月，賊陷和州、濠州。」明年二月又云：「勛遣張行簡攻滁州，入城，害刺史高錫望。」《新・紀》：「十二月，賊陷滁、和。」今陷濠州從《彭門紀亂》，陷滁、和置執李湘下。

閏月，戴可師爲王弘立所敗。

《續寶運録》曰[三]：「正月十八日，戴可師陷失，賊遂凶狂[四]。」《彭門紀亂》曰：「可師引兵三萬欲先奪淮口，遂救泗州。十二月十三日，遲明，圍賊於都梁山下。賊已就降，而可師自恃兵强，不爲備。賊將王弘立者，將兵數萬人捷徑赴救，奔突而前，官軍潰亂，遂爲所敗，可師并監使、將校已下咸没於陣。於是龐勛自謂前無彊敵矣。」《舊・紀》：「十二月，可師與賊轉戰，賊黨屢敗，盡棄淮南之守。十年正月，以可師充曹州行營招討使。時賊將劉行及、吴迥攻圍泗州，可

[一]「約」，《舊唐書・懿宗紀》原作「迥」。

[二]「琢」，《通鑑》胡註皆作「涿」。按：《舊唐書・懿宗紀》原作「琢」。

[三]「寶」，原誤作「實」，今據兩浙本、孔本、《四庫》本、胡本、廣雅本、《通鑑》胡註改。

[四]「狂」，原誤作「在」，今據兩浙本、孔本、《四庫》本、胡本、廣雅本、《通鑑》胡註改。

師乘勝救之，屯於石梁驛。賊退去，可師追擊，生禽行及。賊保都梁城，登城拜曰：『見與都頭謀歸明〔一〕。』可師既知其窘，乃退軍五里。其城西面有水，三面天軍〔二〕，賊乃夜中涉水而遁。明早，開城門，唯病嫗數人而已。王師入壘未整，翌日詰旦，重霧，賊軍大至。可師方大醉，單馬奔出，爲虹縣人郭真所殺，一軍盡没。賊將吴迴進軍〔三〕，復圍泗州。」又曰：「龐勛奏：『當道先發戍嶺南兵士三千人春冬衣，今欲差人送赴邕管。』鄂岳觀察使劉允章上書言：『龐勛聚徒十萬，今若遣人達嶺表〔四〕，如戍卒與勛合勢，則禍難非細。』尋詔龐勛止絶〔五〕，兼令江、淮諸道紀綱捕之。」《實録》，可師敗繫於閏月下，而亦云十二月十三日。《新·紀》，十二月壬申，亦用《紀亂》之日也。按《紀亂》上有臘月，又云十二月十三日，其下無閏月，疑謂閏月十三日也。然據《續寶運録》：「閏月十一日，辛讜離泗州。十四日，至揚州乞兵糧。」若於時可師在都梁，則讜必不舍可師而詣揚、潤也。若讜出在可師敗後，則令狐綯方自救不暇，何暇救泗州！若可師敗在正月，

〔一〕「明」，孔本、《四庫》本、胡本、廣雅本作「順」，《通鑑》胡註作「降」。按：《舊唐書·懿宗紀》原作「朝」。
〔二〕「天」，孔本、《四庫》本、胡本、廣雅本、《通鑑》胡註作「大」。按：《舊唐書·懿宗紀》原作「天」。
〔三〕「迴」，原誤作「迴」，今據兩浙本、孔本、《四庫》本、胡本、廣雅本、《通鑑》胡註及《舊唐書·懿宗紀》改。
〔四〕「表」，原誤作「未」，今據兩浙本、孔本、《四庫》本、胡本、廣雅本、《通鑑》胡註及《舊唐書·懿宗紀》改。
〔五〕「止」，原誤作「正」，今據兩浙本、孔本、《四庫》本、胡本、廣雅本、《通鑑》胡註及《舊唐書·懿宗紀》改。

則《新·紀》十二月已除馬舉南面招討〔二〕。要之，必在辛讜適揚、潤之後，故置於此。

曹翔、馬舉爲徐州南、北招討使〔三〕。

《彭門紀亂》作「馬士舉」，今從《新·紀》。《紀亂》曰：「王晏權數爲賊所攻，雖不敗傷，亦時退縮。朝廷復除隴州牧曹翔領兖海節度使，充北面都統招討等使。又魏博元帥何公遣行軍薛尤將兵三萬人掎角破賊。曹翔軍於滕、沛，魏博軍於豐、蕭，其衆都六七萬人。」又言：「賊寇海州、壽州，皆敗。」又言「辛讜救泗州」，雖繫正月之下，蓋追敘以前之事。《實録》：「二月，以馬舉爲淮南節度使，充南面招討使。初，康承訓率諸將正月一日進軍攻徐州，不克，賊圍壽州。王晏權數爲賊所攻，退縮不敢出戰。乃以曹翔爲兖海等州節度使，充北面招討使。魏博遣薛尤將兵三千人，掎角討賊。賊衆攻海州，戍兵擊之，大敗。康承訓率衆屯於柳子之西。」皆承此而誤也。《新·紀》，翔、舉除南、北招討在十二月而無閏。今因翔與魏博同討徐州而見之，置於歲末。

〔二〕「討」下，《通鑑》胡註有「使」字。

〔三〕《通鑑》正文僅載「曹翔爲徐州北面招討使」，無馬舉爲徐州南面招討使事。胡註亦曰：「據《考異》及明年馬舉解泗州圍事，則《通鑑》正文『曹翔爲徐州北面招討使』之下，當有以『馬舉爲淮南節度使，充南面招討使』十四字。傳寫逸之也。」「曹翔馬舉」，《資治通鑑目録》此二人互乙。按：《新唐書·懿宗紀》原作「馬舉、曹翔」。

何全皞遣薛尤將萬三千人討龐勛。

《彭門紀亂》曰：「尤將三萬人，并曹翔軍，都六七萬人。」《實録》：「魏博奏請出兵三千人，助討徐、泗。」《舊・紀》：「魏博何弘敬奏，當道點檢兵馬一萬三千赴行營〔一〕。」姓名雖誤，今取其人數。

十年〔二〕，四月〔三〕，辛讜迎糧入泗州。

《續寶運録》曰：「二月七日，辛讜揀點驍勇，領空舡十二隻般糧〔四〕。二十日，卻到楚州。四月六日，離楚。八日，至斗山下。是日二更後，入泗州。」按：正月二十七日，讜迎米舡九隻入泗州，二月六日，未應食盡復出。又二十日卻到楚州，不應住四十五日然後離彼。又上有二月十日授讜御史，不應下云二月七日讜出般糧。疑是「三月」字也。

〔一〕「檢」，原誤作「撿」，今據孔本、《四庫》本、胡本、廣雅本、《通鑑》胡註及《舊唐書・懿宗紀》改。
〔二〕「十」下，原衍「四」字，今據兩浙本、孔本、《四庫》本、胡本、廣雅本、《通鑑》正文、《資治通鑑目録》删。
〔三〕「四月」，《通鑑》正文此事在四月乙未。
〔四〕「般」，孔本、《四庫》本、胡本、廣雅本皆作「搬」。

官軍敗龐勛于柳子〔一〕。

《實録》，勛敗於柳子在五月，蓋約奏到書之。其他皆如此，雖有月日，不可用。今從《彭門紀亂》。

六月〔二〕**，翰林學士承旨劉瞻同平章事。**

《玉泉子聞見録》曰〔三〕：「徐公商判鹺，以瞻爲從事。商拜相，命官曾不及瞻。瞻出於羈旅，以楊玄翼樞密權重，可倚以圖事，而密啗閽者謁焉。瞻有儀表，加以詞辯俊利〔四〕，玄翼一見悦之。每玄翼歸第，瞻輒候之，由是日加親熟，遂許以内廷之拜。既有日矣，瞻即復謁徐公曰：『相公過聽，以某辱在門館，幸遇相公登庸，四海之人孰不受相公之惠！某故相公從事，窮饑日加，且環歲矣；相公曾不以下位處之，某雖不佞，亦相公之恩不終也。今已別有計矣，請從此辭。』即下拜焉。商初聞瞻言，徒唯唯而已。迨聞別有計，不覺愕然，方欲遜謝，瞻已疾趨出矣。

〔一〕《通鑑》正文此事在四月丙辰。按：《舊唐書》、《新唐書》《懿宗紀》皆在四月。

〔二〕「六月」，《通鑑》正文此事在六月癸卯。按：《新唐書·懿宗紀》原在六月癸卯。

〔三〕「聞見」，《考異》上下文或作「見聞」。按：《新唐書·藝文志》、《通志·藝文略》皆作「見聞」；以下同，不再出校。

〔四〕「以」，《通鑑》胡註作「之」。

明日，内榜子出，以瞻爲翰林學士〔二〕。」《舊・瞻傳》：「劉瑑作相〔三〕，以宗人遇之，薦爲翰林學士。」按：瞻素有清節，必不至如《玉泉子》所云，恐出於愛憎之説。《聞見録》又曰〔三〕：「玄翼爲鳳翔監軍，瞻即出爲太原亞尹，鄭從讜爲節度使，殊不禮焉。洎復入翰林而作相也〔四〕，常謂人曰：『吾在北門，爲鄭尚書冷將息，不復病熱矣。』從讜南海之命，瞻所致也。」按《舊・傳》：「瞻自户部侍郎承旨，出爲太原尹、河東節度使。」瞻爲學士，若非以罪謫，恐不爲少尹。又《舊・紀》：「咸通十二年十二月，鄭從讜自宣武節度使爲廣州。」在瞻驩州後。故知《玉泉子》所記皆虚，今所不取〔五〕。

八月，康承訓攻徐州。

《舊・紀》、《實録》皆云：「八月〔六〕，康承訓攻柳子塞，垂克，而賊將王弘立救至，王師大敗，

〔二〕「瞻」，原誤作「瞻」，今據兩浙本、孔本、《四庫》本、胡本、廣雅本、《通鑑》胡註改。按：原本「瞻」或誤作「瞻」，以下徑改，不再出校。

〔三〕「劉」，原脱，今據兩浙本、孔本、《四庫》本、胡本、廣雅本、《通鑑》胡註及《舊唐書・劉瞻傳》補。

〔三〕「曰」，《通鑑》胡註作「云」。

〔四〕「洎」，原誤作「泊」，今據兩浙本、孔本、《四庫》本、廣雅本、《通鑑》胡註改。

〔五〕「所」，《通鑑》胡註無此字。

〔六〕「八月」，《舊唐書・懿宗紀》原作「七月」。

承訓退保宋州。龐勛乘勝自率徐州勁卒併攻泗州，留其都將許佶守徐州。詔馬舉援泗州。」按：弘立救柳子，爲承訓所敗。兼於時弘立已死於泗州，勛亦未嘗親攻泗州。《舊·紀》、《實録》誤也。

九月〔一〕**，朱邪赤心爲前鋒。**

《彭門紀亂》云「沙陀都頭朱邪赤衷」。按《獻祖紀年録》，當作「赤心」，《紀亂》誤也。

龐勛敗死。

《彭門紀亂》曰：「初，龐勛之求節也，必希歲内得之，於是閭里小兒競歌之曰：『得節不得節，不過十二月。』即龐勛九年十月十七日作亂，十年九月十九日就戮，通其閏月計之，正一歲而滅。」按：六日，承訓知勛掠亳、宋，即追之，至蘄縣，得之。恐未至十九日，疑是九日也。《新·紀》：「九月癸酉，龐勛伏誅。」用《彭門紀亂》也。

十月，賜崔雍死。

《舊·紀》：「八月，和州防虞行官石侔等訟雍罪。其月，賜自盡。」《實録》訟在八月，賜自盡在十月。今從之。

〔一〕「九月」，《通鑑》正文此事在九月庚申。

南詔傾國入寇。

張雲《咸通解圍録》曰：「十年十月，南蠻衆擊董春烏部落，傾其巢窟，春烏以其衆保北栅〔二〕。俄而蠻掩至沐源川，遂逼嘉州，南自清谿關寇黎、雅。」張彭《錦里耆舊傳》曰：「十一年庚寅，節度使盧僕射耽。冬，雲南蠻數萬寇邊，突破清谿關，犯大渡河，遂進陷沉黎，突邛崍，直過雅、邛。」按《解圍録》、《新》、《舊》《紀》，蠻入寇皆在十年冬，而彭獨以爲十一年冬，誤也。《新·傳》曰：「十年，乃入寇，以兵綴青溪關〔三〕，密引衆伐木開道，徑雪岐〔三〕，盛夏，卒凍死者二千人，出沐源，闚嘉州。」按：蠻以十一月至沐源川，非盛夏，《新·傳》誤也。《實録》又曰：「驃信以十月三日離善闡，每人只將米炒一斗隨身〔四〕。乃詔高駢乘其國内無兵備，進攻善闡，以解衝突。」按：駢時爲鄆州節度使，不在安南，恐《實録》誤也。

〔二〕「春」，孔本、《四庫》本、胡本、廣雅本、《通鑑》胡註皆作「春」。

〔三〕「青」，孔本、《四庫》本、胡本、廣雅本、《通鑑》胡註作「清」。按：《新唐書·南詔傳》原作「青」。

〔三〕「岐」，《通鑑》胡註作「坡」。

〔四〕「只」，《通鑑》胡註作「止」。

十一年，正月，前瀘州刺史楊慶復。

《新·傳》云「瀘州刺史楊慶」〔一〕。《錦里耆舊傳》云「嘉州」，誤也。今從《解圍録》。

康承訓貶蜀王傅〔二〕。

《新·傳》曰：「宰相路巖、韋保衡劾承訓討賊逗撓〔三〕，貪虜獲，不時上功，貶蜀王傅、分司東都。」按：此時保衡未爲相，蓋以尚主之故，上用其言，故得擠承訓也。

八月〔四〕**，路巖譖劉瞻，貶驩州。**

《實録》、《新·傳》皆云〔五〕：「巖志欲殺之，賴幽州節度使張公素表論瞻冤，乃止。」按：是時張允伸鎮幽州，云公素，恐誤也。

〔一〕「慶」，《新唐書·南詔傳》原作「慶復」。

〔二〕《通鑑》正文此事在正月辛酉。按：《舊唐書·懿宗紀》在正月己酉。據《通鑑》，是年正月甲寅朔，無己酉，初八辛酉。

〔三〕「撓」，《通鑑》胡註作「橈」。

〔四〕「八月」，《通鑑》正文此事在九月。按：《舊唐書》《劉瞻傳》在八月，《懿宗紀》、《新唐書》《懿宗紀》、《宰相表》在九月。

〔五〕「新」，原誤作「所」，今據兩浙本、孔本、《四庫》本、胡本、廣雅本、《通鑑》胡註改。

十三年，五月，韋殷裕坐告郭敬述，杖死。

《續寶運録》曰：「内作使郭敬述與宰臣韋保衡、張能順頻於内宅飲酒，潛通郭妃，荒穢頗甚。每封進文書於金合内，詐稱果子，内連郭妃、郭敬述，外結張能順、國子司業韋殷裕，擬傾皇祚，别立太子，事泄，遽加貶降。五月十四日，内榜子，貶工部尚書嚴祚郴州刺史〔一〕，給事中李貺勤州刺史，給事中張鐸滕州刺史，左金吾大將軍李敬仲儋州司户。國子司業韋裕〔二〕，敕京兆府決痛杖一頓，處死，家資、妻女没官。又貶敘州刺史韋君卿愛州崇平縣尉，右僕射、右羽林統軍張直方康州司馬。續又貶駙馬于琮並扶會與韋保衡等同謀不軌事，其月十七日，又貶尚書左丞李當道州刺史，吏部侍郎王諷建州刺史〔三〕，左常侍李都賀州刺史，翰林承旨張裼封州司馬，中書舍人封彦卿潮州司户，諫議大夫楊塾新州司户〔四〕，駙馬韋保衡雷州刺史，又貶儋州澄邁縣尉，又貶驩州長流百姓，又賜自盡，家貲没官，仍三族不許朝廷録用。」其語雜亂無稽。今從《實録》。

〔一〕「祚」，兩浙本、孔本、《四庫》本、胡本、廣雅本作「祁」，《通鑑》胡註作「祈」。
〔二〕「裕」上，《通鑑》胡註有「殷」字。
〔三〕「侍」上，原衍「刺」字，今據兩浙本、孔本、《四庫》本、胡本、廣雅本、《通鑑》胡註删。
〔四〕「塾」，《通鑑》胡註作「塾」。

十四年，五月〔一〕，路巖兼中書令。

《錦里耆舊傳》：「十二年八月，路公用邊咸、郭籌策，奏於邛州置定邊軍節度〔二〕，復制扼大渡河〔三〕，修邛崍關南路，米點檀丁子弟，教之斫刺刀，補義軍將，主管教練兵士。」《新・傳》：「巖至西川，承蠻盜邊後，巖力拊循，置定邊軍於邛州，扼大渡，治故關，取檀丁子弟教擊刺〔四〕，補屯籍，由是西山八國來朝。以勞遷兼中書令。」按：置定邊軍乃李師望。《耆舊傳》、《新・傳》皆誤也。

六月，韋保衡斥王鐸、蕭遘。

《舊・傳》曰：「保衡以楊收、路巖在中書，不加禮接，媒孼逐之。」按：收獲罪時，保衡未爲相。蓋保衡雖爲學士，懿宗寵任之，故能譖收也。又曰：「公主薨，自後恩禮漸薄。」按：路巖、于琮、王鐸、蕭遘被擯，皆在公主薨後。今從《實録》。

〔一〕「五月」，《通鑑》正文此事在五月丁亥。

〔二〕「度」下，《通鑑》胡註有「使」字。

〔三〕「扼」，原誤作「把」，今據胡本、廣雅本、《通鑑》胡註改。

〔四〕「檀」，《新唐書・路巖傳》原作「壇」。

七月〔一〕**，劉行深、韓文約立普王儼。**

范質《五代通録》：「梁李振謂陜州護軍韓彝範曰：『懿皇初升遐，韓中尉殺長立幼，以利其權，遂亂天下。今將軍復欲爾邪！』彝範，即文約孫也。」按：懿宗八子，僖宗第五，餘子《新》、《舊書》不載長幼，又不言所終，不言所殺者果何王也。

庚辰，立儼爲太子。

《續寶運録》曰：「其日，宰臣蕭鄴等直至寢幄問疾，上微道『朕』三字而止，羣臣不覺號哭失聲，中外悉皆垂泣。」按：是時宰相韋保衡最在上，蕭鄴不爲相。今不取。

九月，韓君雄賜名允中。

《舊·傳》作「允忠」。《實録》、《新·傳》皆作「允中」，今從之。

僖宗乾符元年，二月，劉瞻爲刑部尚書。

《玉泉子見聞録》曰：「初，瞻南遷，無問賢不肖，一口皆爲之痛惜。殆將至京，東西市豪俠共率泉帛，募集百戲，將逆於城外。瞻知之，差其期而易路焉。瞻爲相，亦無他才能，徒以路巖遭時嫉怒，瞻爲所排，而人心歸向耳，其實未足譚也。」按：瞻以清慎著聞，及懿宗暴怒，瞻獨能

〔一〕「七月」，《通鑑》正文此事在七月戊寅。按：《舊唐書·懿宗紀》原在七月戊寅。

不顧其身，救數百人之死，而《玉泉子》以爲未足談，不亦誣乎！

八月，崔彦昭爲相，不逐王凝。

此出《中朝故事》，曰：「彦昭代凝判鹽鐵，半載而入相。」按《實録》，彦昭不代凝爲鹽鐵。其餘則取之。

十月，鄭畋同平章事。

《舊・畋傳》曰：「乾符四年，遷吏部侍郎；尋降制，可本官同平章事。」今從《實録》，此年爲相。

十二月，南詔攻雅州，至新津，牛叢豫焚民居。

《錦里耆舊傳》：「咸通十四年十一月五日，雲南蠻寇再犯大渡河，黄景復擊敗之。十一月二十五日，復攻大渡〔一〕。三十日，蠻乘勝進收黎州〔二〕。十二月二十八日，蠻來，只到新津前後蜀州界左右便退，竟不到城下。」按：咸通十四年南詔寇西川事，《舊》《紀》、《南詔傳》、《唐年補録》、《唐録備闕》、《續寶運録》皆無之〔三〕，獨《耆舊傳》載之甚詳。《新書》取之作《南詔傳》。而

〔一〕「渡」下，《通鑑》胡註有「河」字。

〔二〕「收」，《通鑑》胡註作「攻」。

〔三〕「録」，原誤作「圖」，今據廣雅本改。

《實録》但云：「十二月，西川奏南蠻入寇，黎州刺史黄景復擊退之。」《新・紀》但云：「十二月，雲南蠻寇黎州。」蓋亦出於《耆舊傳》耳。《舊・紀》：「乾符元年冬，南詔蠻寇西蜀，詔河西、河東、山南西道、東川徵兵赴援。」《實録》：「乾符元年十月，西川奏雲南蠻入寇。十二月，雲南蠻寇西川。坦綽致書於牛叢，欲求入覲，河東、山南西道及東川兵援之。」月末又云：「南蠻侵犯黎州，而成都守禦無備，殊不拒敵，踰河越嶺，洞無籬障，賴積雪丈餘，遂阻隔奔衝之勢。又，邛、雅二州刺史望風奔遁，蠻燒劫一空。牛叢不曉兵，失於探候，而奏報差戾〔二〕，詔切責之。蠻劫略黎、雅間，破黎州，入邛崍關，而成都閉三日〔三〕，蠻乃去。」《新・紀》：「乾符元年十二月，雲南蠻寇黎、雅二州，河西、河東、山南東道、東川兵伐雲南。」按《實録》，咸通十四年十一月七日，路巖始移荆南。八日，牛叢始除西川。而《耆舊傳》蠻入寇皆叢任内事，恐誤先一年也。《實録》、《新・紀》因此於十四年十二月添雲南寇黎州事，實皆在乾符元年冬也。

王仙芝起長垣。

《實録》：「二年五月，仙芝反於長垣。」按《續寶運録》：「濮州賊王仙芝自稱天補平均大將

〔二〕「報」，原誤作「遂」，今據兩浙本、孔本、《四庫》本、胡本、廣雅本、《通鑑》胡註改。

〔三〕「而成都閉三日」，兩浙本、孔本、《四庫》本、胡本、廣雅本作「掠成都閉三日」，《通鑑》胡註無「而」字。按：《新唐書・南詔傳》原作「掠成都，成都閉三日」。

軍、兼海内諸豪都統，傳檄諸道。」檄末稱「乾符二年正月三日〔一〕」。則仙芝起必在二年前，今置於歲末。

二年，正月，高駢先開成都門。

《錦里耆舊傳》曰〔二〕：「鄆州節度使高相公駢，乘急詔，除授劍南西川節度副大使〔三〕。乾符元年正月二十一日，行李到劍州，先遣使走馬開城門，並令放出百姓。二月十六日，至府，豁開城門，並放人出。」今從《實録》，置今年。又，劍州至成都止十二程，駢正月二十一日自劍州遣使走馬開城門，二月十六日始至府下。又云駢三十日到上。按《長曆》，二月小，無三十日。蓋二十六日誤爲二月十六日也。

駢奏勒還長武等兵。

《舊・紀》，此奏在元年十二月。《實録》在二月。今因駢開成都門言之。

田令孜爲神策中尉。

《舊・本紀》，此年正月「令孜爲右軍中尉」。《新・傳》云：「帝即位，擢爲左神策中尉。」

〔一〕「二」，原誤作「一」，今據《通鑑》胡註改。
〔二〕「曰」，《通鑑》胡註無此字。
〔三〕「授」，《通鑑》胡註無此字。

《舊・傳》但云「神策中尉」，今從之。

上時年十四〔一〕**，專事遊戲。**

《續寶運録》曰：「上是年十五歲。」《中朝故事》曰：「僖宗皇帝以咸通三年降誕，十四年七月十九日即位，年十二。」按《舊・紀》亦云：「僖宗，咸通三年五月八日生於東内，即位年十二。」今從之。

駢斬黄景復。

《耆舊傳》曰：「乾符元年三月十五日，處置前黎州刺史、充大渡河把截制置土軍都知兵馬使黄景復〔二〕。」《實録》：「乾符二年三月，駢奏斬景復。」今事從《耆舊傳》，年從《實録》。

四月，王郢等作亂。

《新・紀》：「浙西突陳將王郢反。五月，遣右龍武大將軍宋皓討之。」按：四年二月，郢執魯寔，始命皓討之。置此，誤也。程匡柔《唐補紀》曰：「六月，浙西突將王郢反，聚黨萬衆，燒劫

〔一〕「十四」，《通鑑》胡註曰：「『據《考異》，『四』當作『二』。」按：僖宗咸通十四年七月即位，時年十二；至乾符二年，已在位二年，時年十四。

〔二〕「截」，原誤作「載」，今據孔本、《四庫》本、胡本、廣雅本、《通鑑》胡註改。

蘇、常[二]。三年正月，貶蘇州刺史李繪，以郢亂棄城故也。」《舊・紀》：「二年四月[三]，海賊王郢攻剽浙西郡邑。」《實録》：「乾符三年二月，浙西奏突陳將王郢等六十九人刦庫兵爲亂。三月，浙西奏王郢聚衆萬人，攻陷州縣。」《續寶運録》：「元年，王郢於兩浙叛，敕差山北兵士討之，不逾月而尅，乃組頸于闕下[三]。」今從《舊・紀》。

五月，蕭倣薨。

《舊・傳》曰：「俄而盜起河南，内官握兵，王室濁亂。倣氣勁論直，同列忌之，罷知政事，出爲廣州刺史、嶺南節度使。遇亂，不至京師而卒。」《舊・紀》：「三年春正月己卯朔，倣以病免[四]，罷爲太子太傅。」《新・紀》，此月蕭倣薨。《新・傳》亦云卒于位。爲嶺南節度在前，《舊・紀》、《傳》皆誤。今從《實録》。

〔二〕「刦」，原誤作「卻」，今據孔本、《四庫》本、胡本、廣雅本、《通鑑》胡註改。
〔三〕「二」，原誤作「三」，今據孔本、《四庫》本、胡本、廣雅本、《通鑑》胡註及《舊唐書・僖宗紀》改。
〔三〕「闕」，原誤作「關」，今據孔本、《四庫》本、胡本、廣雅本、《通鑑》胡註改。
〔四〕「倣」，原誤作「傚」，今據兩浙本、孔本、《四庫》本、胡本、廣雅本、《通鑑》胡註及《舊唐書・僖宗紀》改。

資治通鑑考異卷第二十四

端明殿學士兼翰林侍讀學士太中大夫提舉西京嵩山崇福宮上柱國河内郡開國公食邑二千六百户食實封壹阡户臣司馬光奉敕編集

唐紀十六

乾符三年，七月，宋威擊王仙芝，破之。

《實録》：去年「十二月，宋威自青州與副使曹全晸進軍擊王仙芝，仙芝敗走。」按：仙芝若以去年十二月敗走，中間半年，豈能静處？蓋實因威除招討使連言之。其實仙芝敗在此月，不在十二月也。

十二月，鄭畋請以崔安潛代宋威，張自勉代曾元裕。

《實録》雖於此月載畋所上書，亦不言行與不行。《新·紀》遂於此言「安潛爲諸道行營都統，李琢爲招討草賊使[二]，自勉副之[三]。」按：明年，威、元裕爲使、副猶如故。《新·紀》誤也。

安南戍兵逐李瓚。

《新·紀》在四年十二月。今從《實録》。

黄巢言「五千餘衆安所歸」。

仙芝、巢初起時，云數月間衆至數萬。至此纔有五千者，蓋烏合之衆，聚散無常耳。

王仙芝、黄巢分道而去。

王坤《驚聽録》曰：「乾符四年丁酉仲夏，天示彗星。草寇黄巢、尚君長奔突，即五年戊戌之歲。狂寇王仙芝起自鄆、封，而侵汝、鄭，即大寇黄巢、尚君長並賊帥之徒黨，僅一千餘人，攻陷汝州」云云。又曰：「黄巢望閩、廣而去，仙芝指鄆州南行，尚君長期陳、蔡間。取羣凶之願，三千餘寇屬仙芝、君長，二千餘人屬黄巢所管。」明年二月，仙芝陷鄂州，巢陷鄆州，則非巢趣閩、廣，仙芝趣鄆也。王坤此書，年月事迹差舛尤多，但擇其可信者取之。

[二] 「琢」，《通鑑》正文、《通鑑》胡註皆作「瑑」。按：《新唐書·僖宗紀》原作「琢」。

[三] 「自」上，《通鑑》胡註有「張」字。按：《新唐書·僖宗紀》原有「張」字。

四年，二月，南詔國號鶴拓，亦號大封人。

徐雲虔《南詔録》曰：「南詔别名鶴拓，其後亦自稱大封人。」是以封爲國號也。

四月，黄巢、尚讓保查牙山。

《舊·紀》：「四年三月，巢陷鄆州。七月，入查牙山，與王仙芝合。五年二月，君長、仙芝皆死，尚讓以兄遇害，大掠淮南。」《舊·傳》：「五年八月，王鐸斬王仙芝。先是，尚君長弟讓以兄奉使見誅，率部衆入查牙山。黄巢、黄揆昆仲八人，率盜數千依讓。」按《實録》，乾符二年，仙芝陷曹、濮，巢已起兵應之。三年十二月，招討副都監楊復光奏：「草賊尚讓據查牙山，官軍退保鄧州。」四年四月，黄巢引其衆保查牙山。其年冬，君長乃死。《驚聽録》：「巢與仙芝俱入蘄州，以仙芝獨受官而怒，毆仙芝傷面，由是分隊。」時君長亦在座，非仙芝死後，巢方依讓也。又按《舊·紀》，仙芝死後，王鐸始爲都統討賊，而《舊·傳》云「王鐸斬仙芝」，又先云殺張璘，乃陷廣州，先云陷華州，方攻潼關，敘事顛錯不倫。今從《實録》。

五年，二月〔一〕**，李克用殺段文楚，據雲州。**

趙鳳《後唐太祖紀年録》曰：「乾符三年，河南水災，盜寇蜂起，朝廷以段文楚爲代北水陸發

〔一〕「二月」，《通鑑》正文此事在二月癸酉。按：《新唐書·僖宗紀》原在二月癸酉。

運、雲州防禦使，以代支謨。時歲荐饑，文楚削軍人衣米，諸軍咸怨。太祖爲雲中防邊督將，部下爭訴以軍食不充，請具聞奏。邊校程懷信、康君立等十餘帳，日譁於太祖之門，請共除虐帥，以謝邊人。衆因大譟，擁太祖上馬，比及雲中，衆且萬人。城中械文楚出，以應太祖。」後唐閔帝時，史官張昭遠撰《莊宗功臣列傳》，曰：「康君立爲雲中牙校，事防禦使段文楚。時天下將亂，代北仍歲阻饑，諸部豪傑咸有嘯聚邀功之志。文楚法令稍峻，軍食轉餉不給，戍兵咨怨。雲州沙陀兵馬使李盡忠私謂君立等曰：『段公儒者，難與共事。方今四方雲擾，皇威不振，丈夫不能於此時立功立事，非人豪也。吾等雖擁部衆，然以雄勁聞於時者，莫若李振武父子，官高功大，勇冠諸軍。吾等合勢推之，則代北之地，旬月可定，功名富貴，事無不濟也。』時武皇爲沙陀三部落副兵馬使，在蔚州，盡忠令君立私往圖之，曰：『方今天下大亂，天子付將臣以邊事，歲偶饑荒，便削儲給，我等邊人，焉能守死！公家父子素以威惠及五部，當共除虐帥，以謝邊人。』武皇曰：『予家尊在振武[一]，萬一相逼，俟予稟命。』君立曰：『事機已泄，遲則變生。』咸通十三年十二月，盡忠夜帥牙兵攻牙城，執文楚及判官柳漢璋、陳韜等，繫之於獄，遂自知軍州事，遣君立召太祖於蔚州。是月，太祖與退渾、突厥三部落衆萬人趨雲中。十四年正月六日，至鬬雞臺，盡忠

[一]「予」，原誤作「子」，今據孔本、《四庫》本、胡本、廣雅本、《通鑑》胡註及《舊五代史·唐書·康君立傳》改。

遣監軍判官符印請太祖知留後事。七日，盡忠械文楚、漢璋等五人送鬬雞臺，軍人亂食其肉。九日，太祖權知留後。府牙受上三軍表，請授太祖大同防禦使〔二〕，懿宗不悦。時已除盧簡方代文楚，未至而文楚被害。」《實録》：「乾符元年十二月，李克用殺大同軍防禦使段文楚，自稱防禦留後。塞下之亂，自兹始矣。」薛居正《五代史・君立傳》皆與《莊宗列傳》同，惟削去「李盡忠」名，但云「君立與薛鐵山、程懷信、王行審、李存璋等謀」，悉以盡忠語爲君立之語，云「君立等乃夜謁武皇，言曰『方今天下大亂』云云。衆因聚譟，擁武皇，比及雲州，衆且萬人，師營鬬雞臺。城中械文楚以應。武皇之軍既收城，推武皇爲大同軍防禦留後，衆狀以聞。」《舊・紀》：「咸通十三年十二月，李國昌小男克用，殺雲州防禦使段文楚，據雲州，自稱防禦留後。乾符五年正月，沙陀首領李盡忠陷遮虜軍，竇澣遣康傳圭率土團二千屯代州，將發，求賞呼噪，殺馬步軍使鄧虔。」有《唐末三朝見聞録》者，不著撰人姓名，專記晉陽事。其書云：「乾符五年戊戌，竇澣自前守京兆尹拜河東節度使，在任，便值大同軍變，殺防禦使段文楚。正月二十六日，軍於石窯。二十七日，到白泊。二十九日，至靜邊軍。三十日，築卻四面城門。二月一日，在城將士三人共賞絹一匹，監軍使差仇判官聞奏，李盡忠等準詔各賞馬一匹，銀鞍轡一副，銀三鋌，銀碗一枚，絹

〔二〕「授」，原誤作「受」，今據《四庫》本、《通鑑》胡註改。

一束，錦二匹，紫羅三匹，諸軍將銀碗、絹等。三日，李盡忠卻入。四日，兩面馬步五萬餘人，城四面下營。五日，又賞土團牛酒。六日，監軍使送牌印與李九郎。七日，城南門樓上繫縛下段尚書、柳漢璋、雍侍御、陳韜等四人，尋分付軍兵於鬭雞臺西剮卻，又令馬軍踐踏卻骸骨。八日，李九郎被土團馬步軍約一千人持弓刀送上。」與《舊・紀》五年事微合。《實録》亦頗采之，云：「五年正月壬戌，竇澣奏沙陀首領李盡忠寇石窯、白泊，至靜邊軍。二月，奏李盡忠求賞，詔賞馬一匹，銀鞍勒、綿絹等。」按《莊宗列傳》、《舊・紀》，克用殺文楚在咸通十三年十二月，歐陽脩《五代史記》取之；《太祖紀年録》在乾符三年，薛居正《五代史》、《新・沙陀傳》取之；《見聞録》在乾符五年二月，《新・紀》取之；惟《實録》在乾符元年，不知其所據何書也。克用既殺文楚，豈肯晏然安處，必更侵擾邊陲，朝廷亦須發兵征討〔一〕。而自乾符四年以前，皆不見其事。《唐末見聞録》敘月日，今從之。

以盧簡方爲大同防禦使。

《舊・紀》：「咸通十三年七月，以前義昌節度使盧簡方爲太僕卿。十二月，以振武節度使李國昌爲雲州刺史、大同軍防禦等使。國昌稱病，辭軍務，乃以太僕卿盧簡方爲雲州刺史，充大

〔一〕「征」，原誤作「徵」，今據《通鑑》胡註改。

同軍防禦等使。上召簡方於思政殿，謂之曰：『卿以滄州節制，屈居大同。然朕以沙陀、退渾撓亂邊鄙〔二〕，以卿曾在雲中，惠及部落，且忍屈爲朕此行，具達朕旨，安慰國昌，勿令有所猜嫌也。』十四年正月辛未，以雲、朔暴亂，代北騷動，賜盧簡方詔曰：『近知大同軍不安，殺害段文楚，李國昌小男克用主領兵權。』又曰：『若克用暫勿主兵務，束手待朝廷除人，則事出權宜，不足猜慮。若便圖軍柄，欲奄大同，則患繫久長，故難依允。料國昌輸忠效節，必當已有指揮。』簡方準詔諭之，國昌不奉詔。乃詔太原節度使崔彦昭、幽州節度使張公素出師討之。三月，以簡方爲振武節度使，至嵐州，卒。」《實録》乾符元年十二月，簡方除大同。二年正月賜詔，亦不云使彦昭、公素討之。蓋《舊・紀》、《實録》，各隨段文楚死之後載除簡方及詔書，使事相接續耳，恐皆未足據也。《舊・紀》所云太原、幽州討之，蓋因敘後來事。《實録》所以不取者，方加招諭〔三〕，未必攻討也。《唐末見聞録》又云：「五年四月，敕除簡方振武節度使。五月，卒。」《實録》亦在五年，而云六月卒。蓋約奏到之月耳。今從《三朝見聞録》。

〔二〕「退」，《舊唐書・僖宗紀》原作「羌」。

〔三〕「加」，原誤作「知」，今據胡本、廣雅本、《通鑑》胡註改。

曾元裕破王仙芝，斬之。

《實録》：「元裕奏大破王仙芝於黄梅縣[一]，殺戮五萬餘人，追至曹州南華縣，斬仙芝，傳首京師。」《舊・紀》：「二月，王仙芝餘黨攻江西，招討使宋威出軍，屢敗之，仍宣詔書諭仙芝。仙芝致書於威，求節鉞，威僞許之。仙芝令其大將尚君長、蔡温玉奉表入朝，威乃斬君長、温玉以徇。仙芝怒，急攻洪州，陷其郛。宋威赴援，與賊戰，大敗之，殺仙芝，傳首京師。君長弟讓與黄巢大掠淮南。」《舊・傳》曰：「齊克讓爲兖州節度使，以本軍討仙芝。仙芝懼，引衆歷陳、許、襄、鄧，無少長皆虜之，衆號三十萬。三年七月，陷江陵。十月，又遣將徐唐莒陷洪州。時仙芝表請符節，不允，以宋威爲荆南節度招討使，楊復光爲監軍。復光遣判官吴彦宏諭以朝旨，釋罪，別加官爵。仙芝乃令尚君長、蔡温玉[二]、楚彦威相次詣闕請罪，且求恩命。時宋威害復光之功，並擒送闕，敕於狗脊嶺斬之。賊怒，悉精鋭擊官軍，威軍大敗。復光收其餘衆以統之，朝廷以王鐸代爲招討。五年八月，收復荆州，斬仙芝首，獻於闕下。」《新・傳》：「黄巢自蘄州與王仙芝分其衆，尚君長入陳、蔡，巢北掠齊、魯，衆萬人，入鄆州，殺節度使薛崇，進陷沂州，繇潁、蔡保查岈

[一]「王」，《通鑑》胡註無此字。

[二]「玉」，《舊唐書・黄巢傳》原作「球」。

山。引兵復與仙芝合，圍宋州。會自勉救兵至，仙芝解而南度漢，攻荆南，陷之，賊不能守。巢攻和州，未克。仙芝自圍洪州，取之，使徐唐莒守，進破朗、岳，遂圍潭州，觀察使崔瑾拒卻之。乃向浙西，擾宣、潤，不能得所欲，身留江西，趣別部還入河南。帝詔崔安潛歸忠武，復起宋威、曾元裕，以招討使還之，而楊復光監軍。復光以詔諭賊，仙芝遣尚君長等詣闕請罪，又遺威書求節度。威陽許之，上言與君長戰，擒之。復光固言其降。命侍御史與中人即訊，不能明，卒斬之。仙芝怒，還攻洪州，入其郛。威自將往救，敗仙芝於黄梅，斬五萬級，獲仙芝，傳首京師。當此時，巢方圍亳州未下〔二〕，君長弟讓帥仙芝潰黨歸巢。」《新》、《舊》《傳》敘賊所經歷皆不同〔三〕，又云「宋威殺仙芝」。今皆從《實録》。

黄巢改元王霸。

《續寶運録》：「乾符元年，黄巢聚衆於會稽反，建元曰王霸元年。」《舊·傳》：「先是，尚君長弟讓以兄見誅，率衆入查牙山。黄巢、黄揆昆仲八人率盜數千依讓。月餘，衆至數萬，陷汝州，虜刺史王鐐，大掠關東。官軍加討，屢爲所敗，其衆十餘萬。尚讓乃與羣盜推巢爲王，曰衝

〔二〕「亳」，原誤作「毫」，今據孔本、《四庫》本、胡本、廣雅本、《通鑑》胡註及《新唐書·黄巢傳》改。

〔三〕「歷」，原誤作「曆」，今據兩浙本、孔本、《四庫》本、胡本、廣雅本、《通鑑》胡註改。

天大將軍，仍署官屬，藩鎮不能制〔一〕。」《新・傳》曰：「尚君長弟讓率仙芝潰黨歸巢，推巢爲王，號衝天大將軍，署拜官屬，驅河南、山南之民十餘萬，掠淮南，建元王霸。」今從之。

巢請降，詔以爲右衛將軍，竟不至。

《舊・傳》：「及王仙芝敗，巢東攻亳州不下，乃襲破沂州，據之，仙芝餘黨悉附焉。」《實録》：「巢自稱黃王，建元王霸，連爲王師所敗，詣天平乞降，除右衛將軍，復叛去，自是兵不能制。」《新・傳》曰：「曾元裕敗賊於申州，死者萬人。帝以宋威殺尚君長非是，且討賊無功，詔還青州，以元裕爲招討使，張自勉爲副。巢破考城，取濮州。元裕軍荆、襄，援兵阻，更拜自勉東北面行營招討使〔二〕，督諸軍急捕巢。巢方掠襄邑、雍丘，詔滑州節度使李嶧壁原武。巢寇葉、陽翟，欲窺東都。會左神武大將軍劉景仁以兵五千援東都，河陽節度使鄭延休兵三千壁河陰〔三〕。巢兵在江西者，爲鎮海節度使高駢所破；寇新鄭、郟、襄城、陽翟者，爲崔安潛逐走；在浙西者，爲節度使裴璙斬二長，死者甚衆。巢大沮畏，乃詣天平軍乞降，詔授巢右衛將軍。巢度藩鎮不一，未足制己，即叛去，轉寇浙東，執觀察使崔璆。」與《實録》先後不同。今從《實録》。

〔一〕「藩」，原誤作「蕃」，今據《通鑑》胡註及《舊唐書・黃巢傳》改。
〔二〕「東」，原誤作「束」，今據兩浙本、孔本、《四庫》本、胡本、廣雅本、《通鑑》胡註及《新唐書・黃巢傳》改。
〔三〕「延」，原誤作「遷」，今據兩浙本、孔本、《四庫》本、胡本、廣雅本、《通鑑》胡註及《新唐書・黃巢傳》改。

四月，以盧簡方爲振武節度使，李國昌爲大同節度使。

《唐末見聞録》：「遮虜軍及代州告急，竇尚書差回鶻五百騎邊界巡檢〔一〕，至四月三日，進發至五里堠北。副將康叔譚恃酒叛逆，射損都將趙歸義、斫損將判官閻建弘擒縛入府。尚書令下於衙南門，全家處斬，使司差副兵馬使趙元掠領馬軍進發，閻建弘遞送海西。當月内有敕送節到，除前大同軍防禦使盧簡方充振武節度使，除振武節度使李尚書充大同軍節度使。」《實録》云：「戊辰，以簡方爲振武，國昌爲大同。」蓋誤以康叔譚作亂之日，爲簡方等建節之日也。《新·沙陀傳》曰：「李克用既殺段文楚，諸校共丐克用爲大同防禦留後，不許，發諸道兵進捕。諸道不甚力，而黄巢方引兵渡江，朝廷度未能制，乃赦之，以國昌爲大同軍防禦使。國昌不受命，詔河東節度使崔彦昭、幽州張公素共擊之，無功。」據此，則是大同防禦使，非節度也〔二〕。薛居正《五代史·紀》曰：「武皇殺段文楚，諸將列狀以聞，請授武皇旄鉞。朝廷不允，徵諸道兵以討之。乾符五年，黄巢渡江，其勢滋蔓，天子乃悟其事，以武皇爲大同軍節度使、檢校工部尚書。」是克用爲大同節度使〔三〕，非國昌。《實録·國昌傳》及《獻祖紀年録》、《舊唐·本紀》俱不

〔一〕「五」，原誤作「伍」，今據兩浙本、孔本、《四庫》本、胡本、廣雅本、《通鑑》胡註改。

〔二〕「度」下，《通鑑》胡註有「使」字。

〔三〕「同」下，《通鑑》胡註有「軍」字。

言國昌爲大同節度使，獨《實録》於此言之。下五月又云：「國昌殺監軍，不肯代。」必有所據。蓋國昌父子俱不肯受代，朝廷以爲用國昌代克用，必無違命，故徙國昌爲大同節度〔二〕，而以盧簡方鎮振武。二人竟不受命〔三〕，故簡方不得赴鎮而死於嵐州，國昌亦未嘗赴大同也。

崔澹等議南詔和親。

《實録》置澹議於二月，至四月又云：「南詔遣酋望趙宗政來朝〔三〕，且議和好。」今因盧、鄭爭蠻事置此。

五月〔四〕，鄭畋、盧携罷相。

《舊·紀》：「六年五月，賊圍廣州，與李岧、崔璆書〔五〕，求天平節鉞。畋、携爭論於中書，辭語不遜，俱罷，分司。」《畋傳》曰：「五年，黄巢東渡江、淮，衆百萬，所經屢陷郡邑〔六〕。六年，陷安

〔二〕「同」下，《通鑑》胡註有「軍」字；「度」下，《通鑑》胡註有「使」字。

〔三〕「受」，原誤作「毁」，今據兩浙本、孔本、《四庫》本、胡本、廣雅本、《通鑑》胡註改。

〔三〕「酋」，原誤作「奠」，今據孔本、《四庫》本、胡本、廣雅本、《通鑑》胡註及《新唐書·南詔傳》改。

〔四〕「五年五月」，《通鑑》正文此事在五年五月丁酉。按：《舊唐書·僖宗紀》在六年五月，《新唐書·僖宗紀》在五年五月丁酉。

〔五〕「岧」，《通鑑》胡註作「苕」。按：《舊唐書·僖宗紀》原作「巖」。

〔六〕「所」，原誤作「行」，今據兩浙本、孔本、《四庫》本、胡本、廣雅本、《通鑑》胡註及《舊唐書·鄭畋傳》改。

南府，據之，致書與浙東觀察使崔璆，求鄆州節鉞。璆言：『賊勢難圖，宜因授之，以絶北顧之患。』天子下百僚議。初，黄巢之起也，宰相盧携以浙西觀察使高駢素有軍功，奏爲淮南節度使，令扼賊衝〔二〕，尋以駢爲諸道行營都統。及崔璆之奏，朝臣議之，有請假節以紓患者。畋採羣議〔三〕，欲以南海節制縻之。携以始用高駢，欲其立功以圖勝，曰：『高駢將略無雙，淮土甲兵甚鋭。今諸道之師方集，蕞爾纖寇，不足平殄，何事捨之示怯，而令諸軍解體耶！』畋曰：『巢賊之亂，本因饑歲，人以利合，乃至寔繁，江、淮以南，荐食殆半。國家久不用兵，皆忘戰，所在節將閉門自守，尚不能枝。不如釋咎包容，權降恩澤。彼本以饑年利合，一遇豐歲，孰不懷思鄉土！其衆一離，則巢賊几上肉耳。若此際不以計攻，全恃兵力，恐天下之憂未艾也！』羣議然之。而左僕射于琮曰：『南海有市舶之利，歲貢珠璣，如令妖賊所有，國藏漸當廢竭。』上亦望駢成功，乃依携議。及中書商量制敕，畋曰：『妖賊百萬，横行天下，高公遷延玩寇，無意翦除，又從而保之，彼得計矣。國祚安危，在我輩三四人畫度，公倚淮南用兵，吾不知税駕之所矣！』携怒，拂衣而起，染袂於硯，因投之。僖宗聞之，怒曰：『大臣相詬，何以表儀四海！』二人俱罷政事。」《携

〔二〕「扼」，原誤作「振」，今據兩浙本、孔本、《四庫》本、胡本、廣雅本、《通鑑》胡註及《舊唐書·鄭畋傳》改。

〔三〕「羣」，《通鑑》胡註作「衆」。按：《舊唐書·鄭畋傳》原作「羣」。

傳》曰：「五年，黄巢陷荆南、江西外郛及虔、吉、饒、信等州〔一〕，自浙東陷福建，遂至嶺南，陷廣州，殺節度使李岧，遂抗表求節鉞。初，王仙芝起河南，携舉宋威、齊克讓、曾衮等有將略，用爲招討使。及宋威殺尚君長，致賊充斥，朝廷遂以宰臣王鐸爲都統，携深不悦。浙帥崔璆等上表，請假黄巢廣州節鉞，上令宰臣議。携以王鐸爲統帥，欲激怒黄巢，堅言不可假賊節制，止授率府率而已。與同列鄭畋爭論，投硯於地，由是兩罷之。」《實録》：「五年五月丙申朔，是日，宰臣鄭畋、盧携議南蠻事，携請降公主通和，畋固爭以爲不可，抗論是非。携怒，拂衣而起，袂染於硯，因投而碎之〔二〕。丁酉，以畋、携並爲太子賓客、分司。」注云：「舊史洎雜説皆云：『畋、携議黄巢節制，忿爭賜罷。』而鄭延昌撰《畋行狀》，乃云『議蠻事』，無可證之。然當時所述，恐不謬。」又《畋傳》曰：「時黄巢攻陷江、浙，上表乞節鉞，畋與同列盧携謀議攻討及拔用將帥，事多異同。又南詔蠻請降公主和好，畋因爭以爲不可〔三〕，遂抗論之，乃與携俱罷相。」又《携傳》曰：「携人質甚陋，語亦不正，與鄭畋俱李翱之外孫，及同輔政，議論不協。初，王仙芝起河南，携舉宋威、齊克讓、曾衮等有將略，用爲招討使，討賊皆無功，致賊充斥。又主高駢之請，欲以公主和南詔蠻。

〔一〕「虔」、「饒」，《通鑑》胡註此二字互乙。按：《舊唐書・鄭畋傳》原同《考異》。

〔二〕「而」，《通鑑》胡註無此字。

〔三〕「因」，胡本、廣雅本、《通鑑》胡註作「固」。

鄭畋執之以爲不可，帝前忿爭，由是兩罷之。」《舊·紀》：「六年五月，賊圍廣州，仍與廣南節度使李岧、浙東觀察使崔璆書，求保薦，乞天平節鉞。璆、岧上表論之。宰相鄭畋、盧携爭論於中書，詞語不遜，俱罷爲太子賓客、分司東都。」按《新》、《舊》《傳》、《舊·紀》皆以畋、携罷相在六年，《實録》、《新》《紀》、《表》在此年五月，《實録》、《新書》皆自相矛盾。然宋氏多書，知二人罷在五月，必有所據，今從之。

李國昌不受代，土團兵咼鄧虔〔一〕。

《唐末見聞録》：「五月，振武損卻別敕，不受除替。李尚書收卻遮虜軍，進打寧武及岢嵐軍，代州告急。二十二日，指揮在府三城，排門差夫一人，齊掘四面壕壍。盧尚書發赴振武，至嵐州，身薨。二十四日，拜都押衙康傳圭充代州刺史。又發太原、晉陽兩縣點到土團子弟一千人，往代州屯駐，至城北，卓隊不發，索出軍優賞。差馬步都虞候鄧虔安慰，尋被咼卻，床舁尸柩入府。尚書、監軍自出安慰，定每人各給錢三百文、布一端，差押衙田公鍔給散，不放卻回，便被請將充都將〔二〕，發赴軍前。使司有榜，借商人助軍錢五萬貫文。」《實録》：「五月，李國昌殺監軍

〔一〕《通鑑》正文此事在五月己未。
〔二〕「都」，原誤作「者」，今據兩浙本、孔本、《四庫》本、胡本、廣雅本、《通鑑》胡註改。

使，不肯受代，起兵進打寧武及岢嵐軍，代州出兵禦之。始，國昌遣克用以兵襲大同，三軍表克用爲留後，朝廷不允，乃以國昌命之，欲以其子無能拒也。時國昌貪其土地，欲父子分統，故拒命焉。」《實録》：「六月乙丑朔，嵐州奏新除振武節度使盧簡方卒。以太原府都押衙康傳圭爲代州刺史，發太原、晉陽土團千人戍代州，至城北，卓隊不發，索優賞。馬步都虞候鄧虔安慰，爲其衆殺之。節度使竇澣自出撫慰，乃定。初，太原府帑空竭，每有賞賚，必科民家，至是尤窘迫，乃榜借商人助軍錢五萬。」此皆約《唐末見聞録》爲之，而後其月日，以象奏到之時耳。《唐末見聞録》又云：「六月十一日，左散騎常侍支謨奉敕到府，充大同軍制置使，兼攝河東節度副使、軍前同指揮事。」此謂到府之日。而《實録》云：「甲戌，以謨爲制置使。」甲戌乃六月十日，亦誤也。

十二月，李鈞與李克用戰，敗死。

《舊·紀》：「河東節度使崔季康與北面行營招討使李鈞，與沙陀李克用戰于岢嵐軍之洪谷，王師大敗，鈞中流矢而卒。戊戌，至代州，昭義軍亂，爲代州百姓所殺殆盡。」此年《實録》略同。廣明元年八月《實録》：「河東奏昭義節度使李鈞爲猛虎軍所殺。」又曰：「詔統本道兵由雁門出討雲州，與賊戰，敗歸，爲其下殺之。」《新·紀》：「庚辰，崔季康、李鈞及李克用戰於洪谷，敗績。」薛居正《五代史·紀》曰：「乾符六年春，朝廷以昭義節度使李鈞充北面招討使〔一〕，將上黨、太原之師過石嶺關，屯于代州，與幽州李可舉會赫連鐸同攻蔚州。獻祖以一軍禦之，武皇以一軍南抵遮虜城以拒李鈞。是冬大雪，弓弩弦折〔二〕，南軍苦寒，臨戰大敗，奔歸代州，李鈞中流矢而卒。」《唐末見聞録》曰：「十九日，崔尚書發往岢嵐軍，請別敕賈敬嗣大夫權兵馬留後，觀察判官李劭權觀察留後。昭義節度使李鈞領本道兵馬到代州，軍變，被代州殺戮並盡，捉到李鈞，殘軍潰散，取鵶鳴谷各歸本道。」按：昭義軍變，必非李鈞所爲。代州百姓捉到李鈞，不知如何處之。今從《舊·紀》。

六年，正月，高駢將張璘、梁纘。

《舊·紀》「張璘」作「張麟」〔三〕，《新》《紀》、《傳》、《實録》作「潾」，今從《舊》《高駢》、《黄巢傳》及《唐年補録》、《妖亂志》、《唐補紀》、《續寶運録》。《舊·紀》「梁纘」作「梁績」。今從衆書。

降畢師鐸等。

郭廷誨《妖亂志》曰：「初，黄巢將蹂踐淮甸，委師鐸爲先鋒，攻脇天長，累日不克，師鐸之志

〔一〕「朝」下，原脱「廷」字，據兩浙本、孔本、《四庫》本、胡本、廣雅本、《通鑑》胡註及《舊五代史·唐書·武皇紀》補。
〔二〕「弦折」，《通鑑》胡註作「折絶」。按：《舊五代史·唐書·武皇紀》原作「弦折」。
〔三〕「麟」，《舊唐書·僖宗紀》原作「璘」。

沮焉。及巢北向，師鐸遂降勃海。」按《舊·師鐸傳》，駢敗巢於浙西，皆師鐸之效，故置於此。

二月，辛巳，李侃爲河東節度使。

《唐末見聞録》：「三十日〔二〕，安慰使到府，李侃充河東節度使。」《實録》因云「庚寅除侃」，誤也。

四月，王鐸爲荆南節度使、招討都統。

《舊·紀》：「五年二月，鐸請自督衆討賊〔三〕，天子以宋威失策殺君長〔三〕，乃以鐸檢校司徒，兼侍中門下侍郎、江陵尹、荆南節度使，充諸道兵馬都統。」《舊·傳》：「四年，賊陷江陵，楊知温失守，宋威破賊失策，朝議統率〔四〕。盧携稱高駢累立戰功，宜付軍柄，物議未允。鐸廷奏：『臣願自率諸軍盪滌羣盜。』朝議然之。五年，以鐸守司徒、門下侍郎、同平章事，兼江陵尹、荆南節度使，充諸道行營兵馬都統。」今從《實録》及《新》《紀》、《表》。

〔二〕「三」，原誤作「二」，今據兩浙本、孔本、《四庫》本、胡本、廣雅本改。
〔三〕「請自」，《通鑑》胡註此二字互乙。按：《舊唐書·僖宗紀》原作「請自」。
〔三〕「殺」下，《通鑑》胡註有「尚」字。按：《舊唐書·僖宗紀》原無此字。
〔四〕「率」，《通鑑》胡註作「帥」。按：《舊唐書·僖宗紀》原作「率」。

五月，黄巢上表，求廣州節度使。

《續寶運録》曰：「黄巢先求廣府兼使相，朝廷不與。黄巢夏初兵屯廣南，累候敕旨不下〔一〕，遂恣行攻劫。黄巢夏六月上表，稱『義軍百萬都統兼韶廣等州觀察處置等使』，末云『六月十五日表』。秋，遣内侍仇公度賫手詔，并廣南、邕府、安南、安東等節度使〔二〕、指揮觀察使、開國公、食邑五百户官告六通，又賜節度將吏空名尚書僕射官告五十通。九月二十日，仇公度到廣州。至十月一日，巢與公度雜匹段、藥物等五馱，表函一〔三〕，并所賜官告並卻付公度。表末云『廣明元年十月一日上表』。公度等其年十月二十九日至京。」如《寶運録》所言，則是廣明元年十月一日，巢猶在廣州也。按：其月巢已入長安。今從《舊·紀》。

宰相請除巢率府率〔四〕。

《舊·紀》：「五月，賊圍廣州，仍與廣南節度使李迢〔五〕、浙東觀察使崔璆書，求保薦，乞天平

〔一〕「累」，《通鑑》胡註作「屢」。
〔二〕「東」，原誤重文，今據兩浙本、孔本、《四庫》本、胡本、廣雅本、《通鑑》胡註删；「等」下，《通鑑》胡註有「道」字。
〔三〕「一」，《通鑑》胡註無此字。
〔四〕《通鑑》正文此事在六月。按：《舊唐書》、《新唐書》《僖宗紀》皆在五月。上「率」字，《通鑑》正文、《資治通鑑目録》脱此字。
〔五〕「迢」，《舊唐書·僖宗紀》原作「巖」。

節鉞。迢、璆上表論之。」《實録》：「迢、璆上表論請，詞甚懇激，乃詔公卿集議。巢又自表乞廣州節度、安南都護。巢自春夏，其衆大疫，死者十三四，欲據有嶺表，永爲巢穴，乃繼有是請。左僕射于琮議云云〔一〕。時朝廷倚高駢成功，不允其奏，乃議除官。或云以正員將軍縻之，宰相亦沮其議，乃除率府率。」《舊・巢傳》曰：「時高駢鎮淮南，表請招討賊，許之，議加都統。巢乃渡淮，僞降于駢，駢遣將張潾率兵受降于天長鎮〔二〕。巢禽潾殺之〔三〕，因虜其衆，尋南陷湖、湘，遂據交、廣，託崔璆奏乞天平節度，朝議不允。又乞除官，時宰臣鄭畋與樞密使楊復恭欲請授同正員將軍〔四〕，盧攜駁其議，請授率府率，如其不受，請以高駢討之。」《新・巢傳》曰：「有詔，高駢爲諸道行營都統。巢進寇廣州，詒李迢書，求表爲天平節度〔五〕，又脅崔璆言于朝。宰相鄭畋欲許之，盧攜、田令孜執不可。巢又乞安南都護、廣州節度使。書聞，右僕射于琮議云云。乃拜巢率府率。」《舊・盧攜傳》亦皆以爲攜議授巢率府率。按：此時攜已罷相。今從《實録》。

〔一〕「左」，《通鑑》胡註作「右」。按：《舊唐書》《僖宗紀》、《鄭畋傳》作「左」，《新唐書》《僖宗紀》、《于琮傳》、《黄巢傳》作「右」。

〔二〕「率」，《通鑑》胡註作「帥」。按：《舊唐書・黄巢傳》原作「率」。

〔三〕「潾」，《舊唐書・黄巢傳》原皆作「璘」。

〔四〕「同」，原誤作「司」，今據《通鑑》胡註及《舊唐書・黄巢傳》改。

〔五〕「度」下，《通鑑》胡註有「使」字。按：《新唐書・黄巢傳》原無此字。

九月，巢陷廣州，殺李迢。

《驚聽録》曰：「擁李迢在寇，復併爇海隅，又陷桂州，次攻湖南，屯衡州。方知王仙芝已山東没陳，又尚君長生送咸京，遂召李迢，怒而躓害。」《新·紀》：「十一月辛酉，黄巢陷江陵，殺李迢。」《新·傳》曰：「其十月，巢據荆南，脇李迢草表報天子。迢不可，巢怒，殺之。」《北夢瑣言》曰：「黄巢入廣州，執李佋，隨軍至荆州，令佋草表述其所懷。佋曰：『某骨肉滿朝，世受國恩，腕即可斷，表終不爲。』頷於江津害之。」今從《實録》。

十月，巢陷潭州，劉漢宏大掠江陵。

《舊·紀》：「廣明元年二月，巢陷潭州，王鐸棄江陵，奔襄陽，漢宏大掠。」《實録》：「閏月，湖南奏：『黄巢賊衆自衡、永州下，十月二十七日，攻陷潭州。』」《新·巢傳》曰：「廣明初，賊自嶺南寇湖南諸郡，攻潭州，陷之。」〔二〕《舊·巢傳》：「巢欲據南海之地，坐邀朝命。是歲，自春及夏，其衆大疫，死者十三四。衆勸請北歸，以圖大利。巢不得已，廣明元年，北踰五嶺，犯湖、湘、江、浙。」按：《舊》《紀》、《傳》皆云，廣明元年敗王鐸。今月日從《實録》，事從《舊書》。又據《舊》《紀》、《傳》，則劉漢宏本王鐸將，鐸去而漢宏留江陵大掠，遂爲盜也。《實録》用之，而於

〔二〕「新巢傳」，按：此文不載《新唐書·黄巢傳》，而見於《舊唐書·王鐸傳》。

「鐸奔襄陽」下，添「先是」字。若鐸在江陵，漢宏時爲羣盜，安能入其城大掠？借使漢宏先曾寇掠江陵[二]，與黄巢事了不相干，何必言「後半月餘，賊衆乃據其城」也！《吴越備史》云：「漢宏本兖州小吏，領本州兵禦巢寇，遂殺將首，劫輜重而叛。後命前濠州刺史崔鍇招降之。」據此，則漢宏本羣盜也。《新·傳》用之，而云鐸招降之。或者漢宏本羣盜，中間降鐸爲部將，鐸去江陵，漢宏復大掠爲盜，其後又降於崔鍇，遂爲唐臣也。

廣明元年，正月[三]，侯昌業上疏極諫，賜死。

《續寶運録》云：「司天少監侯昌業上疏，其略曰：『陛下不納李蔚、杜希敖之諫。』又曰：『臣乃明祈五道，暗祝冥官，悚息於班列之中，願早過於閻浮之世。』又曰：『受爵不逢於有德之君，立戟每佐於無道之主。』又曰：『不望堯、舜之年，得同先帝之日。』又曰：『明取尹希復指揮，暗策王士成進狀，强奪波斯之寶貝，抑取茶店之珠珍，渾取匱坊，全城般運。』又曰：『莫是唐家合盡之歲，爲復是陛下壽足之年。』又曰：『伏惟陛下，暫停戲賞，救接蒼生，於殿内立揭諦道場，以無私財帛供養諸佛，用資世禄，共力攘災。』表奏，聖上龍威震怒，侍臣驚悸。宣徽使宣云：

[二] 「漢宏時爲羣盜安能入其城大掠借使」，十五字原脱，今據兩浙本、孔本、《四庫》本、胡本、廣雅本、《通鑑》胡註補。

[三] 「正月」，《通鑑》正文此事在二月。

『侯昌業付内侍省，候進止[一]。』翌日午時，又内養劉季遠宣口敕云：『侯昌業出自寒門，擢居清近，不能修慎，妄奏閑詞，訕謗萬乘君王，毁斥百辟卿士，在我彝典，是不能容！其侯昌業宜賜自盡。』」《北夢瑣言》曰：「唐自廣明後，閹人擅權，置南北廢置使，軍容田令孜有回天之力，中外側目。而王仙芝、黄巢剽掠江、淮，朝廷憂之。左拾遺侯昌業上疏極言時病，留中不出，命於仗内戮之。後有傳侯昌業疏詞，不合事體，其末云『請開揭諦道場，以銷兵厲』，似爲庸僧僞作也。必若侯昌業以此識見犯上，宜其死也。」今從之。

上好鬬雞賭鵝。

《新·田令孜傳》曰[二]：「帝沖騃，喜鬬鵝，一鵝至直五十萬錢。」按：鵝非可鬬之物，又一鵝至直五十萬錢[三]，亦恐失實。《新·傳》誤也。今從《續寶運録》。

三月，高駢爲諸道行營都統。

《續寶運録》載駢上表及答詔云：「今以卿爲諸道都統，應行營將士兵馬，悉受指揮。」詔旨未到之間，朝廷猜貳，續敕：「卻不許行軍，只令固守封疆，不得擅行征討。」於是高駢乃引淮水，

[一]「止」，原誤作「旨」，今據胡本、廣雅本、《通鑑》胡註改。
[二]「曰」，《通鑑》胡註無此字。
[三]「又一鵝」，《通鑑》胡註無此三字。

繞江都城三重，坐甲不討，黄巢自此轉盛。《舊》《紀》、《傳》，王鐸出鎮荆南，亦爲諸道行營都統，而《實録》及《新》《紀》、《表》皆云，「爲南面行營都統」。《舊·紀》：「乾符四年六月，以駢爲鎮海節度使、江西招討使。六年十月，以駢爲淮南節度使、江南行營招討使。廣明元年三月，朝廷以鐸統衆無功，乃授駢諸道兵馬行營都統〔一〕。」《駢傳》：「四年，爲鎮海節度使，尋授諸道兵馬都統。六年冬，徙淮南節度使，兵馬都統如故。」《盧携傳》曰：「及王鐸失守，罷都統，以高駢代之。」《實録》：「五年六月，駢移鎮海。六年正月，以駢爲諸道行營兵馬都統，仍賜詔。」如《實録》所載者。八月，駢上表亦如之。十月，駢徙淮南，依前充都統。按：駢表請追郎幼復備守浙西，則是在鎮海時也。詔云「周旋六鎮」，則是駢已移淮南後也。六鎮，謂安南、天平、西川、荆南、鎮海、淮南也。又詔云「今以卿爲諸道都統」，則似移淮南後方爲都統也。疑駢在浙西止爲招討使〔二〕，既數破巢軍，乃以滅巢爲己任，上表請布置諸軍，自攻巢於廣州。及王鐸敗，盧携遂以駢代之。携欲重其權，故爲諸道都統。若駢先爲諸道都統，鐸但爲南面都統，則鐸已在駢統下，可以指揮，表不須云「乞降敕指揮鐸」也。且鐸自宰相都督諸將討賊〔三〕，故立都統之名，不應

〔一〕「兵馬行營」，《通鑑》胡註此二詞互乙。按：《舊唐書·僖宗紀》原作「兵馬行營」。

〔二〕「止」，《通鑑》胡註作「方」。

〔三〕「督」，《通鑑》胡註作「統」。

同時有兩都統也。其在浙西領江西招討使者，時黄巢方掠虔、吉、饒、信故也。今從《舊・紀》及《盧携傳》。

四月〔一〕**，李琢爲蔚、朔等節度使。**

「琢」作「瑑」者，誤也。

五月，張璘戰死〔二〕。

《舊・紀》：「是歲春末，賊在信州，疫癘，其徒多喪。淮南將張潾急擊之，賊懼，以金啗潾，仍致書高駢，乞保明歸國。駢信之，許求節鉞。時昭義、武寧、義武等軍兵馬數萬赴淮南，駢欲收功於己，乃奏賊已將殄滅，不假諸道之師，並遣還淮北。賊知諸軍已退，以求節鉞不獲，暴怒，與駢絶，請戰。駢怒，令張潾整軍擊之，爲賊所敗，臨陣殺潾。賊遂乘勝渡江，攻天長、六合等縣。駢不能拒，但自固而已。朝廷聞賊復振，大恐。」《高駢傳》曰：「廣明元年夏，黄巢自嶺表北趨江、淮，由采石渡江〔三〕。潾勒兵天長，欲擊之。」《黄巢傳》曰：「巢乃渡淮，僞降於駢，駢遣將張潾率兵受降于天長鎮。巢擒潾，殺之。」《實録》，五月潾已爲巢所殺，七月巢乃過江，其言潾所以

〔一〕「四月」，《通鑑》正文此事在四月丁酉。按：《舊唐書》、《新唐書》《僖宗紀》原在四月丁酉。

〔二〕「璘」，原誤作「潾」，今據《通鑑》正文、《資治通鑑目録》及《考異》本卷乾符「六年正月高駢將張璘梁纘」條改。

〔三〕「采」，原誤作「採」，今據孔本、《四庫》本、胡本、廣雅本及《舊唐書・高駢傳》改。

死，與《舊・紀》同。《新》《紀》、《傳》皆與《實録》同。據《舊・傳》，則潾死在江北也。《舊・紀》及《實録》、《新》《紀》、《傳》，潾死在江南也。按：潾既死，巢又陷睦州、婺州、宣州，然後度江。潾死在江南是也。

六月〔一〕，陳敬瑄至成都。

《錦里耆舊傳》云：「敬瑄九月二十五日上任。」按《實録》，敬瑄除西川在三月庚午。又《雲南事狀》，敬瑄與布燮以下牒云：「某謬膺朝寄，獲授藩條，以六月八日到鎮上訖。」今從之。

李琢執傅文達〔二〕。

《實録》六月云：「國昌遣文達守蔚州。」七月云：「李琢、赫連鐸奏破沙陀於蔚州，降傅文達等。」薛居正《五代史・記》〔三〕：「武皇令軍使傅文達起兵於蔚州，高文集等縛送李瑑〔四〕。」按：國昌時在蔚州，何必令文達守之！今從薛《史》。

〔一〕「六月」，《通鑑》正文此事在六月庚寅。

〔二〕《通鑑》正文此事在六月庚子。按：《舊唐書・僖宗紀》在六月。

〔三〕按：縛送李瑑事載於《舊五代史・唐書・武皇紀》，「記」當作「紀」。

〔四〕「瑑」，廣雅本、《通鑑》胡註兩處皆作「琢」。

詔許南詔和親。

《實録》：「六月丙申，陳敬瑄奏請遣使和蠻。丁酉，中書奏請令百官集議。甲辰，百官議定。壬子，中書奏遣使。」按：敬瑄此月八日上，丙申，乃十四日也，奏報豈能遽至！今不取。《新·傳》：「先是，南詔知蜀强，故襲安南，陷之。會西川節度使陳敬瑄申和親議，時盧携復輔政，與豆盧瑑皆厚高駢，乃議通和。」今從《雲南事狀》。《雲南事狀》又曰：「中書奏：『玄宗册蒙歸義爲雲南王，其子閤羅鳳降於吐蕃，其孫異牟尋卻歸朝廷，自請改雲南王，賜號南詔，德宗從之。至曾孫蒙豐祐，杜悰奏以入朝人多，減之，後索質子，漸爲侮慢。』」卷末載陳敬瑄與雲南書牒，或稱鶴拓，或稱大封人。《雲南事狀》不著撰人名，似是盧携奏草也。

七月，黄巢圍天長，高駢不敢出兵。

《舊·駢傳》：「駢怨朝議有不附己者，欲賊縱横河、洛，令朝廷聳振，則從而誅之。大將畢師鐸説駢云云，駢駭然曰：『君言是也。』即令出軍。有愛將吕用之者，以左道媚駢，駢頗用其言。用之懼師鐸等立功，即奪己權，從容謂駢曰：『相公勳業高矣，妖賊未殄，朝廷已有間言，賊若盪平，則威望震主，功居不賞，公安税駕邪！爲公良畫，莫若觀釁，自求多福。』駢深然之，乃止諸將，但握兵保境而已。」《驚聽録》：「朝廷議駢以文以武，國之名將，今此黄巢，必喪於淮海也。尋淮南表至，云：『今大寇忽至，入臣封巡，未肯綿伏狼狐，必能晦沉大衆。但以山東兵士屯駐揚州，各思故鄉，臣遂放去，亦具聞奏，非臣自專。今奉詔書，責臣無備，不合放回武勇，又告城危，致勞徵兵，勞於往返。臣今以寡擊衆，然曰武經，與賊交鋒，已當數陣，粗成勝捷，不落奸謀，固護一方，臣必能了。但慮寇設深計，支捂官軍〔一〕，邐迤過淮〔二〕，彼岸無敵，即東道將士以至藩臣，繫朝廷速下明詔，上委中書、門下，速與商量。』表至，中書咸有異議，遂京國士庶浮謗日興，云淮南與巢衷私通連，自固城池，放賊過淮也。」《妖亂志》曰：「廣明元年七月，黄巢自采石北渡〔三〕，直抵天長。時城内土客諸軍尚十餘萬，皆良將勁兵，議者慮狂寇有奔犯關防之患，悉願盡力死戰。用之等慮其立功之後，侵奪己權，謂勃海曰：『黄巢起於羣盗，遂至横行，所在雄藩，望風瓦解，天時人事，斷然可知。令公既統强兵，又居重地，只得坐觀成敗，不可更與爭鋒。若稍損威名，則大事去矣。』勃海深以爲然，竟不議出軍，巢遂至北焉。初，巢寇廣陵也，江東諸侯以勃海屯數道勁卒，居將相重任，巢江海一逋逃耳，固可掉折箠而擒之。及聞安然渡淮，由是方鎮莫不解體。」按：駢宿將，豈不知賊過淮之後不可復制！若怨朝議有不附己者〔四〕，則尤欲破賊立

〔一〕「捂」，兩浙本、胡本、廣雅本、《通鑑》胡註作「梧」。
〔二〕「邐迤」，《通鑑》胡註此二字互乙。
〔三〕「采」，原誤作「採」，今據胡本、廣雅本、《通鑑》胡註改。
〔四〕「有」，《通鑑》胡註無此字。

功，以間執讒慝之口。若縱賊過淮，乃適足實議者之言，非所以消謗也。借使駢實有意使賊震驚朝廷，從而誅之，則賊入汝、洛之後，當晨夜追擊以爭功名，豈得返坐守淮南數年，逗留不出兵乎！又《舊・傳》吕用之云「恐成功不賞」。《妖亂志》云「恐敗衄稍損威名」。夫大功既成，則有不賞之懼，豈有未戰，不知勝負，豫憂威望震主乎！駢爲都統，控扼江、淮，而擁兵縱賊，使安然北度，其於威名獨無損乎！雖用之淺謀無所不至，駢自無參酌，一至此邪！蓋駢好驕矜大言，自恃累有戰功，謂巢烏合疲弊之衆，可以節鉞誘致淮南，坐而取之。不意巢初無降心，反爲所欺，張潾驍將，一戰敗死，巢奄濟采石，諸軍北去，見兵不多，狼狽惴恐，自保不暇，故斂兵退縮，任賊過淮，非故欲縱之，實不能制也。盧携闇於知人，致中原覆没；駢先鋭後怯，致京邑丘墟；吕用之妖妄奸回，致廣陵塗炭：皆人所深疾，故衆惡歸焉，未必實然也。又《唐末見聞録》：「廣明二年十二月五日，黄巢傾陷京國，轉牒諸軍。」據牒云「屯軍淮甸，牧馬潁陂」，則似在淮南時，非入長安後。又《續寶運録》云：「王仙芝既叛，自稱天補均平大將軍兼海内諸豪帥都統，傳檄諸道。」其文與此略同，末云：「願垂聽知，謹告。乾符二年正月三日。」此蓋當時不逞之士僞作此文，託於仙芝及巢〔二〕，以

〔二〕「及」，兩浙本、孔本、《四庫》本、胡本、廣雅本作「黄」。

譏斥時病，未必二人實有此檄牒也〔一〕。

劉漢宏請降。

《實録》：「漢宏寇擾荆、襄，王鐸遣前濠州刺史崔鍇招之，至是，始歸降。辛未，漢宏奏請於濠州到戈歸降，優詔褒之。」按：鐸奔襄陽，漢宏始掠江陵叛去。鐸尋分司，蓋未分司時遣鍇招之。又戊辰漢宏除宿州，云至是始降，是已降也。辛未又云請於濠州歸降者，朝廷聞其降，戊辰已除官，而辛未漢宏表方至也。

十一月，豆盧瑑請授黄巢天平節鉞。

《鷩聽録》曰：「辛臣豆盧瑑奏〔二〕：『緣淮南九驛便至泗州，恐高駢固守城壘，不遮截大寇，黄巢必若過淮，落寇之計。又徵兵不及，須且誘之，請降節旄，授鄆州節度〔三〕，候其至止，討亦不難。』辛臣盧携言之不可，奏以：『黄巢爲國之患久矣，昨與江西節制，擁節而行，攻劫荆南。卻奪其節，但徵諸道驍勇，把截泗州。』因此不發内使，罷建雙旌，乃發使臣諸道而去。尋汴州、徐州兩道告急到京，報黄巢過淮，盧携託疾不出。」按：朝廷未嘗以江西節與巢，借使與之，安可復

〔一〕「二」，兩浙本、孔本、《四庫》本、胡本作「其」。

〔二〕「瑑」，《通鑑》胡註誤作「琢」。

〔三〕「度」下，《通鑑》胡註有「使」字。

奪！此《鶯聽録》不足信也。

張承範等發京師，上御章信門遣之〔二〕。

《新·傳》曰：「帝餞令孜章信門，賚遺豐優。」按：令孜雖爲招討都統，賜節賚物，其實不離禁闥。是日所遣者承範等耳。《新·傳》云餞令孜，誤也。

上趣駱谷，鄭畋謁於道次〔三〕。

《續寶運録》：「戊子，帝至駱谷㙮水驛，乃下詔與牛顓、楊師立、陳敬瑄云：『今月七日，已次駱谷㙮水驛。』」按：此月庚辰朔，戊子九日，而詔云七日，「九」誤爲「七」也。《實録》：「辛卯，車駕次鳳翔，鄭畋候謁於路。」《舊·畋傳》云「候駕於斜谷」。《新·紀》：「辛卯，次鳳翔。丁酉，至興元。」按：甲申上離長安，辛卯始次鳳翔，太緩；丁酉已至興元，太速。又路出駱谷，則不過鳳翔及斜谷。蓋車駕涉鳳翔之境，而畋往見耳，非鳳翔與斜谷也。《實録》：「賊以數萬衆西追車駕。」而不言追不及，又不言爲誰所拒而還。諸書皆無之。今不取。

〔二〕《通鑑》正文此事在十一月乙亥。
〔三〕《通鑑》正文此事在十二月。按：《舊唐書》、《新唐書》《僖宗紀》僖宗西逃皆在十二月。

黃巢妻曹氏爲皇后[一]**。**

《實録》、《巢傳》，立妻曲氏爲皇后。今從《新・傳》。

王重榮殺巢使，與王處存結盟。

《舊・王處存傳》曰：「時李都守河中，降賊。會王重榮斬僞使，通使於處存，乃同盟誓，營於渭北。時巢賊僭號[二]，天下藩鎮多受其僞命，唯鄭畋守鳳翔，鄭從讜守太原，處存、王重榮首倡義舉。俄而鄭畋破賊前鋒，王鐸自行在至，故諸鎮翻然改圖，以出勤王之師。」按：鐸中和二年始至，於時未也。《王重榮傳》曰：「初，重榮爲河中馬步都虞候，巢賊據長安，蒲帥李都不能拒，稱臣於賊，賊僞授重榮節度副使。重榮以賊徵求無已，欲拒之，都曰：『吾兵微力寡，絶之立見其患，願以節鉞假公。』翌日，都歸行在，重榮知留後事，乃斬賊使，求援鄰藩。」《北夢瑣言》曰：「重榮始爲牙將，黃巢犯闕，元戎李都奉僞，畏重榮黨附者多[三]，因薦爲副使。一日，忽謂都曰：『今公助賊，陷一邦於不忠，而又日加箕斂，衆口紛然[四]，倏忽變生，何以遏也？』遽命斬其

[一]《通鑑》正文此事在十二月壬辰。按：《舊唐書・僖宗紀》原在十二月壬辰。

[二]「僭」，原誤作「潛」，今據兩浙本、孔本、《四庫》本、胡本、廣雅本、《通鑑》胡註及《舊唐書・王處存傳》改。

[三]「黨」，原脱，今據《通鑑》胡註及《北夢瑣言》補。

[四]「紛然」，原衍作「紛紜然」，《通鑑》胡註作「紛紜」，今據《北夢瑣言》删「紜」字。

僞使。都無以對，因以軍印授重榮而去。及都至行在，朝廷又以前京兆尹竇潏間道至河中代都，重榮迎之。潏前爲京兆尹，有慘酷之名，時謂之『埰疊』。及至，翌日，進軍校于庭，謂曰：『天子命重臣作鎮將，遏賊衝，安可輕議斥逐，令北門出乎！且爲惡者必一兩人而已，爾等可言之。』潏不知軍校皆重榮之親黨也，衆皆不對。重榮乃屏肅佩劍，歷階而上，謂潏曰：『爲惡者非我而誰！』遂召潏之僕吏，控馬及階，請依李都前例，乃云『速去』！潏不敢仰視，躍馬復由北門而出。」《新·傳》取之。按：十一月辛亥朔，重榮已作亂，掠坊市。辛酉，以重榮爲留後，都爲太子少傅，則都已去河中矣。及黄巢犯闕，都何嘗奉僞，亦未嘗聞以潏代都。今不取。

中和元年，正月，陳敬瑄杖殺内園小兒。

《新·傳》曰：「敬瑄殺五十人，尸諸衢。」《錦里耆舊傳》曰：「有内園小兒三箇，連手行遶行宫，數内一人笑云云。巡者亂打，執之。敬瑄咄之曰：『今日且欲棒殺汝三五十輩，必不令錯。』」按：三五十輩者，敬瑄語耳〔二〕，非實殺五十人也。《新·傳》誤。

二月，代北監軍陳景思。

《實録》作「景斯」。今從薛居正《五代史》。

〔二〕「耳」，《通鑑》胡註作「也」。

三月，景思請赦李克用〔一〕。

《實録》：「陳景斯賫詔入達靼召李克用〔二〕，軍屯蔚州。克用因大掠雁門以北軍鎮。」薛居正《五代史》：「先是，景思與李友金發沙陀諸部五千騎南赴京師。友金，即武皇之族父也。中和元年二月，友金軍至絳州，將渡河，刺史瞿稹謂景思曰：『巢賊方盛，不如且還代北，徐圖利害。』四月，友金旋軍雁門，瞿稹至代州，半月之間，募兵三萬，營於崞縣之西。其軍皆北邊五部之衆，不閑軍法，瞿稹、李友金不能制。友金謂景思云云，景思然之，促奏行在。天子乃以武皇爲雁門節度使，仍令以本軍討賊。李友金發五百騎賫詔召武皇於達靼，武皇即率達靼諸部萬人趨雁門。」按：景思請赦國昌父子，而獨克用至者，蓋國昌已老，獨使克用來耳。是歲，克用但攻掠太原，又陷忻、代二州。明年十二月，始自忻、代留後除雁門節度使。蓋此際止赦其罪，復爲大同防禦使。及陷忻、代，自稱留後，朝廷再召之，始除雁門。薛《史》誤也。《新・表》：「中和二年，以河東忻、代二州隸雁門節度，更大同節度爲雁門節度，治代州。」此其證也。

〔一〕「請赦」，此二字原誤乙，今據兩浙本、孔本、《四庫》本、胡本、廣雅本、《通鑑》正文乙正，《資治通鑑目録》作「奏赦」。

〔二〕「斯」，原誤作「思」，今據兩浙本、孔本、《四庫》本、胡本、廣雅本、《通鑑》胡註改。

宥州刺史拓跋思恭。

歐陽脩《五代史》作「拓跋思敬」，意謂薛《史》避國諱耳。按《舊唐書》、《實録》皆作「思恭」。《實録》：「天復二年九月，武定軍節度使李思敬以城降王建。思敬本姓拓跋，鄜夏節度使思恭、保大節度使思孝之弟也。思孝致仕，以思敬爲保大留後，遂升節度，又徙武定軍。」《新唐書·党項傳》曰：「思恭爲定難節度使，卒，弟思諫代爲節度。思孝爲保大節度，以老，薦弟思敬爲保大留後，俄爲節度。」然則思恭、思敬乃是兩人。思敬後附李茂貞，或賜國姓，故更姓李。脩合以爲一人，誤也。

四月，黄巢復入長安，唐弘夫戰死。

《舊》《紀》、《傳》、《新·傳》皆云，弘夫敗在二年二月。《驚聽録》、《唐年補録》、《新·紀》、《實録》皆在此年四月。《新·紀》日尤詳，今從之。

五月，己未〔二〕，高駢出屯東塘。

《妖亂志》曰：「自五月十二日出東塘，至九月六日歸府，九十餘日，禳雉雊之變也。」按：

〔二〕「己未」，《通鑑》正文作乙未。按：《二十史朔閏表》，是年五月戊申朔，十二日己未，無乙未。

五月十二日至九月六日，乃一百一十三日〔一〕，非九十餘日也〔二〕。今從《舊·傳》。

忠武軍八都。

劉恕《十國紀年》上云八都，而下止有王建等七人姓名，其一人諸書不可見故也〔三〕。

六月，李克用陷忻、代。

《唐末見聞録》：「六月三十日，沙陀軍卻回，收卻忻、代州。」《太祖紀年録》：「遇大雨，六月二十三日，班師雁門。」薛居正《五代史》與《紀年録》同。按：忻、代先屬河東，中和二年始割隸雁門。今從《見聞録》、《實録》。

七月，鄭從讜斬論安。

《唐末見聞録》：「六月三十日，沙陀收卻忻、代州，使司差教練使論安、軍使王蟾、高弁、回鶻、吐蕃等軍於百井下寨守禦。當月内，論安等拔寨，卻迴到府。」按：當月内，即三十日也。一日之中，不容有爾許事，必非也。又曰：「至七月十四日，相公排飯大將等，於坐上把起論安，不

〔一〕「一百一十三」，《通鑑》胡註作「是一百六十三」。按：五月十二日至九月六日，實爲一百一十三日。
〔二〕「也」，《通鑑》胡註無此字。
〔三〕「其一人」，《通鑑》胡註無此三字；「見」，《通鑑》胡註作「考」。

脱靴衫毬場内處置〔一〕，族滅其家。又差都頭温漢臣將兵依前於百井下寨。當月内，契苾尚書領兵馬卻歸振武。」今從之。

九月〔二〕，成麟殺高潯，孟方立殺麟。

《實録》：「澤潞牙將劉廣據潞州叛，天井關戍將孟方立帥戍卒攻廣，殺之，自稱留後，仍移軍額於邢州。初，高潯援京師，廣率師至陽平，謀爲亂，不行，還據潞州，自稱留後，用法嚴酷，三軍畏之。方立乘虚襲殺焉。」又曰：「貶昭義節度使高潯爲端州刺史。」中和二年《實録》又曰〔三〕：「初，孟方立殺高潯自立。」薛居正《五代史·方立傳》曰：「中和二年，爲澤州天井關戍將。時黄巢犯關輔，州郡易帥有同博弈。先是，沈詢、高湜相繼爲昭義節度，怠於軍政，及有歸秦、劉廣之亂，方立見潞帥交代之際，乘其無備，率戍兵徑入潞州，自稱留後。」《新·紀》：「八月，昭義軍節度使高潯及黄巢戰于石橋，敗績，十將成麟殺潯，入于潞州。九月己巳，昭義軍戍將孟方立殺成麟，自稱留後。」《方立傳》惟以「成麟」爲「成鄰」，餘如《新·紀》。按乾符二年《實録》：「十月，昭義軍亂，逐節度使高湜，貶湜象州司户。」《柳玭傳》云「貶高要尉」。三年十

〔一〕「衫」，《通鑑》胡註作「於」。
〔二〕「九月」，點校本《通鑑》正文脱此二字。
〔三〕「二」，原誤作「三」，今據兩浙本、孔本、《四庫》本、胡本、廣雅本改。

一月，詔魏博韓簡云，「劉廣逐帥擅權」云云。是廣逐湜，擅據潞州也。薛《史·孟方立傳》亦云：「沈詢、高湜怠於軍政，致有歸秦、劉廣之亂。」是廣亂在前也。《舊·紀》：「九月，高潯牙將劉廣擅還，據潞州。是月，潯天井關戍將孟方立攻廣，殺之，自稱留後。貶潯端州刺史。」此蓋《舊·紀》誤，《實録》因之。薛《史·方立傳》曰：「見潞帥交代之際，率兵入潞〔一〕。」不言何帥交代。若不逐帥，何能據州！事無所因，殊爲疏略。《舊·紀》恐是誤以高湜事爲高潯事。《實録》此云殺廣，明年又云殺潯，自相違。《新》《紀》、《傳》皆云成麟殺潯，方立斬麟，月日事實頗詳，必有所出。今從之。

十二月，閔勖逐李裕。

《實録》、《新·傳》作「閔頊」。今從程匡柔《唐補紀》〔二〕。

二年，正月〔三〕，王鐸爲都都統。

《舊·紀》：「中和元年七月，鐸爲都統。十二月，率師三萬至京畿，屯於盩厔。」《舊·鐸傳》亦在元年。《唐年補録》：「元年十一月乙巳，制以鐸爲都統。十二月乙亥，鐸屯盩厔。」《續

〔一〕「潞」下，《通鑑》胡註有「州」字。
〔二〕「柔」，原誤作「衺」，今據《考異》卷二十三僖宗乾符二年「四月王郢等作亂」條改。
〔三〕「正月」，《通鑑》正文此事在正月辛亥。按：《新唐書·僖宗紀》原在正月辛亥。

寶運録》：「元年八月，鐸拜天下都統。」《唐補紀》：「中和元年四月，高駢率師駐泊東塘，自五月出府，九月卻歸。朝廷即以鐸都統諸道兵馬，收復長安。」鐸爲都統，諸書年月不同如此。《新·紀》：「二年正月辛亥，王鐸爲諸道行營都都統，高駢罷都統。」據《實録》四月答高駢詔，罷都統當在此年〔一〕。今從《實録》、《新·紀》。《舊·駢傳》云：「僖宗知駢無赴難意，乃以鐸爲京城四面諸道行營兵馬都統，韋昭度領江淮鹽鐵轉運使。駢既失兵柄，又落利權，攘袂大詬，累上章論列，語詞不遜。」按：駢罷都統，依前爲諸道鹽鐵轉運使，五月方罷。《北夢瑣言》曰：「王鐸初鎮荆南，黄巢入寇，望風而遁。佗日，將兵潼關，黄巢令人傳語云：『相公儒生，且非我敵，無汙我鋒刃，自取敗亡也。』後到成都行朝，拜諸道都統。所以高駢上表，目之爲敗軍之將也。」按：鐸自荆南喪師貶官〔二〕，未嘗將兵潼關。皮光業《見聞録》，爲都統在此年二月，亦誤。又《舊》《紀》、《傳》、《新·傳》，鐸止爲「都統」〔三〕。《新·紀》作「都都統」〔四〕。《實録》初除及罷

〔一〕「都統」，原誤作「都統統」，孔本、《四庫》本、胡本、廣雅本作「都都統」，今據《通鑑》胡註刪。

〔二〕「貶」，原誤作「敗」，今據兩浙本、孔本、《四庫》本、胡本、廣雅本、《通鑑》胡註改。

〔三〕「都」，原誤重文，今據《通鑑》胡註及《舊唐書》《僖宗紀》、《王鐸傳》、《新唐書·王鐸傳》刪。

〔四〕「都都」，原脱一「都」字，今據《通鑑》胡註及《新唐書·僖宗紀》補。

時皆爲都統[一]，中間多云都都統。又西門思恭爲都都監。按：時諸將爲都統者甚多，疑鐸爲都都統是也。

三月，阡能爲盜。

張彭《錦里耆舊傳》作「千能」。句延慶《錦里耆舊傳》作「忓能」。《續寶運録》作「玕能」。《實録》、《新·傳》作「阡能」。按《北夢瑣言》「安仁土豪阡能」，注云：「《姓纂》無此，蓋西南夷之種。」今從之。

六月，羅渾擎等反。

張彭《耆舊傳》曰：「二年六月，補楊行遷爲軍前四面都指揮使。千能亦散於諸處下寨，官軍頻不利。八月，羅渾擎反。十月，句胡僧反。」又曰：「九月，千能、渾擎、胡僧與官軍大戰於乾溪，官軍不利。十二月，羅夫子反[二]，衆二三千。」句延慶《耆舊傳》曰：「二年五月，羅渾擎反。

[一]「罷」，原誤作「羅」，今據兩浙本、孔本、《四庫》本、胡本、廣雅本、《通鑑》胡註改。

[二]「夫」，原誤作「天」，今據孔本、《四庫》本、胡本、廣雅本、《通鑑》胡註改。按：原本「夫」或以形近而誤作「天」，以下徑改，不再出校。

六月，句胡僧反，有四千餘人。官軍與忓能戰於乾溪〔一〕，官軍大敗。是月，羅夫子反，聚衆三千人。」《實録》：「六月，句胡僧反，有衆二千餘。官軍與能戰乾溪，大敗。」按：張《傳》上云十月胡僧反，下云九月胡僧與官軍戰，自相違；又阡能敗差一年。今從《實録》，並附之六月。

七月，韓求反。

張彭《耆舊傳》：「三年六月，韓求反，其邛州界内賊首千能邐迤漸侵入蜀州界。」今從句延慶《傳》及《實録》。

南詔請降公主，報以方議禮儀。

張彭《耆舊傳》：「中和元年九月三日，雲南驃信差布爕楊奇肱等賫國信來通和，迎公主。太師借副使儀注郊迎，布爕始相見，揖副使云：『請不拜。』太師聞，極怒。朝廷告以俟更議車服制數定，續有旨命，竟空還。」今從《雲南事狀》及《實録》。

十月，韓秀昇、屈行從斷峽江路。

張彭《耆舊傳》：「三年九月，峽路賊韓秀昇，十月，峽路賊屈行從反。陳太師差押衙莊二夢

〔一〕「忓」，《通鑑》胡註作「阡」。按：據《考異》「三月阡能爲盜」條，句延慶《錦里耆舊傳》（臺灣商務印書館影印清文淵閣《四庫全書》本）原作「忓」。

將兵二千人，十月二十日，發往峽路。」句延慶《耆舊傳》於中和二年七月韓求反下，又云：「峽路韓秀昇、屈行從反，川主選點兵士三千人，差押衙莊夢蝶押領，十月癸丑，發峽路，收討韓秀昇〔二〕。」蓋因十月討之而言耳。《實録》取句《傳》，而誤於七月下云：「韓秀昇、屈行從爲亂，敬瑄遣大將莊夢蝶以兵三千討之。」《新·傳》曰：「涪州刺史韓秀昇等亂峽中。」今從句《傳》。

朱瑄權知天平留後。

《實録》：「曹存實繼其叔父全晸爲天平軍節度〔三〕，未周歲而遇害。」《舊·傳》：「瑄爲青州王敬武牙卒。中和初，黃巢據長安，詔徵天下兵，王敬武遣牙將曹全晸率兵三千赴難關西，瑄已爲軍候。會青州警急，敬武召全晸還，路由鄆州。時鄆將薛崇爲草賊王仙芝所殺，崔君裕權知州事。全晸知其兵寡，襲殺君裕，據有鄆州，自稱留後。以瑄有功，署爲濮州刺史、留將牙軍。光啓初，魏博韓簡欲兼并曹鄆，以兵濟河，收鄆。全晸出兵逆戰，爲魏軍所敗，全晸死之。瑄收合殘卒，保州城，韓簡攻圍半年，不能拔。會魏軍亂，退去。朝廷嘉之，授以節鉞。」《新·傳》與之同。薛居正《五代史·瑄傳》：「中和二年，張濬徵兵於青州，敬武遣將曹全晸率軍赴之，以瑄

〔二〕「收」，兩浙本、孔本、《四庫》本、胡本、廣雅本作「攻」。

〔三〕「度」下，《通鑑》胡註有「使」字。

隸焉。賊敗，出關，全晸以本軍還鎮。會鄆帥薛崇卒，部將崔君預據城叛，全晸攻之〔二〕，殺君預，因爲留後，瑄以功授濮州刺史、鄆州馬步軍都將。光啓初，魏博韓允中攻鄆，全晸爲其所害。瑄據城自固，三軍推爲留後。允中敗，朝廷以瑄爲天平節度使〔三〕。」按：王仙芝死已久〔三〕，曹全晸久爲節度使〔四〕，去歲死，王敬武今歲始得青州。《新》、《舊》《傳》、薛《史》皆誤。今從《實録》。又《新·傳》「瑄」作「宣」。歐陽脩《五代史記》注云：「今流俗以宣弟瑾，於名加『玉』者，非也。」今從《舊·傳》、薛《史》、《實録》。

十一月，李詳舊卒逐黄思鄴。

《實録》：「李詳下牙隊兵斬僞刺史黄思鄴，推華陰鎮使王遇爲首，降河中。王鐸承制除遇爲刺史。」按：黄鄴與黄巢俱死於虎狼谷，《實録》誤也。今從《新·黄巢傳》。

高仁厚討阡能。

張彰《耆舊傳》：「中和三年冬，千能轉盛，官軍戰即不利。陳敬瑄乃遣仁厚討之。十一月

〔二〕「攻」，原誤作「政」，今據兩浙本、孔本、《四庫》本、胡本、廣雅本、《通鑑》胡註及《舊五代史·梁書·朱瑄傳》改。
〔三〕「平」，原誤作「下」，今據兩浙本、孔本、《四庫》本、胡本、廣雅本、《通鑑》胡註及《舊五代史·梁書·朱瑄傳》改。
〔三〕「按」，孔本、《四庫》本、胡本作「據」。
〔四〕「使」，《通鑑》胡註無此字。

五日，仁厚進發。六日，擒羅渾擎。七日，擒句胡僧，得韓求首級。九日，擒千能，得羅夫子首級。十一月二十二日，回戈，自城北門入。三日大設，五日議功，高公自檢校兵部尚書、檢校左僕射，授眉州刺史。」張彭書語雖俚淺〔一〕，或有抵捂，然敘事甚詳。苟無此書，則仁厚功業悉沈没矣。句延慶《傳》：「中和二年，仁厚梟五賊之首，凱旋歸府。冬十二月戊寅，皇帝御大玄樓，高仁厚與將校等於清遠橋朝見。至後三日，大設，高仁厚除授眉州刺史。」延慶不知據何書，知千能敗在二年冬，然要之，仁厚擒韓秀昇在三年十月前，則擒千能必更在前矣。十二月己亥朔，無戊寅，日必誤也。《實録》：「二年十月，草賊阡能於蜀州敗官軍，陳敬瑄遣高仁厚討之。」《實録》見句《傳》敘討忓能事〔二〕，承十月癸丑發峽路收討韓秀昇下，因附之十月，亦誤也。《實録》又曰：「十二月，仁厚以阡能首來獻，帝御大玄樓宣慰回戈將士，以仁厚爲檢校工部尚書、眉州防禦使。」亦因句《傳》而去其日。又此年十月戊辰，昇眉、漢、彭、綿等州並爲防禦使，故改刺史爲防禦耳。今高仁厚擒阡能，既不知決在何年月，故因《實録》附於此。

〔一〕「俚」，原誤作「俾」，今據孔本、《四庫》本、胡本、廣雅本、《通鑑》胡註改。
〔二〕「忓」，廣雅本、《通鑑》胡註作「阡」。

十二月，李克用將兵至河中。

《實録》在明年正月。今從《新太祖紀年録》〔二〕、薛居正《五代史》。

李克讓爲僧所殺。

《太祖紀年録》：「初，克讓於潼關戰敗，避賊南山，隱於佛寺，夜爲山僧所害。紀綱渾進通冒刃獲免，歸黄巢。賊素憚太祖，聞其至也，將託情修好，捕害克讓之僧十餘人，殺之。巢令其將米重威賫重賂、僞詔，因渾進通見太祖。乃召諸將，領其賂，燔其僞詔以徇。」薛《史·克讓傳》曰：「乾符中，以功授金吾將軍，留宿衛。初，懿祖歸朝，憲宗賜宅於親仁坊。武皇之起雲中殺段文楚也，天子詔巡使王處存夜圍親仁坊，捕克讓。詰旦，兵合，克讓與十餘騎彎弧躍馬，突圍而出，官軍數千人追之，比至渭橋，死者數百。克讓自夏陽掠船而濟，歸於雁門。」按：克讓於時猶在雲州〔三〕，云雁門，誤也。《後唐懿祖紀年録》曰：「其兄克恭、克儉皆伏誅。」按：是時國昌猶自請討克用，朝廷必未誅其子。蓋國昌振武不受代後，克恭、克儉始被誅也。薛《史》又曰：「明年，武皇昭雪，克讓復入宿衛。黄巢犯闕，僖宗幸蜀，克讓時守潼關，爲賊所敗。」按：國

〔二〕「新太祖紀年録」，疑當作「後唐太祖紀年録」。
〔三〕《通鑑》胡註曰：「此『克讓』恐當作『克用』。」

昌以乾符五年不受代，朝廷發兵討之。六年，克用未嘗昭雪，克讓何從得入宿衛！廣明元年，國昌父子兵敗，逃入達靼。其年冬，黄巢陷長安，克讓何嘗守潼關，戰敗而死於佛寺！或者爲朝廷所圍捕時，逃入南山佛寺，爲僧所殺，則不可知也。今事既難明，故但云爲寺僧所殺而已。

孟方立遷昭義軍於邢州，自稱留後。

《實録》：「中和四年正月，以義成行軍司馬鄭昌圖爲中書舍人。三月，邢州軍亂，殺其帥成麟，以中書舍人鄭昌圖權知昭義留後。」按：成麟前已爲孟方立所殺，況不在邢州，邢州乃方立所治也。又於時潞州已爲李克脩所據，昌圖安得更往彼爲留後！又「其年五月，以右僕射王徽同平章事，充昭義節度使。徽上表懇述非便，乃復以本官充大明宫留守」。《舊·王徽傳》：「初，潞州軍亂，殺成麟，以兵部侍郎鄭昌圖權知昭義軍事。時孟方立割據山東三州，别爲一鎮，上黨支郡唯澤州耳，而軍中之人多附方立，昌圖不能制。宰相奏請以重臣鎮之，乃授徽檢校尚書左僕射、同平章事、澤潞邢洺磁觀察等使。時鑾輅未還，關東聚盜，而河東李克用與孟方立爭澤潞，以朝廷兵力必不能加，上表訴之曰：『鄭昌圖主留累月，將結深根；孟方立專據三州，轉成積釁。招其外則潞人胥怨，撫其内則邢將益疑。禍方熾於既焚，計奈何於已失。須觀勝負，乃決安危。伏乞聖慈，博求廷議，擇其可付，理在從長。』天子乃以昌圖鎮之，以徽爲諸道租庸供軍等使。」《新·孟方立傳》曰：「方立攻成鄰〔一〕，斬之，擅裂邢、洺、磁爲鎮，治邢爲府，號昭義軍。潞人請監軍使吴全勗知兵馬留後。時王鐸領諸道行營都統，以潞未定，墨制假方立知邢州事。方立不受，囚全勗，以書請鐸，願得儒臣守潞。鐸使參謀中書舍人鄭昌圖知昭義留事，欲遂爲帥。僖宗自用舊相王徽領節度。時天子在西河，關中雲擾〔二〕，方立擅地而李克用窺潞州〔三〕。徽度朝廷未能制，乃固讓昌圖。昌圖治不三月，輒去。方立更表李殷鋭爲刺史，乃徙治龍岡。會克用爲河東節度使，昭義監軍祁審誨乞師，求復昭義軍，克用殺殷鋭，遂并潞州，表克脩爲留後。」按：王鐸以三年正月罷都統，則昌圖知昭義留後必在二年也。昌圖在潞不三月引去，今徽以潞讓昌圖，則徽除昭義必不在四年五月。《實録》年月皆誤也。方立若已自稱昭義留後，遷軍額於邢州，則不止割據三州。若欲别爲一鎮，則應别立軍名，必不與潞州並稱昭義。若但以潞爲支郡，當自除刺史，不以書與王鐸更求儒臣；就使求之，鐸亦當以昌圖爲潞州刺史，不云知昭義軍事，又不得以澤州爲支郡也。蓋方立既殺成麟，以邢州鄉里，欲徙鎮之，故身往邢州，而潞人不從，故請全勗爲留後。方立以衆情未洽，未敢自立，故囚全勗，外示恭順，託以中人不可爲

〔一〕「鄰」，《通鑑》胡註作「麟」。按：《新唐書·孟方立傳》原作「鄰」。
〔二〕「中」，《新唐書·孟方立傳》無此字。
〔三〕「擅」，原誤作「壇」，今據兩浙本、孔本、《四庫》本、胡本、廣雅本、《通鑑》胡註及《新唐書·孟方立傳》改。

帥而請於王鐸，乞除儒臣，其意以儒臣易制，欲外奉爲帥而自專軍府之政，漸謀代之也。既而昌圖至潞，欲行帥職，而山東三州已爲方立所制，不受帥命，獨澤州在南，尚可號令耳。故王徽表云：「昌圖主留累月，已深結根〔二〕。」言在澤潞已久，人心稍附，已所不如也。又云：「方立累據三州〔三〕，轉成積釁。」謂昌圖欲行帥權，而方立不率將職，互相窺覦，故積釁也。又云：「招其外則潞人胥怨，撫其内則邢將益疑。」謂令邢、潞已成釁隙，已至彼，欲加惠於邢則潞人怨其寵賊，加惠於潞則邢將疑其圖己也。又云：「須觀勝負，乃決安危。」謂昌圖能勝方立，然後昭義乃安也。昌圖在潞終不自安，故以軍府授方立而去。方立然後自稱留後，徙軍額於邢州，以潞爲支郡，表殷鋭爲刺史。故《新·傳》徙治龍岡在殷鋭爲刺史下，此其證也。於是潞人怨而召沙陀，當徽除節制之時，克用猶未敢爭澤潞也。吴全勗，疑是方立初入潞府時監軍，故王鐸使知留後，方立既囚之，疑其遂斥去。祁審誨，恐是鄭昌圖時監軍。《太祖紀年録》云：「方立虜審誨，自稱留後。」薛居正《五代史·方立傳》云：「方立以邢爲府，以審誨知潞州事。」互説不同。且既虜審誨，必不以知潞州。方立表李殷鋭爲刺史，而審誨猶依舊，必是後來監軍，方立以其未嘗

〔二〕「深結」，《通鑑》胡註此二字互乙。按：《舊唐書·王徽傳》原作「結深」。

〔三〕「累」，《通鑑》胡註作「專」。按：《舊唐書·王徽傳》原作「專」。

異已，故不疑之。若嘗被囚虜，必不復留。此之不實，昭然可知。疑唐末昭義數逐帥，劉廣、成麟作亂被殺，人皆知之，記事者不詳考正，或以先者爲後，後者爲先，差互不同，故諸書多抵捂不合耳。又薛《史·安崇阮傳》云：「安文祐初爲潞州牙門將，光啓中，軍校劉廣逐節度使高潯，據其城，僖宗詔文祐平之。既殺劉廣，召赴行在，授邛州刺史。其後孟方立據邢、洺，攻上黨，朝廷以文祐本潞人也，授昭義節度使，令討方立，自蜀至澤州，與方立戰，敗歿於陣。」按：諸書皆無文祐爲昭義節度使事。況光啓中，澤潞已爲李克脩所據，文祐來，當與克脩戰，不得與方立戰也。其事恐虚，今不取。

資治通鑑考異卷第二十五

端明殿學士兼翰林侍讀學士太中大夫提舉西京嵩山崇福宮上柱國河內郡開國公食邑二千六百户食實封壹阡户臣司馬光奉敕編集

唐紀十七

中和三年，二月，韓簡爲部下所殺。

《舊·傳》：「簡攻河陽，行及新郡〔一〕，爲諸葛爽所敗，單騎奔迴，憂憤，疽發背而卒。時中和元年十一月也。」《新·傳》亦同。今從《實録》。

〔一〕「郡」，《舊唐書·韓簡傳》原作「鄉」。《通鑑》胡註亦曰：「『新郡』當作『新鄉』。」

莊夢蝶爲賊所敗，高仁厚代討之。

張彰《耆舊傳》曰：「中和四年甲辰春三月，峽路招討指揮使莊夢尚書爲韓秀昇所敗〔一〕，退至忠州。川主太師召眉州刺史高仁厚，使討秀昇等，許以成功除梓帥。即日聞奏，拜行軍司馬，將步卒千人，三月五日進發。」句延慶《耆舊傳》：「中和三年二月，莊夢蝶爲賊所敗。川主唤仁厚，奏授峽路招討都指揮使，將兵三千人，三月辛丑進發。」《實録》：「三年二月，夢蝶爲賊所敗。陳敬瑄奏以仁厚代夢蝶，將兵三千進討，詔拜行軍司馬。」是月丁卯朔〔二〕，無辛丑。辛丑，乃四月五日，延慶誤也。《實録》：「三年二月，敬瑄奏仁厚代夢蝶。」蓋亦用句《傳》年月。今從之。

三月，合淝楊行慜〔三〕。

《十國紀年》云：「楊行密，六合人。」今從薛居正《五代史》、徐鉉《吴録》。

高仁厚擒韓秀昇。

張彰《耆舊傳》：「中和四年，高僕射將步卒千人，三月五日進發，莊尚書三月二十日齊進。四月十四日，峽路申：四月一日，大破峽賊。」句延慶《耆舊傳》：「三年四月庚午，擒韓秀昇捷

〔一〕「夢」下，廣雅本、《通鑑》胡註有「蝶」字。

〔二〕「是」，孔本、《四庫》本、胡本、廣雅本作「二」。

〔三〕「淝」，《通鑑》正文作「肥」。

書到府。」按：是月丁酉朔，無庚午。《實録》：「中和三年四月庚子，仁厚擒韓秀昇，獻於行在。初，仁厚至峽，與賊戰，其衆大敗，賊中小校縛秀昇出降。」據《鄭畋集》，有《覆黔南觀察使陳佺奏涪州韓秀昇謀亂已收管在州候敕旨狀》，云：「秀昇劫害黔府，俘掠帥臣，占據涪陵，扼截江路，遽懷僭妄，求作察廉。陳佺爰命毛玭部領甲士直趨巢穴，便破城池，迫逐渠魁，勦除逆黨。」而諸家之説皆云仁厚所獲。《新·傳》：「衆怒，執秀昇以降，仁厚檻車送行在，斬於市。」張彭《耆舊傳》[一]：「中和二年三月，千能反。八月，羅渾擎反。十月，句胡僧反。十二月，羅夫子反。三年，北路奏黄巢正月十日敗走，收復長安。正月，千能遣羅渾擎於新穿垻下二十七寨，把斷水陸官路。六月，韓求反，其邛州賊首千能邐迤漸侵入蜀州界。九月，峽路賊韓秀昇[二]，十月，峽路賊屈行從反。川主陳太師差押衙莊二夢將兵二千，十月二十日發往峽路討韓秀昇、屈行從等。十一月三日[三]，高仁厚進發討千能。九日，收邛州境内諸寨。十日，州縣豁平。二十二日，回戈朝見。三日大設，五日議功，授眉州刺史。四年三月，莊夢退至忠州[四]。川主差高仁厚將兵，三

[一]「耆舊」，此二字原誤乙，今據兩浙本、孔本、《四庫》本、胡本、廣雅本、《通鑑》胡註乙正；以下徑正，不再出校。

[二]「昇」下，《通鑑》胡註有「反」字。

[三]「三」，孔本、《四庫》本、胡本、廣雅本、《通鑑》胡註作「五」。

[四]「夢」下，廣雅本、《通鑑》胡註有「蝶」字。

月五日進發，莊尚書三月二十日齊進。四月十四日申：四月一日大破峽賊，擒秀昇等。十五日，東川楊師立反。」句延慶《耆舊傳》止於鈔改張《傳》爲之，别無外事。但移渾擎反於中和二年五月；胡僧、羅夫子反於六月；韓求反於其年七月；莊夢蝶討韓秀昇、屈行從，以其年十月癸丑進發；高仁厚破忏能等五賊回朝見[一]，在其年十二月戊寅；三年二月，莊夢蝶爲賊所敗，川主遣高仁厚將兵，三月辛丑進發；四月庚午，擒韓秀昇捷書到府；是月，楊師立反；四年，北路奏黄巢正月十日敗走，收復長安。不知延慶改移年月，别有所據邪？將率意爲之也？至於三年楊師立反，四年收復長安，其爲乖謬，尤甚於彰。《實録》千能、韓秀昇等事率依句《傳》，而誤以韓秀昇反置七月，高仁厚討千能置十月[二]，削戊寅、辛丑兩日，改庚午爲庚子，此其異於句《傳》也。《新·紀》：「三年十一月壬申，西川行軍司馬高仁厚及阡能戰于邛州，敗之。」《續寶運録》：「中和三年，涪州韓秀昇反。冬，千能反[三]。高仁厚討平之。」按：賈緯《唐年補録》及《實録》所載鐵券文皆云：「維中和三年歲次癸卯，十月甲午朔，十六日己酉，皇帝賜功臣陳敬瑄

[一]「忏」，《通鑑》胡註作「阡」。
[二]「千」，《通鑑》胡註作「阡」。
[三]「千」，《通鑑》胡註作「阡」。

鐵券。」其文有「戮千能如翦草〔二〕，除秀昇若焚巢。」然則秀昇之敗，必在此日前也。張《傳》破秀昇在四年四月。其四年十月十日，亦載賜川主太師鐵券，乃云「維中和三年歲次癸卯，十月甲子朔，五日戊辰」，文與《補録》、《實録》同，其昏耄如此。句《傳》取張事而改其年，《實録》用句年而改其日。其阡能、韓秀昇等起滅，不知的在何時。今從《實録》。

四月，甲辰，李克用收京師。

《舊·紀》：「四月庚子，沙陀等軍趨長安，賊拒之於渭橋，大敗而還，李克用乘勝追之。己卯，黄巢收殘衆，由藍田關而遁。庚辰，收京城，楊復光告捷。」按：是月丁酉朔，無己卯、庚辰。敬翔《梁太祖編遺録》：「四月乙巳，巢焚宫闈、省寺、居第略盡，擁殘黨越藍田而逃。明日，上與諸軍收復長安。」《實録》：「甲辰，李克用與忠武將龐從〔三〕、河中將白志遷、横野將滿存、朝邑將康師貞三敗賊于渭橋，大破之，義成、義武等軍繼進。乙巳，巢賊燔長安宫室，收餘衆自光泰門東走，由藍田關以遁。諸軍進收京師。」《新·紀》：「三月壬申，李克用及黄巢戰于零口，敗之。四月甲辰，又敗之于渭橋。丙午，復京師。」《舊·傳》曰：「四月八日，克用合忠武騎將龐從遇賊

〔二〕「千」，《通鑑》胡註作「阡」。

〔三〕「武」，原誤作「節」，今據《通鑑》胡註改。

於渭南，決戰三捷，大敗賊軍。十日夜，賊巢散走。詰旦，克用由光泰門入，收京師。巢賊出藍田七盤路，東走關東。」《新・傳》曰：「克用遣部將楊守宗率河中將白志遷、忠武將龐從等最先進擊賊渭橋，三戰三北〔一〕。於是諸節度兵皆奮，無敢後。入自光泰門，賊崩潰，逐北至望春，入昇陽殿闥。巢夜奔，衆猶十五萬，聲趨徐州，出藍田，入商山。」程匡柔《唐補紀》曰：「楊復光帥十道行營節度使王重榮、李克用等兵士二萬餘人，自光泰門入襲，逐至昇陽殿下，殺賊盈萬。黄巢軍敗，陣上奔逃，取藍田關出。」《後唐太祖紀年録》：「乙巳，巢敗，焚宫室東走，太祖進收京師〔二〕。」《唐年補録》：「八日，克用等戰渭南，三敗賊軍。九日，巢走。」按《楊復光露布》云：「今月八日，楊守宗等隨克用自光泰門先入京師。」又云：「賊尚爲堅陣，來抗官軍，自卯至申，羣凶大潰，賊即時奔遁〔三〕，南入商山。」然則官軍以八日入城，賊戰不勝而走，此最可據，今從之。渭南之戰，必在八日以前，諸書皆誤也。

楊復光遣使告捷。

張彰《耆舊傳》：「中和三年，北路奏黄巢正月十日敗走，收復長安城訖。三月，北路行營收

〔一〕「戰」下，《新唐書・黄巢傳》原有「賊」字。
〔二〕「進」，原誤作「襲」，今據兩浙本、孔本、《四庫》本、胡本、廣雅本、《通鑑》胡註改。
〔三〕「賊」，《通鑑》胡註無此字。

城將士並回戈。」句延慶《耆舊傳》曰：「四年，北路奏黃巢正月十日敗走，收復長安。三月，北路行營破黃巢將士並回。」延慶悉移彭四年事於三年，三年事於四年，而不移其月日，其爲差謬，又甚於彭。今但云告捷，更不著月日。

六月，韋宙奇劉謙。

《新·傳》：「宙弟岫，亦有名。宙在嶺南，以從女妻小校劉謙。或諫止之，岫曰：『吾子孫或當依之。』」薛居正《五代史》：「韋宙出鎮南海，謙時爲牙校〔二〕，宙以猶女妻之。」《北夢瑣言》曰：「丞相韋公宙出鎮南海，有小將劉謙者，職級甚卑，氣宇殊異，乃以從女妻之。其内以非我族類，慮招物議，風諸幕僚諫止之。丞相曰：『此人非常流也，佗日吾子孫或可依之。』謙以軍功拜封州刺史，韋夫人生子曰隱、曰巖。」《十國紀年》曰：「劉謙望，字德光〔三〕，亦名知謙，後止名謙，唐咸通中爲廣州牙將，韋宙以兄女妻之。」《新·傳》云岫知謙，恐誤。今從《瑣言》、《紀年》。

七月，李克用爲河東節度使，鄭從讜詣行在。

《舊·紀》：「五月，李克用充河東節度使。七月，詔鄭從讜赴行在。」《新·紀》：「五月，從

〔二〕「牙」，原作「衙」，今據兩浙本、孔本、《四庫》本、胡本、廣雅本、《通鑑》胡註及《舊五代史·僭僞列傳·劉陟傳》改。

〔三〕「字」，原誤作「自」，今據兩浙本、孔本、《四庫》本、胡本、廣雅本、《通鑑》胡註改。

讜爲司空、同平章事。」賈緯《唐年補録》：「五月，制：『李諱可同平章事〔二〕，充河東節度使。』」《舊·從讜傳》：「三年，克用授河東節度，代從讜。五月十五日，從讜離太原，道途多寇，行次絳州，留駐數月。冬，詔使追赴行在，復輔政。」《唐末見聞録》曰：「五月，敕除李尚書雁門節度使。六月二十五日，雁門節度使李僕射般次於府東路過。六月内，有除目到，相公除替赴闕，雁門節度李相公除河東節度使。十五日，相公取西明門進發。當月内，新使李相公有榜示，安撫在城軍人百姓，曰：『無懷舊念，各仰安家。』」又曰：「晉王諱克用，中和三年五月一日，自雁門節度使拜平章事，充河東節度使。」按：克用除河東及從讜復輔政，諸書月日不同。《舊·紀》五月除克用，七月從讜赴行在，不言入相。《新·紀》五月已爲相，尤誤。《舊·從讜傳》五月十五日離太原，又與《紀》相違。《唐年補録》五月制，止褒賞克用、朱玫、東方逵三人，制詞鄙俚，疑其非實。《唐末見聞録》初云六月除河東，後復云五月一日。據《實録》、《後唐太祖紀年録》、薛居正《五代史》皆在七月，今從之。從讜此年九月爲東都留守，光啓二年二月方再入相。

〔二〕《通鑑》胡註曰：「按薛《史》：『晉天福六年二月，賈緯撰《唐年補録》上之。』又曰：『賈緯，真定獲鹿人，以唐諸帝實録，自武宗以下缺而不紀，乃採掇近代傳聞之事及諸家小説，第其年月，編爲《唐年補録》，凡六十五卷。歷事唐、晉、漢、周，故不敢稱克用名。』」

十月〔一〕**，克用取潞州。**

《實録》：「克用表李克脩爲節度使，於是分昭義軍五州爲二鎮。」薛居正《五代史·孟方立傳》曰：「潞人陰乞師於武皇，中和三年十月，武皇遣李克脩將兵赴之，方立拒戰，大敗之。由是連收澤、潞二郡，乃以克脩爲節度使。」按薛《史·張全義傳》：「諸葛爽表全義爲澤州刺史，爽卒，李罕之據澤州。」蓋克脩止得潞州，澤爲河陽所取也。

四年，二月，克用自河中、陝渡河〔二〕**。**

《唐末見聞録》：「晉王三月十三日發大軍討黄巢。」《太祖紀年録》：「正月，太祖帥師五萬自澤潞將下天井關，河陽屯萬善，乃改轅蒲、陝度河。」薛居正《五代史》但云四年春。按：四月已與巢戰，三月十三日發晉陽，似太晚。又克用表云：「昨二月内，頻得陳、許、徐、汴書牒。」今從《舊·傳》〔三〕。又克用自訴上表云：「遂從陝服，徑達許田〔四〕。」是於蒲、陝兩道度兵也。

〔一〕「十月」，《通鑑》正文此事在十月辛亥。按：《新唐書·僖宗紀》在十月，《舊五代史·唐書·武皇紀》、《新五代史·唐莊宗紀》在十一月。

〔二〕「河中陝」，《通鑑》正文作「陝河中」。

〔三〕「傳」，原誤作「紀」，今據《通鑑》胡註及《舊唐書·黄巢傳》改。

〔四〕「田」，原誤作「由」，今據孔本、《四庫》本、胡本、廣雅本、《通鑑》胡註改。

三月〔一〕**，楊師立移檄數陳敬瑄罪。**

張彭《耆舊傳》：「中和四年四月十五日，東川楊師立反。」下載師立檄文，則云「三月三日」，自相違。今從《實録》。

五月，張歸霸及從弟歸厚降朱全忠〔二〕。

崇文院有《梁功臣列傳》，不著撰人名氏，云：「張歸厚，祖興，父處讓。歸厚中和末，與伯季自兖句相率來投。」薛居正《五代史》：「張歸霸，祖進言，父實。」《歸厚傳》無父、祖，但云與兄歸霸皆來降。據《梁功臣傳》，父、祖與歸霸不同，當是從弟。

全忠攻李克用於上源驛〔三〕。

《梁太祖編遺録》：「甲戌，并帥自曹南旋師，上出封丘門迎勞之。克用堅請入州内，上初止之，乃於門外陳設次舍，將安泊之。克用不諾，因縱蕃騎突入，馳至上源驛。既不可遏，上乃與之並轡，送至驛亭。是日晚備宴，宴罷，復張樂，繼燭而飲。克用酒酣使氣，廣須樂妓，頗恣無厭之欲；又以醜言陵侮於上。時蕃將皆被甲胄以衛克用。上既甚不歡，遽起圖之，遂令都將楊彦

〔一〕「三月」，《通鑑》正文此事在三月甲子。按：《新唐書·僖宗紀》原在三月甲子。

〔二〕「從」，點校本《通鑑》正文脱此字。

〔三〕《通鑑》正文此事在五月甲戌。按：《舊唐書·僖宗紀》、《舊五代史·梁書·太祖紀》原在五月甲戌。

洪潛率甲士入驛戮之。時夜將半，克用沈醉，忽大雷雨暴至，克用不覺，近侍人乃滅燭推於床下藏之。蕃戎與我師鬭，戰移時方敗，楊彦洪中流矢而斃。是時陰黑，克用遇一卒〔二〕，背負登尉氏門，因得懸縋而出，乘牛行數里，以投其衆，餘親衛數百人，皆勦之。其後克用至太原，以是事表訴于唐帝，蒲帥亦繼馳書請上與克用和解，上終不釋憾。」此乃敬翔飾非，今不取。《實録》：「甲戌，李克用次汴州，駐軍近郊。朱全忠請館于上源驛，乃以腹心三百餘自衛。全忠以克用兵從簡少，大軍在遠，謀害之。是夜，置酒，宴罷，以兵圍驛，縱火焚之。」薛居正《五代史·梁太祖紀》曰：「五月甲戌，帝與晉軍振旅歸汴，館克用於上源驛，既而備犒宴之禮。克用乘醉任氣，帝不平之，是夜，命甲士圍而攻之。」《後唐武皇紀》曰：「班師過汴，汴帥迎勞於封禪寺，請武皇休於府第，乃館於上源驛。是夜，張樂陳宴席，武皇酒酣，戲諸侍妓，與汴帥握手，敘破賊事以爲樂。汴帥素忌武皇，乃與其將楊彦洪密謀竊發，攻傳舍。」按：全忠是時兵力尚微，天下所與爲敵者，非特患克用一人，而借使殺之，不能併其軍、奪其地也。蓋克用恃功，語或輕慢，全忠出於一時之忿耳。今從薛《史·梁紀》。

〔二〕「一」，原誤作「二」，今據兩浙本、孔本、《四庫》本、胡本、廣雅本、《通鑑》胡註改。

六月〔一〕，鄭軍雄斬楊師立出降〔二〕。

張彰《耆舊傳》：「四年七月一日，高僕射羽檄入城云云，師立自殺。七月三日，張、鄭二將持師立首級出降。七月七日，高僕射上東川。」句延慶《傳》曰：「三年五月，高公進軍東川城下，飛檄入城，師立自刎。七月辛酉，師立首級至成都。」《實録》：「六月丙申，高仁厚奏，東川都將鄭君雄梟斬楊師立，傳首於行在。是日，詔以仁厚爲東川節度使。」《續寶運録》：「二月，梓州觀察使楊師立反，敕差蜀將高仁厚等討平。六月三日，收得梓州，并楊師立首級至駕前。」《新·紀》：「七月辛酉，楊師立伏誅。」今日從《續寶運録》，事從《實録》。

林言斬黃巢〔三〕。

《續寶運録》曰：「尚讓降徐州，黃巢走至碣山，路被諸軍趁逼甚，乃謂外甥朱彦之云云。外甥再三不忍下手，黃巢乃自刎，過與外甥。外甥將至，路被沙陀博野奪卻，兼外甥首級，一時送都統軍中。」《舊·紀》：「七月癸酉，賊將林言斬黃巢、黃揆、黃秉三人首級降。」《舊·傳》：「巢入泰山，徐帥時溥遣將張友與尚讓之衆掩捕之。至狼虎谷，巢將林言斬巢及二弟鄴、揆等七人

〔一〕「六月」，《通鑑》正文此事在六月壬辰。按：《新唐書·僖宗紀》在七月辛酉。

〔二〕「軍」，《通鑑》正文、《資治通鑑目録》作「君」。按：《考異》文引《唐僖宗實録》及《新唐書·高仁厚傳》原作「君」。

〔三〕《通鑑》正文此事在六月丙午。按：《舊唐書·僖宗紀》在七月壬午。

首，并妻子函送徐州。」《新·紀》：「七月壬午，黄巢伏誅。」《新·傳》：「巢計蹙，謂林言曰：『汝取吾首獻天子，可得富貴，毋爲它人利。』言，巢甥也[一]，不忍。巢乃自刎，不殊，言因斬之，函首將詣時溥，而太原博野軍殺言，與巢首俱上。」今從《新·傳》。

七月，壬午，戮巢姬妾。

張彭《耆舊傳》：「中和三年五月二十日，北路軍前進到黄巢首級、妻、男。」今不取其年月而取其事。

八月，李克用請麟州隸河東。

《新·方鎮表》：「中和二年，河東節度增領麟州。」誤也。今從《唐末見聞録》。

十一月，王建等奔行在。

《實録》：「九月，山南西道節度使鹿晏弘爲禁軍所討，棄城奔許州，晏弘大將王建、韓建、張造、晉暉、李師太各率本軍降[二]。田令孜以建等楊復光故將，薄其賞，皆除諸衛將軍。十一月戊午朔，建等以軍三千至行在，田令孜録爲假子，統以舊軍，號隨駕五都。」按：建等既降，始遣禁

[一]「甥」，《新唐書·黄巢傳》原作「出」。
[二]「王建韓建」，《通鑑》胡註此二人互乙；「太」，《通鑑》胡註作「泰」。

軍討晏弘。《實録》云九月晏弘棄城去，太早。十一月又云建等降，重複。上云賞薄，下云爲假子，自相違。《新·傳》：「帝還，晏弘懼見討，引兵走許州，王建帥義勇四軍迎帝西縣。」按：帝尚在成都，云迎帝西縣，亦誤也。今月從《實録》，事從薛居正《五代史》《韓建》、《王建傳》〔二〕。

鹿晏弘陷襄州，劉巨容奔成都。

《實録》：「光啓元年四月，蔡賊攻陷襄州，劉巨容死焉。」《新·傳》：「晏弘引麾下東出襄、鄧，宗權遣趙德諲合晏弘兵攻襄州，巨容不能守，奔成都。龍紀元年，田令孜殺之。」按：晏弘中和四年十一月已據許州。又，巨容所以奔成都，以天子在蜀故也。今從《新·傳》。

周岌棄鎮走，晏弘據許州。

《實録》：「鹿晏弘陷許州，殺節度使周岌，據其鎮。」又曰：「初，晏弘據有興元，部將王建等率衆歸行在〔三〕，乃詔禁兵討之。晏弘懼，棄城歸鄉里。周岌聞其至，遁去。晏弘自稱留後，朝廷因以節旄命之。」始云「殺」，後云「遁去」，自相違，今從其後。

〔二〕「韓建王建」，《通鑑》胡註此二人互乙。
〔三〕「部」，《通鑑》胡註作「都」。

十二月[一]**，鄭鎰表陳巖爲福建觀察使。**

《實録》：「七月，泉州刺史陳巖逐福建觀察使鄭鎰，自知使務。」又曰：「十二月壬寅，以巖爲福建觀察使。巖既逐鎰，逼鎰薦己爲代，朝廷因命之。」按：巖既逐鎰，則鎰不在福州，巖安能逼之薦己！《新·王潮傳》亦曰：「黄巢將竊有福州，王師不能下。建人陳巖率衆拔之，又逐觀察使鄭鎰，自領州，詔即授刺史。」按劉恕《閩録》：「黄巢陷閩粤[二]，巖聚衆千餘人，號九龍軍，福建觀察使鄭鎰奏爲團練副使。左廂都虞侯李連驕慢不法[三]，縱其徒爲郡人患，巖將按誅之。連奔谿洞中，合衆攻福州，巖擊破之。鎰表巖自代，拜觀察使。」今從之。

山南東道上馮行襲功。

薛居正《五代史·行襲傳》曰：「洋州節度使葛佐奏辟爲行軍司馬，請將兵鎮谷口，通秦、蜀道，由是益知名。」《新·傳》曰：「行襲乘勝逐刺史吕燁，據均州，劉巨容因表爲刺史。武定節度使楊守忠表爲行軍司馬，使領兵扼谷口，以通秦、蜀。」《新·紀》：「光啓元年四月，武當賊馮行襲陷均州，逐刺史吕燁。」在劉巨容奔成都後。《行襲傳》云巨容以功上言，誤也。今

[一]「十二月」，《通鑑》正文此事在十二月壬寅。

[二]「粤」，《通鑑》胡註作「越」。

[三]「廂」，原誤作「箱」，今據兩浙本、孔本、《四庫》本、胡本、廣雅本、《通鑑》胡註改。

從薛《史》〔二〕。

李昌言薨。

諸書皆無昌言卒年月，惟《實録》於《李昌符傳》中云：「李昌言病，請昌符權留後。昌言死，詔除節度使。」按《實録》，中和三年五月，昌言加檢校司徒，光啓元年二月，昌符始見。故以昌言薨附於中和四年之末。

光啓元年，正月，盧光稠陷虔州，稱刺史。

歐陽脩《五代史》曰：「盧光稠、譚全播皆南康人。光稠狀貌雄偉，無它材能，而全播勇敢有識略，然全播常奇光稠爲人。唐末羣盜起，全播聚衆，立光稠爲帥。是時王潮攻陷嶺南，全播攻潮，取其虔、韶二州。」《十國紀年》：「全播推光稠爲之謀主，所向克捷。光啓初，據虔州，光稠自稱刺史。天復中，陷韶州，光稠使其子延昌守之〔三〕。」按《新·紀》：「光啓元年正月，光稠陷虔州。天復二年，陷韶州。」歐陽脩以爲同時取虔、韶二州，誤也。今從《新·紀》。

〔二〕《通鑑》胡註曰：「按：若以薛《史》爲據，當言洋州節度使上其功。」

〔三〕「稠」，原誤作「裯」，今據兩浙本、孔本、《四庫》本、胡本、廣雅本、《通鑑》胡註改。

三月，秦宗權稱帝。

《舊·宗權傳》但云：「巢賊既誅，僭稱帝號。」《實録》：「明年十月，襄王即位，宗權已稱帝，不從。」《新》、《舊》《紀》皆無之。不知宗權以何年月稱帝，今因時溥爲都統書之。

王鎔惡李克用之彊。

《太祖紀年録》、薛居正《五代史》作「王景崇」〔一〕，誤也。今從《舊·紀》。

七月〔二〕，常濬上疏論田令孜之黨，坐貶死。

《實録》不言令孜黨爲誰。按：蕭遘等請誅令孜表云：「韋昭度無致君許國之心，多醜正比頑之迹。」令孜黨，蓋謂昭度也。《續寶運録》曰〔三〕：「七月三日，表入，上覽之，不悦，顧謂侍臣曰：『藩鎮若見此表，深爲忿恨，自此猜間，其何可堪！』至二十八日，敕貶濬爲萬州司户。」疑三日脱誤，當爲二十三日。今從《實録》。

〔一〕「正」，原脱，今據孔本、《四庫》本、胡本、廣雅本、《通鑑》胡註補。

〔二〕「七月」，《通鑑》正文上疏在七月乙巳，貶官在庚戌。

〔三〕「運」，原誤作「實」，今據孔本、《四庫》本、胡本、廣雅本、《通鑑》胡註改。

十月，王重榮求救於李克用。

《太祖紀年録》曰：「朱玫、李符每連衡入覲於天子〔二〕，指陳利害，規畫方略，不祐太祖，黨庇逆温，太祖拗怒滋甚。時田令孜惡太祖與河中膠固，奏云：『王重榮北引太原，其心可見，不可處之近輔。定州王處存忠孝盡心，請授以蒲帥，移重榮於定州。』天子從之。重榮憤憤不悦，告於太祖曰：『主上新返正，大臣播棄，此際無辜遽被斥逐，明公當鑑其深心。今日使僕安歸！』會太祖憤怒朱玫輩，即報曰：『當與公提鼓出汜水關，誅逆賊之後，則去此鼠輩，如疾風之去鴻毛耳。』重榮曰：『吾地迫邠、岐，公若師出關東，二凶必傅吾城下。不若先滅一凶〔三〕，去其君側。』」歐陽脩《五代史》：「重榮使人紿克用曰：『天子詔重榮，俟克用至，與處存共誅之。』因僞爲詔書，示克用曰：『此是朱全忠之謀也。』克用信之。」按：時朝廷疏忌重榮，克用亦知之，恐無是事。今從《紀年録》。

田令孜遣朱玫、李昌符討重榮。

《新·令孜傳》云：「令孜自將討重榮，帥玫等兵三萬壁沙苑。」今從《實録》。

〔二〕「李」下，《通鑑》胡註有「昌」字。
〔三〕「一」，孔本、《四庫》本、胡本、廣雅本作「二」。

十二月〔一〕**，玫、昌符大敗。**

《新·傳》曰：「克用上書，請誅令孜、玫，帝和之，不從，大戰沙苑，王師敗。玫走還邠州，與昌符皆耻爲令孜用，還與重榮合。神策兵潰，克用逼京師。令孜計窮，乃劫帝夜啓開遠門出奔。自賊破長安，火宫室、廬舍什七，後京兆王徽葺復粗完。至是，令孜唱曰『王重榮反』，命火宫城，唯昭陽、蓬萊三宫僅存。」按：令孜奉車駕幸近藩避亂，其志亦俟兵退復還，何爲火宫城！殆必不然。《實録》：「六月，令孜遣邠、岐討重榮。九月，邠、岐始屯沙苑，重榮求援於克用。十一月，克用、重榮對壘于沙苑，表請誅令孜、朱玫。十二月癸酉，合戰，朱玫敗走。」《太祖紀年録》：「十一月，重榮遣使乞師，且言二鎮欲加兵於己，太祖欲先討朱温，重榮請先滅二鎮。太祖表言二鎮黨庇朱温，請自渭北討之。」亦不言其附令孜，攻河中也。又言重榮與邠、鳳兵對壘月餘，十二月，太祖度河，與朱玫戰，朱玫敗走。若自九月至十二月，非止月餘矣。疑《實録》遣邠、岐討河中及邠、岐屯沙苑太近前，今並因十二月戰沙苑見之。

〔一〕「十二月」，《通鑑》正文此事在十二月癸酉。按：《舊唐書》、《新唐書》《僖宗紀》原在十二月癸酉。

二年，正月，張郁陷常州。

皮光業《見聞録》曰：「郁，潤州小將也。周寶差郁押兵士三百人戍於海次，因正旦酗酒〔一〕，殺使府安慰軍將，度不免禍，遂作亂。潤州差拓跋從領兵討之，郁自常熟縣取江陰而入常州。刺史劉革到任方一月，親執牌印於戟門而降。」《新・紀》曰：「正月辛巳，郁陷常州。」按：皮《録》但言郁以正旦殺安慰軍將耳，非當日即陷常州。《新・紀》誤也。

上發寶雞，王建前驅。

毛文錫《王建紀事》云：「光啓二年正月辛巳，車駕次陳倉。二月辛亥，朱玫遣兵攻逼行在。庚申，陷虢縣。三月甲午，將移幸梁、洋，以上爲清道斬斫使。戊戌，邠師至石鼻。己亥，石鼻不守。庚子，寇逼寶雞。辛丑，車駕南引。」今但取其事，不取其月日。

三月〔二〕，鄭從讜守太傅兼侍中。

《新・宰相表》，從讜入三公門，不爲真相。按《新・傳》：「拜司空，復秉政，進太傅兼侍中。從至興元，以太子太保還第。」《新・表》誤也。

〔一〕「旦」，原誤作「且」，今據兩浙本、孔本、《四庫》本、胡本、廣雅本、《通鑑》胡註改。

〔二〕「三月」，《通鑑》正文此事在二月。按：《新唐書》《僖宗紀》、《宰相表》原在二月。

丙申〔二〕，車駕至興元。

皮光業《見聞録》："「正月乙酉，車駕次寶雞。」《王建紀事》："「正月辛巳，次陳倉。二月辛亥，朱玫將詀跌師瑀逼行在，破楊晟於潘氏。庚申，陷虢縣。三月甲午，僖宗將移幸梁、洋。戊戌，邠師至石鼻。己亥，石鼻不守。庚子，寇逼寶雞。辛丑，車駕南引。四月庚申，達褒中。」《舊·紀》："「正月戊子，田令孜迫乘輿幸興元。庚寅，次寶雞。癸巳，朱玫至鳳翔，令孜聞邠軍至，奉帝入散關。三月丙申，車駕至興元。」《唐年補録》："「三月十七日，車駕至興元。」即丙申也。《實録》："「正月乙酉，車駕次寶雞。」戊子、癸巳、三月丙申，與《舊·紀》同。《新·紀》："「正月戊子，如興元。癸巳，朱玫叛，寇鳳翔。三月丙申，次興元。」諸書月日不同如此。若依《新》、《舊》《紀》、《實録》，則離寶雞六十四日乃至興元，似太緩。若依《紀事》，則寶雞危逼之地，車駕留彼八十日，似太久。要之，僖宗以棧道燒絶，自他道崎嶇至山南，容有六十餘日之久；至於留寶雞八十日，必無此理。今從《新》、《舊》《紀》。

陳敬瑄殺高仁厚。

張彭《耆舊傳》不言仁厚所終，惟數敬瑄六錯云："「太師殺高仁厚，一錯。」又云："「高僕射

〔二〕「丙申」，《通鑑》正文此事在三月丙申。按：《舊唐書》、《新唐書》《僖宗紀》原在三月丙申。

權謀智勇，累有大功於太師，又極忠孝，若在，王司徒不過梓潼。」《昭宗實録》，文德元年八月，仁厚、楊師立、羅元杲、王師本俱贈官，云皆先朝以疑似獲罪。今從《新·紀》、《新·傳》，參以二書，自它仁厚事更無所見。

四月〔二〕**，朱玫自兼左、右神策十軍使。**

《實録》：「玫自補大丞相。」按：唐無此官。又下五月，玫自加侍中。蓋唐末著小説者，謂平章事或侍中爲大丞相耳，《實録》因其文而誤也。

田令孜自除西川監軍。

《舊·紀》、《實録》皆云：「二月，以令孜爲西川監軍。」《舊·傳》云：「令孜懼，引楊復恭代己，從幸梁州，求爲西川監軍。」《新·傳》云：「令孜留不去，及帝病，乃赴成都，表解官求醫。」蓋取張彰之説耳。按《王建紀事》：「四月庚申，達褒中。令孜以罪釁貫盈，且慮禍及，於是自授西川監軍使，以避指斥，復規與敬瑄爲巢窟。」今從之。

〔二〕「四月」，《通鑑》正文此事在四月乙卯。按：《新唐書·僖宗紀》原在四月乙卯。

五月，蓋寓説李克用誅朱玫。

《實録》：「楊復恭兄弟，於李克用、王重榮有破賊連衡之舊〔一〕，乃奏遣崇望賫詔宣諭〔二〕，兼達復恭之意，重榮、克用皆聽命。」按《後唐太祖紀年録》〔三〕：「僞使至太原，太祖詰其事狀，曰：『皆朱玫所爲。』將斬之以徇。大將蓋寓等言云云。太祖燔僞詔，械其使，馳檄喻諸鎮曰：『今月二十日，得襄王僞詔及朱玫文字，云：田令孜脇遷鑾駕，播越梁、洋，行至半塗，六軍變擾，遂至蒼黄而晏駕，不知殺逆者何人。永念丕基不可無主，昨四鎮藩后推朕纂承，已於正殿受册畢，改元大赦者。李熅出自贅疣，名汙藩邸〔四〕，智昏菽麥，識昧機權。李符虜之以塞辭，朱玫賣之以爲利。吕不韋之奇貨，可見奸邪；蕭世誠之土囊，期於匪夕。近者當道徑差健步，奉表起居，行朝見駐巴、梁，宿衛比無騷動。而朱玫脇其孤騃，自號台衡，敢首亂階，明言晏駕，熒惑藩鎮，凌弱廟朝』云云。」按《舊》《復恭》、《崇望傳》及諸家《五代史》，亦不言克用因復恭、崇望而推戴僖宗，今不取。又於時熅未即位，改元僞詔，亦恐非也。《編遺録》：「二年春正月壬午，唐室有襄

〔一〕「王」，原誤作「三」，今據兩浙本、孔本、《四庫》本、胡本、廣雅本、《通鑑》胡註改。
〔二〕「崇」上，《通鑑》胡註有「劉」字。
〔三〕「年」，原誤作「馬」，今據孔本、《四庫》本、胡本、廣雅本、《通鑑》胡註改。
〔四〕「邸」，原誤作「郊」，今據兩浙本、孔本、《四庫》本、胡本、廣雅本、《通鑑》胡註改。

王之亂，僖帝駐蹕梁、洋〔一〕。襄王遂下僞命〔二〕，以檢校太傅，令邸吏左環賫所授僞官告一通。左環至，具事以聞。上怒，切責環，將加其罪，久乃赦之，遂令焚毁於庭。」按：正月朱玫未立襄王，《編遺録》亦誤也。今從薛居正《五代史·梁紀》。

六月，鎮海牙將丁從實襲常州。

《新·紀》：「武寧軍將丁從實陷常州。」今從皮氏《見聞録》。

八月，王潮殺廖彦若。

《新·紀》：「八月，王潮陷泉州，刺史劉彦若死之〔三〕。」按：諸書皆云「廖彦若」，《新·紀》作「劉」，恐誤。

十月，董昌遣錢鏐取越州。

《實録》：「辛未，以杭州刺史董昌爲浙東觀察使。」按：此年十一月，鏐始拔越州。十二月，擒漢宏，昌始自稱知浙東軍府事。《實録》誤也。

〔一〕「帝」，胡本、廣雅本、《通鑑》胡註作「宗」。

〔二〕「下」，原誤作「丁」，今據兩浙本、孔本、《四庫》本、胡本、廣雅本、《通鑑》胡註改。

〔三〕「劉」，《新唐書·僖宗紀》原作「廖」。

李克脩攻邢州，不克。

《太祖紀年録》：「邢人出戰，又敗之。孟方立求救於鎮州王鎔，出兵三萬赴援，我軍乃退。」《舊·鎔傳》：「是時天子蒙塵，九有羹沸。河東李克用虎視山東，方謀吞據，鎔以重賂結納，以修和好。晉軍討孟方立於邢州，鎔常奉以芻糧。」據此，則鎔助克用攻邢州也。未知孰是，今皆不取。

十一月，丙戌，劉漢宏奔台州。

《實録》，漢宏被殺在董昌除浙東前。據范坰《吴越備史》，漢宏敗走至十二月死皆有日，今從之。

朱全忠取滑州，虜安師儒。

《實録》：「告於行在，命全忠兼領義成節度使〔一〕。」按：大順元年，始以全忠兼宣義節度使，全忠猶辭，以授胡真，此際未也。《實録》誤。

〔一〕「成」，原脱，今據孔本、《四庫》本、胡本、廣雅本、《通鑑》胡註補。

十二月，杜雄執劉漢宏。

《十國紀年》：「十二月丙午，杜雄執漢宏。」按：十二月丙子朔，無丙午〔一〕。《紀年》誤。

壽州刺史張翱。

《妖亂志》作「張敖」。《吴録》作「張激」。今從《十國紀年》。

朱瑾逐齊克讓。

薛居正《五代史》云虜克讓。今從《舊・傳》。

三年，二月〔二〕，田令孜流端州，不行。

《實録》載敕曰：「令孜雖已削奪在身官爵，宜剥服色，配端州長流百姓。」《新・傳》曰：「削官爵，流儋州，然猶依敬瑄不行。」張彰《耆舊傳》云〔三〕：「大駕廣明二年春孟到蜀，叟嘗接識北司諸官子弟，有光啓門承旨，似先大夫，爲叟言：『去年黄巢凌犯，聖上蒼忙就路，諸王多是徒行。壽王至斜谷，行不得，襪一足，跣一足，偃卧磻石上。田軍容在後收拾，驅壽王。壽王起告軍容：行不得，與箇馬騎。軍容云：山谷間何處得馬！以鞭一抶之令行，雖迴首無言，衷心深

〔一〕「十二月丙子朔，無丙午」。按：《資治通鑑目録》所録《長曆》，光啓二年十二月乙巳朔，二日丙午。

〔二〕「二月」，《通鑑》正文此事在二月戊辰。

〔三〕「云」，兩浙本、孔本、《四庫》本、胡本、廣雅本、《通鑑》胡註作「曰」。

銜此恨。』爾後經今八年，僖宗皇帝在寶雞行宫寢疾月餘，彌留，臣下皆知不起于疾，内外屬望在於壽王。壽王仁孝大度[二]，弘寬有斷，衆所歸心。軍容聞，大恐，就御寢問：『識臣否？』帝目瞪不語。軍容大驚，尋時矯制除西川監軍使，仍馳驛赴任，遂將拱宸、奉鑾兩都自衛，星夜倍程。軍容才到西川，僖宗已崩，國朝果册壽王登極皇帝位，於是積年怨恨，今日逞其志矣。」《新·令孜傳》取之。據《實録》，令孜光啓二年爲西川監軍，此月流端州，在昭宗即位前，自爲楊復恭所擯耳。《十國紀年》曰：「三月，僖宗東還，詔流令孜儋州、敬瑄端州，皆拒朝命。」此據張彰《耆舊傳》致誤耳。今從《實録》。

李國昌薨。

薛居正《五代史·武皇紀》：「國昌，中和三年薨。」《唐末見聞録》：「中和三年十月，老司徒薨。」《舊書》：「中和三年十月，國昌卒。」《後唐獻祖紀年録》：「光啓中，薨於位。」《新·沙陀傳》：「光啓三年，國昌卒。」《太祖紀年録》光啓三年正月云：「是歲，獻祖文皇帝之喪，太祖哀毁行服，不獲專征。」《實録》置此年二月。今從之。

[二]「仁」，原誤作「行」，今據胡本、廣雅本、《通鑑》胡註改。

三月，癸巳[一]**，鎮海軍逐周寶。**

《實録》寶被逐在四月，恐四月約奏到耳[二]。《吴越備史》三月壬辰。《新·紀》癸巳，今從之。

四月[三]**，徐約逐張雄。**

《吴越備史》：「四月，六合鎮將徐約攻陷蘇州。約，曹州人也，初從黄巢攻天長，遂歸高駢，駢用爲六合鎮將。浙西周寶子壻楊茂實爲蘇州刺史，約攻破之，遂有其地。」據《實録》，寶以其壻爲蘇州刺史，朝廷已除趙載代之。張雄據蘇州必在載後，《備史》恐誤。今從《新》《紀》、《傳》。

高郵鎮遏使張神劍。

《十國紀年》：「張雄，淮南人，善劍，號張神劍。」今欲别於前蘇州刺史張雄，故從《妖亂志》，但稱神劍。

朱全忠襲殺盧塘[四]**。**

薛居正《五代史》云「四月庚午」。按《長曆》，四月甲辰朔，無庚午[五]。薛《史》誤。

〔一〕「癸巳」，《通鑑》正文此事無此二字。按：《新唐書·僖宗紀》原有「癸巳」二字。
〔二〕「約」，《通鑑》胡註無此字。
〔三〕「四月」，《通鑑》正文此事在四月甲辰朔。按：《新唐書·僖宗紀》在四月甲辰。
〔四〕「塘」，《通鑑》正文、《資治通鑑目録》作「瑭」。按：《舊五代史·梁書·太祖紀》原作「瑭」。
〔五〕「四月甲辰朔，無庚午」。按：《資治通鑑目録》所録《長曆》，光啓三年四月甲辰朔，二十七日庚午。

楊行密借兵於和州刺史孫端。

《妖亂志》：「中和三年，高駢差梁纘知和州。纘以孫端窺伺和州已久，不如因而與之，以責其效。駢强之，既行，果爲端所敗。及歸，和州尋陷於端。」蓋端自是遂據和州也。

五月，戊戌，行密抵黄陵〔一〕，秦彦城守。

《妖亂志》：「六月癸卯朔，秦彦命鄭漢璋等守諸門。」按：寇至城下，即應城守，豈有戊戌行密至，癸卯始守城乎！今不取。

李克用遣安金俊助李罕之、張全義〔二〕。

《太祖紀年録》：「七月癸巳，澤州刺史張全義棄城而遁，太祖以安金俊爲澤州刺史。」薛居正《五代史》亦云：「七月，武皇以金俊爲澤州刺史。」按《實録》，六月，全義已除河南尹。薛《史·罕之傳》，罕之求援，克用遣澤州刺史安金俊助之。蓋二人先以澤州賂克用，非七月也。

〔一〕「黄」，《通鑑》正文、《資治通鑑目録》作「廣」。按：《新唐書·畢師鐸傳》、《舊五代史》、《新五代史》《楊行密傳》皆作「廣」。

〔二〕《通鑑》正文此事在六月。按：《舊唐書·僖宗紀》在五月，《新唐書·僖宗紀》在六月。

表全義爲河南尹。

薛居正《五代史》：「克用表張言爲河南尹、東都留守。」《實録》：「以澤州刺史李罕之爲河陽節度使，懷州刺史張全義爲河南尹。」按：諸葛爽表全義爲澤州刺史，及仲方敗，罕之據澤州，全義據懷州耳，非刺史也。

八月，朱全忠誣朱瑄招誘宣武軍士。

《編遺録》：「八月丙午，都指揮使朱珍以諸都將士日有逃逸者，初未曉其端，今乃知爲鄆帥朱宣〔一〕，因前年與我師會合討伐蔡寇，睹將士驍勇，潛有窺覬之心，密於境上懸金帛招誘，如至者皆厚而納焉。積亡既多，上察之，且不平是事，因移文追索亡者。朱宣來言不遜，上益怒其欺罔，乃議舉兵伐之。」《新・傳》：「全忠與朱宣情好篤密〔二〕，而内忌其雄，且所據皆勁兵地，欲造怨，乃圖之，即聲言宣納汴亡命，移書讓〔三〕。宣以新有恩於全忠，故答檄恚望。全忠由是顯結其隙。」高若拙《後史補》曰：「梁太祖皇帝到梁園，深有大志，然兵力不足，常欲外掠，又虞四境之難，每有鬱然之狀。時有薦敬秀才於門下，乃白梁祖曰：『明公方欲圖大事，輕重必爲四境所

〔一〕「宣」，孔本、《四庫》本、胡本、廣雅本、《通鑑》胡註皆作「瑄」。
〔二〕「宣」，孔本、《四庫》本、胡本、廣雅本、《通鑑》胡註皆作「瑄」。按：《新唐書》本傳原作「宣」。
〔三〕「書」下，《通鑑》胡註有「詆」字。按：《新唐書・朱宣傳》原有「詆」字。

侵，但令麾下將士詐爲叛者而逃，即明公奏于主上及告四鄰，以自襲叛徒爲名。』梁祖曰：『天降奇人，以佐於吾！』初從其謀，一出而致衆十倍。」蓋翔爲温畫策，詐令軍士叛歸瑄，以爲釁端也。

十月，杜稜拔常州。

《實録》：「五月，鏐攻常州，丁從實投高霸。」《吴越備史》在十月。《新·紀》：「十月甲寅，陷常州。」今從之。

十一月，敬翔佐朱全忠。

薛居正《五代史·翔傳》曰：「翔每有所裨贊，亦未嘗顯諫上，俛仰顧步間，微示持疑爾，而太祖已察，必改行之，故裨佐之迹，人莫得知。」按：張昭遠《莊宗列傳》曰：「温狡譎多謀，人不測其際。唯翔視彼舉錯，即揣知其心，或有所不備，因爲之助。温大悦，自以得翔之晚〔二〕，故軍謀政術，一切諮之。」薛《史》誤。

全忠兼淮南節度使〔三〕。

《舊·紀》：「十一月，秦彦引孫儒之兵攻廣陵，行密遣使求援于朱全忠，制授全忠兼淮南節

〔二〕「以」下，《通鑑》胡註有「爲」字。

〔三〕《通鑑》正文此事在閏十一月。按：《舊唐書·僖宗紀》在十一月，《新唐書·僖宗紀》在十二月。

度使、行營兵馬都統。」薛居正《五代史·梁太祖紀》，朝廷就加帝兼領淮南節度，在八月〔二〕。《十國紀年》曰：「初，僖宗聞淮南亂，以朱全忠兼淮南節度使。至是，行密遣使以破賊告全忠。」在十月行密初入揚州時。今從《實録》。

王建攻成都。

始建宿衛之時，嘗領壁州刺史，光啓二年四月，已出爲利州刺史，而《舊·紀》、薛居正《五代史》、《實録》、《新·紀》皆云以壁州刺史攻成都，誤也。張彰《耆舊傳》曰：「光啓四年戊申十月十日，田軍容除西川監軍使，此月到。十一月一日，僖宗皇帝晏駕，昭宗即位，改文德元年。文德二年己酉，太師有除未下，聞朝廷降使，三軍、百姓、僧道詣驛，就使車訴論二十年鐵券。有一人驛亭截耳，時有微雨，卧踝於泥。天使視之無言，良久曰：『不必！不必！』索馬揮鞭便發。太師、軍容專差親信於人衆中，探使有何言。既聞，二人神色俱喪，乃理兵講武，更創置三都，黄頭都以親密者管之，諸軍頻閲隊。十月，探知朝廷除韋相公授西川節度使，已宣麻。軍容甚有懼色，乃以書召閬州王司徒，計其過綿州，即出兵拒之，令其怒，怒必攻諸州，所在發兵交戰。此是軍容計，恐韋相公來交代，以兵隔之，言王司徒來侵我，我所舉兵，蓋與王氏相敵，欲遮其反

〔二〕「八月」，《舊五代史·梁書·太祖紀》是年無八月，此事載於五月至九月之間。

名。十二月二十日，驅人上城，一更，出兵數千人，排於城外北面堤上。二十一日，王司徒大軍已至城下，於城北街去來鬬數合。巳時，川軍被一時築過橋，堤上排者大走，並收入城。至暮，王司徒收軍，宿七里亭。二十二日早，又進軍逼城，至午又退，止七里亭。二十三日早，引軍入新繁、濛陽諸縣界，城内出軍，日有相持。此年十一月〔一〕，改元龍紀元年己酉。二月二十五日，大戰三郊〔二〕，乃各下數寨相守，所至縣邑，大遭焚燒，户口逃竄。」《十國紀年》曰：「王建起兵攻成都，諸書歲月不同。蓋建事成之後，其徒以擅舉兵侵盜爲耻，爲之隱惡。襲據閬州，多言除移，尤諱光啓末寇西川攻陳敬瑄事〔三〕，或移在文德年韋昭度鎮蜀敬瑄不受代後，或云朝廷削奪敬瑄官爵，建始會昭度討伐，皆若受命勤王之師。故李昊《蜀書》、毛文錫《紀事》、張彭《錦里耆舊傳》、楊堪《平蜀德政碑》、吴融《生祠堂碑》、馮涓《大廳壁記》、《收復邛州壁記》，皆當是時撰録，而自相抵梧。吴融云：『歲在作噩之年，相國韋公奉命伐蜀〔四〕。』又云：『聖上即位之明年，詔大丞相韋公鎮蜀，起兵屬丞相以討不庭。尋拜公永平節度兼都指揮使。』」今按《舊·僖宗

〔一〕「十一月」，兩浙本、孔本、《四庫》本、胡本、廣雅本作「十二月」。

〔二〕《通鑑》胡註曰：「『郊』，當作『交』。」

〔三〕「諱」，原誤作「許」，今據兩浙本、孔本、《四庫》本、胡本、廣雅本、《通鑑》胡註改。

〔四〕「伐」，原誤作「代」，今據孔本、《四庫》本、胡本、廣雅本、《通鑑》胡註改。

紀》：「光啓三年十二月，東川顧彦朗、壁州刺史王建連兵五萬攻成都，陳敬瑄告難于朝，詔中使諭之。」《唐年補録》：「光啓三年十二月，以西川陳敬瑄、東川顧彦朗相持，詔李茂貞移書和解。」與《唐莊宗功臣列傳》、《唐烈祖實録》〔二〕、《五代史・王建傳》、《莊宗實録》、范質《五代通録・王衍傳》所載略同。韋昭度以文德元年六月始除西川節度使，十月至成都，陳敬瑄不受代。昭度表敬瑄叛，十二月丁亥，除昭度招討使，王建永平節度使。據《長曆》，是年十二月甲子朔，丁亥，二十四日也。龍紀元年丁酉朔正月〔三〕，詔命始至成都。吴融據昭度受招討使歲月，故云作噩之年伐蜀，是歲乃昭宗即位之明年，韋公鎮蜀在前一年，蓋融誤以伐蜀爲鎮蜀耳。《舊・紀》云：「文德元年六月，以韋昭度爲西川節度、兩川招撫制置使。」《新書・昭宗本紀》：「文德元年十月，陳敬瑄反。十二月丁亥，韋昭度爲招討使。」皆是也。而《舊・紀》誤云：「龍紀元年正月，除昭度東都留守。五月，王建陷成都，自稱留後。」《新書・陳敬瑄傳》全用張彭《耆舊傳》，云先除昭度節度使，然後田令孜召建以限朝廷，與《本紀》及《韋昭度傳》自相違戾，最爲差

〔二〕「烈祖」，原誤作「列祖」，今據《四庫》本、《通鑑》胡註及《考異》下文改。按：原本「烈祖」或誤作「列祖」，以下徑改，不再出校。

〔三〕「朔」，兩浙本、孔本、《四庫》本、胡本、廣雅本、《通鑑》胡註作「歲」。按：《資治通鑑目録》所録《長曆》，龍紀元年爲己酉年，正月癸巳朔。「朔」、「歲」二字皆誤。

謬。張彭自言年僅八十，追記爲兒童以來平生見聞爲《耆舊傳》，故其敘事鄙俚倒錯，與舊史年月不相符合。今從《五代史·王建傳》。又《新·紀》：「文德元年六月，王建陷漢州，執刺史張頊。」《實録》：「龍紀元年正月，建破鹿頭關，張頊來拒戰，敗之。」按：光啓三年十二月，韋昭度討陳敬瑄，以漢州刺史顧彦暉爲軍前指揮使，蓋其年冬建破漢州，顧彦朗即以彦暉爲刺史。《新·紀》、《實録》皆誤。今從《十國紀年》。

十二月。

《長曆》，閏十一月庚子朔，十二月己巳朔。《新》、《舊》《紀》閏月無事，不見。《新·紀》十二月癸巳在此月，是亦以十一月爲閏。《妖亂志》有後十一月。《十國紀年》亦閏十一月。惟薛居正《五代史·梁紀》，十二月後有閏月。《實録》，閏十二月庚子朔。今不取。

周寶卒〔二〕。

《吴越備史》：「寶病卒。」《實録》：「鏐迎至郡，氣卒於樟亭驛。」《新·紀》：「十月丁卯，鏐殺周寶。」《十國紀年》：「此月乙未，寶卒。或云鏐殺之〔三〕。」《新·傳》云：「鏐迎寶，舍樟亭，

〔二〕《通鑑》正文此事在十二月乙未。

〔三〕「云」，《通鑑》胡註作「曰」。

未幾殺之。」今從《吳越備史》。

錢鏐克潤州〔二〕。

《吳越備史》：「明年正月丙寅，克潤州，斬薛朗。」按：朗斬於杭州，必不同在一日。今從《十國紀年》。

文德元年，正月〔三〕**，朱全忠爲蔡州都統。**

《新·紀》：「正月癸亥，全忠爲蔡州都統。」《編遺録》：「二月癸未，上以時溥阻我兼鎮，具事奏聞。丙戌，上奉唐帝正月二十五日制命，授蔡州四面行營都統。」則丙戌乃全忠受詔之日。《實録》、薛居正《五代史》皆云二月丙戌，因此而誤也。《舊·紀》：「五月丁酉朔，制以全忠爲蔡州都統。」月日尤誤。今從《編遺録》、《新·紀》。

丙寅，錢鏐斬薛朗。

《新·紀》：「丙寅，薛朗伏誅，鏐陷潤州。」《十國紀年》：「丁巳，斬朗。」今從《吳越備史》。

〔二〕《通鑑》正文此事在十二月丙申。按：《新唐書·僖宗紀》在文德元年正月。

〔三〕「正月」，《通鑑》正文此事在正月癸亥。按：《新唐書·僖宗紀》原在正月癸亥。

二月，魏博牙兵逐樂彦禎。

《舊·傳》：「彦禎危懼而卒〔一〕。」《實録》：「彦貞懼〔二〕，自求避位，退居龍興寺，軍衆迫令爲僧。」《舊·紀》：「魏博軍亂，逐彦禎。」若卒，不應云逐。今從《實録》。

三月〔三〕，日食，既。

《舊·紀》：「僖宗百僚上徽號，曰聖文睿德光武弘孝皇帝。三月戊戌朔，御正殿受册。」《昭宗紀》：「大順元年正月戊子朔〔四〕，百僚上徽號，曰聖文睿德光武弘孝皇帝。」豈有二帝徽號正同！今從《新·紀》，止是昭宗尊號。

立壽王傑爲皇太弟〔五〕。

《唐年補録》：「僖宗御樓後，不豫〔六〕，暴崩。楊復恭等秘喪不發。時十六宅諸王從行，乃於六宅中推帝爲監國。帝之上有盛王、儀王，皆懿宗之子，帝居六宅之第三人。」《舊·紀》：「羣臣

〔一〕「懼」，《舊唐書·樂彦禎傳》原作「憒」。
〔二〕「貞」，孔本、《四庫》本、胡本、廣雅本、《通鑑》胡註作「禎」。
〔三〕「三月」，《通鑑》正文此事在三月戊戌朔。按：《新唐書·僖宗紀》原在三月戊戌朔。
〔四〕「大」上，原衍「大紀」二字，今據兩浙本、孔本、《四庫》本、胡本、廣雅本、《通鑑》胡註删。
〔五〕《通鑑》正文此事在三月壬寅。按：《舊唐書·僖宗紀》在三月癸卯，《新唐書·僖宗紀》在三月壬寅。
〔六〕「不豫」，《通鑑》胡註作「疾復作」。

以吉王最賢，又在壽王之上，將立之，唯楊復恭請以壽王監國。」按：昭宗，懿宗第七子。吉王保，第六。《新》、《舊》《傳》懿宗八子，無盛王、儀王。今從《舊・紀》。

朱全忠遣朱珍等救樂從訓。

薛居正《五代史・珍傳》曰：「珍軍于内黄，敗樂從訓萬餘人。」按：珍往救從訓，而云敗從訓，誤也。《葛從周傳》曰：「從太祖渡河，拔黎陽、李固、臨河等鎮，至内黄，破魏軍萬餘衆。」據薛《史》《紀》、《傳》，皆云太祖遣朱珍等救從訓，獨《從周傳》云從太祖，恐誤也。

四月〔二〕**，孫儒陷揚州。**

《實録》儒陷揚州在五月，恐是約奏到日。今據《舊・紀》，云四月壬午朔〔三〕。《新・紀》云「戊辰」。《妖亂志》云：「四月癸未朔，甲申，儒陷揚州。」《吴録》、《十國紀年》無日，但云四月。今從《舊・紀》、《紀年》。

〔二〕「四月」，《通鑑》正文此事在四月壬午。按：《舊唐書・昭宗紀》在四月壬午，《新唐書・昭宗紀》在四月戊辰。

〔三〕「壬午朔」，《通鑑》胡註作「戊辰朔，壬午」。按：《舊唐書・昭宗紀》原作「戊辰朔，壬午」。

資治通鑑考異卷第二十六

端明殿學士兼翰林侍讀學士太中大夫提舉西京嵩山崇福宮上柱國河内郡開國公食邑二千六百户食實封壹阡户臣司馬光奉敕編集

唐紀十八

昭宗龍紀元年，正月，癸巳朔，赦，改元。

《唐年補録》曰：「正月癸巳，改文德二年爲龍紀元年，百寮上帝徽號，曰聖文睿德光武弘孝皇帝。」《新》、《舊》《紀》、《實録》明年正月乃上尊號，《補録》誤也。《舊・紀》又云：「以劍南西川節度、兩川招撫制置使韋昭度爲東都留守。」按：昭度大順二年乃爲留守，《舊・紀》誤也。今皆從《實録》。

郭璠殺申叢，送秦宗權於汴[一]。

《實録》：「申叢、裴涉欲復立宗權爲帥，汴將李璠知之[二]，斬叢、涉，以宗權送汴州。」薛居正《五代史》：「初，申叢縛宗權，折足而囚之，雖納款於太祖，欲自獻於長安以邀旄鉞。及奸謀不就，乃欲復奉宗權以接取其柄，爲其將郭璠所殺，縶宗權送于太祖，即以璠爲留後。太祖遣都統判官韋震奏事，且疏時溥之罪，願委討伐，仍請降滄、兖二帥之命。」按：全忠若自求兼領滄、兖二鎮，則明年朝廷命兼領滑州，全忠猶辭不受，今豈敢遽求滄、兖邪！若爲滄、兖二帥求之，則兖帥朱瑾，乃仇讎也。當時不知全忠欲以何人爲滄帥，諸書皆無其名。薛《史》、《實録》皆云申叢欲復立宗權。按：叢折宗權足而囚之，豈有復奉爲帥之理！蓋郭璠欲奪其功，誣之云爾。《新》、《舊》《紀》、《五代》《紀》、《傳》皆云郭璠殺申叢[三]，而《實録》云李璠，誤也。李璠乃檻送宗權者。

[一]《通鑑》正文此事在正月壬子。按：《新唐書·昭宗紀》原在正月壬子。

[二]「璠」，原誤作「璘」，今據兩浙本、孔本、《四庫》本、胡本、廣雅本、《通鑑》胡註改。

[三]「郭璠欲奪其功，誣之云爾。《新》、《舊》《紀》、《五代》《紀》、《傳》皆云」，十九字原脱，今據兩浙本、孔本、《四庫》本、胡本、廣雅本、《通鑑》胡註補。

二月，斬宗權。

《舊·紀》：「二月己丑，汴州行軍司馬李璠監送秦宗權并妻趙氏以獻，斬於獨柳。」《實録》：「三月，全忠獻宗權，斬於獨柳。」《新·紀》：「二月戊辰，朱全忠俘宗權以獻。己丑，宗權伏誅。」按：宗權正月離汴，不應三月始至長安；戊辰獻俘，不應至己丑始伏誅。故但云二月。

三月，朱全忠兼中書令〔二〕**。**

《舊·紀》在四月，封東平郡王。薛居正《五代史》在三月，亦云封東平。今從《實録》，止加中書令。

趙昶爲忠武節度使。

薛居正《五代史·趙犨傳》曰：「文德元年，蔡州平，朝廷議勳，犨檢校司徒，充泰寧軍節度使，又改授浙西節度使，不離宛丘，兼領二鎮。龍紀元年三月，又以平巢、蔡功，就加平章事，充忠武軍節度使，仍以陳州爲理所。犨一日念弟昶共立軍功，乃下令盡以軍州事付於昶，遂上表乞骸。後數月，寢疾，卒。」《昶傳》曰：「犨遥領泰寧軍節度使，以昶爲本州刺史。俄而犨有疾，

〔二〕「令」下，《通鑑》正文有「進爵東平郡王」六字。《通鑑》胡註曰：「據《考異》，則『進爵東平郡王』六字合汰。然按《舊書·帝紀》，光啓元年，封全忠沛郡王。此時雖未進爵東平，固已封王矣。」

遂以軍州盡付於昶，詔授兵馬留後，旋遷忠武軍節度使，亦以陳州爲理所。時宗權未滅，陳、蔡封疆相接，昶每選精鋭深入蔡境，蔡賊雖衆，終不能抗，以至宗權敗焉。」上云「蔡州平，以犨爲忠武節度使」，下云「昶爲節度使，時宗權未滅」，自相違。今從《犨傳》。

六月，李克用攻邢州，孟方立飲藥死，弟遷爲留後。

《實録》：「克用以弟克脩守潞，遣澤州刺史安金俊討方立。方立因結諸鎮救援，其將奚忠信攻遼州。克用復遣李罕之等急攻，方立將馬溉出戰，爲罕之所擒。溉謂曰：『欲圖邢州，當先取磁州。』及并師圍磁州，方立與奚忠信率兵大戰，軍敗，陷磁州，而方立單騎還邢州，忠信死焉。方立愧之，乃自圖死。三軍立其弟遷，求援汴州。朱全忠遣王虔裕赴之，鎮州王鎔遺克用書，和解而退。」《唐年補録》：「方立有謀將石元佐，爲安金俊所獲。金俊問之，元佐請攻磁州，破奚忠信，金俊乃殺之。方立果與忠信引兵入磁，金俊與之戰，大敗，忠信死，方立單騎入邢州，愧見父老，遂自裁。」薛居正《五代史·方立傳》：「六月，李存孝下洺、磁兩郡，方立遣馬溉、袁奉韜盡率其衆逆戰於琉璃陂，存孝擊之，盡殪，生獲馬溉、奉韜。初，方立性苛急，恩不逮下，攻圍累旬，夜自巡城慰諭，守陴者皆倨。方立知其不可，乃飲酖而卒。其從弟洺州刺史遷，素得士心，衆乃推爲留後，求援于汴。時梁祖方攻時溥，援兵不出。」按：李罕之攻下磁州，進攻洺州，乃擒馬溉。《實録》云溉爲罕之謀取磁州，蓋誤以石元佐爲溉也。又，奚忠信去年已爲李克脩所擒，乃云「與方立率兵大戰」，亦誤也。《舊·紀》：「六月，邢洺節度使孟方立卒，三軍推其弟洺州刺史遷爲留後，李克用出軍攻之。」《新·紀》：「六月，李克用寇邢州，昭義軍節度使孟方立卒，其弟遷自稱留後。」按《唐年補録》載王鎔《奏得邢洺大將等狀》，以「孟方立奄辭昭代，三軍、百姓同以親弟攝洺州刺史遷權知兵馬留後事」。及《新》、《舊》《紀》、《實録》、薛《史·方立傳》，皆云立其弟遷，唯《太祖紀年録》及薛《史·武皇紀》云立其姪遷，恐誤。今從諸書。

十一月，宦官始服劍佩侍祠。

按：田令孜、楊復恭雖威權震主，官不過金吾衛上將軍，則其餘宦官必卑矣。但諸書不見當時宦官所欲衣者，何品秩之法服也。

大順元年，正月，李克用取邢州。

《唐末見聞録》：「龍紀元年，大軍守破邢州城〔一〕，孟遷投來，拜李存孝爲邢州刺史〔二〕。十一月四日，孟遷補充教練使。」《太祖紀年録》及薛居正《五代史·太祖紀》皆曰：「大順元年，李存孝攻邢州急，邢帥孟遷以邢、洺、磁三州歸于我，執朱温之將王虔裕等三百人以獻。」而無月。

〔一〕「守」，胡本、廣雅本作「攻」。
〔二〕「爲」，《通鑑》胡註無此字。

《太祖紀年録》又曰：「太祖徙孟遷於太原，以大將安金俊爲邢洺團練使。」薛《史・孟遷傳》曰：「大順元年二月，遷執王虔裕等乞降，武皇令安金俊代之。」今從《實録》。薛《史・虔裕傳》曰：「時太祖大軍方討兗、鄆〔二〕，未及救援。邢人困而攜貳，遷乃縶虔裕送于太原，尋爲所殺。」按：時全忠方攻時溥，未討兗、鄆也。《虔裕傳》誤。

二月〔三〕，克用攻雲州，安金俊死。

《實録》：「四月丙辰朔，李克用遣安金俊率師攻雲州，赫連鐸求援於幽州李匡威。匡威出師赴之，戰于蔚州，太原府軍大敗，燕師執金俊，獻于朝。」據《太祖紀年録》，攻雲州在三月，《舊・紀》、《實録》皆在四月，恐是約奏到。然《紀年録》不言克用敗，蓋諱之也。今從《唐末見聞録》。又《紀年録》、《唐末見聞録》皆云金俊戰死，《實録》云執獻之，亦誤。

克用巡潞州，笞李克脩。

《太祖紀年録》：「太祖遣李罕之、李存孝攻邢州。十月，且命班師，由上黨而歸。克脩性吝嗇，太祖左右徵賂於克脩，旬日間費數十萬，尚以爲供張不豐，掎其事，笞克脩而歸太原。俄而

〔二〕「時」，原闕，今據兩浙本、孔本、《四庫》本、胡本、廣雅本、《通鑑》胡註及《舊五代史・梁書・王虔裕傳》補。

〔三〕「二月」，《通鑑》正文此事在二月丙子。按：《舊唐書・昭宗紀》在四月，《舊五代史・唐書・武皇紀》在三月。

克脩憤耻寢疾。」薛《史·克脩傳》曰：「龍紀元年，武皇大舉以伐邢、洺〔二〕，及班師，因撫封於上黨。」按《太祖紀》，但遣罕之、存孝攻邢州，不云親行。蓋罕之、存孝圍邢州，克用但以大軍屯境上，爲之聲援。去十月先還〔三〕，罕之、存孝猶圍邢州，故正月孟遷降也。

四月，時溥掠碭山，朱友裕擊之。

郗象《梁太祖實録》，前云四月丙辰，後云乙卯溥出兵。按《長曆》，乙卯，三月晦日。《實録》誤也。

張濬與楊復恭有隙，上親倚之。

《舊·傳》：「再幸山南，復恭代令孜爲中尉，罷濬知政事。昭宗初在藩邸，深嫉宦官，復恭有援立大勳，恃恩任事，上心不平之。當時趨向者多言濬有方略，能畫大計，復用爲宰相，判度支。」據《舊·紀》、《實録》、《新》《紀》、《表》，濬自光啓三年九月拜平章事，至大順二年兵敗坐貶，中間未嘗罷免。《舊·傳》誤也。今從《新·傳》。

〔二〕「洺」，原誤作「洛」，今據兩浙本、孔本、《四庫》本、胡本、廣雅本、《通鑑》胡註及《舊五代史·唐書·李克脩傳》改。
〔三〕「去」，兩浙本、孔本、《四庫》本、胡本、廣雅本作「至」。

濬請討李克用。

《舊·濬傳》曰：「會朱全忠誅秦宗權，安居受殺李克恭，以潞州降全忠，幽州李匡威、雲州赫連鐸等奏請出軍討太原。」按：時安居受未殺李克恭，《舊·傳》誤也。《太祖紀年録》曰：「太祖中和破賊時，濬爲諫議大夫，出軍判官，常以虚誕誘太祖，太祖薄其爲人。及聞濬入中書，太祖嘗私於詔使曰：『張公傾覆之士，先帝知其爲人，不至大任。主上付之重位，必亂天下。』濬知之，陰銜太祖。」按：濬自僖宗時爲宰相，《紀》誤。

五月，馮霸叛，李元審擊之。

元審與霸同部送後院將，霸所以能獨叛而元審所以得不死者，蓋後院將有叛有不叛者，叛者從霸，不叛者從元審，故克用益元審兵，使討霸也〔二〕。

安居受殺李克恭，附于朱全忠〔三〕。

《編遺録》：「八月甲寅，馮霸殺李克恭來降，上請河陽帥朱崇節領兵入潞，兼充留後。戊

〔二〕《通鑑》胡註曰：「此段《考異》疑有闕文。」

〔三〕《通鑑》正文此事在五月庚子。按：《舊唐書·昭宗紀》在五月丙午，《新唐書·昭宗紀》在五月壬寅，《舊五代史·唐書·李克恭傳》原在五月十五日庚子。

辰，李克用圍之，上遣葛從周率驍勇夜銜枚斫圍突入上黨〔一〕，以壯潞人之心。」薛居正《五代史·梁太祖紀》亦同。按：克用未嘗自圍潞也。《克恭傳》：「李元審戰傷，收軍於潞。五月十五日，克恭視元審於孔目吏劉崇之第。是日，州縣將安居受引兵攻克恭，克恭、元審並遇害，州民推居受爲留後。居受遣人召馮霸於沁水，霸不受命；居受懼，將奔歸朝廷，至長子，爲野人所殺，傳首馮霸軍。霸乃引衆據潞州，自稱留後，求援於汴。武皇令康君立討之，汴將葛從周來援霸。」《唐末見聞録》曰：「五月十七日，昭義狀申軍變，殺節使，當日點汾州五縣土團將士赴昭義。二十三日，昭義僕射家累入府。」《新·紀》：「五月壬寅，安居受殺李克恭。」按：壬寅，十七日，乃報到太原日也。今從《太祖紀年録》、薛《史·克恭傳》。《舊·紀》：「五月丙午，潞州軍亂，殺李克恭。監軍使薛績本函克恭首獻之于朝〔二〕，濬方起兵，朝廷稱賀。」此蓋克恭首到日也。《舊·紀》又曰：「七月，全忠遣從周帥千騎入潞州。」《唐太祖紀年録》、薛《史·唐紀》，五月葛從周入潞，太早，蓋因克恭死終言之。《編遺録》、薛《史·梁紀》，八月克恭死，太晚，蓋因從周入潞推本之。又從周入潞，全忠始請孫揆赴鎮，當在揆被執前也。今克恭死從《紀年録》〔三〕，

〔一〕「斫圍」，孔本、《四庫》本、胡本、廣雅本作「破圍」，《通鑑》胡註作「斫營」。
〔二〕「績」，胡本、廣雅本、《通鑑》胡註作「績」。按：《舊唐書·昭宗紀》原作「績」。
〔三〕「恭」，原誤作「用」，今據兩浙本、孔本、《四庫》本、胡本、廣雅本、《通鑑》胡註改。

從周入潞從《舊·紀》。

七月，官軍至陰地關。

《舊·紀》：「七月乙酉朔，王師屯於陰地，太原大將康君立以兵拒戰。」按：君立時圍潞州，何暇至陰地關！又不言勝負。今不取。

葛從周入潞州。

《舊·紀》、《實録》皆云：「從周權知留後。」又汴人圍澤州，呼李罕之云：「葛司空已入潞府。」李存孝圍潞州，呼城上人云：「葛僕射可歸大梁。」似從周實爲留後也〔一〕。然薛居正《五代史·梁太祖紀》云：「帝請河陽節度使朱崇節爲潞州留後〔二〕。」《實録》：「明年五月，以前昭義節度使朱崇節爲河陽節度使。」按：河陽自解張全義圍以來〔三〕，常附屬於汴，朱全忠以部將丁會、張宗厚等爲之留後，非一人，崇節蓋亦汴將爲河陽留後，全忠使權昭義留後，既不能守，復歸河陽耳。諸書因謂之節度使，蓋誤也。從周但與崇節共守潞州，以其名著，故外人但稱從周，不數崇節也。

〔一〕「後」，原誤作「從」，今據兩浙本、孔本、《四庫》本、胡本、廣雅本、《通鑑》胡註改。
〔二〕「請」下，《通鑑》胡註有「以」字。
〔三〕「張」，原誤作「朱」，今據兩浙本、孔本、《四庫》本、胡本、廣雅本、《通鑑》胡註改。

朱全忠遣兵攻李罕之，援葛從周。

《編遺録》：「八月，遣從周入上黨。九月壬寅，上往河陽，令李讜救應朱崇節，又命朱友裕、張全義簡精鋭過山，於澤州北應接，取崇節、從周以歸。」薛居正《五代史・梁太祖紀》：「九月壬寅，上至河陽，遣李讜引軍趨澤潞，爲晉人所敗。帝又遣朱友裕、張全義率精兵至澤州北，以爲應援。既而崇節、從周棄潞來歸。戊申，帝斬李重裔〔一〕，遂班師。」按：讜等初圍澤州時，語城上人云：「張相公圍太原，葛司空已入潞府。」是當時南兵方盛，非孫揆就擒、從周棄潞州之後也。故置於此。

九月〔二〕，全忠斬李讜、李重胤而還。

《唐太祖紀年録》：「六月，朱崇節〔三〕、葛從周據潞州，李重胤、鄧季筠、張全義將兵七萬攻澤州，李存孝將三千騎赴援。初，汴軍攻城門，呼罕之云云〔四〕。李存孝憤其言，引鐵騎五百追擊，入季筠營門，生獲其都將十數。是夜，汴將李讜收軍而遁，存孝、罕之追擊至馬牢山，斬首萬級，

〔一〕「裔」，《舊五代史・梁書・太祖紀》原作「胤」。

〔二〕「九月」，《通鑑》正文此事在九月戊申。按：《舊五代史・梁書・太祖紀》原在九月戊申。

〔三〕「朱」，《通鑑》胡註作「李」。

〔四〕「罕」上，《通鑑》胡註有「李」字。

追襲掩擊，至於懷州而還。存孝復引軍攻潞州，九月二日，葛從周率衆棄城而遁。」《唐末見聞録》：「閏九月，昭義軍前狀申：昭義軍人拔滅逃遁[一]，收下城池，擒獲到餘黨五十人，巾縛送上。至二十日，行營都指揮使李存孝迴戈歸府。」薛居正《五代史·梁太祖紀》：「九月壬寅，帝至河陽，遣李讜引軍趨澤潞，行至馬牢川[二]，爲晉人所敗。帝又遣朱友裕、張全義率精兵至澤州北，以爲應援。既而崇節、從周棄潞來歸。戊申，帝廷責諸將敗軍之罪[三]，斬李重胤以徇，遂班師焉。」《實録》：「九月甲申朔，康君立急攻潞州。朱全忠駐河陽，遣李讜引軍趨澤潞，至馬牢山川，與并師大戰，不利，鄧季筠被執。復遣朱友裕、張全義至澤州北應援，葛從周、朱崇節率衆棄潞州歸。」按：六月李存孝若已破李讜，追至懷州，懷州去河陽止一程，豈得九月方到河陽！讜之敗，必在九月戊申前一兩日也。蓋《紀年録》因從周據潞州事終言之。九月甲申朔[四]，十九日壬寅，二十五日戊申。若全忠至河陽始遣讜等趣澤潞，既敗，而從周等棄潞來歸，七日之間，豈容許事！蓋薛《史》因讜敗，追本前事耳。若九月二日從周已棄潞州，何得十九日後攻澤州者，

[一]「滅」，孔本、《四庫》本、胡本、廣雅本作「城」。
[二]「牢」，原誤作「年」，今據兩浙本、孔本、《四庫》本、胡本、廣雅本、《通鑑》胡註及《舊五代史·梁書·太祖紀》改。
[三]「廷」，原誤作「延」，今據兩浙本、孔本、《四庫》本、胡本、廣雅本、《通鑑》胡註及《舊五代史·梁書·太祖紀》改。
[四]「朔」，原誤作「州」，今據兩浙本、孔本、《四庫》本、胡本、廣雅本、《通鑑》胡註改。

猶云葛司空入潞府乎！蓋《實録》承《紀年録》而誤也。今全忠往來月日從薛《史》，事則兼采諸書。

李克用敗李匡威、赫連鐸。

《太祖紀年録》：「是月，幽帥李匡威會赫連鐸，引吐蕃、黠戛斯之衆十萬寇我北鄙，攻遮虜軍。太祖御親軍出塞，營於渾河川之田村。李存孝引前鋒與賊戰於樂安鎮，賊軍大敗，遁走。」《舊·紀》：「九月，幽州、雲州蕃、漢兵三萬攻雁門，太原府將李存信、薛阿檀擊敗之。」《實録》：「閏月甲寅朔，幽州李匡威下蔚州，克用援兵至，匡威大敗。赫連鐸引吐蕃、黠戛斯之衆攻遮虜軍，克用營渾河川，戰於樂安鎮，破之，鐸乃退軍。」此蓋約奏到日。《唐末見聞録》：「十一月十五日，發往向北打鹿，有使報稱幽州李匡威收卻蔚州。十六日至十八日，旋發諸州兵士至軍前。二十九日，大捷，有榜曉告殺燕軍三萬餘人。十九日，知客押衙苗仲周賫榜到，殺得退渾一千帳。」二十九日下復云十九日，亦誤。今但繫此月，不書日。

閏月，孫儒圍蘇州。

《吴録》：「十一月，孫儒攻破望亭〔二〕、無錫諸屯，遂至蘇州。」今從《吴越備史》，在閏月。

〔二〕「儒」，原誤作「孺」，今據兩浙本、孔本、《四庫》本、胡本、廣雅本、《通鑑》胡註改。

十一月，李存孝取晉、絳，克用上表訟冤。

《實録》：「十一月，王師入陰地關，至汾隰，李克用遣將薛阿檀、李承嗣拒之。李存信以兵五千營趙城〔一〕，韓建以華州兵戰〔二〕，存信設伏擊破之；邠、鳳之師未戰而走，禁軍自潰〔三〕，由是大敗。存信直壓晉州西門，引軍攻絳州。十二月壬午朔，晉州刺史張行恭棄城而遁。韓建以諸軍保晉州，李存信追擊，戰敗，退保絳州。張濬以汴卒、禁軍屯晉州，存信攻之三日，濬、建拔晉、絳遁還，存信收二州。」《舊·紀》：「克用遣李存信、薛阿檀拒王師于陰地，三戰三捷，由是河西、鄜、夏、邠、岐之軍度河西歸。韓建以諸軍保平陽，存信追之，建軍又敗，建退保絳州。張濬在晉州，存信攻之三日，相與謀云云，遂退舍五十里。十二月壬午朔，濬、建拔晉、絳遁去。存信收晉、絳，大掠河中四郡。」《張濬傳》曰：「十月，濬軍至陰地，邠、岐、華三鎮之師營平陽。李存孝擊之，一戰而敗，進攻晉州。」薛居正《五代史·武皇紀》曰：「十月，張濬之師入晉州，遊軍至汾隰。武皇遣薛鐵山〔四〕、李承嗣將騎三千出陰地關，營於洪洞，遣李存孝將兵五

〔一〕「五」，兩浙本、孔本、《四庫》本、胡本、廣雅本作「三」；「營」，《通鑑》胡註作「圍」。

〔二〕「建」，原誤作「軍」，今據兩浙本、孔本、《四庫》本、胡本、廣雅本、《通鑑》胡註改。

〔三〕「自潰」，原誤作「皇濬」，今據兩浙本、孔本、《四庫》本、胡本、廣雅本、《通鑑》胡註改。

〔四〕「遣」，原脱，今據《通鑑》胡註及《舊五代史·唐書·武皇紀》補。

千營於趙城〔一〕。華州韓建以壯士三百人冒犯存孝之營，存孝追擊，直壓晉州西門。張濬之師出戰，爲存孝所敗，自是閉壁不出。存孝引軍攻絳州。」《李存孝傳》曰：「十月，存孝引收潞之師圍張濬于平陽云云。存孝引軍攻絳州。十一月，刺史張行恭棄城而去，張濬、韓建亦由含口而遁，存孝收晉、絳。」《太祖紀年録》：「十月，張濬之師入陰地關，犯汾隰，令薛鐵山、李承嗣將騎三千出陰地，繼發李存孝將兵五千進擊，營於趙城，敗韓建，直壓晉州西門，自是閉壁不出。存孝攻絳州。十二月，晉州刺史張行恭棄城遁，建、濬由含山路逃遁，遂收晉、絳。初，濬部禁軍至晉州，邠、鳳之師望風遁歸，蓋楊復恭陰沮之也。」《唐末見聞録》曰：「八月五日，相公差晉州捉到天使閻大夫入京奏事，兼貢表曰：『臣某乙言：今月二十六日，臣所部南界晉州長寧關使張承暉等投臣當道賫到宰臣張濬榜一道，内稱招討處置使兼録到詔白，云陛下削臣屬籍，奪臣本官，仍欲會兵討問』」云云。《唐補紀》曰：「朱全忠自攻破徐州，頻貢章表：『克用與朱玫等同立襄王〔二〕，以爲大逆，其朱玫以下並已誅鋤，克用時最爲魁首，據其罪狀，請舉天兵。臣率師關東，掎角相應。』朝廷遂以宰臣張濬爲都統，授崔胤爲河中府節度應援使〔三〕。大軍行到同州，克用領

〔一〕「千」，原誤作「十」，今據兩浙本、孔本、《四庫》本、胡本、廣雅本、《通鑑》胡註及《舊五代史·唐書·武皇紀》改。

〔二〕「等」，《通鑑》胡註無此字。

〔三〕「河」，原闕，今據兩浙本、孔本、《四庫》本、胡本、廣雅本、《通鑑》胡註補；「府」，《通鑑》胡註無此字。

蕃、漢馬步稱三十萬入河北界。其張濬使人探朱全忠兵馬，並不來相應，乃於昭義西與太原交戰，不利而回。朝廷知爲全忠所賣，便差使至克用所〔二〕，與賞給，令回，貶都統張濬於雲夢，除崔胤於嶺外。」薛《史·李承嗣傳》：「初，大軍入陰地，薛志勤與承嗣率騎三千抗之，敗韓建之軍於蒙坑，進收晉、絳，以功授忻州刺史。時鳳翔軍營霍邑，承嗣帥一軍收之，岐人夜遁，追擊至趙城，合大軍攻平陽，旬有三日而拔。」按：《李存信傳》無攻晉、絳事。蓋《舊·紀》十月存孝已背太原，故此戰皆云存信，《實録》因之而誤。據《五代》《紀》、《傳》、《太祖紀年録》，當是存孝。又隰州隸河中節度，所云入陰地關犯汾隰者，蓋謂汾水之旁，下濕曰隰耳。又《紀年録》、《實録》以張行恭爲晉州刺史，亦誤也。今從薛《史》。晉州刺史若已走，則濬、建安能保城！《實録》誤也。今從《李存孝傳》。《唐補紀》云崔胤爲河中節度，尤爲疏繆。自餘諸書參取之。

張濬、韓建至河陽。

《實録》明年二月云：「時張濬、韓建兵敗後，爲克用騎將李存信所追，至是，方自含山踰王屋，出河清，達于河陽。河溢無舟楫，建壞民廬舍爲木罂數百渡河，人多覆溺。」似太晚。今因濬、建走，終言之。

〔二〕「所」，原脱，今據《通鑑》胡註補。

十二月，孫儒拔蘇州。

《莊宗列傳》：「楊行密，壽州壽春人。初據本州，秦宗權遣孫儒及行密同攻陷揚州，儒專據之。龍紀元年，儒出軍攻宣州，行密襲據揚州，稱留後，北通時溥，儒引軍攻之。大順元年，行密禦備力竭，率衆夜遁，出據宣州。」此説最爲差誤。國朝開寶中，薛居正修《五代史》，江南未平，不見本國舊史，據昭遠所記及《唐年補録》作《行密傳》〔二〕，但知行密非壽春人，改爲廬州；又知行密非受宗權命，與孫儒同陷揚州，餘皆無次序。今按《吴録·太祖紀》及高遠《唐烈祖實録·行密傳》云〔三〕：「光啓三年十月，秦彦、畢師鐸出走〔三〕，行密入揚州。十一月，孫儒圍揚州。文德元年四月，儒陷揚州，行密奔廬州。八月，自廬州帥兵攻宣州。龍紀元年六月，陷宣州，殺趙鍠。大順二年七月，孫儒再渡江〔四〕，攻宣州。景福元年六月〔五〕，執斬儒，復歸揚州。」且龍紀元年孫儒方彊，行密新得宣州，安能襲據揚州踰年哉！近修《唐書·行密傳》，全用《吴録》事迹，乃云：

〔二〕「年補」，原誤作「元祖」，今據兩浙本、孔本、《四庫》本、胡本、廣雅本、《通鑑》胡註改。
〔三〕「高」，原誤作「又」，今據兩浙本、孔本、《四庫》本、胡本、廣雅本、《通鑑》胡註改。
〔三〕「出走」，原誤作「社今」，孔本、《四庫》本、胡本、廣雅本作「出奔」，今據《通鑑》胡註改。
〔四〕「再」，原誤作「甫」，今據兩浙本、孔本、《四庫》本、胡本、廣雅本、《通鑑》胡註改。
〔五〕「月」，原誤作「日」，今據兩浙本、孔本、《四庫》本、胡本、廣雅本、《通鑑》胡註改。

「儒進攻行密〔一〕，行密復入揚州，北通時溥，扞儒。朱全忠遣龐師古助行密，敗於高郵，行密懼，退還宣州。」蓋承《莊宗列傳》、《五代史》之誤而不考正也。

置昇州，以張雄爲刺史。

《新·地理志》：「光啓三年，以上元等四縣置昇州。」《張雄傳》：「大順初，以上元爲昇州，授雄刺史。」《吴録·馮弘鐸傳》：「大順元年，復以上元爲昇州，命弘鐸爲刺史。」按：是時雄尚存。今從《雄傳》。

二年，正月，李克用復上表，詔復其官爵。

《舊·紀》：「太原軍屯晉州，克用遣中使韓歸範還朝，因上表訴冤，言『賊臣張濬依倚全忠，離間功臣』。朝廷欲令釋憾，下羣臣議其可否，左僕射韋昭度等議」云云。在十二月。按：是時昭度討陳敬瑄〔二〕，《舊·紀》誤。今從《實録》。

三月，乙亥，復陳敬瑄官爵。

《新·紀》：「二月乙巳，赦陳敬瑄。己未〔三〕，詔王建罷兵，不受命。」《十國紀年》亦曰：「二

〔一〕「儒」，原誤作「孺」，今據兩浙本、孔本、《四庫》本、胡本、廣雅本、《通鑑》胡註及《新唐書·楊行密傳》改。
〔二〕「時」，《通鑑》胡註作「年」。
〔三〕「己未」，《新唐書·昭宗紀》原作「丁未」。

月乙巳，復敬瑄官爵。」按：二月辛巳朔，無己未，《新·紀》誤也。今從《實録》。

四月，王建表陳敬瑄、田令孜不可赦。

《十國紀年》：「朝議以建不奉詔，而不能制，更授西川行營招討制置使。」按：此命蓋在昭度還朝之後也。

韋昭度除東都留守。

《舊·紀》：「龍紀元年正月，昭度爲東都留守。」《實録》：「大順二年三月乙亥，復陳敬瑄官爵。丙子，以昭度爲東都留守。」按：昭度若已除留守，不領西川節度及招討使，則便應釋兵東歸，不應更留在彼；縱使彊留，諸軍亦安肯稟服，王建亦何必更説之云，「相公宜早歸廟堂，與天子籌之」。《舊·傳》：「建脇説昭度，奏請還都。建以重兵守劍門，急攻成都。昭度還，以檢校司空充東都留守。」《新·傳》亦同。蓋今年三月既復敬瑄官爵，但召昭度還朝。王建不肯罷兵，昭度爲所牽率，亦同執奏，以爲敬瑄不可赦。既而爲建所脇，授兵東歸，朝廷責其進退失據，故左遷留守，如《新》、《舊》《傳》所云者是也。今從之。又昭度初圍成都，楊守亮爲招討副使，顧彦朗爲行軍司馬，王建爲都指揮使，同在成都城下。及昭度東歸，時獨建在彼，以兵授之，不見二人者，按三月乙亥詔書，但云令彦朗各歸本鎮，則是守亮先已歸也。彦朗得此詔必亦歸，獨昭度與建留在彼耳。然建令東川將唐友通食駱保〔二〕，是彦朗身歸，而留兵共攻成都也。

七月，李克用攻雲州。

《舊·紀》、《實録》皆云：「克用率兵出井陘，屯常山鎮〔三〕，大掠深、趙。盧龍李匡威自率步騎萬餘援王鎔。」按《唐太祖紀年録》，是時克用方攻赫連鐸，既平雲州，乃討王鎔。《實録》蓋因《舊·紀》之誤。又《紀年録》曰：「七月，太祖進軍，至於柳城，會赫連鐸力屈食盡，奔入吐渾」云云。《實録》云：「克用遣將急攻雲州。」蓋以前云克用親討王鎔故也。按《紀年録》，討王鎔在後。《實録》誤。

十月，克用攻元氏、柏鄉。

《唐太祖紀年録》曰：「攻元氏，斬首千級，進拔鄗水，攻柏鄉。」按：鄗水屬易州。克用方攻鎮州以救易、定，必不取其地，恐誤也。

〔二〕「令」，原誤作「出」，今據兩浙本、孔本、《四庫》本、胡本、廣雅本、《通鑑》胡註改。

〔三〕「鎮」，《通鑑》胡註無此字。

十二月，戊子，斬李順節。

《唐補紀》：「景福二年四月十七日夜，見掃星長十丈餘〔一〕。承旨陳匡用奏：『當有亂臣，將入宫内。』昭宗乳母名曰芥子，自即位加夫人，衆呼白婆。左神策軍天威都軍使胡弘立，先是軍中馬騎官，巧佞取容，朝廷達官多重之。楊復恭爲軍主，與改姓名爲楊守節。主上每出畋遊，經天威軍内，其楊守節以憸巧趨附，乞與主上爲兒，既而允從，頗生驕縱。於是引聖人入堂室，令妻妾對於庭簷，或入内中，經旬不出，致主有撫楹之咎，爲臣懷通室之非。承醉奏云：『玉印金箱，兒未曾識，望阿郎略將宣示，以慰平生。』其白婆在側，曰：『此寶非凡人得見，不用發言！』於是奏云〔二〕：『除此老媪，方應太平〔三〕。』從此白婆得罪，不見蹤由。兩神策軍以其事漸乖，必爲大禍，與諸王商議，須急去除。於重陽節向樞密院中排宴，唤入謝恩，卻出宣化門，供奉官似先知袖劍揮之，諸王相次傳刃，以爲醯醢〔四〕。」按：胡弘立，即順節也。《新》、《舊》《紀》及諸書，景福二年皆無此事，蓋程匡柔傳聞之誤。今日從《實録》，事則參取諸書。

〔一〕「丈餘」，《通鑑》胡註此二字互乙。
〔二〕「云」，《通鑑》胡註作「曰」。
〔三〕「方」，《通鑑》胡註作「才」。
〔四〕「醢」，《通鑑》胡註作「葅」。

馮行襲爲昭信防禦。

薛居正《五代史》：「行襲破楊守亮兵，詔升金州節鎮，以戎昭爲軍額，即以行襲爲節度使。」按《實録》，光化元年正月，始以昭信防禦使馮行襲爲昭信節度使。《新·方鎮表》：「光啓元年，升金商都防禦使爲節度使。是年，罷節度，置昭信軍防禦使，治金州。光化元年，始升昭信軍防禦爲節度使〔二〕。天祐二年，賜號戎昭軍。」薛《史》誤也。

更名涇原曰彰義軍。

《新·表》在乾寧元年。今從《實録》。

陳巖卒，妻弟范暉爲留後。

蔣文懌《閩中實録》云〔三〕：「大順中，巖薨。」《十國紀年》在大順二年。《昭宗實録》在明年三月，恐約奏到。今從《閩中録》、《十國紀年》。又薛《史》、《閩中録》、《閩書》皆云范暉，巖壻，餘書皆云妻弟。林仁志《王氏啓運圖》載監軍程克諭表云妻弟，此最得實，今從之。

〔二〕「禦」下，《通鑑》胡註有「使」字。
〔三〕「懌」，原誤作「還」，今據兩浙本、孔本、《四庫》本、胡本、廣雅本、《通鑑》胡註改。

景福元年，正月，李克用大破幽、鎮兵。

《實録》在二月，恐約奏到。今從《唐太祖紀年録》。

二月〔一〕**，朱全忠爲朱瑄所敗，張歸厚力戰。**

《歸厚傳》云「十一月」〔二〕，誤也。今從《梁紀》。

全忠奏貶趙克裕。

《實録》在正月末，云：「全忠欲全義得河陽，乃奏克裕有誣謗之言而貶。」《新・紀》云：「己未，朱全忠陷孟州，逐河陽節度使趙克裕。」今從《編遺録》。

張訓取常州。

《新・紀》：「景福二年二月，楊行密陷常州。」按：行密自宣歸揚，過常州，已歎張訓之功；《新・紀》誤也。今從《十國紀年》。

趙德諲薨。

《實録》，此月，以前忠義軍節度使趙匡凝起復某官，不言德諲卒在何時。《新・傳》、薛

〔一〕「二月」，《通鑑》正文此事在二月丁亥。按：《舊五代史・梁書・太祖紀》原在二月丁亥。

〔二〕「十一月」，《舊五代史・梁書・張歸厚傳》原作「初」。

《史》但云：「匡凝爲唐州刺史兼七州馬步軍都校，及德諲卒，自爲襄州留後，朝廷即以旄鉞授之。」亦不言年月。今附於此。

三月，顧彦暉斬竇行實。

《實録》明年正月：「楊守厚攻東川，以竇行實爲内應。事泄，行實死，守厚遁去。」因李茂貞與王建爭東川，追敘今年事耳。今從《十國紀年》。

四月，楊行密取楚州，執劉瓚。

《新·紀》：「三月乙巳，楊行密陷楚州，執刺史劉瓚。」《十國紀年》：「三月，時溥遣兵三萬南侵至楚州。四月，楊行密將張訓、李德誠敗徐兵於壽河，俘斬三千級，取楚州，執瓚。」今從之。

六月〔一〕**，行密歸揚州。**

《十國紀年》：「行密過常州，謂左右曰：『常州，大城也，張訓以一劍下之，不亦壯哉！』」《舊·紀》：「大順二年三月，淮南節度使孫儒爲宣州觀察使楊行密所殺。初，行密揚州失守，據宣州，孫儒以兵攻圍三年。是春，淮南大饑，軍中疫癘。是月，孫儒亦病，爲帳下所執〔二〕，降行

〔一〕「六月」，《通鑑》正文此事在六月丁酉。

〔二〕「所」，原誤作「新」，今據孔本、《四庫》本、胡本、廣雅本、《通鑑》胡註及《舊唐書·昭宗紀》改。

密。行密乃併孫儒之衆，復據廣陵。」薛居正《五代史·行密傳》曰：「大順元年[一]，行密危蹙，出據宣州，儒復入揚州。二年，儒攻行密。屬江、淮疾疫，師人多死，儒亦卧病，爲部下所執，送於行密，殺之。行密自宣城長驅入于廣陵。」《唐補紀》：「大順二年六月，孫儒兵敗於宛陵城下，楊行密進首級於西京。」《吴録》曰：「景福元年六月六日，太祖盡率諸將晨出擊儒，田頵臨陣擒儒以獻，斬儒於市，傳首京師。」《新·紀》、《實録》、《十國紀年》皆據此。《舊·紀》、薛《史》、《唐補紀》皆誤。

七月，王建圍彭州，王先成白七事。

張彭《耆舊傳》曰：「五月二十日，諸軍馬步兵士到彭州城下，至七月初，已經五十餘日。諸軍兵士始到，刈麥充糧。至七月初，麥盡，並無顆粒。兵士但託求糧食[二]，乃每日遠去入山，虜劫逃避百姓。有一軍士，本是儒生，乃往北面寨説於統帥」云云。《十國紀年》：「王先成謂王宗侃云云。先成上招攜七事，建皆納之。先成，蜀州新津人。」按《十國紀年》，王建自二月辛丑遣王宗裕等擊楊晟，遂圍彭州。又晟遺楊守忠書云：「弊邑雖小，圍守三年矣。」而張彭云五月二

[一]「大」，原誤作「伏」，今據兩浙本、孔本、《四庫》本、胡本、廣雅本、《通鑑》胡註及《舊五代史·僭僞列傳·楊行密傳》改。

[二]「糧」，《通鑑》胡註無此字。

十日方圍彭州，或者先圍之不克而再往與？彭但云有一軍士，而《十國紀年》姓王名先成，不知其本出何書也。

李茂貞取鳳、興、洋。

薛居正《五代史·茂貞傳》曰：「大順二年，楊復恭得罪奔山南，與楊守亮據興元叛。茂貞與王行瑜討平之。詔以徐彦若鎮興元。茂貞違詔，表其假子繼徽爲留後，堅請旄鉞，昭宗不得已而授之。自是茂貞始萌問鼎之志。既而逐涇原節度使張球、洋州節度使楊守忠、鳳州刺史滿存，皆奪據其地。」云大順二年，誤也。今從《新·紀》。

八月〔一〕，茂貞拔興元。

《舊·紀》：「景福元年十一月辛丑，鳳翔、邠寧之衆攻興元，陷之，節度使楊守亮、前中尉楊復恭、判官李巨川突圍而遁。十二月辛未，華州刺史韓建奏於乾元縣遇興元散兵，擊敗之，斬楊守亮、楊復恭，傳首。」《實録》：「乾寧元年七月，鳳翔、邠寧之衆攻興元〔二〕，陷之，楊守亮、楊復恭突圍而遁。」《新·紀》：「景福元年八月，茂貞寇興元，守亮、滿存奔閬州。乾寧元年七月，茂貞

〔一〕「八月」，《通鑑》正文此事在八月辛丑。按：《舊唐書·昭宗紀》在十一月辛丑，《新唐書·昭宗紀》在八月壬申。

〔二〕「衆」，《通鑑》胡註作「兵」。

陷閬州。八月，守亮伏誅。」《新·復恭傳》：「景福元年，茂貞攻興元，破其城，復恭、守亮、守信奔閬州。」《十國紀年·蜀史》：「景福元年十月，行瑜、茂貞表守亮招納叛臣，請討之。感義節度使滿存救守亮，爲茂貞所敗，奔興元。十一月，邠、岐攻陷興元，楊復恭帥守亮、守貞、守忠、滿存同奔閬州。十二月壬午，華洪敗守亮等於州。」按《實録》，景福二年正月移茂貞山南，於時守亮不應猶在山南。今年月從《新·紀》，事則參取諸書。

十月，李存孝以三州歸朝廷。

《實録》：「大順元年十月，太原將邢州刺史李存孝自晉州率行營兵據邢州。」《舊·紀》：「十一月癸丑朔，太原將邢州刺史李存孝自恃擒孫揆功，合爲昭義帥，怨克用授康君立。存孝自晉州率行營兵歸邢州，據城，上表歸明，仍致書與張濬、王鎔求援。」《唐末見聞録》：「十月二十四日，李存孝領兵打晉州，遁歸邢州，背叛，與宰臣張濬狀曰：『某自主三郡，已近二年。』又曰：『常思安知建在此之日，歸順朝廷之時。四鄰不有保持，一家俄受塗炭，以此猶豫，莫敢申明，遂至去年，遽絶鄰好。豈是某之情願〔二〕，蓋因李某之指揮。』又曰：『自今春戰爭之後，實願休罷戈

〔二〕「情」，原誤作「清」，今據兩浙本、孔本、《四庫》本、胡本、廣雅本、《通鑑》胡註改。

鋋〔一〕。自九月十五日已來，日有李某之人〔二〕，使促令某南面進軍至趙州牽脇，李某即土門路入，直屆鎮州。今月十四日，昭義軍人百姓等衆，請某權知兵馬留後，歸順朝廷。』大王聞存孝致逆，大震雄威，令下，先差大將進軍，速至邢州，仍候指揮，不得輒有鬭敵，但圍小壘，專俟大軍。」據《唐太祖紀年録》、薛居正《五代史》《紀》、《傳》、《實録》〔三〕、《新·紀》皆云，景福元年十月，存孝叛太原，歸朝廷；而《舊·紀》、《唐末見聞録》在大順元年十月。《舊·紀》恐是連言以後事。按：二年三月，安知建方叛太原，而此書中已説知建。又云：「自主三郡，已近二年。」存孝大順二年方爲邢、洺、磁節度，至景福元年，乃二年也。然則《實録》云邢州刺史據邢州，亦因《舊·紀》之誤。《見聞録》所載存孝書〔四〕，蓋與王鎔，誤云與張濬也。

二年，正月，移李茂貞於興元，徐彦若鎮鳳翔。

《舊·紀》在七月癸未。今從《實録》、《新·紀》。

〔一〕「鋋」，原誤作「涎」，今據兩浙本、孔本、《四庫》本、胡本、廣雅本、《通鑑》胡註改。
〔二〕「日」，《通鑑》胡註無此字。
〔三〕「録」，原誤作「緑」，今據兩浙本、孔本、《四庫》本、胡本、廣雅本、《通鑑》胡註改。
〔四〕「見」，原脱，今據《通鑑》胡註補。

二月，朱友恭本李彦威。

薛居正《五代史·高季興傳》，以友恭爲汴之賈人李七郎。《十國紀年》以爲壽州賈人〔二〕。《友恭傳》云：「彦威丱角事太祖。」今從之。

三月，以渝州刺史柳玭爲瀘州刺史〔三〕。

《新·傳》云：「玭坐事貶瀘州刺史，卒。」《北夢瑣言》亦云謫授瀘州。《新》、《舊書》玭貶官無年月。今據《實録》，此月玭自渝爲瀘州刺史。當是初貶渝州，後移瀘州。《新·傳》、《北夢瑣言》誤也。

四月〔三〕**，時溥自焚。**

《實録》：「五月，汴州奏拔徐州。」《舊·紀》：「四月，汴將王重師、牛存節陷徐州。」《舊·傳》：「溥求援於兖州，朱瑾出兵救之，值大雪，糧盡而還。汴將王重師、牛存節夜乘梯而入，溥與妻子登樓自焚而卒。」景福二年也。《新·紀》：「四月戊子，朱全忠陷徐州，時溥死之。」薛居正《五代史·梁紀》：「丁亥，師古下彭門，梟溥首以獻。」《唐太祖紀年録》：「四月，澤州李罕之

〔一〕「州」，《通鑑》胡註作「春」。

〔二〕「瀘」，原誤作「盧」，今據胡本、廣雅本、《通鑑》正文改。

〔三〕「四月」，《通鑑》正文此事在四月戊子。按：《舊唐書·昭宗紀》在四月己巳，《新唐書·昭宗紀》在四月戊子。

上言：『懷孟降人報，汴將龐師古於今月八日攻陷徐州，徐帥時溥舉族皆没。』」温既下徐，方詐請朝廷命帥，昭宗乃以兵部尚書孫儲爲徐帥。既而温以佗詞斥去，自以其將鎮之。四月八日，蓋河東傳聞之誤。今從《編遺録》、《新·紀》。

鎮人殺李匡威。

《實録》殺匡威在五月，恐約奏到。《舊·紀》：「六月乙卯，幽州李匡威謀害王鎔，恒州三軍攻匡威，殺之。」《舊·傳》、《唐太祖紀年録》皆云五月。《新·紀》四月丁亥。按：匡籌奏云四月十九日。是月己巳朔，十九日，丁亥也。今從之。

六月，曹誠等四人赴鎮。

《舊·紀》：「三月庚子，以陳珮爲嶺南東道節度使，曹誠爲黔中節度使，李鋋爲鎮海節度使，孫惟晟爲荆南節度使。時朝議以茂貞傲侮王命，武臣難制，故罷五將之權。」今從《實録》，止是四將。

七月，張雄卒。

《新·紀》八月庚子，蓋約奏到之日。今從《十國紀年》。

八月，嗣覃王嗣周。

按：順宗子經封郯王，嗣周當是其後。會昌後，避武宗諱，改「郯」作「覃」〔一〕。

九月〔二〕**，錢鏐爲鎮海節度使。**

今年五月，以李鋋爲鎮海節度使，令赴鎮。今復除鏐者，按是時安仁義已據潤州，又孫惟晟除荆南，時成汭已據荆南，二人安得赴鎮！蓋但欲罷其軍權，其實不至鎮而返耳。《實録》云，仍徙鎮海軍額於杭州。按《吴越備史》，是歲鏐初除鎮海節度使，猶領潤州刺史，至光化元年，始移鎮海軍於杭州。《實録》誤也。

覃王嗣周帥禁軍三萬，送徐彦若赴鎮〔三〕。

《舊·紀》：「覃王率扈駕五十四軍進攻岐陽。」今從《實録》。

崔安潛言：「門户終爲緇郎所壞！」

《舊·傳》，胤初拜平章事，安潛有此言。按：安潛去年卒，必先時嘗有此言也。

〔一〕《通鑑》胡註曰：「按：武宗諱瀍，後改諱炎。如《考異》所云，蓋避『郯』字旁從『炎』字也。」

〔二〕「九月」，《通鑑》正文此事在九月丁卯。按：《舊唐書·昭宗紀》在九月丙寅朔。

〔三〕《通鑑》正文此事在九月乙亥。按：《舊唐書·昭宗紀》原在九月乙亥。

十月，杜讓能賜死。

《續寶運録》曰：「大順二年，相國杜讓能、孔緯值上京頻嬰離亂，朝綱紊墜，是時徇意諸道，扈駕兵五十四都，坊坊皆滿，兼近藩連帥，要行征討，便自統軍。至如岐陽李茂貞，先朝封爲太子，本姓宋，洋州牧，先祖討昭義劉從諫有功，子孫爵賞不絶。洎壽王登位後，遣禮部侍郎薛廷珪持璽書具禮〔一〕，册爲岐王。茂貞先中和年中，投判軍容使田令孜作養男，姓田名彦賓，蓋趨其勢也。汴州朱温，先朝册東平王，至今上，又遣薛廷珪爲禮儀使，延王爲册命使，封爲梁王。且岐王與北司人情方洽，宰相甚不和睦，累表章云：『臣今駐旆咸陽，未敢入中書問罪。杜讓能等請置極法。』表奏，上不悦，遂詔孔、杜二相國令往咸陽謝過。及二相到咸陽見岐王，戰不能言。岐王大怒，卻令歸中書省過。纔到中書，上又發遣，令祈謝岐王。如是往來三度。岐王又奏曰：『二相見臣，並不措一言。如此曠官，有辱聖代，請行朝典，别選英賢。』上不樂，敕罷知政事〔二〕，不得已，除孔緯荆南節度，杜讓能除河中節〔三〕，三日後，貶于嶺表，出國門三十里，並賜自盡。時岐王率驍果五千人住咸陽，及貶二相，乃退。」此皆誤謬之説。今從《實録》。

〔一〕「廷」，原誤作「延」，今據兩浙本、孔本、《四庫》本、胡本、廣雅本、《通鑑》胡註改。
〔二〕「政」，原誤作「攻」，今據兩浙本、孔本、《四庫》本、胡本、廣雅本、《通鑑》胡註改。
〔三〕「除河中節」，《通鑑》胡註作「河中節度」字。

十二月，朱瑄、朱瑾救齊州〔一〕。

《編遺録》云十月乙未。今從薛居正《五代史·梁紀》。

乾寧元年，二月，鄭綮同平章事。

《舊·傳》云「光化初爲相」，恐誤。《北夢瑣言》曰：「綮雖有詩名，本無廊廟之望。嘗典廬州，吴王楊行密爲本州步奏官，因有遺闕而笞責之；然其儒懦清慎，弘農常重之。昭宗時，吴王雄據淮海，朝廷務行姑息，因盛言鄭公之德，由是登庸，中外驚駭。太原兵至渭北，天子震恐，渴於攘卻〔二〕。相國奏對，請於文宣王謚號中加一『哲』字，其不究時病，率此類也。」按：明年李克用舉兵至渭北，綮已罷相。今從《實録》、《新·紀》。

三月，李克用誅李存孝。

《太祖紀年録》：「先獲汴將鄧筠、安康八、軍吏劉藕子、潞州所俘供奉官韓歸範〔三〕，皆與存孝連坐，同日誅之。騎將薛阿檀懼〔四〕，自刺。」按《舊·紀》，克用擒歸範，尋遣歸，因附表訴冤，不

〔一〕「朱瑾」，二字原脱，今據兩浙本、孔本、《四庫》本、胡本、廣雅本、《通鑑》正文補。
〔二〕「渴」，原誤作「愒」，今據兩浙本、孔本、《四庫》本、胡本、廣雅本、《通鑑》胡註及《北夢瑣言》改。
〔三〕「潞」，原誤作「路」，今據胡本、廣雅本、《通鑑》胡註改。
〔四〕「檀懼」，原誤作「擅權」，今據兩浙本、孔本、《四庫》本、胡本、廣雅本、《通鑑》胡註改。

聞復往晉陽也。薛居正《五代史·鄧季筠傳》，後復自邢州逃歸汴。《紀年録》誤也。《存孝傳》曰：「武皇出井陘，將逼真定，存孝面見王鎔，陳軍機。武皇暴怒，誅先獲汴將安康八耳。」

六月，克用殺赫連鐸。

《舊·紀》：「六月壬辰，克用攻陷雲州，執赫連鐸，以薛志勤守雲中。」按：《唐太祖紀年録》、《莊宗列傳》〔二〕、薛居正《五代史·武皇紀》皆云，大順二年，武皇拔雲州，鐸奔吐谷渾；誤也。《新·紀》：「六月，赫連鐸及李克用戰于雲州，死之。」《太祖紀年録》：「十月，討李匡籌，師次新城，邊兵願從者衆。赫連鐸、白義誠數敗，至是窮蹙無歸，自縶膝行，詣於軍門。太祖微數其罪，笞而脱之〔三〕。」薛《史》《武皇紀》、《吐谷渾傳》亦云：「鐸等來歸，命笞而釋之。」《薛志勤傳》云：「王暉據雲州叛，討平之，以志勤爲大同防禦使。」與《舊·紀》異。《唐末見聞録》：「六月，收雲州，處置赫連鐸，活擒白義誠，進軍幽州界〔三〕，巡檢迴府。」《新·紀》蓋據此。今從之。

〔二〕「列」，原誤作「死」，今據兩浙本、孔本、《四庫》本、胡本、廣雅本、《通鑑》胡註改。
〔三〕「笞」上，《通鑑》胡註有「命」字。
〔三〕「軍」，《通鑑》胡註作「兵」。

九月〔一〕**，克用殺康君立。**

薛居正《五代史》：「李存孝既死，武皇深惜之，怒諸將無解愠者。君立以一言忤旨，武皇賜酖而殂。」《唐末見聞録》曰：「八月三十日，相公於左街宅夜飲，行劍斫損昭義節度使康君立，把送馬步司收禁。至九月一日放出，尋已身薨。」薛《史》賜酖，恐是文飾其事。

十一月，克用圍新州。

《唐太祖紀年録》：「十一月壬辰，大軍拔截寇，進收揚門、九子〔二〕。戊戌，下武州。甲寅，攻新州，營於西北隅。」按：十一月己未朔，無壬辰、戊戌、甲寅。《紀年録》誤。今從《實録》。

十二月〔三〕**，盧彦威殺李匡籌。**

《唐太祖紀年録》作「匡儔」。今從《新》、《舊》《紀》、《傳》、《實録》。

二年，二月，辛卯，董昌即帝位。

《吴越備史》云：「癸卯，昌僭號。」按《會稽録》：「昌自云應兔子之讖，欲以二月二日僭號，取卯月卯日也。」而《實録》、《長曆》皆云二月己丑朔，非當時曆誤，即今日曆誤。要之，昌必以

〔一〕「九月」，《通鑑》正文此事在九月庚申朔。按：《新唐書·昭宗紀》原在九月庚申。

〔二〕「揚」，胡本、廣雅本、《通鑑》胡註作「楊」。

〔三〕「十二月」，《通鑑》正文此事在十二月甲寅。按：《舊唐書·昭宗紀》在十二月，《新唐書·昭宗紀》在十二月甲寅。

二月辛卯日僭號〔一〕。

昌改元順天。

《吳越備史》曰：「癸卯，昌僭稱皇帝，建元順天，國號羅平。年號或云天册，或云天聖〔二〕，皆非也。羅隱撰《吳越行營露布》曰：『羅平者，啓國之名；順天者，建元之始。』又曰：『將軍門稱天册之樓，以會府爲宣室之地。』明告我其所稱，曰『權即羅平國位』，昌狀印文曰『順天治國之印』。」《十國紀年》亦云「年號順天」。《會稽録》云「天册」，蓋誤〔三〕。今從《備史》。

八月〔四〕，克用釋華州，移兵營渭橋。

《唐太祖紀年録》：「王師攻華州，俄而郗廷昱至〔五〕，且言茂貞領兵三萬至盩厔，行瑜領軍至興平，欲往石門迎駕，乃解華圍，進營渭橋。」按《實録》：「八月，延王戒丕至河中，克用已發前鋒

〔一〕「僭」，原誤作「間」，今據兩浙本、孔本、《四庫》本、胡本、廣雅本、《通鑑》胡註改。

〔二〕「天」，兩浙本、孔本、《四庫》本、胡本、廣雅本、《通鑑》胡註作「大」。按：范坰《吳越備史》（上海商務印書館《四部叢刊續編》影印上海涵芬樓藏吳枚庵鈔本，下同）原作「天」。

〔三〕「誤」，原誤作「設」，今據兩浙本、孔本、《四庫》本、胡本、廣雅本、《通鑑》胡註改。

〔四〕「八月」，《通鑑》正文此事在七月。按：《舊唐書·昭宗紀》在八月己丑。

〔五〕「郗」，原誤作「郤」，今據胡本、廣本、《通鑑》胡註、《通鑑》正文改；「廷」，原誤作「延」，今據兩浙本、孔本、《四庫》本、胡本、廣雅本、《通鑑》胡註改。

至渭北。己丑，克用進營渭橋。」又《紀年録》載詔曰：「省表，已部領大軍，前月二十七日離河中。」蓋克用不親圍華州，但遣别將將兵往。及聞邠、岐謀迎駕，乃遣華兵詣渭橋，即所謂前鋒者也。克用既以七月二十七日離河中，則戒丕至彼必在其前，《實録》云八月至河中，誤也。今從《紀年録》。

克用遣李存信等攻梨園〔一〕。

《莊宗列傳》曰：「三鎮亂長安，李存信從太祖入關，以前軍先自夏陽渡河，攻同華屬邑，下之。時太祖在渭北，伶官羣小或勸太祖入朝，自握兵柄。太祖亦以全忠圖己，朝廷不能斷，心微有望，月餘不進軍。存信與蓋寓乘間密啓曰：『大王家世效忠，此行討逆，上爲邠、鳳不臣，但令臣節爲天下所知，即三賊不足平也。而悠悠之徒，不達大體，或以弗詢之畫苟悦台情，雖俳優之言，不宜縱其如此。京師咫尺，天聽非遥，實無益於英德也。今三凶正蹙，須速圖之，事留變生，無宜猶豫。』太祖曰：『公言是也。』即日出師，下梨園砦。」按：克用謀大事，固非伶官所豫。又《實録》：「己丑，克用進營渭橋。癸巳，克梨園。」中間四日耳，無月餘不進事。且既云羣小勸入朝，即當詣行在，不當留渭北。此特李存信之人，欲歸功於存信耳。今不取。

〔一〕《通鑑》正文此事在八月癸巳。按：《舊唐書·昭宗紀》原在八月癸巳。

克用遣子存勖詣行在。

《實録》作「存貞」。據《後唐實録》、薛居正《五代史》，莊宗未嘗名存貞。《實録》蓋誤。

十一月，朱瓊降於朱全忠。

薛居正《五代史·梁紀》，瓊降及死皆在十月。按《編遺録》：「十一月丁巳，瓊遣軍將王自新奉檄歸義。壬申，瓊自來。辛巳，死。」今從之。

三年，六月，汴人擒李克用子落落〔一〕。

《唐太祖紀年録》、薛居正《五代史·武皇紀》、《實録》，擒落落皆在七月。《葛從周》、《李存信傳》在五月。今從《梁太祖紀》。

李茂貞表請勒兵入朝。

薛居正《五代史》：「五月，制授茂貞東川節度使，仍命通王、覃王治禁軍於闕下，如茂貞違詔，即討之。茂貞懼，將赴鎮。王師至興平，夜自驚潰，茂貞因出乘之，官軍大敗。」《唐補紀》曰：「五月，朝廷除覃王爲鳳翔節度使，除茂貞爲興元節度使。茂貞拒命不發，亦無向闕之心。自是京國人心驚憂，出投郊坰，京城爲之一空，上潛謀行幸。」按《實録》、《新》、《舊》《紀》諸書，

〔一〕「擒」，原誤作「檎」，今據兩浙本、孔本、《四庫》本、胡本、廣雅本、《通鑑》正文改。

茂貞未嘗除東川，薛《史》誤。移鎮興元，乃景福二年事，《唐補紀》誤。今從《實録》。

茂貞逼京畿，覃王敗績〔一〕。

《舊·紀》：「是月，茂貞請入覲，上令通王、覃王、延王分統四軍，以衛近畿。丙寅，鳳翔軍犯京畿，覃王拒之於婁館，接戰不利。」《實録》：「命延王部神策諸軍於三橋防遏。茂貞上言：『延王稱兵討臣，臣有何罪！』言將朝覲。丙寅，李茂貞大軍犯京師，覃王拒之於婁館，王師戰不利。」《新·紀》：「六月庚戌，李茂貞犯京師，嗣延王戒丕禦之。丙寅，及茂貞戰于婁館，敗績。」今從《舊·紀》〔二〕。

八月〔三〕**，朱朴同平章事。**

《舊·傳》曰：「朴腐儒木強，無他才伎。道士許巖士出入禁中，嘗依朴爲奸利〔四〕，從容上前，薦朴有經濟才。昭宗召見，對以經義，甚悦，即日拜平章事。在中書，與名公齒，筆札議論，動爲笑端。」《唐補紀》曰：「朴亦有文詞，託識諸王下吏人以通意旨，言：『方今宰相皆非時才，

〔一〕《通鑑》正文此事在六月丙寅。按：《舊唐書》、《新唐書》《昭宗紀》原在六月丙寅。

〔二〕「紀」下，原衍「下」字，今據兩浙本、孔本、《四庫》本、胡本、廣雅本、《通鑑》胡註删。

〔三〕「八月」，《通鑑》正文此事在八月乙丑。按：《新唐書·昭宗紀》原在八月乙丑。

〔四〕「嘗」，《通鑑》胡註作「常」。

致令宗社不安，頻有傾動〔二〕。若使朴在相位，月餘能致太平。』諸王以爲然〔三〕，乃奏天聽。翌日，宣唤，顧問機宜，便入中書，令參知政事。諸相座愕然莫測，聽其籌謨，經四五月，並無所聞，遂貶出嶺外。」按：朴雖庸鄙，恐不至如《舊・傳》所云。《唐補史》亦恐得之傳聞，非詳實。今從《新・傳》。

九月〔三〕，崔胤同平章事。

《舊・傳》：「胤檢校兵部尚書、嶺南東道節度使。胤密致書全忠求援，全忠上疏理之。胤已至湖南，復召拜平章事。」《新・傳》：「昭緯以罪誅，罷爲武安節度使，陸扆當國。時南北司各樹黨結藩鎮，胤素厚朱全忠，委心結之。全忠爲言胤有功，不宜處外，故還相而逐扆。」按：胤出爲清海節度使在後，非此年，《舊・傳》誤。今從《實録》。

貶陸扆硤州刺史〔四〕。

《舊・傳》曰：「九月，覃王率師送徐彦若赴鳳翔。師之起也，扆堅請曰：『播越之後，國步

〔二〕「傾」，原誤作「順」，今據胡本、廣雅本、《通鑑》胡註改。
〔三〕「以」，原誤作「亦」，今據兩浙本、孔本、《四庫》本、胡本、廣雅本、《通鑑》胡註改。
〔三〕「九月」，《通鑑》正文此事在九月乙未。按：《舊唐書》、《新唐書》《昭宗紀》原在九月乙未。
〔四〕《通鑑》正文此事在九月丁酉。按：《舊唐書》、《新唐書》《昭宗紀》原在九月丁酉。

初集，不宜與近輔交惡，必爲他盜所窺。加以親王統兵，物議騰口，無益於事，祗貽後患。昭宗已發兵，怒扆沮議，是月十九日，責授硤州刺史[一]。師出果敗，車駕出幸。」按：此乃景福二年杜讓能討鳳翔事，時扆未爲相。《舊·傳》誤，《新·傳》亦同。今從《實録》。

十月，丁巳，韓建兼把截使。

李巨川《許國公勤王録》：「十月十日，敕命公權知京兆尹，并充把截使。」《實録》作「癸丑」。是月戊申朔。今從《勤王録》。

李茂貞獻助修宫室錢[二]。

《舊·紀》、《實録》皆云：「茂貞進錢十五萬，助修京闕。」按：十五萬乃百五十貫，太少，蓋脱「貫」字耳。

十一月[三]，李師悦卒，子彦徽知州事。

《實録》：「乾寧二年四月，忠國節度使李師悦卒，以其孫彦徽知留後。」今從《新·紀》、《十國紀年》。

[一]「硤」，原誤作「峽」，今據兩浙本、孔本、《四庫》本、胡本、廣雅本、《通鑑》胡註及《舊唐書·陸扆傳》改。
[二]《通鑑》正文此事在十月戊午。按：《舊唐書·昭宗紀》原在十月戊午。
[三]「十一月」，《通鑑》正文此事在十一月戊子。按：《新唐書·昭宗紀》原在十一月戊子。

四年，正月〔一〕**，立德王裕爲皇太子。**

《勤王録》曰：「公以儲副之設，國之大本，上表云云。敕宜從允。時正月十一日也。當四日之間，而儲君奉冢祀，宗室歸藩邸。蓬頭突鬢之士，不入於禁門；文成五利之徒，不陳其左道。君父開悟，遐邇詠歌。人不震驚，市無易肆。公之力也。」李巨川著書，矯誣善惡，乃至於此！今從《實録》。

丙申，龐師古、葛從周入鄆州，執朱瑄。

薛居正《五代史·梁太祖紀》：「辛卯，營于濟水之次，龐師古令諸將撤木爲橋。乙未夜，師古以中軍先濟，朱瑄棄壁夜走，葛從周擒瑄并妻男以獻。」按：濟水自王莽時大旱，不復能絶河而南，自是河南無濟水。《編遺録》曰：「五月，遣騎於鄆州軍前追從周，徑往洹水董師，以代侯言，師古留攻鄆。」《梁太祖實録》：「四年正月，復以洹水之師大舉伐鄆。十五日辛卯，營其西南河外，龐師古命諸將撤木爲橋，以圖宵濟。癸巳，前軍以心膂百人盜決河口。甲午，浮橋集水次。乙未夜，師古中軍先濟，聲振壁内。朱瑄聞之，棄壁走。」《編遺録》：「四年正月己卯〔二〕，朱

〔一〕「正月」，《通鑑》正文此事在正月丁亥。按：《舊唐書》、《新唐書》《昭宗紀》在二月己未。

〔二〕「己」，原誤作「乙」，今據兩浙本、孔本、《四庫》本、胡本、廣雅本、《通鑑》胡註改。

瑄兵少糧盡，不敢出戰，然深溝高壘，難越也。從周、師古乃取清河内小舟，採野葛草茅，索之以爲巨纜，乃於其牆南建浮橋。丙申，功就，我師渡橋，朱瑄奔遁。」皆不云濟水。師古去年三月已敗鄆兵于馬頰，追至西門，據故洛亭子爲寨。乙未夜先濟，蓋鄆城下清河水，疑朱瑄引之以環城固守，故師古等爲浮橋以濟師。河既可決，明非自然之水也。《舊・紀》：「癸未，龐師古陷鄆州，朱瑄與妻榮氏潰圍走。瑄至中都，爲野人所殺，榮氏俘於軍。」《新・紀》：「丙申，全忠陷鄆州。」《實録》：「二月丙午朔，陷鄆州。瑄至中都，爲亂兵所殺，妻榮至汴爲尼。」據薛《史》，辛卯營於濟水，則癸未鄆未破也。《新・紀》云丙申陷鄆，《實録》二月，蓋約奏到。今從《編遺録》、《新・紀》。

師古爲鄆州留後。

《舊・紀》、《梁太祖實録》、薛居正《五代史・師古傳》皆云，師古爲鄆州留後。《編遺録》、薛《史・梁紀》皆云友裕。按《編遺録》：「三月丙子，以友裕爲鄆州留後，師古爲徐州留後。」蓋初以師古守鄆州，後以友裕代之，而徙師古於徐州也。

二月，己未，赦天下。

《實録》：「降德音，曲赦天下。」云德音，即非赦；既云曲赦，即不及天下。《實録》誤也。

四月，李繼瑭爲匡國節度使。

《實録》："賜同州號匡國軍，以防禦使李繼瑭爲匡國節度使。"按《新·方鎮表》，乾寧二年，賜同州號匡國軍。王行約已嘗爲匡國節度使，蓋行約死，繼瑭但爲防禦使，今始復舊名耳。

韓建奏貶張禕等。

《實録》："貶刑部尚書張禕、趙崇、蘇循等爲衡州司馬。韓建惡之，誣奏貶焉。"禕等必不皆爲刑部尚書，皆貶衡州司馬。《實録》誤也。

五月〔一〕**，朱友恭執瞿章。**

薛居正《五代史·梁紀》："五月丁丑，朱友恭遣使上言，大破淮寇於武昌，收復黄、鄂二州。"《新·紀》："壬午，全忠陷黄州，刺史瞿璋死之〔二〕。"《朱友恭傳》云"翟章"。《十國紀年》作"瞿章"。《吴録》云："執刺史瞿章。"當可據。

〔一〕"五月"，《通鑑》正文此事在五月壬午。按：《新唐書·昭宗紀》原在五月壬午。

〔二〕"璋"，《通鑑》胡註作"章"。按：《新唐書·昭宗紀》原作"璋"。

八月，韓建殺通、儀等十一王〔一〕。

《舊·紀》："是日，通、覃以下十一王并其侍者，皆爲建兵所擁，至石堤谷〔二〕，無長少皆殺之。"《唐補紀》曰："六宅諸王，準前商量，請置殿後都。韓建怨怒，進狀爭論，與諸王互説短長。上乃縛韓王克良已下十人，送韓建府。建以棘刺圍於大廳，經宿不與相見。軍吏諫，遂請諸王歸宫，散卻殿後都。"《新·紀》："八月，韓建殺通王滋、沂王禋〔三〕、韶王、彭王、嗣韓王、嗣陳王、嗣覃王嗣周、嗣延王戒丕、嗣丹王允。"按《舊·紀》韓建奏，睦王、濟王、韶王、通王、彭王、韓王、儀王、陳王八人。《新·宗室傳》，初，帝遣嗣延王戒丕、嗣丹王允往見李克用，又有覃王嗣周，則是十一人。《新》《紀》、《傳》"儀"作"沂"。按：昭宗子禋封沂王，不應更封宗室。《舊·紀》儀王，恐可據。

朱朴再貶郴州司户。

《實録》："朴貶郴州司户。"薛廷珪《鳳閣書詞》有朴自秘書監責除蜀王傅、分司東都制

〔一〕"儀"，《通鑑》正文作"沂"。按：據《考異》文意，當作"儀"。
〔二〕"石"，原誤作"右"，今據《通鑑》胡註及《新唐書·昭宗紀》改。
〔三〕"禋"，《新唐書·昭宗紀》原作"禋"。

云〔一〕：「包藏莫顧於朝綱〔二〕，進見不由於相府。」復云：「猶希顧問之間，來撓澄清之化。」又貶渠州司馬制云：「爭臣條奏，憲府極言，指陳負國之謀〔三〕，忿嫉崇奸之計。」與此稍異。今從《實録》。

〔一〕「薛」上，原衍「朴」字，今據孔本、《四庫》本、胡本、廣雅本、《通鑑》胡註删。

〔二〕「包」，兩浙本、孔本、《四庫》本、胡本、廣雅本、《通鑑》胡註作「苞」。

〔三〕「國」，孔本、《四庫》本、胡本、廣雅本作「固」。

資治通鑑考異卷第二十七

端明殿學士兼翰林侍讀學士太中大夫提舉西京嵩山崇福宫上柱國河内郡開國公食邑二千六百户食實封壹阡户臣司馬光奉敕編集〔一〕

唐紀十九

光化元年〔二〕，正月，韓建爲修宫闕使。

《實録》：「建以行宫卑庳，無眺覽之所，表獻城南別墅。建初修南莊，起樓觀，疏池沼，欲爲南内，行廢立之事。其叔父豐見其跋扈，謂建曰：『汝陳、許間一民，乘時危亂，位至方鎮。不能感君父之惠，而欲以同、華兩州百里之地行廢立，覆族在旦莫矣。吾不如先自裁，免爲汝所累。』

〔一〕「敕編集」，三字原脱，今據《考異》各卷補。

〔二〕「光」，原誤作「元」，今據兩浙本、孔本、《四庫》本、胡本、廣雅本、《通鑑》正文、《資治通鑑目録》改。

由是建稍弭其志。及李茂貞表請助營宫苑，又聞朱全忠繕治洛陽，累表迎駕，建懼，故急營葺長安，率諸道助役，而又親程功焉。」按：建若欲廢立，何必先營南内！今不取。

九月，羅弘信薨。

薛居正《五代史》《梁紀》、《弘信傳》、《太祖紀年録》皆云，弘信八月卒。按：八月昭宗還京，弘信猶加官。《舊》《紀》、《傳》九月卒，今從之。《實録》十月，約奏到也。

十月，王珙殺王柷。

柷爲給事中并遇害，《舊・紀》、《實録》皆無年月，今因珙伐河中事附此。

十一月，崔洪以弟賢爲質。

《十國紀年》：「洪託以將士不受節制，遣兄賢質於汴。」按《舊・紀》：「十月，汴將張存敬以兵襲蔡州，刺史崔洪納款，請以弟賢質于汴，許之。」《實録》亦云「弟賢」。今從之。

二年，三月[二]**，朱全忠遣丁會下澤州。**

《實録》：「丁巳，葛從周復取澤州。」按《編遺録》：「丁巳，河橋丁會收復澤州[三]。」《實録》

[二] 「三月」，《通鑑》正文此事在三月丁巳。按：《新唐書・昭宗紀》原在三月丁巳。

[三] 「橋」，《通鑑》胡註作「陽」。

云從周，誤也。《唐太祖紀年録》：「三月，周德威敗氏叔琮於洞渦驛。先是，逆温令丁會將兵助李罕之，戍潞州。至是，葛從周復入潞州以代丁會，賊復陷我澤州。」《梁實録》、薛《史·梁紀》皆云，六月方遣從周入潞州，《紀年録》於此連言後事耳。

六月，葛從周代丁會守潞州。

《編遺録》：「六月乙丑，李罕之疾甚，請歸河陽。丁卯，上令抽大軍迴，以丁會權制置，綏懷上黨，上乃東歸。」不言遣從周入潞。薛居正《五代史·梁紀》：「六月，帝表丁會爲潞州節度使，以李罕之疾亟故也。又遣葛從周由固鎮路入于潞州，以援丁會。」《梁實録》、《後唐紀》皆云代會。自此至潞州破，賀德倫走，不復見會名。或者李罕之既卒，復召會守河陽，以從周代之，不可知也。今因會鎮潞，終言之。

三年，七月，李嗣昭敗汴軍於内丘。

《唐太祖紀年録》：「七月，嗣昭攻堯山，至内丘，遇汴軍三千，戰敗之，擒其將李瓌。」薛居正《五代史·後唐紀》與《紀年録》同。惟《唐末見聞録》：「八月二十五日，嗣昭領馬步五萬取馬嶺，進軍下山東。某日，山東告捷，收得洺州。九月二日，嗣昭兵士失利，卻回。」《新·紀》：「八月庚辰，陷洺州。」薛《史·唐紀》：「九月，嗣昭棄城歸。」蓋據此也。按《編遺録》八月中云：

「前月二十五日，上於毬場饗士，忽有大風驟起，占者曰賊風〔一〕。果於是時，李進通領蕃寇出攻洺州。」然則嗣昭出兵，乃七月二十五日也。《編遺録》又曰：「八月乙丑，出兵救洺州。」乙丑，九日也。又進通敗奔歸太原在八月，《見聞録》誤。今從《編遺録》、《紀年録》、《梁紀》。

八月，嗣昭敗汴軍于沙門河。

《編遺録》：「七月二十五日，李進通領蕃寇出并州〔二〕，來攻洺州。八月乙丑，發大軍救應之。上尋亦自領衙軍相繼北征，翌日，達滑臺。軍前馳報，洺州已陷，刺史朱紹宗因踰堞，墮而傷足，爲賊所擒。」《唐太祖紀年録》：「八月，李嗣昭又遇汴軍於沙門河，擊而敗之。進攻洺州，刺史朱紹宗挈其族夜遁，我師追及，擒之〔三〕。」《唐末見聞録》：「八月二十五日，嗣昭進軍下山東。某日，山東告捷，收得洺州，捉得刺史朱温姪男。」《舊・紀》：「八月庚辰，嗣昭攻洺州，下之。」薛《史・梁紀》：「八月，河東遣李進通襲陷洺州〔四〕。」《新・紀》亦在庚辰，乃二十五日也。《實録》在九月，約奏到。今從《編遺録》。

〔一〕「曰」，《通鑑》胡註作「云」。

〔二〕「州」，原誤作「川」，今據孔本、《四庫》本、胡本、廣雅本、《通鑑》胡註改。

〔三〕「擒」，原誤作「檎」，今據兩浙本、孔本、《四庫》本、胡本、廣雅本、《通鑑》胡註改。

〔四〕「洺」，原誤作「洛」，今據兩浙本、孔本、《四庫》本、胡本、廣雅本、《通鑑》胡註及《舊五代史・梁書・太祖紀》改。

九月，葛從周大破李嗣昭。

《唐太祖紀年録》：「葛從周攻洺州，嗣昭棄城而歸。是役也，王郃郎、楊師悦陷賊，洺州復爲汴有。」《唐末見聞録》：「九月二日，嗣昭兵士失利，卻回[一]，被汴州捉到王郃郎。」《編遺録》、薛居正《五代史·梁紀》：「八月，帝遣葛從周屯黄龍鎮，親領中軍涉洺而寨。晉人懼而宵遁，洺州復平。」《唐紀》：「九月，汴帥自將兵三萬圍洺州，嗣昭棄城而歸，葛從周伏青山口，嗣昭軍不利。」《實録》：「九月，嗣昭棄洺州，敗於青山口。」今從《唐末見聞録》、《唐紀》、《實録》[二]。

十月，馬殷克桂州。

《唐烈祖實録》、《新唐書·本紀》、路振《九國志·楚世家》皆云，光化二年，殷克桂州[三]。《馬氏行年記》及王舉《大定録》云天復元年。惟曹衍《湖湘馬氏故事》云：「天復甲子，宣晟自安州入桂州。天祐四年丁卯十二月，收嶺北七州。明年十月，平桂州。」差繆極甚。《新唐書·

[一]「回」，原誤作「幼」，今據兩浙本、孔本、《四庫》本、胡本、廣雅本、《通鑑》胡註改。

[二]《通鑑》胡註曰：「按：《考異》所録《唐紀》，蓋《後唐紀》。」

[三]「光化二年」，《新唐書·昭宗紀》此事原在三年。

方鎮表》：「光化三年，升桂管經略使爲靜江軍節度使〔一〕。」而《本紀》：「乾寧二年，安州防禦使宣晟陷桂州，靜江軍節度使周元靜、部將劉士政死之。」歲月既已倒錯，又以士政爲元靜部將，同死，尤爲乖誤。今據武安節度掌書記林崇禧撰《武威王廟碑》云：「我王臨位五歲，而桂林歸款。」自乾寧三年至光化三年，五年矣，又與《實録》合，故從之。

十一月，庚寅，劉季述等廢立。

按：此月乙酉朔〔二〕，己丑五日，庚寅六日也。廢立之日〔三〕，《舊·紀》云庚寅，《舊·宦者傳》、《唐年補録》皆云六日〔四〕，無云五日者。而《實録》、《新·紀》云己丑，誤也。《唐太祖紀年録》先云六日，後云七日，尤誤也。崔胤所恃者昭宗耳，季述議廢立，安肯即從之！《補録》、《紀年録》云脇之以兵〔五〕，是也。《唐補紀》云「皇后穴牆取太子」，又云「令旨宣告大臣與社稷爲

〔一〕「軍」，《通鑑》胡註無此字。按：《新唐書·方鎮表》原有此字。「使」，原脱，今據《通鑑》胡註及《新唐書·方鎮表》補。

〔二〕「月」，原誤作「日」，今據兩浙本、孔本、《四庫》本、胡本、廣雅本、《通鑑》胡註改。

〔三〕「日」，原誤作「者」，今據兩浙本、孔本、《四庫》本、胡本、廣雅本、《通鑑》胡註改。

〔四〕「録」，原誤作「紀」，今據《考異》下文改。

〔五〕「云」，《通鑑》胡註作「言」。

主」，又云「后白軍容，令聖上養疾」，皆程匡柔爲宦者諱耳〔二〕，不可信也。

解崔胤度支等使。

《舊·傳》：「劉季述畏朱全忠之强，不敢殺崔胤，但罷知政事，落使務，守本官而已。胤復致書於全忠，請出師返正，故全忠令張存敬急攻晉、絳、河中。」按《舊·紀》、《新·紀》、《新·宰相表》，此際皆無胤罷相事。全忠攻晉、絳、河中，乃在明年返正後。今不取。

十二月，李振勸朱全忠討季述。

薛居正《五代史·李振傳》：「十一月，太祖遣振入奏於長安，邸吏程巖白振曰：『劉中尉命其姪希貞來計大事。』既至，巖乃先啓曰：『主上嚴急，内官憂恐，左中尉欲行廢黜，敢以事告。』振顧希貞曰：『百歲奴事三歲主，亂國不義，廢君不祥，非敢聞也。況梁王以百萬之師匡輔天子，幸熟計之！』希貞大沮而去。振復命，劉季述果作亂，程巖率諸道邸吏牽帝下殿，以立幼主。振至陝，陝已賀矣。護軍韓彝範言其事，振曰：『懿皇初昇遐，韓中尉殺長立幼，以利其權，遂亂天下。今將軍復欲爾邪！』彝範，即文約孫也，由是不敢言。」《編遺録》：「上雖聞其事，未知摭實，但懷憤激。丁未，上離定州軍前。十二月戊辰，達大梁，欲潛謀返正，乃遣李振偵視其事。

〔二〕「宦」，原誤作「官」，今據《四庫》本、廣雅本、《通鑑》胡註改。

振迴，益詳其宜也，尋馳蔣玄暉與崔胤密圖大義。」薛《史・梁紀》：「季述幽昭宗〔一〕，立德王裕爲帝，仍遣其養子希度來言，願以唐之神器輸於帝。時帝方在河朔，聞之，遽還于汴，大計未決。會李振自長安使回，因言於帝云云。帝悟，因請振復使于長安〔二〕，與時宰潛謀返正。」按：季述廢立之前，李振若已嘗立異，今豈敢復入長安，與崔胤謀返正乎！今從《編遺録》〔三〕。又按：《唐太祖紀年録》及《舊・張濬傳》皆云，濬勸諸藩匡復〔四〕，而《梁實録》及《李振傳》皆云，濬勸全忠附中官，與《紀年録》及《舊・傳》相違，恐《梁實録》誤，《振傳》據《實録》也。《唐補紀》曰：「自監國居位，將及五旬，牋表不來，朝野驚虞，亢旱時多，虹蜺背璚。崔胤睹其不祥，便謀内變，潛行書檄於關外，播揚辭舌於街衢。朱全忠封崔胤檄書并手札等與季述云〔五〕：『彼已翻覆，早宜別圖。』無何，季述以此書示于崔胤曰：『比來同匡社稷，卻爲鬭亂藩方，不審相公何至於此！』胤唯云：『無此事，遭人反圖。刻蠟僞名，自古乃有。軍容若行怪怒，則乞俯存家

〔一〕「季」，原誤作「李」，今據兩浙本、孔本、《四庫》本、胡本、廣雅本、《通鑑》胡註及《舊五代史・梁書・太祖紀》改。
〔二〕「復」，原闕，今據兩浙本、孔本、《四庫》本、胡本、廣雅本、《通鑑》胡註及《舊五代史・梁書・太祖紀》補。
〔三〕《通鑑》胡註曰：「貞明中，史臣李琪、張袞、郄殷象、馮錫嘉修撰《太祖實録》，事多漏略，敬翔別纂成三十卷補其闕，號曰《大梁編遺録》。」
〔四〕「藩」，原誤作「蕃」，今據《通鑑》胡註及《舊唐書・張濬傳》改。
〔五〕「朱」，原闕，今據兩浙本、孔本、《四庫》本、胡本、廣雅本、《通鑑》胡註補。

族〔一〕。』季述乃與言，誓相保始終。胤其夜便致書謝全忠云：『昨以丹誠諮撓尊聽，卻蒙封示左軍劉公，其人已知意旨。今日與胤設盟，不相損害〔二〕。然遠託令公爲主，方應保全，兼送女僕二人，細馬兩匹〔三〕。』全忠覽書大詬曰：『劉季述，我與伊同王事十二三年，兄弟之故，特令報渠。不能自謀，卻示崔相，道我兩頭三面，實是難容！我若不殺此公，不姓朱也！』乃擲於地，囚其使者〔四〕，走一健步直申崔公，從兹與大梁同謀大事。」按：崔胤鄙來内倚昭宗，外挾全忠，與宦官爲敵。今昭宗既廢，胤所以得未死者〔五〕，以與全忠親密故也，全忠安肯以其書示季述！季述恨胤深入骨髓，若得此書，立當殺胤，豈肯復以示胤而與之盟誓也！此殊不近人情，皆程匡柔黨宦官〔六〕，疾胤之辭耳〔七〕。

〔一〕「俯」，原誤作「附」，今據兩浙本、孔本、《四庫》本、胡本、廣雅本、《通鑑》胡註改。
〔二〕「相」，原誤作「川」，今據兩浙本、孔本、《四庫》本、胡本、廣雅本、《通鑑》胡註改。
〔三〕「兩」，原誤作「二取」，今據兩浙本、孔本、《四庫》本、胡本、廣雅本、《通鑑》胡註改。
〔四〕「囚」，原脱，今據《通鑑》胡註補。
〔五〕「未」，原誤作「米」，今據兩浙本、孔本、《四庫》本、胡本、廣雅本、《通鑑》胡註改。
〔六〕「皆」下，《通鑑》胡註有「由」字。
〔七〕「辭」，《通鑑》胡註誤作「亂」。

天復元年，正月[一]**，全忠封東平王。**

《舊·紀》：「二月，以全忠守中書令，進封梁王。」薛居正《五代史·梁紀》：「正月癸巳，進封帝爲梁王，酬返正之功也。」《實録》：「癸巳，沛郡王朱全忠加定謀宣力功臣，進封東平王。」《新·紀》：「二月辛未，封全忠爲梁王。」按《編遺録》，此年二月辛未表讓梁王。三年二月制云：「兔苑名邦，睢陽奥壤，光膺簡册，大啓封疆。可守太尉、中書令，進封梁王。」或者今年已曾封梁王，全忠讓不受，改封東平王，至三年乃進封梁王。而三年制辭前官爵已稱梁王，蓋誤也。今從《實録》。

崔胤留岐兵三千宿衛。

《唐補紀》曰：「其月八日，李茂貞朝覲，留二千人在右街侍衛而回。崔胤申朱全忠，請三千人在南坊宅側安下。鳳翔刧駕西去，朱全忠又闇以車子載器仗，稱是紬絹進奉，推車子人皆是官健，入崔胤宅中。人心驚惶，不同前後。崔胤累差人喚召朱全忠，不到。」《新·傳》：「韓全誨等知崔胤必除己乃已，因諷茂貞留選士四千宿衛，以李繼徽總之。胤亦諷朱全忠内兵二千居南

〔一〕「正月」，《通鑑》正文此事在正月癸巳。

司〔一〕，以婁敬思領之。」蓋取《唐補紀》耳。按韓偓《金鑾密記》，偓對昭宗云：「當留兵之時，臣五六度與崔胤力爭，胤曰：『某實不留兵，是兵不肯去。』臣曰：『其初何用召來？』又胤曰〔二〕：『且喜岐兵只留三千人。』」據此，則是胤召茂貞入朝，而留其兵也〔三〕。又《舊·紀》、《梁實録》、《編遺録》、薛居正《五代史·梁紀》等諸書，皆不言全忠嘗遣兵宿衛京師。若如《唐補紀》所言，岐、汴各遣兵數千人戍京師〔四〕，則昭宗欲西幸時，兩道兵必先鬬於闕下，不則汴兵皆爲宦官所誅，不則先遁去。今皆無此事，蓋程匡柔得於傳聞，又黨於宦官，深疾崔胤，未足信也。然胤所以欲留茂貞兵爲己援者，蓋以茂貞自以誅劉季述爲己功〔五〕，必能與己同心讎疾；宦官以利誘之，遂復與宦官爲一耳。今從《金鑾記》。

二月，李克用修好於朱全忠。

《唐末見聞録》：「乾寧四年六月，差軍將發往汴州爲使，其書云云，汴州回書云云。」據全忠

〔一〕「內」，《通鑑》胡註作「納」。

〔二〕「曰」，兩浙本、孔本、《四庫》本、胡本、廣雅本、《通鑑》胡註作「云」。

〔三〕「而」，兩浙本、孔本、《四庫》本、胡本、廣雅本、《通鑑》胡註作「仍」。

〔四〕「汴」，原誤作「卞」，今據兩浙本、孔本、《四庫》本、胡本、廣雅本、《通鑑》胡註改。

〔五〕「以」，原誤作「已」，今據兩浙本、孔本、《四庫》本、胡本、廣雅本、《通鑑》胡註改。

書，有「前年洹水曾獲賢郎，去歲青山又擒列將」，又云「鎮、定歸款，蒲、晉求和」，則非乾寧四年明矣。《唐年補録》：「天復元年五月壬午，制以朱全忠兼領河中，仍詔與太原通和。初，朝廷以全忠吞併河朔，又收下蒲津〔一〕，必恐兵起相侵，乃下詔太原、夷門，使務和好。時太原意亦以全忠漸强，先以書聘全忠。」書辭與《見聞録》同。全忠答太原書，又進表云：「臣與太原曾於頃歲首締歡盟，及其偶掇猜嫌〔二〕，止爲各爭言氣。」又云：「但以來書意指，未息披攘。」又云：「臣詳茲來意，益切憤懷，不敢遂與通和，必恐有孤朝寄，已遣諸軍進討訖。」《續寶運録》載全忠表云〔三〕：「臣當道先自河府抽軍，便赴太原進討，已累具狀，分析聞奏訖。臣今月二十三日，部領牙隊到東都，李克用差到專使張特，與臣書一封，并馳馬、弓箭、銀器、匹段等〔四〕，與臣通和。其張特，臣且與迴書放歸訖。當月河府抽回兵士，即勒權於河陽屯駐，見排比收復潞州，便邐迤赴太原進討次。其李克用與臣書一封，謹隨狀封進。天復四年二月奏。」其年三月二日，表到駕前，奉襄宗三月八日敕云云。云天復四年，尤誤也。《編遺録》：「天復元年二月，李克用遣軍將

〔一〕「津」，原誤作「律」，今據兩浙本、孔本、《四庫》本、胡本、廣雅本、《通鑑》胡註改。

〔二〕「及」，原誤作「乃」，今據兩浙本、孔本、《四庫》本、胡本、廣雅本、《通鑑》胡註改。

〔三〕「續」，原誤作「讀」，今據兩浙本、孔本、《四庫》本、胡本、廣雅本、《通鑑》胡註改。

〔四〕「馳」，《通鑑》胡註作「駝」。

張特執檄厚幣而來釋憾，亦差軍將持函以爲報。」又曰：「辛巳，上欲北回軍，便征北虜。近者，李克用以甘言重幣，請通和好，遂具事奏聞〔一〕。」語與《補録》同。《唐太祖紀年録》：「天復元年六月，太祖以梁寇方彊，難以兵伏，陽降心以緩其謀，乃遣押衙張特持幣馬書檄以諭之，請復舊好，書詞大陳北邊五部士馬之盛，皆吾外援。朱温視之不懌，令敬翔修報，詞旨疏拙，人士嗤之。」薛居正《五代史·梁紀》：「天復元年二月，李克用遣牙將張特來聘，帝亦遣使報命。」《李襲吉傳》：「天復中，武皇議欲修好於梁，命襲吉爲書以貽梁祖。」書辭與《見聞録》同，其年月日各參差不同。據全忠答太原書云「今月二十二日使至」，又上表云「先自河陽抽軍赴太原」〔二〕，又云「二十三日到東都」，則克用書達全忠，必在天復元年二月下旬。今從《編遺録》、《梁紀》。

五月，氏叔琮等自石會關歸。

《編遺録》：「四月壬戌，上以李克用遣張特賫書請尋歡盟，乃指揮諸軍所在且駐留，見差發專人入太原〔三〕，許通歡好。兼并州地寒，節候甚晚，戎馬既多，野草不足於芻牧，尋令氏叔琮迴

〔一〕「具」，原誤作「其」，今據兩浙本、孔本、《四庫》本、胡本、廣雅本、《通鑑》胡註改。

〔二〕「陽」，兩浙本、孔本、《四庫》本、胡本、廣雅本作「府」；「抽」，原誤作「柚」，今據兩浙本、孔本、《四庫》本、胡本、廣雅本、《通鑑》胡註改。

〔三〕「入」，《通鑑》胡註作「之」。

戈[一]。」《後唐太祖紀》[二]：「五月，氐叔琮及四面賊軍皆退。」薛《史·梁紀》，班師在四月。《後唐紀》，汴軍退在五月。蓋全忠以四月命班師，而叔琮等以五月離晉陽，故國史記之各異也。

六月，癸亥，朱全忠如河中。

薛居正《五代史·梁紀》：「庚申，帝發自大梁。」今從《編遺録》。

閏月，丁會爲昭義節度使。

薛居正《五代史·會傳》：「自河陽以疾致政於洛陽。梁祖季年猜忌，故將功大者多遭族滅，會陰有避禍之志，稱疾者累年。天復元年，梁祖奄有河中、晉、絳，乃起會爲昭義節度使。」按：光化二年六月，會自河陽爲昭義節度使。九月，李克用取潞州，表孟遷爲節度使。時罕之已卒，必是會卻領河陽，至此纔二年[三]，則非致政稱疾累年也。又，是時全忠未嘗誅戮大將，疑會降河東後，作傳者誤以天祐中事在前言之耳。

崔胤召朱全忠。

《唐太祖紀年録》：「會汴入寇同華，宦者知崔胤之謀。時胤專掌三司泉貨，韓全誨教禁兵

[一]「戈」，兩浙本、孔本、《四庫》本、胡本、廣雅本作「戍」。
[二]「紀」，原脱，今據《通鑑》胡註補。
[三]「二」，原誤作「三」，今據兩浙本、孔本、《四庫》本、胡本、廣雅本、《通鑑》胡註改。

伺胤出，聚而呼譟[一]，訴以冬衣減損，軍人又上前披訴。天子徇衆情，罷崔胤知政事。崔胤怒，急召朱温，請以兵師入輔。」《唐補紀》：「時朱全忠在河中，胤潛作急詔，令全忠入朝，又修書云云。全忠得此書詔，便發河中，還汴。」按：是時全忠未寇同華，胤亦未罷，《紀年録》誤。今從《唐補紀》。

十月[二]，全忠舉兵發大梁。

薛居正《五代史》：「十月戊戌，奉密詔赴長安。是時朝廷軍國大政，專委崔胤，崔每事裁抑宦官，宦官側目。崔一日於便殿奏，欲盡去之，全誨等屬垣聞之。中官視崔皆裂，以重賂甘言誘藩臣[三]，以爲城社，時因讌聚，則相向流涕。時崔專掌三司貨泉，全誨等教禁兵於昭宗前訴之，昭宗不得已，罷崔知政事。崔急召太祖，請以兵入輔，故有是行。」按：帝幸鳳翔前，崔胤未罷相，此與《太祖紀年録》略同，亦誤。

〔一〕「而」，原誤作「乃」，今據兩浙本、孔本、《四庫》本、胡本、廣雅本、《通鑑》胡註改。

〔二〕「十月」，《通鑑》正文此事在十月戊戌。按：《舊唐書》、《新唐書》《昭宗紀》、《舊五代史·梁書·太祖紀》原在十月戊戌。

〔三〕「藩」，原誤作「蕃」，今據兩浙本、孔本、《四庫》本、胡本、廣雅本、《通鑑》胡註及《舊五代史·梁書·太祖紀》改。

丁酉，宮禁諸門增兵防守。

按《金鑾記》：「二十日入直，隔夜，崔公傳語，明日請相看。侵早到門，崔出御札相示。」然則添人把門及降御札，皆十九日事〔一〕。《實録》：「己亥，差人把門。」己亥，乃二十一日。《實録》誤也。

十一月，壬子，韓全誨等劫上幸鳳翔。

《續寶運録》：「其年十月，朱全忠發士馬。十一月，入長安。聖上幸鳳翔，宰臣裴諗、翰林學士令狐涣等扈從。其皇后王氏及千官、太子、玉印、龍服〔二〕，並是汴州迎在華州，相次修東都宫室，旋迎赴東都。其年十一月初，鳳翔士馬入京，劫掠街西諸坊寶貨士女至甚。及七日，汴州士馬入京赴救，長安士庶並走，攢在開化坊。」其説妄謬，今不取。

乙卯〔三〕，全忠取華州。

《編遺録》：「上引兵逼華州，韓建輕騎出牆歸投。上於西溪亭子與建飲膳畢，卻歸赤水營。

〔一〕「日」，原誤重文，今據兩浙本、孔本、《四庫》本、胡本、廣雅本、《通鑑》胡註删。
〔二〕「千」，兩浙本、孔本、《四庫》本、胡本、廣雅本作「百」。
〔三〕「乙卯」，《通鑑》正文無此二字。按：《舊唐書》、《新唐書》《昭宗紀》、《舊五代史・梁書・太祖紀》此事皆在十一月乙卯。

旬日，乃請建充忠武節度使。」《梁太祖實録》：「乙卯，大軍及華州，建來降。甲辰，署建權知華州事，仍以宣武牙推龔麟佐之。」《唐太祖紀年録》：「丙辰，汴軍攻華州。九日，建以城降。」《唐補紀》：「同州刺史王行約閉城登壘，全忠斫開城門，屠之，不留噍類。華州韓建聞此，出城三十里迎之，只於迎處云：『令公本貫許州，便仰衣錦。』乃差人押出關東。」《舊・傳》：「建令李巨川至河中送款，敬翔疾其文筆，勸全忠害之。」薛居正《五代史・梁祖紀》：「丙辰，帝表建權知忠武軍事，促令赴任。」《實録》：「乙卯，全忠取華州。丙辰，次武功，徙建爲忠武節度使。」按：此月無甲辰，蓋丙辰字誤也。全忠乙卯取華州，丙辰豈能遽至武功！《唐補紀》又云：「昭宗不知崔胤僞行詔命，聞朱全忠平陷兩州，十一月三日亥時，奔波西去。」按：行約乃克用取同州時節度使也。程匡柔妄謬多此類。今取華州日從《梁太祖實録》，李巨川死從《昭宗實録》。

崔胤請全忠迎駕。

《編遺録》：「于時長安無人主，朝廷無敕晝，帝在岐下無輔臣，自漢、魏以來，喪亂未若今日。胤請王溥自西京至赤水，請上進軍迎駕。戊午，離赤水。」薛居正《五代史・梁紀》：「己未，發赤水。」按《唐太祖紀年録》：「朱温至長樂，崔胤帥百官班迎。」《編遺録》：「胤請王溥自西京至赤水軍前商議。」《實録》云「胤東寓華州」，又云「胤召溥至赤水」，皆誤也。《舊・紀》亦云：「胤令溥至赤水，促全忠迎駕。」今從之。發赤水日從《編遺録》。

戊辰，全忠至鳳翔。

《實録》：「乙丑，全忠駐軍岐城之東〔一〕。丙寅，全忠軍至城下。」按：全忠癸亥離長安，乙丑、丙寅至岐，太速。今從《編遺録》、《新·紀》。

辛酉〔二〕，全忠移兵趣邠州。

《金鑾記》曰：「十七日早，聞岐師昨夜二更卻迴，云軍大衄。汴令有表迎駕，并述行止。汴軍在岐東下寨。十八日、十九日，白麻：『盧光啓可諫議大夫、參知機務。』二十日，翰林學士姚洎兼知外制誥。二十四日，汴令有表，奉辭東去。二十五日，汴軍離發延英門。」《舊·紀》：「癸酉，全忠辭去。」〔三〕今從《編遺録》。

崔胤責授工部尚書〔四〕。

《實録》載制辭曰：「四居極位，一無可稱。」又曰：「無功及人，爲國生事。」按《舊·傳》，前

〔一〕「岐」，原誤作「歧」，今據兩浙本、孔本、《四庫》本、胡本、廣雅本、《通鑑》胡註改。
〔二〕「辛酉」，《通鑑》正文此事在辛未。按：《舊唐書》、《新唐書》《昭宗紀》原在辛未。且《考異》、《通鑑》正文前有戊辰，後有甲戌，此處當作「辛未」。
〔三〕「癸酉，全忠辭去」，按：此語不載《舊唐書·昭宗紀》，見於《舊五代史·梁書·太祖紀》。
〔四〕《通鑑》正文此事在十一月甲戌。按：《舊唐書》、《新唐書》《昭宗紀》原在十一月甲戌。

云罷知政事、落使務，後云同平章事、鹽鐵轉運使；《實録》前云罷胤鹽鐵使，至此制官位中復帶鹽鐵使：皆誤。

二年，二月，戊寅，全忠旋軍河中。

《實録》在正月。按《編遺録》：「二月戊寅，上以久駐兵車於三原，乃議東歸蒲阪，遂取高陵、櫟陽、左馮，入于蒲津。」《梁太祖實録》：「正月戊申朔，上總御戎馬，發自三原，復至武功縣駐焉；貢章奉辭，迴軍赴蒲坂。」今從《唐年補録》、《舊·紀》。

三月，李嗣昭、李嗣源等勸李克用固守〔一〕。

《唐太祖紀年録》：「嗣昭與今上日夜入賊營，斬將搴旗〔二〕，賊多驚擾。」《梁太祖實録》：「三月癸丑，虜衆悉出，友寧以飛騎犯其左右翼，虜大敗北，掩殺不知其數，擒克用男廷鸞及將校健卒數千人〔三〕。」《實録》：「朱友寧圍太原營西北隅，攻其西門，城内大恐。克用欲奔雲中，弟克寧止之。又遣李嗣昭與克用子存勖日夜擾賊營，友寧乃燒營而遁。」按：《紀年録》所謂今上者，乃明宗，非莊宗也。《實録》誤。

〔一〕「源」，原誤作「原」，今據兩浙本、孔本、《四庫》本、胡本、廣雅本、《通鑑》正文、《資治通鑑目録》改。
〔二〕「搴」，原誤作「塞」，今據兩浙本、孔本、《四庫》本、胡本、廣雅本、《通鑑》胡註改。
〔三〕「廷」，原誤作「延」，今據兩浙本、孔本、《四庫》本、胡本、廣雅本、《通鑑》胡註改。

李儼，張濬之子。

《唐補紀》：「二年，昭宗自鳳翔遣金吾將軍李儼賫御札自巫峽間道潛行〔一〕，宣告吳王楊行密，爲討伐逆賊朱全忠事。李儼者，宰臣張濬男。其張濬先爲都統討太原，退軍，朝貶，韓建力救，不赴貶所，只在三峰。其男留行在〔二〕，乃授金吾將軍。昭宗差來，宣告於吳王行密。朱全忠探知，張濬一門盡遭殺戮。」按：此年濬未死。儼賜姓李〔三〕，見此年十月註。

五月，己未，朱全忠發河中。

《金鑾記》：「五月三日，岐馬步軍敗，迴戈傷中不少。八日，聞四面百姓盡般移入城内。二十一日，聞汴帥於鄜縣築城及寶雞下寨。二十三日，聞汴帥至石鼻，又至横渠。二十四日，聞汴帥至城南十里。」按《編遺録》：「六月，全忠始離渭橋。」此蓋全忠下遊兵耳。《實録》據《金鑾記》云：「癸亥，朱全忠引軍在石鼻〔四〕。乙丑，至横渠。己巳，駐師城南。」誤也。

〔一〕「自」，原誤作「在」，今據兩浙本、孔本、《四庫》本、胡本、廣雅本、《通鑑》胡註改。
〔二〕「留」，原脱，今據廣雅本、《通鑑》胡註補。
〔三〕「賜」，原誤作「陽」，今據兩浙本、孔本、《四庫》本、胡本、廣雅本、《通鑑》胡註改。
〔四〕「在」，兩浙本、孔本、《四庫》本、胡本、廣雅本作「至」。

六月，丁亥，全忠圍鳳翔。

《梁太祖實録》：「六月丁丑，壁虢縣。辛未，文通洄兵驟出，布陣俟敵。我之將卒躍進決鬬，始辰暨午，寇大敗，屍仆萬餘人。命諸軍徙寨，逼其壘。自是岐人繼出師，靡不喪衄。六月乙亥，上以盩厔有博野軍與岐人往來以窺我，命李暉討平。丙戌，復遣孔勍領兵由大散關取鳳州。」按：六月乙亥朔，無辛未。前云丁丑，後云辛未，又再云六月，皆誤。從《唐實録》。

十月，李儼至揚州。

《十國紀年》注、李昊《蜀書·張格傳》云：「弟休，仕唐爲御史，奉使揚州，聞長水之禍，改姓名曰李儼〔一〕。」《九國志》云：「李儼本左僕射張濬之少子，名播，起家校書郎，遷右拾遺。濬爲朱全忠所害，播自長水奔鳳翔，昭宗賜其姓名，來使，欲徵兵復讎。」行密與朱全忠書云：「還張述於諫省，俾銜命於揪藩，授秩執金，賜編屬籍。」《新》、《舊唐書》《昭宗紀》及《濬傳》皆云：「天復三年十二月，全忠殺濬於長水。」然則儼來使時，濬猶未死。「述」與「休」字相亂〔二〕，或一名播乎？《實録》，是月〔三〕，始以儼爲江淮宣諭使，以行密充吴王、東面行營都統，誤也。據行密

〔一〕「曰」，《通鑑》胡註作「爲」。

〔二〕「述」下，《通鑑》胡註有「字」字；「字」，原誤作「自」，今據兩浙本、孔本、《四庫》本、胡本、廣雅本、《通鑑》胡註改。

〔三〕「月」，原誤作「日」，今據《四庫》本、胡本、廣雅本、《通鑑》胡註改。

書，則儼父在時，已賜姓李，宣諭行密，爲討全忠〔一〕。明年春，全忠既克鳳翔，儼遂留淮南，不敢歸朝耳。

朱全忠遣司馬鄴奉表入城〔二〕。

《實録》：「庚辰，司馬酆奉表。壬午，對全忠使司馬酆。」薛居正《五代史·司馬鄴傳》：「大軍在岐下，遣奏事於昭宗，再入復出。」《實録》作「酆」，誤也。

十一月〔三〕，孔勍拔坊州，又取鄜州。

《編遺録》：「十二月癸酉，遣孔勍、李暉領兵襲鄜州，以牽李周彝之兵。己亥，我師攻陷鄜牆，獲周彝親族，遂令李暉權知鄜畤軍事。不數日，周彝乃遣幕賓投分通好，然後上許抽兵〔四〕。」《梁太祖實録》：「十一月癸卯，鄜帥李周彝統州兵萬餘人屯于老聃祠之下，上命孔勍、李暉乘虛捷取之。壬子，勍等破中部郡。甲寅，大雨雪，大軍冒之夕進，五鼓，及其壘，克之。」按：癸卯距

〔一〕「爲」，《通鑑》胡註作「以」。
〔二〕《通鑑》正文此事在十月庚辰。
〔三〕「十一月」，《通鑑》正文拔坊州在十一月壬子，取鄜州在甲寅。按：取鄜州，《舊唐書·昭宗紀》在十二月癸酉，《新唐書·昭宗紀》在十二月己亥，《舊五代史·梁書·太祖紀》在十一月甲寅。
〔四〕「後」，原脱，今據廣雅本、《通鑑》胡註補。

己亥近六十日，鄜、汴相守，豈得全不交兵！今從唐、梁二《實録》。

盧光稠陷韶州。

《新·紀》，是歲光稠卒[一]，牙將李圖自稱知州事。按《十國紀年》、歐陽脩《五代史·光稠傳》，開平五年方卒。《新·紀》誤也。

三年，正月，丙午，王師範遣劉鄩取兖州。

《舊·紀》：「丙午，青州牙將劉鄩陷全忠之兖州，又令牙將張厚入奏。是日，亦竊發於華州，殺州將婁敬思。」《唐太祖紀年録》：「是月四日，青州帥王師範將劉鄩竊據兖州。同日，師範將張厚輦戈甲十乘至華[二]，爲華人所詰，因竊發，燔其郛，殺華州指揮使婁敬思而去。」《新·紀》：「丙午，師範取兖州。」《梁太祖實録》：「丙辰，青州綱將亂于華而敗。是日，劉鄩陷我兖州。」《唐實録》亦在丙辰。按《長曆》，丙午，正月四日；丙辰，十四日。《編遺録》云：「魏師及朱友寧告急，劉鄩正月四日襲陷兖州。」與《紀年録》等同。《梁太祖實録》多謬誤，恐難據，今從諸書，移置丙午。《唐祖補紀》云天復二年[三]，尤誤。

[一]「是歲光稠卒」，按：《新唐書·昭宗紀》，天復二年僅言「光稠陷韶州」，天祐二年乃言「是歲盧光稠卒」。

[二]「華」下，《通鑑》胡註有「州」字。

[三]「祖」，疑爲衍字。

戊申，誅韓全誨等。

《舊·紀》：「丁巳，蔣玄暉與中使押送全誨等二十人首級，告諭四鎮兵士回鑾之期。」《新·紀》：「正月戊申。殺全誨等。」《唐太祖紀年録》：「正月甲辰，鳳翔李茂貞殺其子繼筠、觀軍容韓全誨、張彦弘、樞密使袁易簡、周敬容等二十二人，皆斬首囊盛，押領出城，以示朱温。」《金鑾記》〔一〕：「六日，誅全誨等。」《唐年補録》：「正月癸卯，賜朱全忠詔。」《唐補紀》云：「天復三年二月，誅全誨等八人。」其全誨等伏誅日，今從《金鑾記》、《實録》、《新·紀》〔二〕。按：《金鑾記》、《唐年補録》、《唐實録》、《後唐紀年録》載六日所誅宦官名，可見者全誨等四人，處廷等十六人〔三〕。而《金鑾記》云「是夜處置内官一十九人」，《唐年補録》云「全誨以下二十二人首級」，《紀年録》云「殺全誨等二十二人」，《北夢瑣言》亦云「二十二人首」。《新·傳》云：「繼筠、繼誨、彦弼皆伏誅。是夜，誅内諸司使韋處廷等二十二人。」若并繼筠等數之，則多一人〔四〕；若只數宦官，則少二人；若如《金鑾記》，是夜又誅十九人，則多一人。或者二人名不見歟？

〔一〕「金」，原誤作「全」，今據兩浙本、孔本、《四庫》本、胡本、廣雅本、《通鑑》胡註改。
〔二〕「從」，原誤作「後」，今據兩浙本、孔本、《四庫》本、胡本、廣雅本、《通鑑》胡註改。
〔三〕「廷」，原誤作「延」，今據兩浙本、孔本、《四庫》本、胡本、廣雅本、《通鑑》胡註改。
〔四〕「一」，兩浙本、孔本、《四庫》本、胡本、廣雅本作「二」。

車駕幸全忠營[一]。

王禹偁《五代史闕文》曰：「昭宗佯爲鞋系脱，呼梁祖曰：『全忠爲吾繫鞋。』梁祖不得已，跪而結之，流汗浹背。時天子扈蹕尚有衛兵，昭宗意謂左右擒梁祖以殺之，其如無敢動者。自是梁祖被召多不至，其後盡去昭宗禁衛，皆用汴人矣。」按：全忠時擁十萬之衆，昭宗方脱茂貞虎口，託身全忠，豈敢遽爲此謀！或者欲效漢高祖之折黥布，亦恐昭宗不能辦耳[二]。今不取。

庚午，全忠殺第五可範等數百人。

《舊·紀》：「辛未，内官第五可範已下七百人，並賜死於内侍省。」《金鑾記》：「二十八日，處置第五可範已下四百五十人。」《太祖紀年録》：「内諸司百餘人及隨駕鳳翔羣小二百餘人[三]，一時斬首于内侍省。」《舊·傳》與《紀年録》同。《新·傳》：「胤、全忠議誅第五可範等八百餘人於内侍省。」《梁太祖實録》：「己巳翌日，誅宦官第五可範等五百餘人于内侍省，仍命畿内及諸道搜索處置，以盡厥類。」《唐年補録》云：「誅宦官七百一十人。」按《舊·紀》、《編遺録》皆

[一]《通鑑》正文此事在正月甲子。按：《舊唐書》、《新唐書》《昭宗紀》、《舊五代史·梁書·太祖紀》、《新五代史·太祖紀》原在正月甲子。

[二]「辦」，原誤作「辨」，今據兩浙本、孔本、《四庫》本、胡本、廣雅本、《通鑑》胡註改。

[三]「二」，原誤作「一」，今據兩浙本、孔本、《四庫》本、胡本、廣雅本、《通鑑》胡註及《舊唐書·宦官傳》改。

云：「正月辛未，誅可範等。」而《梁實録》、《唐補紀》、《續寶運録》、《金鑾記》、《唐年補録》、薛居正《五代史·梁紀》、《新·唐紀》，或云已巳翌日，或云二十八日，今從之。蓋全忠、胤雖奏云罷諸司使務，追監軍赴闕，其實即日已擅誅之，至二月癸酉始下詔賜死，故昭宗哀而祭之耳。

二月〔二〕，陸扆言鳳翔獨無詔書。

《舊·傳》：「帝還京後赦諸道，皆降詔書，獨鳳翔無詔，扆奏」云云。按：是時未赦，恐止是降詔書，或赦前扆議如此，故胤怒耳。

蘇檢、盧光啓賜死〔三〕。

《實録》：「檢、光啓並賜自盡。一説，檢長流環州。」《唐太祖紀年録》：「初從幸鳳翔，命盧光啓、韋貽範爲相，又命蘇檢平章事。及車駕還宫，胤積前事怒之，不一月，皆貶謫之。左遷陸扆沂王傅，王溥太子賓客，蘇檢自盡。」《續寶運録》：「二月五日，應是岐王駕前宰臣盧光啓等一百餘人，並賜自盡。」《新·紀》：「朱全忠殺蘇檢、盧光啓。」《舊·胤傳》：「昭宗初幸鳳翔，命盧光啓、韋貽範、蘇檢等作相，及還京，胤皆貶斥之。」《新·光啓傳》云：「檢長流環州，光啓賜

〔二〕「二月」，《通鑑》正文此事在二月甲戌。按：《舊唐書》、《新唐書》《昭宗紀》原在二月甲戌。
〔三〕《通鑑》正文此事在二月丙子。按：《新唐書·昭宗紀》原在二月丙子。

死。」與《寶運録》注同。檢流環州，不見本出何書。

輝王祚爲諸道兵馬元帥〔一〕。

《金鑾記》，「上曰『朕以濮王處長』」云云。《新·傳》：「帝十七子，德王裕、棣王栩、虔王禊、沂王禋、遂王禕、景王祕、輝王祚、祁王祺〔二〕、雅王禛〔三〕、瓊王祥、端王禎〔四〕、豐王祁、和王福、登王禧、嘉王祜〔五〕、潁王禔〔六〕、蔡王祐。何皇后生裕及祚，餘皆失母之氏位〔七〕。」《舊·傳》云昭宗十子，無端王禎以下七人。按《新》、《舊》《傳》，昭宗諸子皆無濮王。孫光憲《續通曆》：「濮王名絪，昭宗之子，母曰太后王氏。哀帝被殺，朱全忠册絪爲天子，改元天壽。明年，禪位於梁。」此乃光憲傳聞謬誤也。昭宗亦無王皇后。《金鑾記》所云濮王〔八〕，蓋德王改封耳。

〔一〕《通鑑》正文此事在二月己卯。按：《舊唐書》、《新唐書》《昭宗紀》、《新五代史·太祖紀》原在二月己卯。
〔二〕「祁」，原誤作「祈」，今據兩浙本、孔本、《四庫》本、胡本、廣雅本、《通鑑》胡註及《新唐書·昭宗諸子傳》改。
〔三〕「禛」，廣雅本、《通鑑》胡註作「禎」。按：《新唐書·昭宗諸子傳》原作「禛」。
〔四〕「禎」，《通鑑》胡註作「禛」。按：《新唐書·昭宗諸子傳》原作「禎」。
〔五〕「祜」，原誤作「祐」，今據《四庫》本、胡本、廣雅本、《通鑑》胡註及《新唐書·昭宗諸子傳》改。
〔六〕「禔」，原誤作「是」，今據兩浙本、孔本、《四庫》本、胡本、廣雅本、《通鑑》胡註及《新唐書·昭宗諸子傳》改。
〔七〕「母」上，《通鑑》胡註有「其」字。按：《新唐書·昭宗諸子傳》無此字。
〔八〕「濮」，原誤作「僕」，今據兩浙本、孔本、《四庫》本、胡本、廣雅本、《通鑑》胡註改。

朱友裕爲鎮國節度使〔一〕。

《實録》：「壬辰，以興德府復爲華州，賜名感化軍，以友裕爲節度使。」按《編遺録》，天祐三年閏十二月乙丑敕：「鎮國之號，興德之名，並宜停。」薛居正《五代史·地理志》：「華州，梁爲感化軍。」《梁功臣傳》：「天復三年，友裕權知鎮國軍留後。」今從《實録》。

五月〔二〕**，雷彦威陷江陵，成汭赴水死。**

《新·紀》：「彦威之弟彦恭陷江陵。」今從《編遺録》。《舊·紀》及薛居正《五代史》、《十國紀年》皆云：「汭未至鄂渚，江陵已陷，將士亡其家，皆無鬬志。」按《新·紀》、《十國紀年》皆云：「壬子，汭敗死。」壬子，此月十二日也。而《編遺録》云二十二日陷江陵，今不取。《北夢瑣言》云天祐中汭死，尤誤也。

許德勳還過岳州，鄧進忠降。

《馬氏行年記》：「天復三年，自荆南振旅還，遂入岳州，降刺史鄧進思〔三〕。」《九國志·楚世

〔一〕《通鑑》正文此事在二月壬辰。

〔二〕「五月」，《通鑑》正文陷江陵在五月庚戌，成汭死在壬子。按：《舊唐書·昭宗紀》皆在九月，《新唐書·昭宗紀》皆在五月壬子。

〔三〕「思」，兩浙本、孔本、《四庫》本、胡本、廣雅本作「忠」。

家》："天祐二年七月，岳州刺史鄧進忠帥其衆來降。"《許德勳傳》云："天祐二年，領兵略地荆南，還經岳州，刺史鄧進忠以城歸附。"《新·紀》全用《九國志》年月。《湖湘故事》言〔一〕："開平中，收荆南回，進忠以城降。"又載何致雍《天策寺碑銘》云："乃克桂林，乃襲荆渚，彼岳之陽，旋師而取。"天祐二年十月〔二〕，朱全忠謀討襄州趙匡凝〔三〕。九月，克襄州，始命楊師厚攻荆南。然則七月許德勳何繇略地荆南！蓋《九國志》之誤。天復三年，成汭敗死，德勳及雷彦威襲江陵，還取岳州，與何致雍《碑》意略同，故以《行年記》爲據。

朱友寧屠博昌。

《唐太祖紀年録》："師範之舉兵也，朱温令朱友寧討之。三月己酉，朱温至汴州〔四〕，大舉四鎮、魏博之衆十萬擊師範。朱友寧、楊師厚攻博興，旬餘不下，攻城之衆，死者大半。俄而朱温至，大怒，斬其主將，復起土山，翌日而拔，城中無少長皆屠之，仍毁其垣。四月，進陷臨淄，傅青州。別將攻北海，渡膠水，寇登、萊等郡。"《實録》據此而置於四月。《梁太祖實録》："四月丙

〔一〕"湖"，原誤作"胡"，今據兩浙本、孔本、《四庫》本、胡本、廣雅本、《通鑑》胡註改。
〔二〕"十月"，按：《舊五代史·梁書·太祖紀》，朱全忠遣楊師厚討襄州趙匡凝，原在天祐二年七月。
〔三〕"凝"，原誤作"疑"，今據兩浙本、孔本、《四庫》本、胡本、廣雅本、《通鑑》胡註及《舊五代史·梁書·太祖紀》改。
〔四〕"朱"，原誤作"先"，今據兩浙本、胡本、廣雅本、《通鑑》胡註及《舊五代史·梁書·太祖紀》改。

子，上至鄆領事。辛卯，從子友寧率師破青州之博昌、臨淄二邑，殺戮五千餘衆，暨北海焉。」《編遺録》：「五月辛亥，卻離歷下，宿豐齊驛。甲寅，上到汶陽。乙卯，奏王師範逆狀。己未，上又往歷下。壬戌，上以兵士攻取博昌。寨下少樹木，時當炎毒，卻勒親從騎兵皆歸齊州，因又前行。夜將半，客將劉捍謀曰：『捍請馳赴軍前，傳諭上意，敦將士，令戮力速攻，必可剋也。今請上卻歸歷下。』上悦而從之，便令捍馳騎東往，上乃西歸汶陽。丙寅，捷音至，攻拔博昌，盡戮其黨矣。」據此，則破博昌在五月。今從《友寧傳》〔一〕。

八月，田頵舉兵叛楊行密。

《十國紀年》：「朱全忠聞田頵等叛，矯制削奪王官爵，命頵及杜洪、鍾傳、錢鏐充四面招討使，布制書於境上。王知其詐妄。」按：《新》、《舊》《紀》、《實録》、《梁太祖紀》，皆無削奪行密〔二〕、命洪等爲招討使事〔三〕。今不取。

〔一〕「友」上，《通鑑》胡註有「朱」字。
〔二〕「密」下，《通鑑》胡註有「官爵」二字。
〔三〕「洪」上，《通鑑》胡註有「杜」字。

九月[一]，楊師厚大破王師範。

《梁太祖實録》：「九月癸卯，楊師厚勵衆決鬬，青人大敗，北走，殺戮一萬人，擒師範弟師克。翌日，東萊郡遣州兵洎土團等五千人將援青壘，我師邀截翦撲，無一二存焉，即時徙寨逼其闉闍。」《唐實録》略與此同。《編遺録》：「冬十月丁卯，楊師厚繼告捷，於臨朐北及青州四面[二]，累殺破賊黨[三]，擒斬頗衆。至十一月，萊州刺史王師克領六千人欲徑入青丘，助其守禦；師厚伏兵邀之，殺戮將盡。」下又有：「丁亥，上誕辰，聞朱友倫死。」誕辰乃十月二十一日，友倫死亦十月中事也。下又別有十一月。疑上十一月，是「十一日」字或「七日」字。又曰：「一日，師範請降。」疑脱「二十」字。二十一日，即戊午也。今從《梁實録》。

甲寅，朱全忠如洛陽，遇疾，復還大梁。

《梁實録》云壬戌。《唐實録》云十月丁卯朔。今從《編遺録》。

戊午，王師範降全忠。

《舊·紀》及薛居正《五代史·劉鄩傳》皆云：「十一月，師範降。」《編遺録》曰：「十一月，

[一]「九月」，《通鑑》正文此事在九月癸卯。按：《舊五代史·梁書·太祖紀》原在九月癸卯。

[二]「面」，原闕，今據兩浙本、孔本、《四庫》本、胡本、廣雅本、《通鑑》胡註補。

[三]「累」，原闕，今據兩浙本、孔本、《四庫》本、胡本、廣雅本、《通鑑》胡註補。

敗萊州刺史王師克。一日，師範差人捧款檄至軍前，請舉牆歸降。」按：《梁太祖實録》、薛《史·梁紀》、《唐實録》皆云九月戊午。今從之。

十月，丁丑，劉鄩降全忠。

《梁實録》：「四年正月辛丑，劉鄩自兗州來降。」《舊·紀》：「十一月，鄩以兗州降。」《實録》：「十一月，鄩降。」薛居正《五代史·梁紀》：「十一月丁酉，鄩降。」《鄩傳》曰：「天復三年十一月，師範告降，且先差鄩領兵入兗州，請釋其罪，亦以告鄩；鄩即出城聽命。」《新·紀》：「十月丁丑，劉鄩以兗州叛，附于朱全忠。」按：青、兗相距不遠，師範之降，亦以告鄩，豈有自戊午至丁酉四十日〔二〕，師範使者始至兗州邪！十月丁丑，日差近，今從《新·紀》。

辛巳〔三〕，朱友倫卒。

《編遺録》：「丁亥，趙廷隱自長安馳來告：今月十四日〔三〕，朱友倫墜馬而卒。」十四日，則庚辰也。《後唐紀年録》、薛居正《五代史·紀》〔四〕、《昭宗實録》皆云辛巳，今從之。

〔二〕「四」，原誤作「五」，今據《通鑑》胡註改。

〔三〕「辛巳」，《通鑑》正文脱此二字。按：《舊唐書·昭宗紀》、《舊五代史·梁書·太祖紀》此事原在十月辛巳。

〔三〕「日」，原誤作「自」，今據兩浙本、孔本、《四庫》本、胡本、廣雅本、《通鑑》胡註改。

〔四〕「紀」，《通鑑》胡註脱此字。

十二月，劉仁恭擒述律阿鉢〔一〕。

薛居正《五代史》及《莊宗列傳》皆云：「光啓中，守光禽舍利王子，其王欽德以重賂贖之。」按：是時仁恭猶未得幽州也。今從薛《史・蕭翰傳》及王皞《唐餘録》。

天祐元年，正月〔二〕**，柳璨同平章事。**

《舊・傳》：「崔胤得罪前一日，召璨入内殿草制敕。胤死之日，既夕，璨自内出，前騶傳呼『相公來』，人未見制敕〔三〕，莫測所以。」《新・傳》曰：「崔胤死，昭宗密許璨相，外無知者〔四〕。日暮，自禁中出，傳呼宰相，人大驚。」按：胤未死，璨已除平章事。《新》、《舊》《傳》云胤死後，誤也。

朱全忠殺崔胤〔五〕。

《舊・傳》：「全忠攻鳳翔，胤寓居華州，爲全忠畫圖王之策。」又曰：「天子還宮，全忠東

〔一〕「述律」，《資治通鑑目録》同，《通鑑》正文脱此二字。

〔二〕「正月」，《通鑑》正文此事在正月丙午。按：《舊唐書・昭宗紀》在正月丁酉朔，《新唐書・昭宗紀》在正月乙巳。

〔三〕「未」，原闕，「敕」，原脱，今據兩浙本、孔本、《四庫》本、胡本、廣雅本、《通鑑》胡註及《舊唐書・柳璨傳》補二字。

〔四〕「外」，原闕，今據兩浙本、孔本、《四庫》本、胡本、廣雅本、《通鑑》胡註及《新唐書・柳璨傳》補。

〔五〕《通鑑》正文此事在正月戊申。按：《新唐書・昭宗紀》在正月己酉。

歸，胤以事權在己，慮全忠急於篡代，乃與鄭元規謀招致兵甲，以扞茂貞爲辭。全忠知其意，從之，令汴州軍人入關應募者數百人〔一〕。及友倫死〔二〕，全忠怒，遣其子宿衛軍使友諒誅胤，而應募者突然而出。」《唐太祖紀年録》曰：「及事權既大，知朱温懷篡奪之志，慮一朝禍發，與國俱亡，因圖自安之計，與朱温外貌相厚，私心漸異。與元規密爲計畫，倍招兵數，繕治鎧甲，朝夕不止。朱温察之，乃陰令部下驍果數千，紿爲散卒，於京師應募。胤每日教閲弓弩，梁卒僞示怯懦，或倒弓背矢，有若不能，胤莫之識。俄而朱有倫打毬墜死，温愈不悦。又聞胤欲挾天子出幸荆襄，温乃抗言：『胤將交亂天下，傾覆朝廷，宜急誅之，無令事發。』天子將罷胤知政事，貶太子賓客，鄭元規循州司户。事未行，温子友諒引兵攻胤，詰旦，擒之，又攻鄭元規於京府，擒之，崔、鄭俱獻首岐下。」《實録》：「胤重世宰相，而志滅唐祚。」按：崔胤陰狡險躁，其罪固多，然本召全忠，欲假其兵力以除宦官耳。宦官既誅，全忠兵勢益彊，遂有篡奪之心。胤復欲以譎詐并圖全忠，故全忠覺而殺之。若云唐室因胤而亡，則可矣；《舊·傳》云「胤爲全忠畫圖王之策」，《實録》云「胤志滅唐祚」，恐未必然也。胤仕唐以爲上相〔三〕，滅唐立梁，於己何益！假令胤實有此志，則

〔一〕「汴」，原闕，今據兩浙本、孔本、《四庫》本、胡本、廣雅本、《通鑑》胡註及《舊唐書·崔胤傳》補。

〔二〕「倫」，原誤作「儉」，今據孔本、《四庫》本、胡本、廣雅本、《通鑑》胡註及《舊唐書·崔胤傳》改。

〔三〕「以」，《通鑑》胡註作「已」。

惟患全忠篡代之不速，何故復謀拒之！此所謂天下之惡皆歸焉者也。《紀年録》序朱、崔之情，近得其實，今從之。然《紀年録》云「傳首岐下」，誤也。又，全忠之去長安也，留步騎萬人，何患無兵，何必更令汴卒應募！若在訓練之際，突出擒胤，猶須此卒，胤既貶官家居，一夫可制，安用此計邪！蓋全忠以胤募兵既多，或能圖己，故使汴卒應募，察其動靜，以壞其謀，非藉北兵以誅胤也〔一〕。人始不知，及誅胤之際皆突出，人方知是汴卒耳。

二月，乙亥，車駕至陝。

《梁實録》：「丁巳，詔以今月二十二日，先遣士庶出京，朕將翌日命駕。壬戌，襄宗發自秦、雍。甲子，暨華州。二月丁卯，上至河中。乙亥，天子駐蹕陝郡。翌日，上來覲于行在。」《編遺録》：「正月丁酉，上聞闕下人心不遑，遂往河中，以審都邑動靜〔二〕。己酉，離梁園，行至汜水，聞崔胤死。是時皆言崔胤已下潛諫帝〔三〕，不令東遷雒陽，又密與岐、鳳交通，及斯禍也。洎上至蒲津，帝謀東幸，決取二十一日屬車離長安。是日丁巳，玉鑾東指。癸亥〔四〕，到甘棠。二月乙亥，

〔一〕「北」，《通鑑》胡註作「此」。

〔二〕「都」，原闕，「邑」，原誤作「巴」，今據兩浙本、孔本、《四庫》本、胡本、廣雅本、《通鑑》胡註補、改。

〔三〕「言」，原闕，今據兩浙本、孔本、《四庫》本、胡本、廣雅本、《通鑑》胡註補。

〔四〕「亥」，原誤作「丑」，今據兩浙本、孔本、《四庫》本、胡本、廣雅本、《通鑑》胡註改。

上離河中。丁丑，到陝郊。戊寅，朝。上欲躬往洛下催促百工，壬辰朝辭，明日東邁。」《唐太祖紀年録》，丁巳下詔，與《梁實録》同。又曰：「壬戌，昭宗發長安，遷幸洛陽。丁卯，車駕次華州。乙亥，駐蹕陝州。丙子，朱温自汴州迎覲，見已先發，自此人使相望于路，請駕早行幸洛陽。」《舊・紀》：「正月己酉，全忠率師屯河中，遣牙將寇彦卿奉表請車駕遷都洛陽。丁巳，車駕發京師。癸亥，次陝州，全忠迎謁于路。二月丙寅朔。乙亥，全忠辭赴洛陽，親督工作。」薛居正《五代史・梁紀》：「正月辛酉〔二〕，帝發自大梁，西赴河中，京師聞之，爲之震懼。」《唐年補録》：「丁巳，帝御延喜樓，全忠迎扈表至。及還宫，至暮，全忠已移書宰臣裴樞，促百官東行。是日下詔。」與《梁實録》同。「尋以張廷範爲御營使〔三〕，便毁拆宫室〔三〕，沿河而下，仍起豪民從行，貧者亦繼焉。車駕以其月二十三日己未至華州。二月丙寅，車駕駐陝郊。」又曰：「三月三日戊辰，車駕離華下。」其差舛如此。《實録》：「丁巳，全忠遣牙將寇彦卿奉表言：『盧邠、岐兵士侵迫，請車駕遷都洛陽。』乃下詔。」與《梁實録》同。「二月丙寅朔。丁卯，次華州，時朱全忠屯河中。

〔一〕「辛酉」，《舊五代史・梁書・太祖紀》原作「己酉」。
〔二〕「廷」，原誤作「延」，今據《通鑑》胡註及《新唐書・奸臣傳》改；「御」，原誤作「繕」，今據孔本、《四庫》本、胡本、廣雅本、《通鑑》胡註及《新唐書・奸臣傳》改。
〔三〕「拆」，原誤作「折」，今據《四庫》本、《通鑑》胡註改。

乙亥，駐陝州。丙子，全忠來朝。又賜王建絹詔云：『正月二十日，朕登樓。二十二日，東軍兵士擁脇朕東去。』」《新·紀》：「正月戊午，全忠遷唐都于洛陽。二月戊寅，次陝州，朱全忠來朝。」按：《梁實録》、《唐紀年録》、《唐年補録》、《唐實録》所載詔書，皆云「二十二日遣士庶出京，朕翌日命駕」，而諸書月日各不同，莫有與此詔相應者。《編遺》汴人所録，比《唐紀年》宜得其實。而正月二十一日丁巳〔一〕，全忠請遷都表始至長安，車駕當日豈能便發！長安去陝猶八程，而癸亥已到甘棠，首尾七日，太似匆遽。《實録》全用《紀年録》，正月二十六日始離長安，二月二日至華州，駐留數日，故同以十日至陝，差似相近。今從之。

三月，全忠奏以長安爲佑國軍。

按：河南府先已爲佑國軍，今京兆府乃與同名者，蓋車駕既在河南，則無用軍額，故移其名於京兆耳〔二〕。天祐三年〔三〕，鄭賨猶爲西京留守判官，然則雖立軍額〔四〕，京名尚在耳。

〔一〕「二」，原誤作「一」，今據《四庫》本、胡本、廣雅本、《通鑑》胡註改。
〔二〕「於」，原闕，今據兩浙本、孔本、《四庫》本、胡本、廣雅本、《通鑑》胡註補。
〔三〕「三年」，《通鑑》胡註作「二年」。按：《舊唐書·哀帝紀》原作「三年」。
〔四〕「雖」，原闕，今據兩浙本、孔本、《四庫》本、胡本、廣雅本、《通鑑》胡註補。

遣間使賜王建、楊行密、李克用等絹詔〔一〕。

《續寶運録》："「天復四年三月二十二日丑時，襄宗在陝府行營，密遣絹詔告晉、楚、蜀，末云『三月二十三日』。四月二十七日，賫到西川〔二〕，頒示管内州縣。」《實録》，此月絹詔在四月。據《十國紀年》，楊行密三月、王建四月得詔，與《寶運録》略相應。今移置此月。

四月〔三〕**，全忠殺内園小兒二百餘人。**

《後唐紀年録》云五百人，《實録》據之〔四〕。今從《舊·紀》、薛《史》。

敕内諸司不以内夫人充使〔五〕。

《編遺録》曰："「戊申，鑾輿初到洛都，經費甚廣，況國用未豐，庶事草創，因删略閑冗司局，今後除留宣徽等九使外，餘並停廢，仍不差内中夫人充使。」蓋初誅宦官後，内諸司使皆以内夫

〔一〕《通鑑》正文此事在三月丁巳。
〔二〕「賫」，兩浙本、孔本、《通鑑》胡註誤作「賚」。
〔三〕「四月」，《通鑑》正文此事在閏四月癸卯。按：《舊唐書·昭宗紀》、《舊五代史·梁書·太祖紀》皆在閏四月壬寅。
〔四〕「實」，原誤作「寶」，今據孔本、《四庫》本、胡本、廣雅本、《通鑑》胡註改。
〔五〕《通鑑》正文此事在閏四月戊申。按：《舊唐書·昭宗紀》原在閏四月戊申。

人領之，至此始用外人也。而《實録》改充使爲宣事，誤也〔二〕。

昭宣帝天祐二年，八月，己亥，全忠擊趙匡凝。

《梁太祖實録》、薛居正《五代史·梁紀》皆云：「七月庚午，遣楊師厚率前軍討趙匡凝於襄州〔三〕。辛未，帝南征。」《唐實録》：「七月，全忠奏匡凝擅通好西川、淮南，又遣弟專領荊南，請削奪官爵，已遣都將楊師厚討之。翌日，全忠自帥軍以進。」《編遺録》：「八月壬辰，先抽武寧楊師厚，是日到，乃議伐襄州帥趙匡凝。乙未，大發車徒，委楊師厚總其軍政。己亥，上領親從步騎繼大軍之後，是夜宿尉氏。」今從之。薛《史》：「太祖將圖禪代，以匡凝兄弟並據藩鎮，乃遣使先諭旨焉。凝對使者流涕，答以『受國恩深，豈敢隨時妄有他志』！使者復命，太祖大怒。天祐二年秋七月，遣楊師厚率師討之。辛未，全忠南征，表匡凝罪狀，請削官爵。」按：全忠劫遷昭宗於洛陽〔三〕，匡凝與行密等移檄諸道共討之，全忠安肯以禪代問之！今不取。

〔二〕《通鑑》胡註曰：「按：宦官既誅，以内夫人宣傳詔命及充内諸司使。夫既宣傳詔命，則《實録》云宣事，亦未爲誤。但天祐三年，方罷宫人宣傳詔命，故以《實録》爲誤。」

〔三〕「匡」，原脱，今據《舊五代史·梁書·太祖紀》補；「凝」，原誤作「疑」，今據胡本、廣雅本、《通鑑》胡註及《舊五代史·梁書·太祖紀》改。

〔三〕「宗」，原誤作「示」，今據兩浙本、孔本、《四庫》本、胡本、廣雅本、《通鑑》胡註改。

盧約陷温州。

《新·紀》：「正月，約陷温州。」《十國紀年》在此月戊戌，今從之。

九月〔一〕，全師朗降王建。

李昊《蜀書》《高祖紀》作「全行思」，《後主紀》作「全行宗」，《林思諤》、《王宗播》、《王承規傳》作「全行宗」，《桑弘志傳》作「全行朗」。《新書·馮行襲傳》作「金行全」〔二〕。蓋傳寫差誤，不可考正。按《後蜀後主實録》云：「金州招安指揮使全師郁，世居金州〔三〕，疑是師朗昆弟族人也〔四〕。」今從《十國紀年》。

周隱請召劉威。

按：徐温謂隱爲奸人。隱若欲爲亂，當密召劉威，豈肯對其父斥渥短，請以軍府授威！隱乃戆直之人耳。

〔一〕「九月」，《通鑑》正文此事在九月丙子。

〔二〕「襲」，原闕，今據兩浙本、孔本、《四庫》本、胡本、廣雅本、《通鑑》胡註補。

〔三〕「金」，原誤作「全」，今據孔本、《四庫》本、胡本、廣雅本、《通鑑》胡註改。

〔四〕「疑」，原誤作「襲」，今據孔本、《四庫》本、廣雅本、《通鑑》胡註改。

十月，辛卯〔一〕，朱全忠抵光州。

《梁太祖實録》：「十月壬申，上御大軍發自襄州，由安、黄，涉申、光，暨壽春之霍丘駐焉〔二〕。」《十國紀年》：「十月，朱全忠自襄州帥衆二十萬趨光、壽。」按：十月丙戌朔，無壬申，《梁實録》誤。今從《編遺録》。

十一月，庚辰，楊行密薨。

《十國紀年》注、《吴録》、《唐烈祖實録》及吴史官王振撰《楊本紀》皆云：「天祐二年十一月庚辰，行密卒。」敬翔《梁編遺録》云：「天祐三年三月，潁州獲河東諜者，言去年十一月，持李克用絹書往淮南。十二月，至揚州，方知楊行密已死〔三〕。」與《莊宗功臣列傳·行密傳》所載略同。沈顔《行密神道碑》、殷文圭《行密墓誌》〔四〕、游恭《渥墓誌》皆云：「天祐三年丙寅，二月十三日丙申卒。」薛居正《五代史·行密傳》亦云「天祐三年卒」。行密之亡，嗣君幼弱，不由朝命承襲，或始死未敢發喪，赴以明年二月，疑沈顔等從而書之。《墓誌》云，十一月，吴王寢疾，付渥後事，

〔一〕「辛卯」，《通鑑》正文此事在壬辰之下。
〔二〕「霍」，原誤作「翟」，今據《通鑑》胡註及《舊唐書》、《新唐書》《地理志》改。
〔三〕「已」，原誤作「且」，今據胡本、《通鑑》胡註改。
〔四〕「圭」，原誤作「主」，今據胡本、廣雅本、《通鑑》胡註及《考異》下文改。

授淮南使。或《本紀》等誤以此月爲行密卒。王振、沈顏、殷文圭、游恭皆仕吴，而記録差異，固不可考。今從舊史，而存碑誌年月，以廣傳聞。

十二月，戎昭節度使馮行襲領武定〔一〕。

《實録》云改爲武寧軍，《新·表》云改爲武定軍。按：武寧乃徐州軍額，武定乃洋州軍額，不應同名。《續寶運録》注云：「天復七年秋，汴軍都頭號爲青面〔二〕，改姓朱，授全忠印綬〔三〕，爲洋州刺史。洋州自景福元年刺史楊守佐歸順鳳翔，後被朱全忠除。此年秋，蜀第二指揮使王宗綰收獲金州，都押衙全貴率衆降，賜姓王，名宗朗，拜金州刺史。」又，《編遺録》天祐三年二月云〔四〕：「行襲已於均州建節，因署韓恭知金州事，請朝廷落下防禦使。并不建戎昭軍。」以此諸書參驗，似是今者以行襲兼領洋州節制，非改戎昭爲武定軍也〔五〕，《實録》、《新·表》皆誤。《續

〔一〕「武定」，《通鑑》正文作「武安」，胡註曰：「按《考異》，則『武安軍』當作『武定軍』，參考《新》、《舊書》亦然。」按：《舊唐書·哀帝紀》、《新唐書·方鎮表》原作「武定」。
〔二〕「爲」，胡本、《通鑑》胡註作「馮」。
〔三〕「授」，廣本作「受」，《通鑑》胡註曰：「『授』當作『受』。」
〔四〕「祐」，《通鑑》胡註誤作「佑」。
〔五〕「也」，《通鑑》胡註無此字。

寶運録》云天復七年〔一〕，亦誤也。

三年，四月，鍾傳養子延規。

《實録》：「初，鍾傳養上藍院僧爲子，曰延規〔二〕，補江州刺史。傳卒〔三〕，遂召淮師陷其城。」今從《十國紀年·吴史》。

七月，朱全忠引兵南還。

《實録》在六月。今從《編遺録》、《唐太祖紀年録》〔四〕。《編遺録》：「七月癸未，上起兵離魏都。」按《長曆》，是月壬子朔，無癸未，《編遺録》誤也。

壬申，全忠至大梁。

《編遺録》云壬辰，亦誤。

〔一〕「云」，《通鑑》胡註無此字。

〔二〕「規」，兩浙本、孔本、《四庫》本、胡本、廣雅本、《通鑑》胡註作「圭」。

〔三〕「傳卒」，原闕二字，今據兩浙本、孔本、《四庫》本、胡本、廣雅本、《通鑑》胡註補。

〔四〕「唐」，原誤作「甫」，今據孔本、《四庫》本、胡本、廣雅本、《通鑑》胡註改。

十月〔一〕**，王建立行臺。**

《續寶運録》曰：「天復六年十月六日，行下北榜帖〔二〕。」則是此年十月也。

十二月〔三〕**，錢鏐薦王景仁領寧國節度使。**

薛居正《五代史》：「鏐辟爲兩府行軍司馬，具以狀聞。太祖復命遥領宣州節度使、同平章事。」歐陽脩《五代史》曰：「鏐表景仁領宣州節度使〔四〕。」今從之。

閏月，丁會降河東。

《唐太祖紀年録》：「丁酉，丁會開門迎降。閏十二月，太祖以李嗣昭爲潞帥〔五〕。」薛居正《五代史·梁紀》在閏月，《後唐紀》在十二月。今從《新》、《舊唐》《紀》、薛《史·梁紀》及《編遺録》。

〔一〕「十月」，《通鑑》正文此事在十月丙戌。

〔二〕「北」，胡本、廣雅本、《通鑑》胡註作「此」。

〔三〕「十二月」，《通鑑》正文此事在十二月乙酉。按：《舊唐書·哀帝紀》在十二月己卯朔。

〔四〕「鏐」，原闕，今據兩浙本、孔本、《四庫》本、胡本、廣雅本、《通鑑》胡註及《新五代史·梁臣傳·王景仁傳》補。

〔五〕「潞」，原誤作「路」，今據胡本、廣雅本、《通鑑》胡註改。

資治通鑑考異卷第二十八

端明殿學士兼翰林侍讀學士太中大夫提舉西京嵩山崇福宫上柱國河内郡開國公食邑二千六百户食實封壹阡户臣司馬光奉敇編集

後梁紀上

太祖開平元年，正月，張顥、徐温殺楊渥親信十餘人。

歐陽《史》："「四年正月，渥視事，陳璠等侍側。温、顥擁牙兵入，拽璠等下，斬之。渥不能止，由是失政。」按：璠等已死於宣州[一]。今從《十國紀年》。

三月，甲辰，唐帝禪位。

《實録》、薛居正《五代史》、《唐餘録》皆云："「四月，唐帝御札敇宰臣張文蔚等備法駕，奉迎

[一]《通鑑》胡註曰："「按《通鑑》本文，『宣州』當作『洪州』。」

梁朝。」而無日。《五代通録》云四月丁未。丁未，四月一日也。《舊唐書》云三月甲辰。甲辰，三月二十七日也。《唐年補録》：「三月二十七日甲子降此御札，四月戊辰朱全忠即位。」尤爲差誤。按：此年三月戊寅朔，四月丁未朔。今從《舊唐書》。

楊凝式諫父涉押傳國寶。

陶岳《五代史補》曰：「凝式恐事泄，即日佯狂，時謂之『風子』。」按《周世宗實録》凝式本傳，仕梁未嘗有疾；唐同光初知制誥，始以心疾罷。明宗時及清泰帝末，俱以心恙罷官。天福初致仕在洛，有「風子」之號，非梁初佯狂也。今不取。

四月，朱全昱責帝滅唐社稷。

王仁裕《玉堂閑話》曰：「骰子數匝，廣王全昱忽駐不擲，顧而白梁祖，再呼『朱三』，梁祖動容。廣王曰：『你愛他爾許大官職，久遠家族得安否？』於是大怒，擲戲具於階下，抵其盆而碎之，喑嗚眦睚，數日不止。」今從王禹偁《五代史闕文》。

戊辰，大赦。

《梁實録》、《編遺録》、薛《史》、《唐餘録》皆不云大赦。今從歐陽《史》。

五月，契丹阿保機不受代。

蘇逢吉《漢高祖實録》曰：「契丹本姓大賀氏，後分八族：一曰利皆邸，二曰乙室活邸〔一〕，三曰實活邸，四曰納尾邸，五曰頻没邸，六曰内會雞邸，七曰集解邸，八曰奚嗢邸。管縣四十一，縣有令。八族之長，皆號大人，稱刺史，常推一人爲王，建旗鼓以尊之。每三年，第其名以相代。」《莊宗列傳》曰：「咸通末，其王曰習爾，疆土稍大，累來朝貢。光啓中，其王曰欽德，乘中原多故，北邊無備，遂蠶食諸部，達靼、奚、室韋之屬，咸被驅役。」《漢高祖實録》、《唐餘録》皆曰：「僖、昭之際，其王邪律阿保機怙彊恃勇，距諸族不受代，自號天皇王。後諸族邀之，請用舊制。保機不得已，傳旗鼓，且曰：『我爲長九年，所得漢人頗衆，欲以古漢城領本族，率漢人守之，自爲一部。』諸族諾之。俄設策復併諸族，僭稱皇帝，土地日廣。大順中，後唐武皇遣使與之連和，大會於雲州東城，延之帳中，約爲昆弟。」《莊宗列傳》又曰：「及欽德政衰，阿保機族盛，自稱國王。天祐二年，大寇我雲中。太祖遣使連和，因與之面會於雲州東城，延入帳中，約爲兄弟，謂曰：『唐室爲賊臣所篡，吾以今冬大舉，弟助我精騎二萬，同收汴、洛。』保機許諾。保機既還，欽德以國事傳之。」賈緯《備史》云：「武皇會保機故雲州城，結以兄弟之好。時列兵相去五里，使

〔一〕「室」，《通鑑》胡註作「失」。

人馬上持杯往來，以展酬酢之禮。保機喜，謂武皇曰：『我蕃中酋長，舊法三年則罷，若他日見公，復相禮否？』武皇曰：『我受朝命鎮太原，亦有遷移之制，但不受代則可，何憂罷乎！』保機由此用其教，不受諸族之代。」趙志忠《虜庭雜紀》云：「太祖諱億，番名阿保謹，父諱斡里〔二〕。太祖生而智，八部落主愛其雄勇，遂退其舊主遥輦氏歸本部〔三〕，立太祖爲王。」又云：「凡立王，則衆部酋長皆集會議，其有德行功業者立之。或災害不生，羣牧孳盛，人民安堵，則王更不替代，苟不然，其諸酋長會衆部别選一名爲王。故主以番法〔三〕，亦甘心退焉，不爲衆所害。」又曰：「有韓知古、韓潁、康枚、王奏事、王郁，皆中國人，共勸太祖不受代。」《新唐書》載契丹八部名，與《漢高祖實録》所載八族名多不同〔四〕，蓋年祀相遠，虜語不常耳，其實一也。阿保機云「我爲長九年」，則其在國不受代久矣，非因武皇之教也。今從《漢高祖實録》。又《唐餘録》前云：「乾寧中，劉仁恭鎮幽州，保機入寇，仁恭擒其妻兄述律阿鉢，由此十餘年不能犯塞。」下乃云：「大順中，與武皇會於雲中。」按：大順在乾寧前，乾寧二年仁恭方爲幽州節度，大順中未也。又武皇

〔二〕「父」，《通鑑》胡註作「又」。
〔三〕「遥」，《通鑑》胡註作「阿」。
〔三〕「主」，廣雅本、《通鑑》胡註作「王」。
〔四〕「族」，《通鑑》胡註作「部」。

謂曰：「唐室爲賊臣所篡，吾以今冬大舉。」此非大順中事，《唐餘録》誤也。又《編遺録》：「開平二年五月，契丹王阿保機及前國王欽德貢方物。」然則於時七部猶在也。

晉王與阿保機連和〔一〕。

《唐太祖紀年録》：「太祖以阿保機族黨稍盛，召之。天祐二年五月，阿保機領其部族三十萬至雲州東城，帳中言事，握手甚歡，約爲兄弟，旬日而去。留男骨都舍利、首領沮稟梅爲質，約冬初大舉渡河反正。會昭宗遇盜而止。」歐陽《史》曰：「梁將篡唐，晉王李克用使人聘于契丹，阿保機以兵三十萬會克用於雲州東城，握手約爲兄弟，期共舉兵擊梁。」按：雲州之會，《莊宗列傳》、薛《史》皆在天祐四年，而《紀年録》獨在天祐二年；又云「約今年冬同收汴、洛，會昭宗遇盜而止」。如此，則應在天祐元年昭宗崩已前，不應在二年也。且昭宗遇盜，則尤宜興兵討之，何故止也！按：武皇云「唐室爲賊臣所篡」，此乃四年語也；其冬武皇寢疾，蓋以此不果出兵耳。今從之。

甲午，敬翔爲崇政院使。

《實録》：「四月辛未，以翔知崇政院事。五月甲午，詔樞密院宜改爲崇政院，始命翔爲院

〔一〕「保」，原脱，今據兩浙本、孔本、《四庫》本、胡本、廣雅本、《通鑑》正文補。

使。」蓋崇政院之名先已有之〔一〕，至是始併樞密院職事悉歸崇政院耳。

六月，楚秦彦暉破淮南兵，執劉存等。

《編遺録》：「天祐四年四月，湖南軍陳邵告捷。淮南、朗州水陸合勢，奔衝其境，馬殷出舟師於劉陽江口大破賊黨〔二〕，生擒僞鄂州節度使劉存。」按薛《史·梁紀》，馬殷奏破淮寇在六月。《十國紀年》《吴史》，劉存攻楚在五月，敗在六月；《楚史》亦然。《編遺録》誤也。

七月〔三〕，曲裕卒，以其子顥爲節度使。

諸書不見顥於裕何親。按薛《史》：「六月丙辰，裕卒。七月丙申，以靜海行營司馬權知留後曲顥起復爲安南都護〔四〕，充節度使。」既云「起復」，知其子也。

九月〔五〕，蜀王即皇帝位。

《莊宗列傳》：「太祖厭代，建自帝於成都，年號武成。」薛《史》、《唐餘録》：「天祐五年九

〔一〕「之」，原誤重文，今據兩浙本、孔本、《四庫》本、胡本、廣雅本、《通鑑》胡註删。

〔二〕「劉」，孔本、《四庫》本、《通鑑》胡註作「瀏」。

〔三〕「七月」，《通鑑》正文此事在七月丙申。按：《舊五代史·梁書·太祖紀》原在七月丙申。

〔四〕《通鑑》胡註曰：「『行營』當作『行軍』。」

〔五〕「九月」，《通鑑》正文此事在九月己亥。按：《新五代史·前蜀世家·王建》原在九月己亥。

月，建自帝於成都，年號武成。」《九國志》：「此年七月即帝位〔一〕，明年改元。」宋庠《紀年通譜》：「天祐四年秋稱帝，次年改元。」歐陽《史》、《十國紀年》：「天復七年九月即位，明年改元。」今從之。

二年，正月，晉王命克寧等立存勗。

《五代史闕文》：「世傳武皇臨薨，以三矢付莊宗曰：『一矢討劉仁恭，汝不先下幽州，河南未可圖也。一矢擊契丹，且曰阿保機與吾把臂而盟，結爲兄弟，誓復唐家社稷，今背約附梁，汝必伐之。一矢滅朱温。汝能成善志，死無恨矣！』莊宗藏三矢于武皇廟庭。及討劉仁恭，命幕吏以少牢告廟，請一矢，盛以錦囊，使親將負之以爲前驅。凱旋之日，隨俘馘納矢于太廟。伐契丹，滅朱氏，亦如之。」按薛《史·契丹傳》：「莊宗初嗣世〔二〕，亦遣使告哀，賂以金繒，求騎軍以救潞州〔三〕。契丹答其使曰：『我與先王爲兄弟，兒即吾兒也，寧有父不助子邪！』許出師，會潞平而止。」《廣本》：「劉守光爲守文所攻，屢求救於晉，晉王遣將部兵五千救之。」然則於時莊宗未

〔一〕「帝」上，《通鑑》胡註有「皇」字。
〔二〕「世」，胡本、廣雅本、《通鑑》胡註作「位」。按：《舊五代史·外國列傳·契丹傳》原作「世」。
〔三〕「潞」，原誤作「路」，今據兩浙本、孔本、《四庫》本、胡本、廣雅本、《通鑑》胡註及《舊五代史·外國列傳·契丹傳》改。

與契丹及守光爲仇也。此蓋後人因莊宗成功，撰此事以誇其英武耳〔一〕。

五月，牛存節救澤州。

歐陽《史》云：「存節從康懷英攻潞州，爲行營排陳使。晉兵已破夾城，存節以餘兵歸，行至天井關，聞晉兵攻澤州而救之。」《梁列傳》：「澤州將陷，河南尹張宗奭召龍虎統軍牛存節謀之，存節帥本軍及右神武、羽林等軍往應接上黨回師，至天井關，即引衆前救澤州。」薛《史》亦同。按：存節若自夾城遁歸，則先過澤州，後至天井關，豈得已過而返救之也！今從《梁列傳》及薛《史》。

周德威退保高平。

《莊宗列傳·朱温傳》云：「李存璋進攻澤州，刺史王班棄城而去，澤、潞皆平。」今不取。

張顥、徐温共謀弒弘農王〔二〕。

《吴録》：「顥使紀祥、陳暉、黎璠、孫殷等執渥于寢室，弒之。」不言徐温〔三〕，蓋徐鉉爲温諱

〔一〕《通鑑》胡註曰：「余按：晉王實怨燕與契丹，垂没以屬莊宗，容有此理。莊宗之告哀於阿保機與遣兵救劉守光，此兵法所謂『將欲取之，必固與之』也，其心豈忘父之治命哉！觀後來之事可見已。」

〔二〕《通鑑》正文此事在五月戊寅。按：《舊五代史·僭僞列傳·楊渥傳》在六月，《新五代史·吴世家·楊渥》在五月。

〔三〕「温」，原闕，今據兩浙本、孔本、《四庫》本、胡本、廣雅本、《通鑑》胡註補。

耳。薛《史》因之。而《江南别録》有獨用左衙兵事〔一〕。歐陽《史》云：「温、顥共遣盜殺渥〔二〕，約分其地以臣於梁。」按：温與顥分掌牙兵，温若不同謀，顥必不敢独弑渥。今從《江南别録》。《十國紀年》：「張顥欲稱淮南留後，送款於梁，以淮南易蔡州節制。徐温曰：『揚州距汴州往返僅三千里〔三〕，軍府踰月無主必亂，不若有所立，然後圖之。』」按：顥稱留後，則有主矣。今不取。

鍾泰章斬顥〔四〕。

《吴録》作「鍾章」。《十國紀年》作「鍾泰章」，今從之。

秦彦暉入朗州，雷彦恭奔廣陵。

《梁太祖實録》云：「丁酉，朗州軍前奏捷，彦恭没溺于江。」今從《紀年》。

十月，丁巳，帝還大梁。

《編遺録》在乙卯。今從《實録》、薛《史》。

〔一〕「事」，原闕，今據兩浙本、孔本、《四庫》本、胡本、廣雅本、《通鑑》胡註補。

〔二〕「渥」，原誤作「握」，今據兩浙本、孔本、《四庫》本、胡本、廣雅本、《通鑑》胡註改。

〔三〕「三」，原誤作「二」，今據兩浙本、孔本、《四庫》本、胡本、廣雅本、《通鑑》胡註改。

〔四〕《通鑑》正文此事在五月丁亥。按：《舊五代史·僭僞列傳·楊渥傳》在六月，《新五代史·吴世家·楊渥》在五月。

三年，四月，保大節度使李彥博。

《編遺録》、《五代史》作「彥容」。今從劉恕《廣本》。

六月，乙未朔，劉知俊以同州叛。

《實録》：「六月庚戌，知俊據本郡反，削奪官爵，興師討伐。」《編遺録》：「六月乙未，初奏本道軍民遮留，尋聞擒使臣及將送鳳翔〔二〕。」蓋《編遺》據奏到之日，《實録》據削奪之日也。

七月，商州將吏斬李稠。

薛《史》：「稠棄郡西奔，本州將吏以都牙校李玫權知州事〔三〕。」歐陽《史》：「商州軍亂，逐其刺史李稠，稠奔于岐。」《實録》：「丙寅，陝州奏商州刺史李稠棄郡逃山谷。」又曰：「商州將吏以稠驅虜士庶西遁，追斬無遺，暫令都押衙李玫主州事。」今從之。

王班鎮襄州。

薛《史》作「王珏」。今從《實録》。

〔二〕「送」，原誤作「之」，今據兩浙本、孔本、《四庫》本、胡本、廣雅本、《通鑑》胡註改。

〔三〕「吏」，原誤作「史」，今據兩浙本、孔本、《四庫》本、胡本、廣雅本、《通鑑》胡註及《舊五代史・梁書・太祖紀》改。「玫」，《通鑑》胡註作「玟」。按：《舊五代史・梁書・太祖紀》原作「玫」。以下同，不再出校。

劉玘爲亂兵所立，逃來。

姚顗《明宗實録》、薛《史·玘傳》皆云：「翌日受賀，衙庭享士，伏甲幕下，中筵，盡斬其亂將以聞，以功爲復州刺史。」按《梁祖實録》：「八月丁酉，賜玘、王延順物，以其違逆將之難來歸。」《編遺録》斬李洪等敕云：「始扶劉玘，既奔竄以歸明。」若使玘翌日便斬亂將，襄州何由至九月始收復！蓋玘脱身歸朝，及梁亡入唐，妄云斬亂將，自誇大。史官不能考察，從而書之耳。

八月，楊師厚救晉州，破周德威。

《實録》云：「殺戮生擒賊將蕭萬通等，賊由是棄寨而遁。」《莊宗實録》云：「汴軍至蒙坑，周德威逆戰，敗之，斬首二百級。師厚退絳州。是役也，小將蕭萬通戰没，師厚進營平陽，德威收軍而退。」二軍各言勝捷，然既殺蕭萬通，師厚何肯退保絳州！既敗而退〔二〕，豈得復進營平陽！德威既戰勝，安肯便收軍！蓋晉軍實敗走，《莊宗實録》妄言耳。

十一月〔三〕**，羅紹威乞骸骨，以其子周翰爲天雄節度副使。**

《梁功臣列傳》：「朝廷自開創，有大事皆降使咨訪。紹威有謀慮，亦馳簡獻替。或中途相

〔二〕「退」，原誤作「還」，今據兩浙本、孔本、《四庫》本、胡本、廣雅本、《通鑑》胡註改。

〔三〕「十一月」，《通鑑》正文此事在十一月己亥。按：《舊五代史·梁書·太祖紀》原在十一月己亥。

遇，意互合者十得五六〔二〕。太祖歎曰：『竭忠力一人而已。』」又曰：「子三人：長廷規，司農卿，尚安陽公主，又尚金華公主，早卒；次周翰，起復雲麾將軍，充天雄節度留後，尋檢校司徒，正授魏博節度使，亦早卒；次曰周敬。」薛《史》亦同。《實録》：「己亥，以司門郎中羅廷規充魏博節度副使，知府事，仍改名周翰。時鄴王紹威病日甚，慮以後事，故奏請焉。」《莊宗列傳》：「紹威卒，温以其子周翰嗣政。」《莊宗實録》：「紹威厚率重歛，傾府藏以奉温，小有違忤，温即遣人詬辱。紹威方懷愧耻，悔自弱之謀，乃潛收兵市馬，陰有覆温之志，而賂温益厚。温怪其曲事，慮蓄奸謀而莫之察，乃賜紹威妓妾數人，皆承嬖愛。未半歲，温卻召還，以此得其陰事。」内相矛楯。薛《史》又云：「開平四年夏，詔金華公主出家爲尼，居於宋州玄静寺。」蓋太祖推恩於羅氏，令終其婦節也。《唐餘録》、歐陽《史》皆同，惟《唐莊宗實録》獨異。按：均帝時趙巖等言「羅紹威前恭後倨，太祖每深含怒」，似與此言合。然梁祖若聞紹威有陰謀，必不使周翰更居魏。疑後唐史以紹威與梁最親，疾之，而載此傳聞之語。今從衆書。廷規更名周翰，亦恐《實録》之誤。

〔二〕「互」，原誤作「玄」，今據兩浙本、孔本、《四庫》本、胡本、廣雅本、《通鑑》胡註改。

四年，三月，夏州殺李彝昌，推族父仁福爲帥。

薛《史》：「仁福本党項托拔氏〔一〕。唐末，托拔思恭以破黄巢功賜姓，故仁福之族亦姓李。」歐陽《史》云：「不知其於思諫爲親疏也。」按：仁福諸子皆連「彝」字，則於彝昌必父行也。

八月，劉守光兼義昌節度使。

《實録》，是歲五月，以義昌留後劉繼威爲義昌節度使。八月又云，以守光兼義昌節度使，不言置繼威於何處，或者復爲留後。不然，守光兼幽、滄節度使，繼威但爲滄州節度使。皆不可知，今兩存之〔二〕。

十二月，楚王殷遣吕師周討辰、溆蠻。

《湖湘故事》：「吕師周斬潘金晟於武崗〔三〕，其年十月十一日，辰州宋鄴、溆州昌師益一時歸投馬氏〔四〕。」今從《十國紀年》。

〔一〕「托拔」，兩浙本、孔本、《四庫》本、胡本、廣雅本作「托跋」，《通鑑》胡註作「拓跋」。按：《舊五代史·世襲列傳·李仁福傳》原作「拓跋」。以下同，不再出校。

〔二〕《通鑑》胡註曰：「余謂：先是，以守光子繼威爲義昌節度使，繼威童騃，故復命守光兼領之，蓋亦守光之志也。」

〔三〕「崗」，《通鑑》胡註作「岡」。

〔四〕「溆」，《通鑑》胡註作「敘」。

龐巨昭、劉昌魯降于楚。

《湖湘故事》：「龐巨曦本唐末邕、容等州防禦使，聞馬氏令公以征南步軍指揮使李瓊知桂州軍事，領兵士收服嶺外昭、梧、象、柳、宜、蒙、賀、桂等州〔一〕。巨曦聞此雄勢，謂諸首領曰：『李瓊有破竹之勢，若長驅兵馬，此來侵吞吾境，其將奈何？』時容南指揮使莫彦昭對曰：『李瓊兵馬，其勢已雄，必然輕敵。今欲燒毀城内軍儲，且各入山峒，抛州城與李瓊。候纔入州，卻依前出諸山峒兵士復攻之〔二〕。堅守旬月之間，城内必無軍粮，外無救應，方可制造攻具，再攻擊之，必取勝也。』龐巨曦曰：『吾每至中宵，獨占氣象，馬氏合當五十餘年興霸湖外〔三〕。苟五十年對壘〔四〕，安知孰非，是以憂疑不暇。』遂至深夜，斬莫彦昭於私第〔五〕。明日，以其故密走事宜於湖南。」又曰：「天復末，甲子十有二月，容南龐巨曦深慮廣南劉巖不道，加害於己，遂差小吏間路密馳書款歸於馬氏。是時，湖南遣澧州刺史姚彦章領馬步軍八千徑往容南，巨曦遂帥萬餘衆歸

〔一〕「士」，原誤作「七」，今據兩浙本、孔本、《四庫》本、胡本、廣雅本、《通鑑》胡註改。
〔二〕「復」，原誤作「後」，今據兩浙本、孔本、《四庫》本、胡本、廣雅本、《通鑑》胡註改。
〔三〕「馬」，原誤作「焉」，今據兩浙本、孔本、《四庫》本、胡本、廣雅本、《通鑑》胡註改。
〔四〕「十」下，《通鑑》胡註有「餘」字。
〔五〕「於」下，《通鑑》胡註有「其」字。

于馬氏。」又曰：「高州防禦使劉昌魯以廣南先主劉巖欲併吞嶺外，數召昌魯，欲籍没其家族。昌魯知之，乃刺血寫書投馬氏，具述縣急〔二〕。湖南遂遣捉生指揮使張可球部轄兵馬於界首應接，一行三千餘口歸于馬氏。」今從《十國紀年》。

乾化元年，正月，丙戌朔，日食。

李昊《蜀書》：「丁亥朔，日食。」今從《實録》等諸書。

五月〔三〕，以劉巖爲清海節度使。

《十國紀年》：「甲辰，太祖授陟清海節度使，陟復名巖。」按薛《史·僭僞傳》云，「前僞漢劉陟」。胡賓王《劉氏興亡録》：「高祖巖皇考葬段氏，得石版，有篆文曰『隱台巖』，因名其三子。」是先名巖，後名陟也。《吴越備史》：「乾化四年，廣帥彭城巖遣陳用拙來使。」《吴録》：「天祐十四年，南海王劉巖自立爲漢。」《唐烈祖實録》：「天祐十四年，劉陟僭位，改名巖。」《梁太祖實録》：「乾化元年五月，以清海節度副使劉陟爲節度使。二年四月，以韋戩爲潭、廣和叶使，云廣守淪謝，其母弟巖爲軍情所戴。七月，友珪加劉巖檢校太傅。」薛《史·梁末帝紀》：「貞明五年

〔二〕「縣」，兩浙本、孔本、《四庫》本、胡本、廣雅本、《通鑑》胡註作「懸」。
〔三〕「五月」，《通鑑》正文此事在五月甲辰。

九月，削奪廣州節度使劉巖官爵。」《吴越備史》載制詞亦云「彭城巖」。蓋嗣節度使後復名巖也。惟《莊宗實録》：「同光三年二月，廣南劉陟遣何詞來使。」《莊宗列傳》，自嗣立至建號皆云劉陟。衆説不同，未知孰是。今以其首尾名巖，故但稱劉巖云。

六月〔一〕，劉守光欲稱帝，囚王瞳、史彦羣等。

《莊宗列傳·劉守光傳》云：「朱温命僞閤門使王瞳、供奉官史彦章等使燕，册守光爲河北道採訪使〔二〕。六月，汴使至，守光令所司定尚父、採訪使儀注，取二十四日受册。」《朱温傳》亦云「史彦章」，《莊宗實録》作「史彦璋」。《編遺録》、薛《史》皆作「史彦羣」〔三〕，今從之。又《莊宗實録》：「三月己丑，鎮州遣押衙劉光業至〔四〕，言劉守光凶淫縱毒，欲自尊大，請稔其惡以咎之，推爲尚父。乙未，上至晉陽宮，召張承業諸將等議討燕之謀，諸將亦云宜稔其禍。上令押衙戴漢超持墨制及六鎮書如幽州，其辭曰：『天祐八年三月二十七日，天德軍節度使宋瑶、振武節度使周德威、昭義節度使李嗣昭、易定節度使王處直、鎮州節度使王鎔、河東節度使尚書令晉王，謹

〔一〕「六月」，《通鑑》正文此事在六月乙卯。
〔二〕「採」，《通鑑》胡註作「采」。
〔三〕「羣」，《舊五代史·僭僞列傳·劉守光傳》原作「璋」。
〔四〕「衙」，《通鑑》胡註作「牙」。

奉册進盧龙横海等軍節度檢校太師兼中書令燕王爲尚書令、尚父。』五月，六鎮使至，汴使亦集。六月，守光令有司定尚父、採訪使儀則。」《梁太祖實録》都不言守光事，惟《編遺録》云：「三月壬辰，差閤門使王瞳、受旨史彦羣賫國禮，賜幽州劉守光。甲午，守光連上表章，率以鎮、定既與河東結歡，兼同差使，請當道卻行天祐年号事。守光尋捉王瞳、史彦羣上下一行，並囚禁數日後放出。」按：《莊宗實録》及《南唐烈祖實録》皆云：「三月辛亥，晉王遣戴漢超推守光爲尚父。」辛亥，三月二十七日也。壬辰，乃三月初八日，王瞳等安得已在幽州！甲午，乃三月十日，守光安得上表云「六鎮推臣爲尚父」！《編遺録》月日多差錯〔一〕，今不取。

八月〔二〕，守光以史彦羣爲御史大夫。

《編遺録》云「御史臺副使」。今從《莊宗實録》。

十一月〔三〕，高萬興奏收鹽州。

《實録》：「開平三年六月丁未，靈武韓遜奏收復鹽州，擒僞刺史李繼直已下六十二人。」至此年降高行存下云：「鹽州與吐蕃、党項犬牙相接，爲二境咽喉之地；又烏池鹽醝之利，戎、羌

〔一〕「錯」，孔本、《四庫》本、胡本、廣雅本作「誤」。

〔二〕「八月」，《通鑑》正文此事在八月甲子。按：《舊五代史・僭僞列傳・劉守光傳》原在八月十三日（甲子）。

〔三〕「十一月」，《通鑑》正文此事在十一月庚寅。按：《舊五代史・梁書・太祖紀》原在十一月庚寅。

意未嘗息。唐建中初，爲吐蕃所陷，瓯其墉而去，由是銀、夏、寧、延泊于靈武〔一〕，歲以河南、河東、山南〔二〕、淮南、青、徐、江、浙等道兵士不啻四萬分護其地，謂之防秋。貞元九年，朝政稍暇，乃命副元帥渾瑊總兵三萬復取其地，建百雉焉，自是虜塵乃息，邊患遂止。唐代革命，又復失之。今纔動偏師〔三〕，遽收襟要，國之右臂，瘡疣其息哉！」李茂貞養子多連「繼」字。開平三年所收，似屬鳳翔。今又收復，云唐革命失之，前後必一誤。或者開平既得，又失之也。

二年，二月〔四〕，帝至白馬，撲殺孫隲等〔五〕。

《梁祖實録》云賜自盡。今從《莊宗實録》。

三月，秦强卒詐降，擊李周彝。

《莊宗實録》：「頃之，周彝晝寢，左右未至，其人抽擔擊周彝首〔六〕，踣於地，求兵仗不獲。周彝大呼，左右救至，獲免。卒睨周彝曰：『吾比欲傳刃於朱温之腹，非圖爾也，誤矣。』」《編遺

〔一〕「泊于」，原誤作「泊干」，今據兩浙本、孔本、《四庫》本、胡本、廣雅本、《通鑑》胡註改。
〔二〕「河東山南」，《通鑑》胡註作「山東」。
〔三〕「偏」，原誤作「徧」，今據兩浙本、孔本、《四庫》本、胡本、廣雅本、《通鑑》胡註改。
〔四〕「二月」，《通鑑》正文此事在二月甲子。按：《舊五代史·梁書·太祖紀》、《新五代史·梁太祖紀》原在二月甲子。
〔五〕「撲」，原誤作「樸」，今據兩浙本、孔本、《四庫》本、胡本、廣雅本、《通鑑》正文、《資治通鑑目録》改。
〔六〕「擔」，原皆誤作「檐」，今據兩浙本、孔本、《四庫》本、胡本、廣雅本、《通鑑》胡註改。

録》云：「時有一百姓來投軍中，李周彝收於部伍間，謂周彝曰：『請賜一劍，願先登以收其牆。』未許間，忽然抽茶擔子揮擊周彝，頭上中擔，幾仆于地。左右擒之，元是棗强邑中遣來，令詐降[二]，本意欲窺算招討使楊師厚，斯人不能辨，乃誤中周彝。」按：此卒從周彝請劍，周彝不許而令負擔，豈不知周彝非温也。又帝王與將帥居處侍衛不同，豈容不識而誤中之！若本欲殺楊師厚，則似近之。今既可疑，皆不取。

五月，單廷珪與周德威遇於龍頭岡。

《莊宗實録》作「羊頭岡」。今從《莊宗列傳》。《莊宗實録》：「四月己卯朔，周德威擒單廷珪，進軍大城莊。」薛《史》及《莊宗列傳·周德威傳》云：「五月七日，擒廷珪。十二日，次大城莊。」今從之。

六月[三]，張厚殺韓建。

《莊宗實録》，九月建遇害。今從薛《史》。

[二]「令」，《通鑑》胡註無此字。

[三]「六月」，《通鑑》正文此事在六月丙申。按：《舊五代史·梁書·韓建傳》在六月。

七月，楊師厚殺潘晏，據魏博。

《梁功臣列傳·楊師厚傳》云：「太祖初棄天下，郡府乘間爲亂甚衆。魏之衙内都指揮使潘晏與大將臧延範、趙訓將謀反變，有密告者，師厚布兵擒捕，斬之。七月，除魏博節度使。」薛《史·師厚傳》略同。今從《莊宗列傳·朱友珪傳》及《莊宗實録》。

八月，龍驤軍潰。

《莊宗列傳·友珪傳》云：「重霸據懷州爲亂，壯健者團結於鞏村〔二〕，將爲朱温雪耻。」《明宗實録·杜晏球傳》云：「龍驤軍作亂，欲入京城，已至河陽。」今按《梁祖實録》：「戊子〔三〕，鄭州奏稱懷州屯駐龍驤騎軍潰散。十一日夜，至州南十五里鞏村安下。及五鼓，分隊逃逸。」安得據懷州及至河陽事也！

十月，晉王遇康懷貞於解縣。

莊宗同光四年《實録》、《莊宗列傳》、薛《史》、《唐餘録·朱友謙傳》皆云：「與汴軍遇於平陽，大破之。」今從莊宗天祐九年《實録》。

〔二〕「健」，原誤作「建」，今據兩浙本、孔本、《四庫》本、胡本、廣雅本、《通鑑》胡註改。

〔三〕「戊」，原誤作「戈」，今據兩浙本、孔本、《四庫》本、胡本、廣雅本、《通鑑》胡註改。

三年，正月，甲子，友珪改元鳳曆。

《莊宗列傳》云「七日」。《實録》云：「庚戌，友珪祀圓丘〔一〕，改元。」今從薛《史》。

二月，均王激怒龍驤軍。

《莊宗列傳・朱友貞傳》及薛《史》、歐陽《史》《末帝紀》云：「左、右龍驤都戍汴〔二〕，友貞僞作友珪詔，追還洛下。」《莊宗實録》云：「友珪疑而召之。」按《梁太祖實録》云：「丙戌，東京言龍驤軍準詔追赴西京，軍情不肯進發。」實友珪徵之〔三〕，非友貞僞作詔，但激怒言坑之耳。

三月〔四〕，帝更名鍠，久之，又名瑱。

薛《史》云，貞明中更名瑱。諸書皆無年月，今因名鍠終言之。

戴思遠爲保義節度使〔五〕。

薛《史・思遠傳》云：「貞明中，爲邢州留後。屬張萬進殺劉繼威，命思遠鎮之。」按：萬進

〔一〕「圓」，《通鑑》胡註作「圜」。

〔二〕「戍」，原誤作「成」，今據兩浙本、孔本、《四庫》本、胡本、廣雅本、《通鑑》胡註改。

〔三〕「實」，原闕，今據兩浙本、孔本、《四庫》本、胡本、廣雅本、《通鑑》胡註補。

〔四〕「三月」，《通鑑》正文此事在三月丁未。按：《舊五代史・梁書・末帝紀》、《新五代史・梁末帝紀》原在三月丁未。

〔五〕《通鑑》正文此事在三月戊辰。按：《舊五代史・梁書・末帝紀》原在三月戊辰。

殺繼威在前。今從《本紀》。

高行珪使弟行周爲質於晉軍。

《莊宗實録》「行周」作「行温」。張昭《周太祖實録》云：「燕城危蹙，甲士亡散，劉守光召元行欽。行欽部下諸將以守光必敗，赴召無益，乃請行欽爲燕帥，稱留後。行欽無如之何，乃謂諸將曰：『我爲帥，亦須歸幽州。』衆然之。行欽以行珪在武州，慮爲後患，乃令人於懷戎掠得其子，縶之自隨。至武州，行欽謂行珪曰：『將士立我爲留後，共汝父子同行，先定軍府，然後降太原；若不從，必殺汝子。』行珪曰：『大王委爾親兵，遂圖叛逆，吾死不能從也。』其子泣告行珪。行珪謂曰：『元公謀逆，何以徇從〔二〕！與爾訣矣。』行珪城守月餘，城中食盡，士有飢色。行珪乃召集居人謂之曰：『非不爲父老惜家屬，不幸軍士乏食，可斬予首出降，即坐見寧帖。』行珪爲治有恩，衆泣曰：『願出私糧濟軍，以死共守。』乃夜縋其弟行周爲質於晉軍，乞兵救援。周德威命李嗣本、李嗣源、安金全救武州，比至，行欽解圍矣。嗣源與行珪追躡至廣邊軍，行欽帥騎拒戰。行珪呼謂行欽曰：『與公俱事劉家，我爲劉家守城，爾則僭稱留後，誰之過也？今日之事，何勞

〔二〕「徇」，《通鑑》胡註作「順」。

士衆，與君抗衡，以決勝負。』」行欽驍猛，騎射絶衆，報曰：『可！』」行周馬足微蹶，將踣〔二〕，嗣源躍馬救之，撾擊行欽幾墜。行欽正身引弓射嗣源，中髀貫鞍。嗣源拔矢，凡八戰，控弦七發，矢中行欽，猶沫血酣戰不解。是夜，行欽窮蹙，固廣邊軍〔三〕，晉兵圍之。嗣源遣人告之曰：『彼此戰將，不假言諭。事勢可量，亟來相見，必保功名。』翌日，行欽面縛出降。嗣源酌酒飲之〔三〕，撫其背曰：『吾子壯士也。』養爲假子。臨敵擒生，必有所獲，名聞軍中。」《莊宗實録》、薛《史》《紀》及《元行欽傳》、《明宗實録》皆云：「行欽聞行珪降晉，帥兵攻之。」惟《周太祖實録·高行周傳》云：「行欽稱留後，行珪城守，不從。」然恐行周卒時，去燕亡已久，行周名位尊顯，門生故吏虚美其兄弟，故與諸説特異。今從衆書。

王從珂爲李嗣源子。

張昭於國初修《唐廢帝實録》云：「廢帝諱從珂，明宗皇帝之元子也。母曰宣憲皇后魏氏，鎮州平山人。中和末，明宗徇地山東，留戍平山，得魏后。帝以光啓元年正月二十三日生於外舍。屬趙人負盟，用兵不息，音問阻絶，帝甫十歲，方得歸宗。時明宗爲裨將，性闊達不能治生，

〔二〕「踣」，原誤作「踣」，今據兩浙本、孔本、《四庫》本、胡本、廣雅本、《通鑑》胡註改。

〔三〕「固」下，《通鑑》胡註有「守」字。

〔三〕「嗣」上，兩浙本、孔本、《四庫》本、胡本、廣雅本有「李」字。

曹后亦疏於畫略，生計所資，惟宣憲而已。曹后未有息胤〔一〕，幹家宜室〔二〕。帝與部曲王建立、皇甫立，代北往來供饋，曹后憐之，不異所生。」薛《史》：「末帝諱從珂，本姓王氏，鎮州人也。母宣憲皇后魏氏，以光啓元年生帝於平山。景福中，明宗爲武皇騎將，略地至平山，遇魏氏，虜之。帝時年十餘歲，明宗養爲己子。」劉恕取《廢帝録》，以爲明宗即位後，不立從珂而欲立從榮，從榮死，傳位於從厚，故人皆謂從珂爲養子。按：張昭仕明宗爲史官，異代修《廢帝録》，無所諱避，而不言養子，事似可信。然李克用光啓元年以前未嘗徇地山東〔三〕，又從珂若果是明宗子，明宗必不捨之而立從榮〔四〕；從珂亦當不服。今從薛《史》。

七月〔五〕，蜀太子元膺殺唐道襲。

《九國志》：「建將七夕出游，先一日，元膺召諸軍使及諸王宴飲邸第中，且議七夕從行之禮，而集王宗翰等不至。」又曰：「詰朝，元膺入白建曰：『潘峭、毛文錫離間兄弟，將圖不軌。』」

〔一〕「息」，原誤作「息」，今據兩浙本、孔本、《四庫》本、胡本、廣雅本改，《通鑑》胡註作「胎」。
〔二〕「宜」，原誤作「宣」，今據胡本、廣雅本、《通鑑》胡註改。
〔三〕「地」，原誤作「也」，今據兩浙本、孔本、《四庫》本、胡本、廣雅本、《通鑑》胡註改。
〔四〕「捨」，原誤作「拾」，今據兩浙本、孔本、《四庫》本、胡本、廣雅本、《通鑑》胡註改。
〔五〕「七月」，《通鑑》正文此事在七月戊申。按：《新五代史·韓建傳》原在七月初八（戊申）。

又曰：「及聞唐襲徵兵，乃遣伶官安悉香諭軍使全殊率天武甲士以自衛。」又曰：「明日，徐瑤、常謙與懷勝軍使嚴璘等協謀，以所部兵挾元膺以逐唐襲。元膺介馬率卒過其兄宗賀之門，召與同進。宗賀曰：『兵起無名，不敢奉命〔一〕。』」又曰：「建急召宗侃、宗賀及諸軍使，令以兵討寇。乃逐唐襲至城西斬之，盡殺屯營兵。又自大安門登陴以入，攻瑤、謙等。」歐陽《史》曰：「元膺與伶人安悉香、軍將喻全殊率天武兵自衛，召大將徐瑤、常謙率兵出拒襲，與襲戰神武門，襲中流矢墜馬死。」《十國紀年》：「丁未，元膺令軍使喻全殊帥天武兵自衛。戊申，徐瑤、常謙及左大昌軍使王承燧等各帥所部兵奉元膺攻唐道襲。道襲自私第被甲乘馬，過王宗賀門，邀之。宗賀曰：『兵起無名，且不奉詔，公宜緩行。』元膺遣天武將唐據帥親兵逐道襲，至城西斬之。」據《九國志》云「徐瑤等挾元膺以逐唐襲」，似襲在宮中，欲逐出之也。歐陽《史》云「元膺召瑤等率兵出拒襲，攻東宮，而元膺拒之」，《紀年》云「瑤等奉元膺攻道襲〔二〕，襲自私第被甲乘馬」〔三〕，似道襲出在外第，元膺就攻之也。按：道襲止以挾君自重，既勸蜀主發兵自衛，豈肯更出在外第，必止於禁中也。蓋瑤等引兵攻宮禁以求道襲，道襲以屯營兵出拒戰，兵敗走至城西，爲唐據所殺耳。

〔一〕「奉」，《通鑑》胡註作「聞」。
〔二〕「道」上，《通鑑》胡註有「唐」字。
〔三〕「襲」上，《通鑑》胡註有「道」字。

《九國志》又云「元膺介馬率卒過其兄宗賀之門，召與同進」，是元膺邀宗賀也。《紀年》云「道襲自私第被甲乘馬過宗賀門，要之」〔二〕，是道襲邀宗賀也。按：道襲私第安得有兵！觀宗賀所答之辭，似語太子，非語道襲也。若語道襲，宜勸之速入宿衛，豈得云「公宜緩行」也！潘炕言「太子非有它志，陛下宜面諭大臣，以安社稷」，蓋當時蜀主聞亂，既信道襲之言，又不忍討太子，無決然號令，故炕言太子無它志，當召大臣討徐瑤等爲亂者耳。《九國志》云「令宗侃等出兵討寇，乃逐唐襲至城西斬之」，是官軍斬襲也。若然，何故明日遽加襲贈謚乎〔三〕！此必誤也。

〔二〕「要」，兩浙本、孔本、《四庫》本、胡本、廣雅本作「邀」。

〔三〕「遽」，《通鑑》胡註作「亟」。

資治通鑑考異卷第二十九

端明殿學士兼翰林侍讀學士太中大夫提舉西京嵩山崇福宫上柱國河内郡開國公食邑二千六百户食實封壹阡户臣司馬光奉敇編集

後梁紀下

貞明元年，二月，王殷自焚。

《莊宗列傳·朱友貞傳》云：「乾化四年十一月，拔徐州，殷自燔死。」《五代通録》、薛《史》《紀》及《王殷傳》皆云貞明元年春，今從之。

三月，趙巖等請分魏博六州爲兩鎮。

《莊宗列傳》：「宰相敬翔、租庸使趙巖、判官邵贊等爲友貞畫策，分魏博六州爲兩鎮。」薛《史》無敬翔名，今從之。

己丑，魏軍亂。

《莊宗列傳》："二十七日，劉鄩屯南樂，遣龍驤都將王彦章以五百騎入魏州。是夜三鼓，魏軍亂。"是月辛酉朔，薛《史·紀》云己丑魏博軍作亂，蓋《莊宗列傳》"九"字誤爲"七"字耳。

四月，李保衡殺李彦魯。

《蜀書·劉知俊傳》，"保衡"作"彦康"。今從薛《史》。

五月，牛存節屯楊劉。

《牛存節傳》，"楊劉"作"陽留"或"陽劉"。今從《唐·裴度傳》及薛《史》諸人傳。

六月，晉王以李存進爲天雄都巡按使。

《莊宗實録》云爲軍城使，《存進傳》云都部署。《莊宗列傳》及薛《史·存進傳》皆云天雄軍都巡按使，今從之。

七月，晉王以李巖爲澶州刺史。

《莊宗實録》作"李嚴"。今從薛《史》。

周德威擒斥候者，斷腕縱之，使言已據臨清。

薛《史》："德威聞劉鄩東還，急趨南宮。知鄩軍在宗城，遣十餘騎迫其營，擒斥候者數十人，皆傳刃於背，縶而遣之。既至，謂鄩曰：『周侍中已據宗城矣！』鄩軍大駭。」按：傳刃於背，其人豈能復活而言！今從《莊宗實録》及薛《史·莊宗紀》。又，鄩見在宗城，而云周侍中據宗城，蓋臨清字誤耳。

高行周言：「代州養壯士，亦爲大王。」

《周太祖實録》：「晉王密令人啗之利禄，行周辭曰：『總管用人亦爲國家，事總管猶事王也。予家昆仲脱難再生，承總管之厚恩，安忍背之！』」按《明宗實録》，此年猶爲代州刺史，天祐十八年始爲副總管。此言總管，蓋《周太祖實録》之誤。

十一月，乙丑，改元。

《吴越備史》云：「正月壬辰朔〔二〕，改元，大赦。」今從薛《史·末帝紀》。

庚辰，劉知俊奔蜀軍。

《十國紀年》：「知俊奔秦州，庚戌來降。」按：上有甲戌，下有癸未，必庚辰也。

二年，八月，張筠棄相州走，晉以李嗣源爲刺史。

劉昫《廣本》云，筠奔東都，授左衛上將軍。《莊宗實録》：「命李存審入城招撫，除昭德

〔二〕「正」，原誤作「三」，今據兩浙本、孔本、《四庫》本、胡本、廣雅本、《通鑑》胡註及《吴越備史》改。

軍額，仍舊隸魏州，徙洺州刺史袁建豐爲相州刺史。」按：上四月，筠已遣人納款于晉，此復云走者，蓋始者文降，今爲晉兵所迫，故走耳。筠既降晉，今還猶得將軍者，蓋潛通款於晉，梁朝不知耳。《明宗實録》云：「八月，張筠走，移帝爲相州刺史。九月，爲安國軍節度〔二〕。」而《莊宗實録》云「袁建豐爲相州刺史」〔三〕。按《明宗實録·建豐傳》云，戰胡柳陂時〔三〕，建豐猶爲相州，乃是天祐十五年十二月。蓋明宗初爲相州，移邢州後方除建豐，《莊宗録》誤書在張筠走下耳。

李存審爲安國節度使。

王溥《五代會要》、薛《史·地理志》、樂史《寰宇記》皆云：「梁建保義軍，唐同光元年改爲安國軍。」而《莊宗》、《明宗實録》、《列傳》、薛《史·存審傳》皆云：「此年授安國節度使。」恐是才屬晉即改軍額〔四〕，《會要》等書誤云同光元年。

〔二〕「軍」，《通鑑》胡註無此字；「度」下，《通鑑》胡註有「使」字。
〔三〕「袁」上，《通鑑》胡註有「時」字。
〔三〕「時」，《通鑑》胡註無此字。
〔四〕「才」，原誤作「未」，今據兩浙本、孔本、《四庫》本、胡本、廣雅本、《通鑑》胡註改。

契丹陷晉蔚州〔一〕，虜振武節度使李嗣本。

開元中〔二〕，振武軍在朔州西北三百五十里單于都護府城内，隸朔方節度使。乾元元年，置振武節度使，領鎮北大都護、麟、勝二州。後唐振武節度〔三〕，亦帶安北都護、麟、勝等州觀察等使。石晉以後，皆帶朔州刺史。據此乃治蔚州，不知遷徙年月。

九月，貝人殺張源德，嬰城固守。

《莊宗實録》：「賊將張源德固守貝州，既聞河北皆平，而有翻然之志，詢謀於衆。羣賊皆河南人，懼其歸罪，不從，因殺源德，噉人爲糧，固守其城。王師歷年攻圍〔四〕，賊既食竭，呼我大將曰：『今欲請罪，懼晉王不我赦。我將衿甲持兵而見，已即解之，如何？』報曰：『無便於此者。』賊衆三千，衿甲出降。我將甘言喻之，俱釋兵解甲。既而四面陳兵，皆殺之。」歐陽《史·死事傳》曰：「晉王入魏，河北六鎮數十州之地皆歸晉，獨貝一州，圍之踰年不可下。城中食且盡，貝

〔一〕《通鑑》胡註曰：「契丹攻蔚州，自麟、勝出詭道以掩晉不備也。按：麟、勝至蔚州，中間懸隔雲、朔，『蔚州』恐當作『朔州』。」

〔二〕「中」，原誤作「十」，今據兩浙本、孔本、《四庫》本、胡本、廣雅本、《通鑑》胡註改。

〔三〕「度」下，《通鑑》胡註有「使」字。

〔四〕「師」，原誤作「歸」，今據廣雅本、《通鑑》胡註改。

人勸源德出降，源德不從，遂見殺。」按：源德若以不降而死，其衆當即降於晉，豈得猶拒守，與晉邀約而後出哉！明是衆懼死不降耳。今從《莊宗實録》〔二〕。

十月〔三〕**，鄭珏同平章事。**

薛《史·梁末帝紀》無珏初拜相年月。此年十月丁酉，以中書侍郎、平章事鄭珏兼刑部尚書、平章事，至貞明四年四月己酉，又云以中書侍郎、平章事鄭珏兼刑部尚書。疑貞明二年拜相，四年轉刑部尚書也。《本傳》云：「累遷禮部侍郎，貞明中，拜平章事。」《唐餘録·均帝紀》：「貞明二年十月丁酉，禮部侍郎鄭珏爲中書侍郎、平章事。」今從之。又高若拙《後史補》云：「珏應一十九舉方捷，姓名爲第十九人，第行亦同，自登第凡十九年爲宰相。」今按：珏光化三年及第，自光化三年至此年，纔十七年矣，又不可合。

十二月，慶州叛，賀瓌討之。

薛《史·賀瓌傳》：「貞明二年，慶州叛，爲李繼陟所據。帝命左龍虎統軍賀瓌爲西面行營馬步軍都指揮使兼諸軍都虞候，與張筠破涇、鳳之衆三萬，下寧、衍二州。」此非小事，而《末帝

〔二〕《通鑑》胡註曰：「余謂：若如《通鑑》去取，則張源德非一心守死者，不得與於《死事傳》。」

〔三〕「十月」，《通鑑》正文此事在十月丁酉。按：《舊五代史·梁書·末帝紀》、《新五代史·梁末帝紀》原在十月丁酉。

紀》、《李茂貞傳》皆無，惟《瓌傳》有之，今以爲據。

契丹阿保機稱帝，改元神册。

《紀年通譜》云：「舊史不記保機建元事。今契丹中有曆日，通紀百二十年。臣景祐三年冬北使幽薊，得其曆，因閲年次，以乙亥爲首，次年始著神策之元，其後復有天贊。按《五代·契丹傳》，自邪律德光乃記天顯之名〔一〕，疑當時未得其傳，不然虜人耻保機無號，追爲之耳。保機，虜中又號天皇王。」《虜庭雜記》曰：「太祖一舉併吞奚國，仍立奚人依舊爲奚王，命契丹監督兵甲。又滅勃海，虜其王大諲譔，立長子爲勃海東丹王，號人皇王。自號天皇王，始立年號曰天贊，又曰神册，國稱大遼〔二〕。於所居大部落置樓，謂之西樓，今謂之上京；又於其南木葉山置樓，謂之南樓；又於其東千里置樓，謂之東樓；又於其北三百里置樓，謂之北樓：太祖四季常遊獵於四樓之間。」又曰：「阿保基變家爲國之後〔三〕，始以王族號爲横帳〔四〕，姓世里没里，以漢語譯之，謂之耶律氏。賜后族姓曰蕭氏。王族惟與后族通昏。其諸部若不奉北主之命，不得與二部落通

〔一〕「邪」，《通鑑》胡註作「耶」。
〔二〕「稱」，兩浙本、孔本、《四庫》本、胡本、廣雅本作「號」。
〔三〕「基」，兩浙本、孔本、《四庫》本、胡本、廣雅本作「機」。
〔四〕「帳」，原誤作「悵」，今據兩浙本、孔本、《四庫》本、胡本、廣雅本、《通鑑》胡註改。

昏。」歐陽《史》曰：「阿保機用其妻述律策，使人告諸部大人曰：『我有鹽池，諸部所食。然諸部知食鹽之利，而不知鹽有主人，可乎？當來犒我。』諸部以爲然，共以酒會鹽池。阿保機伏兵其旁，酒酣伏發，盡殺諸部大人，遂立，不復代。」阿保機稱皇帝，前史不見年月，《莊宗列傳·契丹傳》在莊宗即帝位、李存審守范陽後；《漢高祖實録》、《唐餘録》皆云，阿保機設策併諸族，遂稱帝，在乾寧中劉仁恭鎮幽州前；薛《史》在莊宗天祐末。按《紀年通譜》，阿保機神策元年歲在丙子，乃莊宗天祐十三年，梁貞明二年，似不在天祐末及莊宗即位後。《編遺録》開平二年五月，太祖賜阿保機記事，猶呼之爲卿，及言「臣事我朝，望國家降使册立」，必未稱帝，安得在劉仁恭鎮幽州前！《唐餘録》全取《漢高祖實録》契丹事作傳，最爲差錯。不知其稱帝實在何年。今因其改年號，置於此。

韓延徽入契丹。

《漢高祖實録·延徽傳》云：「天祐中，連帥劉守光攻中山，不利，欲結北戎，遣延徽將命入虜。」劉恕以爲，劉守光據幽州後未嘗攻定州〔二〕，惟唐光化三年，汴將張存敬拔瀛、莫，攻定州，劉仁恭遣守光救定州，爲存敬所敗，恐是此時，仁恭方爲幽帥，非守光也。按：劉仁恭父子彊盛之

〔二〕「據」，原誤作「乃」，今據兩浙本、孔本、《四庫》本、胡本、廣雅本、《通鑑》胡註改。

時，常陵暴契丹，豈肯遣使與之相結！乾化元年守光攻易定，王處直求救於晉，故晉王遣周德威伐之，其遺延徽結契丹蓋在此時。然事無顯據，故但云衰困，附於此。

四年，六月〔一〕

《北夢瑣言》云：「余聞公弼親吏曹處琪言〔二〕，建疑信王暴卒，唐文扆與徐妃、張格陰謀〔三〕，使尚食進雞燒餅，因置毒。建疾困，大臣魏弘夫等請誅文扆。建曰：『太子好酒色，若不克負荷，幸無殺之。徐氏兄弟勿與兵權。』言訖，長吁而逝。」劉恕按：舊史貶文扆後二十七日，蜀主始殂，疑曹處琪之妄，孫光憲從而記之。

吴朱瑾殺徐知訓，知誥即日引兵濟江。

《吴録》、《九國志》、徐鉉《江南録》，知訓死，知誥過江，皆無日。《江南録》曰：「先主聞亂，即日以州兵度江，至廣陵。會瑾自殺，因撫定其衆。」《十國紀年·吴史》：「六月乙卯，瑾殺知訓〔四〕，踰城自殺。戊午，知誥入揚州，代知訓執政。己未，誅瑾黨與。」《廣本》：「戊午，知誥親吏

〔一〕「六月」，《通鑑》正文此事在六月壬寅。
〔二〕「公」，《通鑑》胡註作「宗」。
〔三〕「格」，兩浙本、孔本、《四庫》本、胡本、廣雅本作「裕」。
〔四〕「殺」，原誤作「設」，今據兩浙本、孔本、《四庫》本、胡本、廣雅本、《通鑑》胡註改。

馬仁裕聞知訓死，自蒜山渡，白知誥。知誥即日帥兵入揚州，撫定吏民。」按：揚、潤相去至近，知誥豈得四日然後聞之！今從《江南録》。

七月，戊戌，吴以徐知誥爲淮南節度行軍副使、内外馬步都軍副使、通判府事。

按《十國紀年》，六月乙卯，知訓被殺。至此四十四日，吴之政事必有所出。蓋知誥至廣陵，即代知訓執吴政，至此方除官耳。

八月〔二〕**，張萬進叛。**

《莊宗實録》：「天祐十五年八月己酉，張萬進歸款。」薛《史·末帝紀》：「貞明五年三月癸未，削奪張守進官爵，命劉鄩爲制置使。十月，下兖州，族守進。」《萬進傳》云：「貞明四年七月，叛。五年冬，拔其城。」《劉鄩傳》云：「五年，萬進反。冬，拔其城。」《莊宗實録·萬進傳》云：「劉鄩攻圍歷年，屠其城。」《莊宗列傳》云：「天祐十五年八月，萬進歸于我。」均王無《實録》，《紀》、《傳》多不同，難以爲據。今以《莊宗實録》、《列傳》爲定。

〔二〕「八月」，《通鑑》正文此事在八月己酉。按：《舊五代史·唐書·莊宗紀》原在八月己酉。

五年，七月，高麗僧躬乂稱王。

薛《史》、《唐餘録》、歐陽《史》皆云，唐末其國自立王，前王姓高氏，後王王建〔一〕。此據《十國紀年》。

十二月，晉王乘勝拔濮陽。

《莊宗實録》：「天祐十五年，賀瓌屯於濮州北行臺里。十二月辛酉，上次于臨濮，賊亦捨營踵我。癸亥，次于胡柳。明旦〔二〕，接戰，王彦章敗走濮陽。甲子，進攻濮陽，一鼓而拔。」按《唐·地理志》：「濮州亦謂之濮陽郡，治鄄城，有濮陽、臨濮二縣。」據《莊宗實録》，則行臺里在臨濮東，胡柳在濮陽東。彦章所保，莊宗所拔者，皆濮陽縣，非濮州也。而《莊宗列傳》及薛《史·閻寶傳》皆云：「彦章騎軍已入濮州，山下惟列步兵，向晚皆有歸心。」是以濮陽即爲濮州也。《李嗣昭傳》，嗣昭云〔三〕：「賊無營壘，去臨濮地遠，日已晡晚，皆有歸心，但以精騎撓之，無令夕食，晡後追擊，破之必矣。我若收軍拔寨，賊入臨濮，俟彼整齊復來，則勝負未決。」是又以濮陽即爲

〔一〕「王建」，原誤作「三建」，今據兩浙本、孔本、《四庫》本、胡本、廣雅本、《通鑑》胡註及《新五代史·四夷附録·高麗傳》改。

〔二〕「旦」，《通鑑》胡註作「日」。

〔三〕「昭」，原誤作「乃」，今據兩浙本、孔本、《四庫》本、胡本、廣雅本、《通鑑》胡註改。

臨濮也。按薛《史·梁紀》，貞明五年四月制書[一]，放濮州税課[二]，是濮州猶屬梁也。《莊宗實録》，天祐十六年十二月，攻下濮陽，下教告諭曹、濮百姓，勸令歸附，是濮州未屬晉也。又賀瓌屯土山西，晉軍在其東，彦章已西入濮陽，瓌豈得更東歸臨濮！疑《實傳》濮州、《嗣昭傳》臨濮皆當爲濮陽，史氏文飾之誤也。又《莊宗實録》，去年十二月晉已拔濮陽，至此又云攻下濮陽。按薛《史·梁紀》，去年十二月晉人攻濮陽陷之[三]，今年十二月又云晉人陷濮陽。《唐紀》，去冬拔濮陽，今年四月追襲賀瓌至濮陽，十二月無攻下濮陽事。《賀瓌傳》：「貞明四年，領大軍營於行臺村。十二月，戰敗。四月，退軍行臺，尋卒。」若非《實録》及《梁紀》重複，則是去冬唐雖得濮陽，棄而不守，今年冬復攻拔之也。

六年，四月，李琪罷爲太子少保。

薛《史》止有琪作相月日，無罷相年月，故終言之。

朱友謙取同州，晉王以朱令德爲節度使。

《莊宗列傳》：「上令幕客王正言送節旄賜之。」《莊宗實録·列傳》、薛《史·友謙傳》皆

[一]「五年四月」，《舊五代史·梁書·末帝紀》此制書原在六年四月。

[二]「放」，原誤作「於」，今據兩浙本、孔本、《四庫》本、胡本、廣雅本、《通鑑》胡註及《舊五代史·梁書·末帝紀》改。

[三]「人」，原誤作「入」，今據兩浙本、孔本、《四庫》本、胡本、廣雅本、《通鑑》胡註及《舊五代史·梁書·末帝紀》改。

云：「友謙以令德爲帥，請節鉞，不許。」薛《史·末帝紀》貞明六年云：「陷同州，以令德爲留後，表求節旄，不允。」而「貞明四年六月甲辰，以歙州刺史朱令德爲忠武留後。」恐是四年已陷同州。

五月，徐温言：「使楊氏無男，有女亦當立。」

《吴録》、《九國志》，「有女當立」之語在誅張顥時。今從薛《史》。《十國紀年》：「王疾病，大丞相温來朝，議立嗣君[一]。門下侍郎嚴可求言王諸子皆不才，引蜀先主顧命諸葛亮事[二]。温以告知誥，知誥曰：『可求多知，言未必誠，不過順大人意爾[三]。』温曰：『吾若自取，非止今日。張顥之亂，嗣王幼弱，政在吾手，取之易於反掌。然思太祖大漸，欲傳位劉威，吾獨力爭，太祖垂泣，以後事託我，安可忘也！』乃與內樞密使王令謀定策，稱隆演命，迎丹陽公溥監國[四]。己丑，隆演卒。六月戊申，溥即王位。」恐可求亦不應有此言。今從薛《史》。

〔一〕「立」，原誤作「亡」，今據兩浙本、孔本、《四庫》本、胡本、廣雅本、《通鑑》胡註改。

〔二〕「主」，原誤作「王」，今據兩浙本、孔本、《四庫》本、胡本、廣雅本、《通鑑》胡註改。

〔三〕「順」，原誤作「瞶」，今據兩浙本、孔本、《四庫》本、胡本、廣雅本、《通鑑》胡註改。

〔四〕「陽」，《通鑑》胡註作「楊」。

龍德元年，正月，張承業諫晉王稱帝，遂得疾，不復起。

《莊宗實録》：「上初獲玉璽〔二〕，諸將勸上復唐正朔，承業自太原急趣謁上曰：『殿下父子血戰三十餘年，蓋緣報國復仇，爲唐宗社。今元凶未殄，軍賦不充，河朔數州，弊於供億，遽先大號，費養兵之事力，困凋弊之生靈，臣以此爲一未可也〔三〕。殿下既化家爲國，新創廟朝，典禮制度，須取太常準的。方今禮院未見其人，儻失舊章，爲人輕笑，二未可也。』因泣下沾衿。上曰：『余非所願，奈諸將意何！』承業自是多病，日加危篤，卒官。」《莊宗列傳》：「上受諸道勸進，將篡帝位。承業以爲晉王三代有功於國，先王怒賊臣篡逆，匡復舊邦，賊既未平，不宜輕受推戴。方疾作，肩輿之鄴宮，見上力諫。」大指皆如《實録》。薛《史》、《唐餘録》皆與《莊宗列傳》同。《五代史闕文》：「承業謂莊宗曰：『吾王世奉唐家，最爲忠孝，自貞觀以來，王室有難，未嘗不從。所以老奴三十餘年爲吾王捃拾財賦，召補軍馬者，誓滅逆賊朱温，復本朝宗社耳。今河朔甫定，朱氏尚存，吾王遽即大位，可乎？』莊宗曰：『奈諸將意何！』承業知不可諫止，乃慟哭

〔二〕「玉」，原誤作「三」，今據兩浙本、孔本、《四庫》本、胡本、廣雅本、《通鑑》胡註改。

〔三〕「此」，《通鑑》胡註無此字。

曰：『諸侯血戰，本爲李家，今吾王自取之〔一〕，誤老奴矣！』即歸太原，不食而死。」秦再思《洛中紀異》：「承業諫帝曰：『大王何不待誅克梁孽，更平吴、蜀，俾天下一家，且先求唐氏子孫立之，復更以天下讓有功者，何人輒敢當之！讓一月即一月牢，讓一年即一年牢。設使高祖再生，太宗復出，又胡爲哉！今大王一旦自立，頓失從前仗義征伐之旨，人情怠矣。老夫是閹官，不愛大王官職富貴，直以受先王付囑之重，欲爲先王立萬年之基爾。』莊宗不能從，乃謝病歸太原而卒。」歐陽《史》兼采《闕文》、《紀異》之意。按《實録》等書，承業止惜費多及儀物不備，太似淺陋。如《闕文》所言，承業事莊宗父子數十年，唐室近親已盡，豈不知其欲自取之意乎！褒美承業亦恐太過。又按：傳真以天祐十八年正月獻寶，承業以十九年十一月卒，云即歸太原，不食而死，亦非實也。如《紀異》之語，承業爲莊宗忠謀，近得其實，今取之〔二〕。

五月〔三〕，劉鄩飲酖而卒。

《莊宗實録》云「憂恚發病卒」。薛《史》云：「張宗奭承朝廷密旨，逼令飲酖而卒。」今從之。

〔一〕「王」，原誤作「正」，今據兩浙本、孔本、《四庫》本、胡本、廣雅本、《通鑑》胡註及王禹偁《五代史闕文》（臺灣新文豐出版公司《叢書集成續編》影印清光緒八年《懺花盦叢書》刻本，下同）改。

〔二〕「取」，胡本、《通鑑》胡註作「從」。

〔三〕「五月」，《通鑑》正文此事在五月丁亥。按：《舊五代史·梁書·末帝紀》原在五月。

二年，四月，晉王以李繼韜爲安義留後。

按：潞州本號昭義軍，今以繼韜爲安義留後，蓋晉王避其父諱改之耳。及繼韜降梁，梁亦以爲匡義節度使。今人猶謂澤州爲安義云。

後唐紀上

莊宗同光元年，二月，以盧程爲相。

薛《史·唐紀》作「盧澄」。今從《實録》、《莊宗列傳》。

吴越王鏐始建國，置百官〔二〕。

《十國紀年》：「鏐功臣、諸子領節制，皆署而後請命。居室服御，窮極侈靡，末年荒恣尤甚。錢氏據兩浙逾八十年，外厚貢獻，内事奢僭，地狹民衆，賦歛苛暴，雞魚卵菜，纖悉收取。斗升之逋，罪至鞭背。每笞一人，則諸案吏各持其簿列于庭，先唱一簿，以所負多少爲笞〔三〕，已，次吏復

〔二〕《通鑑》正文此事在二月丁卯。
〔三〕「爲」下，《通鑑》胡註有「數」字。

唱而笞之，盡諸簿乃止，少者猶笞數十，多者至五百餘。訖于國除，人苦其政。」《吴越備史》稱：「鏐節儉，衣衾用紬布，常膳惟甆漆器。寢帳壞，恭穆夫人欲易以青繒，鏐不許。嘗歲除夜會子孫鼓琴，未數曲，止之，曰：『聞者以我爲長夜之飲。』遂罷。」錢易《家話》稱：「鏐公燕不二羹胾[一]，衣必三澣然後易[二]。」劉恕以爲，錢元瓘子信撰《吴越備史》、《備史遺事》、《忠懿王勳業志》、《戊申英政録》，弘倧子易撰《家話》，俶子惟演撰《錢氏慶系圖譜》、《家王故事》、《秦國王貢奉録》，故吴越五王行事失實尤多，虚美隱惡，甚於他國。按：錢鏐起於貧賤，知民疾苦，必不至窮極侈靡。其奢汰暴歛之事，蓋其子孫所爲也。今從《家話》。

七月，梁主徵王彦章還大梁。

歐陽《史》云：「末帝罷彦章，以段凝爲招討使。彦章馳至京師入見，以笏畫地，自陳勝敗之迹。巖等諷有司劾彦章不恭，勒還第。」今從《實録》。

八月，梁敬翔、李振請罷段凝。

歐陽《史》以爲太祖時事。按：晉人取魏博，然後與梁以河爲境，故常以大軍守之，太祖時

[一]「燕」，《通鑑》胡註作「宴」。

[二]「澣」，原誤作「幹」，今據兩浙本、孔本、《四庫》本、胡本、廣雅本、《通鑑》胡註改。

未也。就使當時曾屯軍河上，亦未繫社稷之安危也。況太祖時，振言聽計從，均王時始疏斥，此必均王時事也。既不知其的在何時，故因凝任招討使而見之。

蜀内皇城使潘在迎。

在迎先爲内皇城使，貶雅州，蜀主北巡，爲馬步使。今不知何官，故且稱其舊官。

九月，李從珂敗王彦章前鋒於遞坊鎮。

薛《史》作「遞公鎮」〔二〕。今從《實録》。

十月，梁主殺邵王友誨等。

薛《史》云：「友諒、友能、友誨，莊宗入汴，同日遇害。」按：中都既敗，均王親弟猶疑而殺之，況其從弟嘗爲亂者，豈得獨存！故附於此。

皇甫麟。

《莊宗實録》「麟」作「鏻」。今從《莊宗列傳》及薛《史》。

〔二〕「公」，《舊五代史》《梁書·末帝紀》原作「防」，《唐書·莊宗紀》原作「公」，《明宗紀》原作「坊」。

帝命訪求梁主，或以其首獻。

《實録》：「帝慘然曰：『敵惠敵怨，不在後嗣。朕與梁主十年戰爭〔一〕，恨不生識其面。』」按：莊宗漆均王首藏之太社，豈有欲全之之理！此特虚言耳。

漆朱友貞首，藏太社〔二〕。

薛《史·末帝紀》云：「詔河南尹張全義收葬之。」今從《實録》。

十一月，張全義請帝遷都洛陽。

《實録》：「甲辰，議修洛陽太廟。」按：梁以汴州爲東京，洛京爲西京。莊宗以魏州爲東京，太原爲西京，真定爲北都。及滅梁，廢東京復爲汴州〔三〕，以永平軍爲西京，而不云以洛陽爲何京。若以爲東京，則與魏州無以異。諸書但謂之洛京，亦未嘗有詔改梁西京爲洛京也。至同光三年，始詔依舊以洛京爲東都。或者以永平爲西京時，即改梁西京爲洛京，而史脱其文也。今無可質正，故但謂之洛陽。

〔一〕「主」，原誤作「上」，今據兩浙本、孔本、《四庫》本、胡本、廣雅本、《通鑑》胡註改。
〔二〕《通鑑》正文此事在十月辛巳。
〔三〕「復」，《通鑑》胡註無此字。

十二月，高季興過襄州，斬關而去。

《五代史補》：「季興行已浹旬，莊宗且悔，遽以急詔命襄州節度劉訓伺便圖之〔一〕。無何，季興至襄州，就館而心動，謂親吏曰：『梁先輩之言中矣！與其住而生，不若去而死。』遂棄輜重，與部曲數百人南走，至鳳林關，已昏黑，於是斬關而出。是夜三更，向之急詔果至，劉訓度其去遠，不可逐而止〔二〕。」王舉《天下大定録》亦云：「莊宗遣使追之，不及。」按：季興自疑，故斬關夜遁耳，未必莊宗追之也。今從薛《史》。

二年，正月，岐王上表稱臣〔三〕。

茂貞改封秦王，薛《史》無的確年月。《實録》，同光元年十一月壬寅，已稱「秦王茂貞遣使賀收復」，自後皆稱秦王。至二年二月辛巳制〔四〕：「秦王李茂貞可封秦王。」豈有秦王封秦王之

〔一〕「度」下，《通鑑》胡註有「使」字。按：陶岳《五代史補》（臺灣新文豐出版公司《叢書集成續編》影印清光緒八年《豫章叢書》刻本，下同）原無此字。

〔二〕「逐」，《通鑑》胡註作「及」。按：《五代史補》原作「追」。

〔三〕按：《考異》此條，實考岐王改封秦王時間，而非岐王上表稱臣事，故《通鑑》胡註附《考異》文於「二年二月辛巳進岐王爵爲秦王」之下，並曰：「《通鑑考異》正本在『二年正月岐王上表稱臣』之下，今移置於此。」

〔四〕「二月」，《通鑑》胡註脱此二字。

理！必是至時始自岐王封秦王也〔二〕。

五月，戊申，蜀主遣李嚴還。

《實録》：「七月戊午，蜀遣歐陽彬朝貢。十月癸巳，遣客省使李嚴充蜀川回信使。三年八月戊辰，嚴自西川迴。」《蜀書》：「四月己巳朔，唐使李嚴來聘。五月戊申，遣嚴歸本國。十一月己未朔，遣彬爲唐國通好使。」按《錦里耆舊傳》：「是歲，遣歐陽彬通聘洛京，莊宗遣李嚴來修好。」《笏記》云：「豈謂大蜀皇帝，特遣蘇、張之士，來追唐蜀之歡！吾皇迴感於蜀皇，復禮遠酬於厚禮。」然則嚴爲回信使也。或者歐陽彬之前，蜀已有入洛之使乎？若如《實録》年月，則李嚴以二年十月奉使，至三年八月方歸，何留之久乎！《十國紀年·蜀史》又云：「九月己亥，唐帝遣李彥稠來使。十一月辛丑，遣彥稠東還。」又，八月以後，遣王宗鍔等戍洋、利以備東師，似用宋光葆之言〔三〕；十一月以後，以唐國通好，召諸軍還，似因彥稠來而罷之。今並從《蜀書》年月。

十一月，蜀主遣歐陽彬來聘。

《實録》：「七月戊午，蜀主遣户部侍郎歐陽彬來使，致書用敵國禮。」《蜀書·後主紀》：

〔二〕「至」下，《通鑑》胡註有「是」字。

〔三〕「似」上，兩浙本、孔本、《四庫》本、胡本、廣雅本有「此」字。

「十一月乙未，命翰林學士、兵部侍郎歐陽彬爲唐國通好使。」今從之。

三年，十月，丁丑，蜀威武城降。

《實録》：「十月戊寅，魏王繼岌至鳳州，王承捷以鳳、興、文、成四州降。前一日，康延孝、李嚴至故鎮威武城，唐景思等降。」按：今故鎮在鳳州西四程，延孝未下鳳州，何能先至故鎮！又蜀之守禦必在鳳州之東〔二〕，或者當時鳳州之東别有威武城，亦名故鎮，非今之故鎮歟？

辛巳，興州刺史王承鑒棄城走。

《實録》：「甲申，魏王至故鎮，康延孝收興州。」《十國紀年》：「辛巳，承鑒出奔。甲申，繼岌、郭崇韜至威武城。」今從之。

十一月，自出師至克蜀，凡七十日。

《實録》：「自興師出洛，至定蜀城，計七十五日。」薛《史》因之。按：唐軍九月戊申離洛城，十一月丁巳入成都，止七十日耳。《實録》、薛《史》之誤也〔三〕。

〔二〕「守」，原誤作「于」，今據兩浙本、孔本、《四庫》本、胡本、廣雅本、《通鑑》胡註改。

〔三〕「之」，《通鑑》胡註無此字。

十二月，郭崇韜表董璋爲東川節度使。

《莊宗實録》：「十二月丙寅，以静難節度使董璋爲東川節度副大使。」又《康延孝傳》云：「郭崇韜除董璋爲東川節度使。延孝與華州節度使毛璋見崇韜，請以工部任尚書爲東川帥。崇韜怒曰：『紹琛反耶，敢違吾節度！』不及二旬，崇韜爲繼岌所害。」按：大軍以十一月二十八日丁巳入西川，至十二月八日丙寅除董璋東川，凡十日；明年正月八日殺崇韜，至此凡六十日，而云不及二旬崇韜遇害，日月殊不相合。蓋十二月丙寅，崇韜始表璋鎮東川之日耳，非降制日也。云「不及二旬」，亦恐誤。

王宗弼求西川，崇韜陽許之。

《實録》、薛《史》皆云，崇韜以蜀帥許之。按：崇韜有識略，豈可興大兵取西川，反以與宗弼乎！此庸人所不爲也。蓋於時宗弼尚據成都，崇韜恐其悔而違拒，故陽許之以安其意耳。

明宗天成元年，二月，己亥，魏王繼岌至利州，遣任圜等討李紹琛。

《莊宗實録》：「己亥，繼岌奏康延孝叛，遣任圜追討。」按：延孝丁酉叛於劍州，豈得己亥奏報已至洛！《廣本》：「己亥，魏王至利州，桔柏津使夜來告繼岌，言李紹琛令斷浮梁。繼岌署任圜爲副招討使，令率七千人騎，與都指揮使梁漢顒、監軍李廷安討之〔一〕。」今從之。

三月，甲子夜，張破敗作亂。

《莊宗實録》：「壬戌，今上至鄴都。癸亥夜，張破敗作亂。明日，入鄴都。」《明宗實録》：「三月六日，帝至鄴都。八日夜，破敗作亂。」薛《史·莊宗紀》：「壬子，嗣源至鄴都。甲寅夜，破敗作亂。」《明宗紀》與《實録》同。按《長曆》，此月丁巳朔，無壬子、甲寅。今從《實録》及《明宗本紀》。

四月〔二〕，李嗣源至罌子谷，聞莊宗殂。

《莊宗實録》云：「今上至鄭州聞變。」今從《明宗實録》〔三〕。

李存沼者，莊宗之近屬。

《唐愍帝實録·符彦超傳》云「皇弟存沼」〔四〕，薛《史》、歐陽《史》《彦超傳》作「存霸」，《莊宗

〔一〕「廷」，胡本、《通鑑》胡註作「延」。按：《舊五代史·唐書》《莊宗紀》、《郭崇韜傳》、《康延孝傳》作「廷」，《任圜傳》作「延」。

〔二〕「四月」，《通鑑》正文此事在四月丁亥朔。按：《舊五代史·唐書·莊宗紀》原在四月丁亥朔。

〔三〕《通鑑》胡註曰：「余按：罌子谷在鄭州境。」

〔四〕《通鑑》胡註曰：「按：莊宗謚光聖神閔皇帝，《唐愍帝實録》即《莊宗實録》也，『愍』、『閔』字通。」今按：《唐愍帝實録》乃記後唐閔帝李從厚事，非《莊宗實録》。

列傳》、薛《史·張憲傳》但云「李存沼」。按：莊宗弟無名存沼者。存霸自河中衣僧服而往，非今日傳莊宗之命者也。或者武皇之姪，莊宗之弟。別無所據，不敢決定，故但云近屬。

百官請嗣源監國。

監國本太子之事，非官非爵。然五代唐明宗、潞王、周太祖皆嘗監國。漢太后令曰，「中外事取監國處分」，又誥曰，「監國可即皇帝位」，是時直以監國爲稱號也。今從之。

李從襲勸魏王繼岌亟東行。

《莊宗實録》：「征蜀初爲都監，後勸繼岌殺郭崇韜者，李從襲也。」《明宗實録》云，「宦官都監李繼襲勸繼岌東還」，及令自殺。又云「任圜監軍李廷襲欲存康延孝」，及至華州爲李沖所殺者，復云「李從襲」。蓋「從襲」誤爲「繼襲」、「廷襲」。今從《莊宗實録》。

六月，高季興求夔、忠、萬三州。

《莊宗實録》〔一〕：「王建於夔州置鎮江軍節度〔二〕，以夔、忠、萬、施爲屬郡。雲安監有榷鹽之利，建升爲安州。上舉軍平蜀〔三〕，詔季興自收元管屬郡。荆南軍未進，夔州連帥以州降繼岌。」

〔一〕「録」下，《通鑑》胡註有「云」字。
〔二〕「王」，原誤作「正」，今據兩浙本、孔本、《四庫》本、胡本、廣雅本、《通鑑》胡註改。
〔三〕「軍」，原誤作「章」，今據兩浙本、孔本、《四庫》本、胡本、廣雅本、《通鑑》胡註改。

《十國紀年·荆南史》：「天成元年二月，王表請夔、忠、萬三州及雲安監隸本道，莊宗許之。詔命未下，莊宗遇弑。六月，王表求三州，明宗許之。」劉恕按：《莊宗實録》及薛《史·帝紀》：「同光三年十一月庚戌，荆南高季興奏收復夔、忠等州。」曾顔《勃海行年記》云：「得夔、忠、萬等州。」《明宗實録》及薛《史·韋説傳》云：「討西蜀，季興請攻峽内，先朝許之，如能得三州，俾爲屬郡。三川既定〔一〕，季興無尺寸之功。」《莊宗實録》：「同光四年三月丙寅，高季興請峽内夔、忠、萬等州割歸當道。」《明宗實録》：「天成元年六月甲寅，高季興奏：『去冬先朝詔命攻取峽内屬郡，尋有施州官吏知臣上峽，率先歸投，忠、萬、夔三州旦夕期於收復，被郭崇韜專將文字約臣回歸，方欲陳論，便值更變。』」此説頗近實，故從之。蓋三年十月，夔、忠、萬三州降於繼岌，十一月庚戌，季興奏請三州爲屬郡，舊史誤云奏收復也。《行年記》差繆最多〔二〕，不可爲據。或者夔州雖自降於繼岌，季興表云收復三州，攘爲己功，亦無足怪。今從《明宗實録》。

七月，姚坤告哀於契丹。

《漢高祖實録》作「苗紳」。今從《莊宗列傳》。

〔一〕「三川」，《舊五代史·唐書·韋説傳》原作「西川」。

〔二〕「繆」，原誤作「鏐」，今據兩浙本、孔本、《四庫》本、胡本、廣雅本、《通鑑》胡註改。

丙子，葬莊宗。

《實録》：「乙亥，梓宫發引，是日遷幸雍陵。」按：《莊宗實録》哀册文云「丙子」，今從之。

九月，契丹阿思没骨餒來〔一〕。

《漢高祖實録》作「没姑餒」。今從《明宗實録》及《會要》。

是歲，吴越王鏐改元寶正。

閻自若《唐末汎聞録》云：「同光四年，京師亂，朝命斷絶，鏐遂僭大號，改元保正。明年，明宗錫命至，迺去號，復用唐正朔。」《紀年通譜》云：「鏐雖外勤貢奉，而陰爲僭竊，私改年號于其國。其後子孫奉中朝正朔，漸諱改元事。及錢俶納土，凡其境内有石刻僞號者，悉使人交午鑿滅之。惟今杭州西湖落星山塔院中，有鏐封此山爲壽星寶石山僞詔，刻之于石，雖經鑱毁，其文尚可讀。後題云『寶正六年歲在辛卯』，明宗長興二年也。其元年，即天成元年也。好事者或傳曰『保正』，非也。」余公綽《閩王事迹》云：「同光元年春，梁策錢鏐爲尚父。來年，改寶正元年。永隆三年，吴越世宗文穆王薨。」林仁志《王氏啓運圖》云：「同光元年，梁封浙東尚父爲吴越國王，尋自改元寶正。長興三年，吴越武肅王崩，子世皇嗣。永隆二年，吴越世皇崩，子成宗嗣。」

〔一〕「没」，王溥《五代會要》（臺灣商務印書館影印清文淵閣《四庫全書》本）原作「設」。

公綽、仁志所記年歲差繆，然可見錢氏改元及廟號，故兼載焉。至今兩浙民間〔一〕，猶謂錢鏐爲錢太祖。今參取諸書爲據。

二年，二月〔二〕，討高季興，東川董璋充東南面招討使，夔州刺史西方鄴副之。

按：梓、夔皆在荆南之西南，而云東南面者，蓋據夔、梓所向言之耳。

十月，孫晟勸朱守殷反。

《江南録》作「孫忌」。今從王溥《周世宗實録》。

三年，十二月〔三〕，高季興卒。

《唐明宗實録》：「天成三年十一月壬午，房知温奏高季興卒。」《烈祖實録》亦云：「乾貞二年十一月，季興卒。」蓋傳聞之誤。按：陶穀《季興神道碑》及《勃海行年記》皆云「十二月十五日卒」，今從之。

〔一〕「浙」，原誤作「折」，今據兩浙本、孔本、《四庫》本、胡本、廣雅本、《通鑑》胡註改。

〔二〕「二月」，《通鑑》正文此事在二月壬寅。按：《舊五代史·唐書·明宗紀》原在二月壬寅，《新五代史·唐明宗紀》在二月戊戌。

〔三〕「十二月」，《通鑑》正文此事在十二月丙辰。

四年，九月，供奉官烏昭遇使吳越。

《吴越備史》、《十國紀年》皆云「監門衛上將軍」，蓋借官耳。今從《實録》等諸書。

十二月，吴徐知誥酖弟知詢。

鄭文寶《南唐近事》：「烈祖曲宴便殿，引酖觥賜周本，本疑而不飲，佯醉，别引一巵，均酒之半，跪捧而進曰：『陛下千萬歲。陛下若不飲此，非君臣同心同德之義也，臣不敢奉詔。』上色變無言，久之，左右皆相顧流汗，莫知所從。伶倫申漸高，有機智者，竊諭其旨，乃乘談諧，盡併兩盞以飲之，内杯於懷中，亟趨而出。上密使親信持藥詣私第解之，已不及矣，漸高腦潰而卒。」《江表志》：「烈祖曲宴，引金鍾賜知詢酒，曰：『願我弟百千長壽〔二〕。』知詢疑懼，引佗器均之，曰：『願與兄各享五百歲。』知誥不飲〔三〕。久之，樂工申漸高乘詼諧併而飲之，至家，腦潰而卒。」二書皆出文寶，而不同乃爾。按：知誥既即位，欲除周本，自應多方，不須如此。云酖知詢近是，今從之。

〔二〕「千」，鄭文寶《江表志》（臺灣商務印書館影印清文淵閣《四庫全書》收録《永樂大典》輯佚本，下同）原作「年」。

〔三〕「知誥」，《江表志》原作「烈祖」。

長興元年，十一月，甲戌，王弘贄等破劍州。

《實録》：「辛巳，軍前奏：『今月十三日，王弘贄、馮暉自利州入山路，出劍門關外倒下，殺董璋把關兵士約三千人，獲都指揮使濟彦温〔一〕，大軍進攻，入劍門次。』又，丙戌，軍前奏：『今月十七日，收下劍州，破賊千餘人，獲指揮使劉太。』」李昊《蜀高祖實録》：「己卯，東川告急，今月十八日，北軍自白衛嶺人頭山後過，從小劍路至漢源驛出頭倒入劍門，打破關寨，掩捉彦温及將士五百餘人，遂相次構唤大軍，據關下營。又，龐福誠、謝鍠相謂曰：『北軍昨來，既得關寨之後，隔一日，大軍曾下至劍州，而乃般運糧食，燒舍自驚，還奔關寨。』」《十國紀年·後蜀史》：「壬申，弘贄、暉襲陷劍門。癸酉，攻焚劍州，取糧還屯劍門。己卯，東川告急使至成都，知祥命衙内都指揮使李肇帥兵五千赴援〔二〕，董璋自閬州帥兩川兵屯木馬寨。先是，龐福誠、謝鍠屯閬州北來蘇寨，聞劍門陷，懼北軍據劍州，帥部兵千餘人由間道先董璋至劍州，壁于衙城後。士卒方食，北軍萬餘人自北山馳下，福誠等趨河橋迎擊之，北軍小卻。福誠帥數百人夜升北山顛，轉至北軍壁外大呼譟，鍠命將士以弓弩短兵前急擊之〔三〕，北軍驚擾，棄戈甲而遁。鍠追襲之，北軍

〔一〕「濟」，胡本、廣雅本、《通鑑》胡註作「齊」。
〔二〕「衙」，《通鑑》胡註作「牙」。
〔三〕「前」，《通鑑》胡註無此字。

退保劍門，十餘日不窺劍州。」按：劍門至成都尚十許程，若十八日劍門失守，何得二十日知祥已聞之邪！今從《實録》十三日壬申爲定。若隔一日下至劍州，則十五日甲戌，非十七日也。蓋思同等以大軍未至，故收糧燒舍，還保劍門，故福誠等得復入劍州。李昊敘事甚詳，無執劉太事，今删之。《晉高祖實録》云：「甲申，平劍州，破賊千餘人。」尤誤也。

契丹東丹王突欲來奔。

《實録》：「阿保機妻令元帥太子往渤海，代慕華歸西樓，欲立爲契丹王。而元帥太子既典兵柄，不欲之渤海，遂自立爲契丹王，謀害慕華，其母不能止。慕華懼，遂航海内附。」按：天皇王入汴，猶求害東丹者誅之，豈有在國欲殺之理！今不取。

二年，閏五月，殺安重誨。

《五代史闕文》：「李從璋奮檛擊重誨于地，重誨曰：『重誨死無恨，但不與官家誅得潞王，佗日必爲朝廷之患。』言終而絶。」按：重誨自以私憾欲殺從珂，當是時，從珂未有跋扈之迹，重誨何以知其爲朝廷之患！此恐是清泰篡立之後，人譽重誨者造此語，未可信也。

資治通鑑考異卷第三十

端明殿學士兼翰林侍讀學士太中大夫提舉西京嵩山崇福宫上柱國河内郡開國公食邑二千六百户食實封壹阡户臣司馬光奉敕編集

後唐紀下

潞王清泰元年，三月〔一〕**，朱弘昭赴井死，安從進殺馮贇。**

張昭《閔帝實録》：「帝召弘昭不至，俄聞自殺，乃令從進殺贇。」按：從進傳贇首於陜，則贇死非閔帝之命明矣。今不取。

〔一〕「三月」，《通鑑》正文此事在三月戊辰。按：《舊五代史·唐書·閔帝紀》在三月戊辰，《新五代史·唐愍帝紀》在三月丁卯。

四月，庚午，劉知遠盡殺閔帝左右及從騎。

《閔帝實録》：「庚午朔，四鼓，帝至衛州東七八里，遇敬瑭。」竇貞固《晉高祖實録》：「始，帝欲與少主俱西，斷孟津，北據壺關，南向徵諸侯兵，乃啓問康義誠西討作何制置」云云。蘇逢吉《漢高祖實録》：「是夜，偵知少帝伏甲，欲與從臣謀害晉高祖，詐屏人對語，方坐庭廡。帝密遣御士石敢袖鎚立於後〔一〕，俄頃伏甲者起，敢有勇力，擁晉祖入一室，以巨木塞門，敢力當其鋒，死之。帝解佩刀，遇夜晦，以在地葦炬未然者奮擊之。衆謂短兵也，遂散走。帝乃匿身長垣下，聞帝親將李洪信謂人曰：『石太尉死矣。』帝隔垣呼洪信曰：『太尉無恙。』乃踰垣出就洪信兵，共護晉祖，殺建謀者，以少主授王弘贄。」《南唐烈祖實録》：「弘贄曰：『今京國阽危，百官無主，必相率攜神器西向。公何不囚少帝，西迎潞王，此萬全之計。』敬瑭然其語。」按：爲晉、漢實録者，必爲二祖飾非。今從《閔帝實録》。

是日，太后令内諸司迎潞王。

《廢帝實録》：「三十日，太后傳令至，并内司迎奉至乾壕，帝促令還京。」按《長曆》，三月辛丑朔，四月庚午朔，三月無三十日，《廢帝實録》誤也。

〔一〕「鎚」，原誤作「追」，今據兩浙本、孔本、《四庫》本、胡本、廣雅本、《通鑑》胡註改。

癸酉，廢少帝爲鄂王。

《閔帝實録》云：「七日，廢帝爲鄂王。」今從《廢帝實録》。

十二月〔一〕**，葬鄂王。**

《閔帝實録》及薛《史·閔帝紀》皆云：「晉高祖即位，謚曰閔，與秦王及重吉並葬徽陵域中〔二〕。」今從《廢帝實録》。

二年，三月，吴徐知誥令陳覺輔景遷。

《江南録》〔三〕：「時先主權位日隆，中外皆知有代謝之勢，而以吴主恭謹守道，欲待嗣君。先主次子景遷，吴主之壻也，先主鍾愛特甚〔四〕。齊丘使陳覺爲景遷教授，爲之聲價。齊丘參決時政，多爲不法，輒歸過於嗣主，而盛稱景遷之美，幾有奪嫡之計。所以然者，以吴主少而先主老，必不能待，他日得國，授於景遷，易制，己爲元老，威權無上矣。此其日夕爲謀也。先主覺之，乃召齊丘如金陵，以爲己之副，遥兼申蔡節度使，無所關預，從容而已。」今從《十國紀年》。

〔一〕「十二月」，《通鑑》正文此事在十二月乙酉。

〔二〕「徽」，原誤作「徵」，今據兩浙本、孔本、《四庫》本、胡本、廣雅本、《通鑑》胡註及《舊五代史·唐書·閔帝紀》改。

〔三〕「録」，原誤作「禄」，今據兩浙本、孔本、《四庫》本、胡本、廣雅本、《通鑑》胡註改。

〔四〕「特」，原誤作「持」，今據兩浙本、孔本、《四庫》本、胡本、廣雅本、《通鑑》胡註改。

後晉紀

高祖天福元年，五月〔一〕**，魏博逐劉延皓。**

《廢帝實録》：「延皓，皇后之姪。」按薛《史》、《唐餘録》、歐陽《史》皆云：「延皓，后之弟，應州人也。延朗，宋州虞城人也。」獨《廢帝實録》云「后姪」，今不取。

七月〔二〕**，誅石敬瑭之子重殷、重裔。**

薛《史》：「七月己丑，誅右衛上將軍石重英、皇城副使石重裔，皆敬瑭之子也。」《廢帝實録》云：「石諱妷男尚食使重乂、供奉官重英。」與薛《史》不同。按：重乂，敬瑭子，即位後爲張從賓所殺，《實録》誤也。《廣本》「英」作「殷」，今從之。

九月，契丹五萬騎自揚武谷而南。

代州今有陽武寨〔三〕，其北有長城嶺、聖佛谷。今從《漢高祖實録》，作「揚武」。

〔一〕「五月」，《通鑑》正文此事在五月癸丑。按：《舊五代史·唐書·末帝紀》、《新五代史·唐廢帝紀》在五月壬子。

〔二〕「七月」，《通鑑》正文此事在七月戊子。按：《舊五代史·唐書·末帝紀》在七月己丑。

〔三〕「陽」，《通鑑》胡註作「楊」。

契丹陳於虎北口〔一〕。

按：幽州北山口名虎北口，亦名古北口。此在太原，而云陳於虎北口，又云歸虎北口，蓋太原城側别有地名虎北口也。

十月〔二〕**，詔每七户出征夫一人。**

薛《史》云「十户」。今從《廢帝實録》。

十一月，丁酉，石敬瑭即皇帝位。

《廢帝實録》：「閏月丁卯，胡立石諱爲天子於柳林。」誤也。今從《晉高祖實録》、薛《史》契丹册文。

閏月，契丹主令太相温送帝至河梁。

《廢帝實録》作「高謨翰」，范質《陷蕃記》作「高模翰」，歐陽《史》作「高牟翰」。蓋蕃名太相温，漢名高謨翰。今從《晉高祖實録》。

〔一〕《通鑑》正文此事在九月辛丑。

〔二〕「十月」，《通鑑》正文此事在十月壬戌。按：《舊五代史·唐書·末帝紀》、《新五代史·唐廢帝紀》原在十月壬戌。

二年，正月，乙卯，日有食之。

《實録》：「正月甲寅朔，乙卯，日食。」《十國紀年》：「蜀乙卯朔，日食。」蓋晉人避三朝日食，改曆耳〔一〕。

二月，吴越王鏐少子元球。

《晉高祖實録》、《十國紀年》作「元球」。今從《吴越備史》、《九國志》。

十月，唐李德誠出宋齊丘書。

《十國紀年》云遺宗信書，令宗信諷止德誠勸進，而不云宗信何人〔二〕。今但云止德誠勸進書〔三〕。

十一月〔四〕**，加錢元瓘天下兵馬副元帥，進封吴越國王。**

《實録》：「天福二年十一月，加元瓘副元帥、國王，程遜等爲加恩使。四年十月丙午，以程遜没于海，廢朝，贈官。」《程遜傳》云：「天福三年秋，使吴越。使回，溺死。」《元瓘傳》云：「天

〔一〕「改」上，《通鑑》胡註有「而」字。
〔二〕「不」，原誤作「下」，今據兩浙本、孔本、《四庫》本、胡本、廣雅本、《通鑑》胡註改。
〔三〕「止」，原誤作「上」，今據兩浙本、孔本、《四庫》本、胡本、廣雅本、《通鑑》胡註改。
〔四〕「十一月」，《通鑑》正文此事在十一月戊辰。按：《舊五代史·晉書·高祖紀》原在十一月戊辰。

福三年，封吴越國王。」蓋二年冬制下，遜等以三年至杭州，不知溺死在何年，而晉朝以四年十月始聞之也。《吴越備史》：「天福二年四月，敕遣程遜等授王副元帥、國王。甲午，王即位，用建國之儀，如同光故事。」是歲，程遜還京，溺于海。按：元瓘初立，稱鏐遺命，止用藩鎮禮。明年，明宗封吴王。應順初，閔帝封吴越王，故以天福三年即王位。而《備史》以爲授元帥、國王，然後即位，誤矣。

以賈仁沼代胡漢筠。

薛《史》「仁沼」作「仁紹」。今從《實録》。

三年，八月〔二〕**，以馮道、劉昫爲契丹册禮使**〔三〕**。**

《周世宗實録・馮道傳》云：「虜遣使加徽號於晉祖，晉亦獻徽號於虜。始命兵部尚書王權銜其命，權辭以老病。晉祖謂道曰：『此行非卿不可。』道無難色。」按《晉高祖實録》：「天福三年八月戊寅，道爲契丹太后册禮使。十月戊寅，北朝命使上帝徽號。戊子，王權以不受北使，停任。」《周世宗實録》誤也。

〔二〕「八月」，《通鑑》正文脱此二字，此事在「戊寅」日。按：《舊五代史・晉書・高祖紀》、《新五代史・晉高祖紀》原在八月戊寅。

〔三〕「昫」，《通鑑》正文作「煦」。

十月，桑維翰、李崧皆罷樞密使。

竇貞固《晉少帝實録》及薛《史·劉處讓傳》云：「楊光遠入朝，遂於高祖前面言執政之失，乃罷維翰等樞密使，以處讓爲之。」《楊光遠傳》云：「范延光降，光遠面奏維翰擅權，高祖以光遠方有功於國，乃出維翰領安陽，光遠爲西京留守。」今按《晉高祖實録》，天福三年十月壬辰，維翰、崧罷樞密使。庚子，光遠始入朝，對於便殿。十一月戊申，光遠爲西京留守。天福四年閏七月壬申，維翰出爲相州節度使。蓋《處讓》、《光遠傳》之誤。《晉少帝實録》及薛《史·桑維翰傳》，敘光遠鎮洛陽後，疏維翰出相州，是也。

十一月〔一〕，吴讓皇卒。

薛《史》〔二〕、《唐餘録》皆云，溥禪位，踰年以幽卒。歐陽《史》但云卒。《九國志》云：「溥能委運授終，不罹篡殺之禍，深於機者也。」《十國紀年》曰：「辛丑，唐人弑讓皇。」事不可明，今但云卒。

〔一〕「十一月」，《通鑑》正文此事在十一月辛丑。

〔二〕「史」，原誤作「中」，今據兩浙本、孔本、《四庫》本、胡本、廣雅本、《通鑑》胡註改。

四年，二月，唐主復姓李氏，祖吴王恪。

《周世宗實録》及薛《史》稱，昪，唐玄宗第六子永王璘苗裔。《江南録》云，憲宗第八子建王恪之玄孫。李昊《蜀後主實録》云：「唐嗣薛王知柔爲嶺南節度使，卒於官，其子知誥流落江淮，遂爲徐温養子。」《吴越備史》云：「昪本潘氏，湖州安吉人，父爲安吉砦將。吴將李神福攻衣錦軍，過湖州，虜昪歸，爲僕隸。徐温嘗過神福，愛其謹厚，求爲養子。以讖云『東海鯉魚飛上天』，昪始事神福，後歸温，故冒李氏以應讖。」劉恕以爲，昪復姓附會祖宗，固非李氏〔一〕，而吴越與唐人仇敵，亦非實録。昪少孤遭亂，莫知其祖系。昪曾祖超，祖志，乃與義祖之曾祖、祖同名，知其皆附會也。

四月，唐人遷讓皇之族於泰州。

《十國紀年》：「唐人遷讓皇之族於泰州，號永寧宫，守衛甚嚴，不敢與國人通昏姻，久而男女自爲匹偶。」《江表志》：「讓皇子及五歲，遣中使拜官，賜朝服，即日而卒。」按：唐烈祖受禪，使讓皇居故宫，稱臣上表，慕仁厚之名；若惡楊氏，則滅之而已，何必如此之汙也〔二〕！他書皆未

〔一〕「固」，兩浙本、孔本、《四庫》本、胡本、廣雅本作「故」。

〔二〕「汙」，胡本、廣雅本、《通鑑》胡註作「迂」。

之見，不知《紀年》據何書，今不取。

閏七月，閩王延羲弒康宗，自稱威武節度使、閩國王，改元永隆。

《十國紀年》，通文四年，延羲自稱威武節度使，改元永隆，即晉天福四年也。《周世宗實録》、薛《史》、《唐餘録》、《南唐烈祖實録》、《吴越備史》及《運曆圖》、《紀年通譜》皆同。惟《閩中啓運圖》：「通文四年己亥閏七月，延羲立。明年庚子，改元永隆。五年甲辰，被弒。」林仁志閩國人，載延羲改年，宜不差失。然五代士人撰録國書，多不憑舊文，出於記憶及傳聞，雖本國近事，亦有抵捂者。高遠敘事頗有本末，余公綽雖在仁志之後，然亦閩人，故不敢獨從仁志所記。又王曦既立，若但稱節度使，則不應改元及以其臣爲三公、平章事。按《晉高祖實録》，天福五年十一月甲申，授閩國王延羲威武軍節度使、閩國王。是曦先已自稱閩國王，《紀年》脱漏耳。

五年，正月〔二〕，釋閩使鄭元弼等。

《洛中紀異》云：「昶既爲朝命所責，乃遣使越海聘於契丹，即將籍没之物爲贄。晉祖方卑辭以奉戎主，戎主降僞詔曰：『閩國禮物並付喬榮，放其使人還本國。』晉祖不敢拒之。既而昶

〔二〕「正月」，《通鑑》正文此事在正月辛未。

又遣使於契丹求馬，由滄、齊、淮甸路南去。自茲往復不一，時人無不憤惋。」按：昶以天福四年閏七月被弑，十月元弼等至京下獄，昶安得知而告契丹！今不取。

六年，九月，辛酉，滑州言河決。

薛《史·紀》載九月辛酉滑州河決，而不載庚午濮州決。《高祖實録》載庚午濮州奏河決，而不載辛酉滑州決。《五代會要》及《志》皆云：「天福六年九月，決滑州，兖、濮州界皆爲水漂溺。」《史匡翰傳》亦云：「天福六年，白馬河決〔二〕。」按：辛酉滑州河已決，則下流皆涸，濮州無庚午再決之理。蓋滑州河決，漂浸及濮州耳。

七年，五月，帝寢疾，以幼子屬馮道。

《漢高祖實録》：「晉高祖大漸，召近臣屬之曰：『此天下，明宗之天下，寡人竊而處之久矣。寡人既謝，當歸許王，寡人之願也。』」此説難信，今從薛《史》。

齊王天福八年，三月，閩王納尚保殷之女爲妃〔三〕。

《閩録》作『尚可殷』。今從《十國紀年》。

〔二〕「白」，原誤作「自」，今據孔本、《四庫》本、胡本、廣雅本、《通鑑》胡註、《舊五代史·晉書·史匡翰傳》改。

〔三〕「王」，《通鑑》正文、《資治通鑑目録》作「主」。

九月，河陽牙將喬榮。

《漢隱帝實録》作「喬熒」，《陷蕃記》作「喬瑩」。今從《晉少帝》、《漢高祖實録》、薛《史》《景延廣傳》、《契丹傳》。

開運元年，正月〔一〕**，唐主敕「齊王景遂參決庶政」，蕭儼上疏。**

《江南録》此敕在去年十二月。今從《十國紀年》。《紀年》云宋齊丘上疏。今從《江南録》。

二年，三月，李仁達殺王繼昌。

《閩中實録》、《閩王列傳》、《九國志》皆云四月殺繼昌。今從《十國紀年》。

仁達立卓巖明爲帝〔二〕**。**

《閩録》、《啓運圖》、《啓國實録》、《江南録》作「巖明」，《閩中實録》、《閩王列傳》、《九國志》、薛《史》、《唐餘録》、《王審知傳》、《吴越備史》作「儼明」。按《啓運圖》，巖明本名偃，爲僧名體明，即位改巖明。今從之。《江南録》云：「繼昌爲裨將王延諷所殺，旬日，故内臣李義殺諷，立巖明爲主。」今從《十國紀年》。

〔一〕「正月」，《通鑑》正文此事在正月辛巳。按：《新五代史·南唐世家·李景》在天福八年十二月。

〔二〕《通鑑》正文此事在三月己亥。

晉軍至白團〔一〕**。**

《漢高祖實録》作「白檀」。今從《晉少帝實録》。

三年，四月，中山人孫方簡。

《周世宗實録》云「清苑人」。今從《漢高祖實録》。

九月，契丹使劉延祚詐以瀛州内附。

歐陽《史》作「高牟翰」〔二〕。按《陷蕃記》，前云延祚詐輸誠款，後云大軍至瀛州，偵知蕃將高模翰潛師而出。蓋延祚爲刺史，模翰乃戍將耳。今從《陷蕃記》。

十一月，杜威趣恒州，以張彦澤爲前鋒。

《備史》曰：「彦澤狼子，其心密已變矣，乃通款邪律氏，請爲前導，因促騎説威，引軍沿滹水西援常山〔三〕。及至真定東垣渡，與威通謀，先遣步衆跨水，不之救，致敗，將沮人心，以行詭計，因促監者高勳請降於虜。」按：彦澤與威若已通款於契丹，則彦澤何故猶奪橋，契丹何故猶議回旋？今不取。

〔一〕《通鑑》正文此事在三月癸亥。按：《舊五代史·晉書·少帝紀》原在三月癸亥。
〔二〕「陽」，《通鑑》胡註無此字。
〔三〕「滹」下，廣雅本、《通鑑》胡註有「沱」字。

十二月〔一〕，彥澤殺桑維翰。

薛《史》：「帝思維翰在相時，累貢謀畫，請與虜和，慮戎主到京則顯彰己過，欲殺維翰以滅口，因令張彥澤殺之。」按：是時彥澤豈肯復從少帝之命！今不取。

後漢紀

高祖天福十二年，正月〔二〕，晉主迎契丹主，辭不見。

《漢高祖實録》：「少帝帥族候於野，邪律氏疏之。帝指陳前事，乃大臣同謀，皆歷歷能對，無撓屈色，邪律氏亦假以顏色。」《陷蕃記》、薛《史・帝紀》、《五代通録》云：「戎主不與帝相見。」《少帝實録》：「帝舉族待罪於野，虜長面撫之，遣泊封禪寺。」今從《陷蕃記》。

〔一〕「十二月」，《通鑑》正文此事在十二月甲戌。按：《舊五代史・晉書・少帝紀》原在十二月甲戌，《新五代史・晉出帝紀》在十二月壬申。

〔二〕「正月」，《通鑑》正文此事在正月丁亥朔。按：《舊五代史・晉書・少帝紀》原在正月朔。

契丹主以劉晞爲西京留守。

《實録》作「禧」，或云名「琋」〔二〕。今從《陷蕃記》。

潘聿撚爲横海節度使。

《周太祖實録》「聿撚」作「聿涅」。今從《陷蕃記》。

二月，延州軍亂，逐周密，推高允權爲留後。

《周太祖實録》：「允權爲膚施令。」《陷蕃記》云：「前録事參軍，退居田里。」《漢高祖實録》云：「允權爲延州令〔三〕，周密以允權故將之子，恐與邊人締結，移爲州主簿。密後以暗而黨下，惟誅掠是務。允權乘其民怨，時以言間之，復遣親黨潛構諸部，衆心遂摇。」《廣本》云：「允權爲延州令，密徙爲録事參軍。」今從之。《周太祖實録》又曰：「契丹犯闕，以周密爲延帥。」按《晉少帝實録》：「開運三年八月辛未，以右龍武統軍周密爲彰武節度使。」非契丹所授。今從《漢高祖實録》。

〔二〕「琋」，《通鑑》胡註作「晞」。

〔三〕「延州」，《通鑑》胡註皆作「延川」。

三月〔一〕，以皇弟崇行太原尹。

薛《史》云：「崇，高祖從弟。」王保衡《晉陽見聞録》云「仲弟」。歐陽《史》云「母弟」。今從《實録》。

劉晞奔許州，方太入洛陽。伊闕賊帥稱天子，太擊走之〔二〕。

《實録・方太傳》云：「劉禧走許田。復有潁陽妖巫，姓朱，號嗣密王，誓衆於洛南郊天壇，號萬餘人。太率部兵與朝士輩虛張幡幟〔三〕，一舉而逐之，洛師遂安。」今從《陷蕃記》。

丙子，契丹主卒。

《實録》云：「二十日乙亥卒。」今從《陷蕃記》。

五月〔四〕，馬希範卒，劉彦瑫等立希廣。

《十國紀年》：「五月己丑，希範得疾，集國官告以傳位希廣。」《湖湘故事》：「希廣又不能

〔一〕「三月」，《通鑑》正文此事在三月庚戌。按：《舊五代史・漢書・高祖紀》原在三月庚戌。

〔二〕《通鑑》正文此事在四月。按：《舊五代史・漢書・高祖紀》原在四月。

〔三〕「兵」，《通鑑》胡註作「曲」；「幡幟」，兩浙本此二字互乙，《通鑑》胡註作「旗幟」。

〔四〕「五月」，《通鑑》正文希範卒在五月壬辰，立希廣在乙未。

彊弱，猶豫之間，羣輔明日衆口勸上，乃受，軍府排衙賀之，以其事奏朝廷〔一〕，託以希範臨終之日遺言，以付希廣。」按：希範存時，若已集國官傳位希廣，則没後將佐誰敢更有異議！必彥瑫等假託希範遺令也。今從《湖湘故事》。

乾祐元年，三月，徙孫方簡爲大同節度使。

《實録》「方簡」作「方諫」。按：方簡避周諱，改名方諫。《實録》誤也。

匡國節度使張彥威。

《周太祖實録》作「彥成」，蓋避周祖諱；薛《史》因之。今從《廣本》。

八月，壬午，以郭威爲西面軍前招慰安撫使。

薛《史·周太祖紀》：「七月十三日，授同平章事，即遣西征，以安慰招撫爲名〔二〕。八月六日發，離京師。」按《漢隱帝》、《周太祖實録》〔三〕，七月，加平章事制詞無西征之言〔四〕；至八月壬午，方受命出征。蓋薛《史》之誤。

〔一〕「奏」下，《通鑑》胡註有「聞」字。
〔二〕「名」，原闕，今據兩浙本、孔本、《四庫》本、胡本、廣雅本、《通鑑》胡註補。
〔三〕「按」，原闕，今據兩浙本、孔本、《四庫》本、胡本、廣雅本、《通鑑》胡註補。
〔四〕「加」，原闕，今據兩浙本、孔本、《四庫》本、胡本、廣雅本、《通鑑》胡註補。

九月，李彦從破蜀兵于散關。

《實録》：「戊辰，樞密使郭諱上言：『都監李彦從將兵掩襲川賊，至大散關，殺賊三千餘，其餘棄甲而遁。』」《漢隱帝實録》：「九月，李彦從敗蜀兵於散關。」而《蜀後主實録》無之。《蜀實録》：「十月，安思謙敗漢兵於時家竹林，遂焚蕩寶雞。十二月，又敗漢兵於玉女潭。」而《漢實録》無之。蓋兩國各舉其勝而諱其敗耳。然《漢實録》言官軍不滿萬人，而蜀兵數倍，是二三萬人，非小役也，豈得全不書！殺三千人，非小敗也，豈十月遽能再舉！蓋九月止是蜀邊將小出兵，爲漢所敗，漢將因張大而奏之耳。又《蜀實録》，十月但云「思謙退次鳳州」，不云「歸興元」，十二月云「思謙自興元進次鳳州」，蓋十月脱略耳。

十二月，蜀兵食盡，引去。

《十國紀年》：「蜀廣政十二年正月甲寅，思謙以軍食匱竭，自摸壁退次鳳州〔二〕，上表待罪。」蓋去年冬末已退軍〔三〕，明年正月表始到成都耳。今從《周太祖實録》。

〔二〕「摸」，《通鑑》胡註作「模」。

〔三〕「末」，原誤作「木」，今據孔本、《四庫》本、胡本、廣雅本、《通鑑》胡註改。

隱帝乾祐二年，五月，吴越内牙都指揮使斜滔〔一〕。

《吴越備史》、《十國紀年》，滔姓皆「金」旁「斗」。按：何氏《姓苑》、《元和姓纂》皆無此姓〔二〕。今據字書：斜，音他口、徒口二切，皆云姓也〔三〕。

三年，四月，郭榮本姓柴。

《世宗實録》曰：「太祖皇帝之長子也，母曰聖穆皇后柴氏，以唐天祐十八年九月二十四日丙午生於邢臺之别墅。」薛《史·世宗紀》云：「太祖之養子，蓋聖穆皇后之姪也，本姓柴氏。父守禮，太子少保，致仕。帝年未童冠，因侍聖穆皇后，在太祖左右。時太祖無子，乃養爲己子。」按：今舉世皆知世宗爲柴氏子，謂之柴世宗，而《世宗實録》云太祖長子，誣亦甚矣。

十月，楚劉彦瑫攻朗州，爲馬希蕚所敗。

《湖湘故事》，彦瑫敗在九月十三日。今從《十國紀年》。

〔一〕「斜」，原皆誤作「斜」，今據兩浙本、孔本、《四庫》本、胡本、廣雅本、《通鑑》正文、胡註、《資治通鑑目録》改。
〔二〕「苑」，原誤作「范」，今據胡本、廣雅本、《通鑑》胡註及《隋書·經籍志》改。
〔三〕《通鑑》胡註曰：「余按：《廣韻》云，斜姓出《姓苑》也。」

十一月〔二〕，希蕚發兵趣長沙。

《湖湘故事》，希蕚以十月二十一日直往湖南。今從《十國紀年》。

己卯，侯益等將禁軍趣澶州，郭威獲鷟脱。

《隱帝實録》：「丁丑，孟業至澶州。戊寅，鄴兵至河上。己卯，吴虔裕入朝。庚辰，詔侯益等赴澶州守捉。鄴軍獲鷟脱。」又云：「庚辰，郭諱次滑州，宋延渥納軍。辛巳，鷟脱還宮。」薛《史·隱帝紀》：「丁丑，李洪義得密詔，遣陳光穗至鄴都。翌日，郭威以衆南行。戊寅，至澶州。庚辰，至滑州。是日，詔侯益等赴澶州守捉。」餘與《實録》同。《周太祖實録》：「十四日，陳光穗至。翌日，遵路。明日，遇鷟脱，云見召侯益等，令守澶州。十六日，趣滑臺〔三〕。十七日，賞諸軍，令奉行前詔。十八日，自滑而南。」薛《史·周太祖紀》：「十六日，至澶州，獲鷟脱。十七日，至滑州。」餘與《實録》同。按：丁丑，十四日也。若十七日始詔侯益赴澶州，則十六日郭威獲鷟脱，何故已見之也！蓋帝遣侯益赴澶州必在十六日，鷟脱行在遣益之後。今從薛《史·周太祖紀》。

〔二〕「十一月」，《通鑑》正文此事在十一月辛未。

〔三〕「趣」，《通鑑》胡註作「趨」。

辛巳，宋延渥以滑州降郭威。

《隱帝實録》：「十一月丙子，誅楊、史。丁丑，孟業至澶州，王殷錮業送郭威，即日首塗。戊寅，至河上，見王殷。庚辰，次滑州。」《周太祖實録》云：「十三日夜，太祖夢入朝見，至詰旦，以夢示峻。是日，陳洪穗至鄴都。」是十四日丁丑也。翌日，爲衆所迫遵路，十五日戊寅也。明日，行次遇鸗脱，欲往澶州〔一〕，十六日己卯也。下文又云「十六日趣滑臺」。按：大梁至澶州二百七十里，澶州至鄴都一百四十里，至滑州三百二十里〔二〕，不應往還如是之速。《漢》、《周實録》首塗與至滑州日不同，蓋十六日趣滑州，十七日至滑州也。今從《周太祖實録》。

帝爲亂兵所弑〔三〕。

《實録》：「帝至玄化門，劉銖射帝左右，帝迴詣西北，郭允明露刃隨後，西北至趙村，前鋒已及，亂兵騰沸，上懼，下馬入於民室。郭允明知事不濟，乃抽刃犯蹕而崩。」薛《史·隱帝紀》：「郭允明知事不濟，乃刺刃於帝而崩，允明自殺。」《周太祖紀》云：「允明弑漢帝於北郊。」劉恕

〔一〕「往」，《通鑑》胡註作「住」。

〔二〕「三」，《通鑑》胡註作「一」，並曰：「澶州西南至滑州一百餘里。」

〔三〕《通鑑》正文此事在十一月乙酉。按：《舊五代史》《漢書·隱帝紀》、《周書·太祖紀》、《新五代史·漢隱帝紀》原在十一月乙酉。

曰：「允明帝所親信，何由弒逆！蓋郭威兵殺帝，事成之後諱之，因允明自殺歸罪耳。」按：弒帝者未必是允明，但莫知爲誰，故止云亂兵。

獲劉銖，囚之〔一〕。

《五代史闕文》：「周祖自鄴起兵，銖盡誅周祖之家子孫、婦女十數人〔二〕，極其慘毒。及隱帝遇害〔三〕，周祖以漢太后令收銖下獄，使人責銖殺其家。對曰：『銖爲漢家戮叛族耳，不知其他。』威怒，殺之。」王禹偁曰〔四〕：「周世宗朝，史官修《漢隱帝實録》，銖之忠言諱而不載。銖今有子孝和，擢進士第。」按：銖所至貪婪酷虐，在青州謀不受代，賴郭瓊諭之，始入朝。私怨楊、史，快其就戮。隱帝敗歸，射而不納，使至野死。其屠滅周祖之家〔五〕，出於殘忍之性耳，豈忠義之士邪！而王禹偁所記〔六〕，蓋憑孝和之言耳。今不取。

〔一〕《通鑑》正文此事在十一月丙戌。

〔二〕「銖」，《五代史闕文》原皆作「洙」。

〔三〕「及」，原誤作「反」，今據孔本、《四庫》本、胡本、廣雅本、《通鑑》胡註及《五代史闕文》改。

〔四〕「王禹」，二字原闕，今據兩浙本、孔本、《四庫》本、胡本、廣雅本、《通鑑》胡註補；「偁」，原誤作「稱」，今據《四庫》本、胡本、廣雅本、《通鑑》胡註改。

〔五〕「滅」，原脱，今據兩浙本、孔本、《四庫》本、胡本、廣雅本、《通鑑》胡註補。

〔六〕「而」，兩浙本、孔本、《四庫》本、胡本、廣雅本、《通鑑》胡註無此字。

馮道受郭威拜。

《五代史闕文》：「周祖入京師，百官謁之。周祖見道猶設拜，意道便行推戴，道受拜如平時，徐曰：『侍中此行不易！』周祖氣沮，故禪代之謀稍緩。」按：周祖舉兵既克京城，所以不即爲帝者，蓋以漢之宗室崇在河東，信在許州，贇在徐州，若遽代漢，慮三鎮舉兵以興復爲辭，則中外必有響應者，故陽稱輔立宗子。信素庸愚，不足畏忌；贇乃崇子，故迎贇而立之，使兩鎮息謀。俟其離徐已遠，去京稍近，然後并信除之，則三鎮去其二矣。然後自立，則所與爲敵者，惟崇而已。此其謀也，豈馮道受拜之所能沮乎！道之所以受拜如平時者，正欲示器宇凝重耳。

遣馮道等迎武寧節度使贇〔一〕。

《周太祖實録》：「己丑，太祖奏遣前太師馮道往彼諭旨。太祖將奉表於徐州，未知所遣，樞密直學士王度請行，許之。宰臣百寮表秘書監趙上交〔二〕，賫詔同日首塗。」《五代史闕文》：「周祖請道詣徐州，册湘陰公爲漢嗣。道曰：『侍中出衷乎〔三〕？』周祖設誓。道曰：『莫教老夫爲謬

〔一〕《通鑑》正文此事在十一月己丑。按：《舊五代史·漢書·隱帝紀》在十一月己丑，《新五代史·周太祖紀》在十一月庚寅。

〔二〕「上」，原誤作「士」，今據孔本、《四庫》本、廣雅本、《通鑑》胡註及《舊五代史·周書·馮道傳》改。

〔三〕「出」，孔本、《四庫》本、胡本、廣雅本、《通鑑》胡註作「由」。

語人。』及行，謂人曰：『平生不謬語，今爲謬語人矣。』」王禹偁曰：「周世宗朝，詔史臣修《周祖實録》，故道之事迹，所宜諱矣。」按：道廉智自將，陽愚遠禍，恐不肯觸周祖未發之機，其徒欲歸美而云耳〔二〕。又《隱帝實録》云：「初議立徐帥，太后遣中使馳諭劉崇，請崇入纘大位。崇知立其子，上章謙遜。」恐無此事，今不取。

太后臨朝〔三〕。

《周太祖實録》云：「太后自臨朝，令稱制。」《隱帝實録》：「自是至國亡，止稱誥。」今從之。

殺劉銖等，赦其家。

《實録》：「國子博士、司天監洛陽王處訥素與周祖善，因言劉氏祚短事，處訥曰：『漢曆未盡，但以即位後讎殺人，夷人之族，怨結天下，所以社稷不得久長耳！』時周祖方以兵圍蘇逢吉、劉銖之第，俟旦而族之，聞其言，蹶然遽命釋之。」按：周祖時方迎湘陰公立之，豈得遽言劉氏祚短乎！今不取。

〔二〕「徒」，《通鑑》胡註作「後」。

〔三〕《通鑑》正文此事在十一月庚寅。按：《舊五代史》《漢書·隱帝紀》在十一月己丑，《周書·太祖紀》在庚寅，《新五代史·周太祖紀》在辛卯。

十二月〔一〕**，武陵何敬真。**

《湖湘故事》、《九國志》作「何景真」〔二〕。今從《十國紀年》。

後周紀

太祖廣順元年，二月〔三〕**，馬希蕚遣劉光輔入貢于唐。**

《湖湘故事》「光輔」作「光瀚」。今從《十國紀年》。

楚小門使謝彦顒〔四〕**。**

《湖湘故事》作「謝彦欽」〔五〕。周羽沖《三楚新録》作「謝延澤」。今從《十國紀年》。

〔一〕「十二月」，《通鑑》正文此事在十二月甲辰。
〔二〕「九國志」，《通鑑》胡註脱此三字。
〔三〕「二月」，《通鑑》正文此事在二月甲辰。
〔四〕《通鑑》正文此事在三月。
〔五〕「欽」，《通鑑》胡註作「敘」。

五月[一]，北漢鄭珙卒于契丹。

《晉陽見聞録》：「鄭珙既達虜庭，虜君恩禮周厚。虜俗以酒池肉林爲名，雖不飲酒如韋曜輩者，亦加灌注，縱成疾，無復信之。珙魁岸善飲，罹無量之逼，宴罷，載歸，一夕，腐脇於窮廬之氈堵間[二]，輿尸而復命。」《九國志》：「契丹宴犒漢使，必厚具酒肉，以示夸大。高祖鎮河東，嘗命韋曜北使，曜羸瘠不能飲酒，虜人强之，遂卒。」按：韋曜，孫皓時人韋昭也，不能飲酒。王保衡引以爲文章，而路振云高祖時人[三]，誤也。

九月，戊寅，徐威等囚馬希蕚。

《十國紀年》作「丁丑」。按：《湖湘故事》在十九日，今從之。

二年，十月[四]，楊信子崇訓[五]。

「崇訓」或作「崇勳」。《世宗實録》作「崇訓」，後蓋避梁王宗訓改名也。

[一]「五月」，《通鑑》正文此事在五月辛未。
[二]「窮」，《通鑑》胡註作「穹」；「氈」，原誤作「擅」，今據胡本、廣雅本、《通鑑》胡註改。
[三]「而」，原闕，今據兩浙本、孔本、《四庫》本、胡本、廣雅本、《通鑑》胡註補。
[四]「十月」，《通鑑》正文此事在十二月。
[五]「崇」，《通鑑》正文作「重」，胡註曰：「按《考異》，則『重訓』當作『崇訓』。」

顯德元年，正月，丙申，晉王即帝位。

《太祖實録》：「乙未，宣遺制，晉王榮可於柩前即皇帝位。」《世宗實録》：「丙申，内出太祖遺制，羣臣奉帝即皇帝位。」蓋以乙未宣遺制，丙申即位也。

二月，契丹遣楊衮將萬餘騎如晉陽。

《晉陽見聞録》：「衮帥騎五七萬，號十萬，來會。」今從《世宗實録》。

張元徽爲前鋒。

《世宗實録》：「賊將張暉領三千騎爲前鋒。」今從《晉陽見聞録》〔一〕。

三月，癸巳，前鋒與北漢兵遇〔二〕，擊之。

《世宗實録》：「甲午，賊陳於高平南之高原〔三〕。」按：下又有甲午，此必癸巳誤也。今從《十國紀年》。

〔一〕「見聞」，《通鑑》胡註此二字誤乙。

〔二〕「兵」，《通鑑》正文作「軍」，《資治通鑑目録》作「主」。

〔三〕「高原」，二字原闕，兩浙本、胡本作「南原」，今據孔本、《四庫》本、廣雅本、《通鑑》胡註及《舊五代史·周書·世宗紀》補。

楊袞全軍而退。

《五代史補》：「劉崇求援於契丹，得飛騎數千，及睹世宗兵少，悔之，召諸將謀曰：『吾觀周師易與耳，契丹之衆宜勿使，但以本軍決戰，不唯破敵，亦足使契丹見而心服。』諸將皆以爲然。乃使人謂契丹主將曰：『柴氏與吾，主客之勢已見，必不煩足下餘刃，敢請勒兵，登高觀之可也。』契丹不知其謀，從之。洎世宗之入陳也，三軍皆賈勇爭進，莫不一當百，契丹望而畏之，故不敢救而崇敗。」今從《世宗實録》、薛《史》。

四月[二]，瀛文懿王馮道卒。

《五代通録》：「謚曰文懿。」今從《世宗實録》、薛《史》。

五月，攻晉陽，不克，議引還。

《世宗實録》：「徽、懷、孟、蒲、陜丁夫數萬攻城，旦夕之間，期於必取。會大雨，軍士勞苦，又聞忻口之師不振，帝數日憂沮不食，遂決還京之意。」《晉陽見聞録》：「六月旦，周師南轅返旆，惟數百騎，間之以步卒千人，長槍赤甲[三]，銜趫捷跳梁於城隅，晡晚，殺行而抽退。」今從《世宗

[二] 「四月」，《通鑑》正文此事在四月庚申。按：《舊五代史·周書·世宗紀》、《新五代史·周世宗紀》在四月乙丑，《舊五代史·馮道傳》在四月十七日（庚申）。

[三] 「槍」，原誤作「搶」，今據《四庫》本、《通鑑》胡註改。

實録》。

十一月，北漢主殂。

劉恕云：《世宗實録》、薛《史》《帝紀》、《僭僞傳》皆云：「顯德二年十一月，劉崇卒。」《大定録》云：「顯德二年春，旻病死。」《紀年通譜》：「顯德二年，崇之乾祐八年，冬，崇死。顯德三年，承鈞改元天會。開寶元年，承鈞之天會十三年，死。開寶二年，繼元改元廣運。興國四年，繼元之廣運十一年也。」河東劉氏有國，全無記録，惟有舊臣中書舍人〔二〕、直翰林院王保衡歸朝後所纂《晉陽僞署見聞要録》，云：「甲寅年春，南伐，敗歸。夏，周師攻圍，旻積憂勞成心疾。是冬，卒，鈞即位。丁巳年正月旦，改乾祐十年爲天會元年。」又云：「鈞丙戌年二十九嗣位，年四十三卒。」右諫議大夫楊夢申奉敕撰《大漢都統追封定王劉繼顒神道碑》，云：「天會十二年，今皇帝踐祚之初年也。十七年，繼顒卒。」末題「廣運元年歲次甲戌九月丙午朔」。今按：周廣順元年辛亥，旻即帝位，稱乾祐四年。顯德元年甲寅，旻之乾祐七年也，旻卒，鈞立。顯德四年丁巳，鈞改乾祐十年爲天會元年。宋開寶元年戊辰，鈞之天會十二年也，鈞卒，繼元立。開寶七年甲戌，繼元改天會十八年爲廣運元年。據曆，是歲九月丙午朔。興國四年己卯，繼元之廣運六

〔二〕「有」，兩浙本、孔本、《四庫》本、胡本、廣雅本、《通鑑》胡註作「其」。

年也。鈞以唐天成元年丙戌生〔二〕，至顯德元年甲寅嗣位，乃二十九歲矣。鈞及繼元踰年未改元，蓋孟蜀後主、漢隱帝、周世宗之比也。諸書皆傳聞相因，前後差戾〔三〕，惟《晉陽見聞録》、《劉繼顒碑》歲月最可考正，故以爲據。

世宗顯德二年，閏九月，蜀趙玭以秦州降。

《十國紀年》：「玭召官屬告之曰：『周兵無敵，今朝廷所遣勇將精兵，不死即逃，我輩不能去危就安，禍且至矣。』衆皆聽命，舉城叛降周。斜谷援兵亦潰。」《五代通録》：「官軍之圍鳳州，僞秦州節度使高處儔引兵往復援之，中塗聞黄花之敗，奔秦州，玭與城中將校閉門不納，處儔遂西奔，玭即以城歸國。」今從《實録》。

三年，二月，潘叔嗣襲朗州，王逵戰，敗死。

《湖湘故事》云：「王逵奉詔伐吴，有蜜蜂無萬數集逵傘蓋。周行逢内喜，潛與潘叔嗣、張文表等謀曰：『我睹王公妖怪入傘，他時忽落别人之手，我輩處身何地！我等若三人同心，共保馬氏舊基，同取富貴，豈不是男兒哉！』叔嗣、文表聞行逢之言，已會深意，遂乃拜受此語，各散歸

〔二〕「生」，原誤作「主」，今據孔本、《四庫》本、胡本、廣雅本、《通鑑》胡註改。

〔三〕「差」，《通鑑》胡註作「相」。

營。」《廣本》：「逵命行營副使毛立爲袁州營統軍使，潘叔嗣、張文表爲前鋒。軍次醴陵，縣吏請具牛酒犒軍，立不許。叔嗣、文表因士卒之怒，縛立，送于行逢，以兵叛告逵。逵大懼，乘輕舟奔朗州，叔嗣追至朗州，殺之。」《湖湘故事》：「逵連夜走歸朗州，去經數日，潘叔嗣始到潭州，既聞王逵走歸朗州，亦以舟棹倍程而起〔二〕，至朗州，殺之。」今按《世宗實録》：「顯德三年二月丙寅，朗州王進逵言，領大軍入淮南界。庚寅，言入鄂州界，攻下長山寨。癸巳，荆南高保融言，進逵自岳州領兵復歸本道〔三〕。」又云：「潘叔嗣爲先鋒，行及鄂州，叔嗣回戈襲武陵。進逵聞之，倍道先入武陵。叔嗣攻其城，進逵敗走，爲叔嗣所殺。」又云：「三月壬寅，進逵差牙將押送淮南將陳澤等。」蓋進逵未敗前奏事，三月始達行在〔三〕，與薛《史·承襲傳》及湖南傳記略同。惟《湖湘故事》及丁璹《馬氏行年記》〔四〕，載逵攻袁州叔嗣叛事。曹衍云：「逵三月至潭州。四月，叔嗣叛。」丁璹云：「五月五日，叔嗣殺逵于朗州。」皆妄也。周行逢據湖南，仕進尚門蔭，衍屢獻文

〔二〕「起」，《通鑑》胡註作「趨」。
〔三〕「岳」，《通鑑》胡註作「鄂」。按：據《考異》上文，似當作「鄂」。
〔三〕「達」，原誤作「逵」，今據《四庫》本、胡本、廣雅本、《通鑑》胡註改。
〔四〕「年」，原誤作「事」，今據《考異》上文改。

章〔一〕，不得調，退居鄉里教授。及張文表叛，辟爲幕職，事敗逃遁，會赦乃敢出。窮困無以自進，采摭舊聞，撰《湖湘馬氏故事》二十卷，如京師獻之。太宗憫其窮且老，授將作監丞。衍本小人，言詞鄙俚，非有意著書，故敘事顛倒，前後自相違背，以無爲有，不可勝數。素怨周行逢，尤多誣毁，不欲行逢不預叔嗣之謀，乃妄造此説。凡載行逢罪惡之甚〔二〕，皆出於衍云。璹亦國初人，疑其説得於衍書，皆不可爲據。今從《十國紀年》。

十二月，唐陳處堯如契丹乞兵。

《十國紀年》作「兵部郎中段處常」。今從《晉陽見聞録》。

四年，三月〔三〕**，唐周廷構等作劉仁贍表來降**〔四〕。

《實録》：「時仁贍卧疾已亟，遂翻然納款，而城内諸軍萬計，皆屏息以聽其命。」又曰：「仁贍輕財重士，法令嚴肅，故能以一城之衆連年拒守。逮其來降，而其下無敢竊議者，斯亦一時之名將也。」歐陽《史》：「三月，仁贍病甚，已不知人，其副使孫羽詐爲仁贍書，以城降。世宗命昇

〔一〕「文」，原誤作「又」，今據孔本、《四庫》本、胡本、廣雅本、《通鑑》胡註改。
〔二〕「甚」下，《通鑑》胡註有「者」字。
〔三〕「三月」，《通鑑》正文此事在三月丙午。按：《舊五代史·周書·世宗紀》原在三月丙午。
〔四〕「廷」，原誤作「延」，今據兩浙本、孔本、《四庫》本、胡本、廣雅本、《通鑑》正文及《新五代史·死節傳·劉仁贍傳》改。

仁贍至帳前，歎嗟久之〔一〕，賜以玉帶、御馬，復使入城養疾。是日，制曰：『劉仁贍盡忠所事，抗節無虧，前代名臣，幾人可比！予之南伐，得爾爲多。』乃拜仁贍檢校太尉兼中書令、天平軍節度使。仁贍不能受命而卒。世宗追封彭城郡王，以其子崇讚爲懷州刺史。李景聞仁贍卒，亦贈太師。」又曰：「仁贍既殺其子以自明矣，豈有垂死而變節者乎！今《周世宗實録》載仁贍降書，蓋其副使孫羽等所爲也。當世宗時，王環爲蜀守秦州，攻之久不下，其後力屈而降，世宗頗嗟其忠，然止以爲大將軍〔二〕。視世宗待二人之薄厚〔三〕，而考其制書，乃知仁贍非降者也。」今從之。

五年，三月，唐主遣兵部侍郎陳覺奉表。

《十國紀年》：「遣樞密使陳覺奉表。」《實録》載其表云：「今遣左諫議大夫、兵部侍郎臣陳覺躬聽敕命。」蓋當時所假之官耳。今從之。

五月，唐主去帝號，稱國主，用周正朔。

《世宗實録》、薛《史》，顯德二年乙卯十一月伐淮南，唐之保大十三年也。三年正月、四年二月、十月三幸淮南。五年戊午三月，江北平，唐之交泰元年也。而《江南録》誤以保大十五年事

〔一〕「歎嗟」，《通鑑》胡註此二字互乙。

〔二〕「止」，原誤作「正」，今據孔本、《四庫》本、廣雅本、《通鑑》胡註及《新五代史·死節傳·劉仁贍傳》改。

〔三〕「二」，原闕，今據兩浙本、孔本、《四庫》本、胡本、廣雅本、《通鑑》胡註及《新五代史·死節傳·劉仁贍傳》補。

合十四年，十五年丁巳改交泰，五月去帝號，明年乃顯德五年，又明年即建隆元年，中間實少顯德六年。《江南録》最爲差誤，其記李昪復姓，亦先一年。佗事放此，不可考按〔二〕。故世宗取淮南年月，專以《實録》及薛《史》爲據。

六年，正月，唐宋齊丘縊死。

《江表志》：「齊丘至青陽，絶食數日，家人亦菜色。中使云：『令公捐館，方始供食。』家人以絮塞口而卒。」今從《江南録》、《紀年》。

〔二〕「考」，原闕，今據兩浙本、孔本、《四庫》本、胡本、廣雅本、《通鑑》胡註補。

附録　資治通鑑考異徵引書目

《資治通鑑考異》徵引書籍文獻凡三百四十八種，其中絶大部分是直接引用，亦有約四十四種轉引自它書或裴松之《三國志註》等註释之作。《徵引書目》的編次，按照各書在《考異》中的始見順序排列；所列作者、書名，皆依據《考異》爲準，凡不言作者姓氏或作者、書名有疑異者，則參考《漢書・藝文志》（簡稱漢志）、《隋書・經籍志》（隋志）、《舊唐書・經籍志》（舊唐志）、《新唐書・藝文志》（新唐志）、王堯臣《崇文總目》、尤袤《遂初堂書目》、晁公武《郡齋讀書志》（讀書志）、趙希弁《郡齋讀書後志》（讀書後志）、陳振孫《直齋書録解題》（書録解題）、鄭樵《通志・藝文略》（藝文略）、馬端臨《文獻通考・經籍考》（經籍考）、《宋史・藝文志》（宋志）等重要的目録典籍，於校勘記中予以補充説明；凡《考異》對徵引各書的評述，亦録入校勘記，以便於讀者。

始見卷	作者	徵引書目	徵引註釋	存佚輯録
卷一	司馬遷	史記〔一〕	裴駰《史記集解》	存
	班固	漢書	顔師古《漢書註》	存
	杜預	春秋後序		存杜預《春秋左氏經傳集解》卷末
		世本〔二〕		佚，有輯本
	荀悦	漢紀〔三〕		存
	魏收	後魏書〔四〕		存

〔一〕 史記：《漢志》著録「《太史公》百三十篇」。《考異》卷一「吕釋之夜見吕后」條云：「高祖剛猛伉厲，非畏搢紳譏議者也。但以大臣皆不肯從，恐身後趙王不能獨立，故不爲耳。若決意欲廢太子，立如意，不顧義理，以留侯之久故親信，猶云『非口舌所能爭』，豈山林四叟片言遽能柅其事哉！借使四叟實能柅其事，不過汙高祖數寸之刃耳，何至悲歌云『羽翮已成，矰繳安施』乎！若四叟實能制高祖，使不敢廢太子，是留侯爲子立黨以制其父也，留侯豈爲此哉！此特辯士欲誇大四叟之事，故云然。亦猶『蘇秦約六國從，秦兵不敢闚函谷關十五年』、『魯仲連折新垣衍，秦將聞之，卻軍五十里』耳。凡此之類，皆非事實。司馬遷好奇，多愛而采之，今皆不取。」

〔二〕 世本：《漢志》著録：「古史官記黄帝以來訖春秋時諸侯大夫。」

〔三〕《考異》卷二「王閎諫上」條云：「荀《紀》無《漢書》外事，不知此語荀悦何從得之。」

〔四〕《考異》卷六「魏主改功臣姓」條云：「魏初功臣，姓皆複重奇僻，孝文太和中，變胡俗，始改之。魏收作《魏書》，已盡用新姓，不用舊姓。《宋書·索虜傳》、《南齊書·魏虜傳》所稱者，蓋其舊姓名耳。今並從《魏書》，以就簡易。」卷七「高歡勸（爾朱）榮稱帝」條云：「魏收與北齊史官欲爲神武掩此惡，故云爾。」

續表

始見卷	作者	徵引書目	徵引註釋	存佚輯録
	劉向	新序		存
	劉羲叟	長曆		佚
	班固〔一〕	漢武故事		存，有闕文
	葛洪	西京雜記		存
	胡旦	漢春秋		佚
	伶玄	趙后外傳〔二〕		存
卷二	韋莊美〔三〕	嘉號録		佚
	宋庠	紀年通譜		佚
	范曄	後漢書	紀傳：李賢《後漢書註》；志：劉昭《後漢書註》	存

〔一〕 班固：《讀書志》、《經籍考》、《宋志》著録《漢武故事》「班固撰」，《讀書志》、《經籍考》又曰：「唐張柬之《書洞冥記後》云，《漢武故事》，王儉造。」《考異》卷一「殺竇嬰」條云：「《漢武故事》語多誕妄，非班固書，蓋後人爲之，託固名耳。」

〔二〕 趙后外傳：《讀書志》、《宋志》著録「《趙飛燕外傳》」，《書録解題》、《經籍考》著録「《飛燕外傳》」。

〔三〕 韋莊美：《新唐志》、《藝文略》著録「韋美」，避宋太宗趙光義諱；《宋志》著録「韋光美」。

續表

始見卷	作者	徵引書目	徵引註釋	存佚輯録
	司馬彪	續漢書		紀、傳佚，有輯本；志存，併入范曄《後漢書》
	袁宏	後漢紀		存
		東觀記〔一〕		佚，有輯本
	許慎	説文		存
	高峻	小史〔二〕		佚
	沈懷遠	南越志		佚，有輯本
	陸龜蒙	離合詩〔三〕		存《陸龜蒙集》卷十一
	謝承	後漢書	轉引自裴松之《三國志註》、李賢《後漢書註》	佚，有輯本
	王沈	魏書	轉引自裴松之《三國志註》	佚

〔一〕東觀記：《隋志》著録「《東觀漢紀》，長水校尉劉珍等撰」。

〔二〕小史：《新唐志》、《崇文總目》、《讀書後志》、《書録解題》、《藝文略》、《經籍考》著録「《高氏小史》」。

〔三〕離合詩：《陸龜蒙集》卷十一該詩名《寒日古人曰》。

續　表

始見卷	作者	徵引書目	徵引註釋	存佚輯録
	司馬彪	九州春秋	轉引自裴松之《三國志註》	佚，有輯本
	陳壽	魏志、蜀志、吴志〔一〕	裴松之《三國志註》	存
	劉艾	典略	轉引自裴松之《三國志註》	佚
	樂資	山陽公載記〔二〕	轉引自裴松之《三國志註》、李賢《後漢書註》	佚
	張璠	漢紀〔三〕	轉引自裴松之《三國志註》	佚，有輯本
		英雄記〔四〕	轉引自裴松之《三國志註》	佚，有輯本

〔一〕魏志、蜀志、吴志：《隋志》、《崇文總目》、《讀書志》、《書録解題》、《經籍考》著録「《三國志》」，《舊唐志》、《新唐志》、《藝文略》著録「《魏國志》、《蜀國志》、《吴國志》」。《考異》卷三「操遣徐晃等渡蒲阪津」條云：「《武帝紀》，潛遣二將渡蒲阪，皆太祖之謀，而《晃傳》云皆晃之策。蓋陳氏各欲稱其功美，不相顧耳。」同卷「荀彧飲藥而卒」條云：「彧之死，操隱其誅。陳壽云以憂卒，蓋闕疑也。今不正言其飲藥，恐後世爲人上者，謂隱誅可得而行也。」同卷「劉放執帝手作詔」條云：「陳壽當晉世作《魏志》，若言放、（孫）資本情，則於時非美，故遷就而爲之諱也。」

〔二〕山陽公載記：《舊唐志》著録「《山陽義紀》」。

〔三〕漢紀：《隋志》、《舊唐志》、《新唐志》著録「《後漢紀》」。

〔四〕英雄記：《隋志》、《舊唐志》、《藝文略》著録「《漢末英雄記》」，《新唐志》著録「《漢書英雄記》」，皆題「王粲撰」。

續表

始見卷	作者	徵引書目	徵引註釋	存佚輯録
卷三	虞溥	江表傳	轉引自裴松之《三國志註》	佚，有輯本
	袁暐〔一〕	獻帝春秋〔二〕	轉引自裴松之《三國志註》	佚，有輯本
		傅子〔三〕	轉引自裴松之《三國志註》	佚，有輯本
	韋曜〔四〕	吴書	轉引自裴松之《三國志註》	佚，有輯本
	華嶠	譜敘〔五〕	轉引自裴松之《三國志註》	佚
		先賢行狀〔六〕	轉引自裴松之《三國志註》	佚
	孫盛	異同評〔七〕	轉引自裴松之《三國志註》	佚

〔一〕袁暐：《隋志》、《舊唐志》、《新唐志》、《藝文略》著録「袁曄」。

〔二〕獻帝春秋：《隋志》、《舊唐志》、《新唐志》、《藝文略》著録「《漢獻帝春秋》」。

〔三〕傅子：《隋志》、《舊唐志》、《新唐志》、《藝文略》著録「傅玄撰」，《崇文總目》、《經籍考》著録「傅休奕撰」。按：傅玄字休奕。

〔四〕韋曜：《隋志》、《舊唐志》、《新唐志》、《藝文略》著録「韋昭」。按：韋曜原名昭，避晉文帝司馬昭諱改。

〔五〕譜敘：諸家書目未見著録。

〔六〕先賢行狀：《舊唐志》、《新唐志》、《藝文略》著録「李氏《海内先賢行狀》」。

〔七〕異同評：《舊唐志》、《新唐志》、《藝文略》著録「孫壽《魏陽秋異同》」。《考異》卷三「曹爽何晏等族誅」條云：「宣王方治爽黨，安肯使晏典其獄！就令有之，晏豈不自知與爽最親，而冀獨免乎！此殆孫盛承説者之妄耳。」

續　表

始見卷	作　者	徵引書目	徵引註釋	存佚輯録
	虞　喜	志林〔一〕	轉引自裴松之《三國志註》	佚，有輯本
		獻帝起居注〔二〕	轉引自裴松之《三國志註》	佚
	繁　欽	征天山賦		存，有闕文
	孫　盛	魏氏春秋〔三〕	轉引自裴松之《三國志註》	佚，有輯本
	郭　頒	世語〔四〕	轉引自裴松之《三國志註》	佚，有輯本
		魏名臣奏〔五〕	轉引自裴松之《三國志註》	佚
		獻帝紀〔六〕	轉引自裴松之《三國志註》	佚
		文帝受禪碑		佚

〔一〕志林：《隋志》、《舊唐志》、《新唐志》、《藝文略》著録「《志林新書》」。

〔二〕獻帝起居注：《隋志》、《舊唐志》、《新唐志》、《藝文略》著録「《漢獻帝起居注》」；無作者。

〔三〕魏氏春秋：《舊唐志》、《新唐志》著録「《魏武春秋》」。

〔四〕世語：《隋志》、《藝文略》著録「《魏晉世語》」。

〔五〕魏名臣奏：《隋志》、《新唐志》著録「《魏名臣奏事》」；《隋志》、《舊唐志》、《藝文略》著録「陳壽撰」。

〔六〕獻帝紀：裴松之《三國志註》原作「《獻帝傳》」，《隋志》、《舊唐志》、《新唐志》著録「《漢靈獻二帝紀》」；《隋志》著録「劉芳撰」，《舊唐志》、《新唐志》著録「劉艾撰」。

續表

始見卷	作者	徵引書目	徵引註釋	存佚輯録
	孫盛	雜語[一]	轉引自裴松之《三國志註》	佚
	唐太宗[二]	晉書		存
	習鑿齒	漢晉春秋	轉引自裴松之《三國志註》	佚，有輯本
		吴録[三]	轉引自裴松之《三國志註》	佚，有輯本
	胡沖	吴歷	轉引自裴松之《三國志註》	佚
	沈約	宋書		存
		晉諸公贊[四]	轉引自裴松之《三國志註》	佚，有輯本
	干寶	晉紀	轉引自裴松之《三國志註》	佚，有輯本
	常璩	華陽國志		存
	蕭方等	三十國春秋		佚，有輯本

〔一〕雜語：諸家書目未見著録。
〔二〕唐太宗：《舊唐志》著録《晉書》「許敬宗等撰」，《新唐志》著録「房玄齡等修而名爲御撰」。
〔三〕吴録：《隋志》、《舊唐志》、《新唐志》、《藝文略》著録「張勃撰」。
〔四〕晉諸公贊：《隋志》、《舊唐志》、《新唐志》、《藝文略》著録「傅暢撰」。

續表

始見卷	作者	徵引書目	徵引註釋	存佚輯録
	杜延業	晉春秋[一]		佚，有輯本
	崔　鴻	十六國春秋		佚，有輯本
	王　隱	蜀記[二]	轉引自裴松之《三國志註》	佚
	環　氏[三]	吴紀	轉引自裴松之《三國志註》	佚
	杜　佑	通典		存
	范　亨	燕書		佚，有輯本
卷　四	祖孝徵	修文殿御覽		佚，有殘本一卷
		十六國春秋鈔[四]		佚
		十六國春秋目録[五]		佚

〔一〕晉春秋：《舊唐志》、《新唐志》、《崇文總目》、《書録解題》、《藝文略》、《經籍考》著録「《晉春秋略》」。《考異》卷四「傅咸卒」條云：《三十國春秋》、《晉春秋》「二書附年月多差舛，故以（《晉書》）本傳爲定」。

〔二〕蜀記：《舊唐志》、《新唐志》、《藝文略》著録「《删補蜀記》」。

〔三〕環氏：《隋志》、《舊唐志》、《新唐志》、《藝文略》著録「環濟」。

〔四〕十六國春秋鈔：諸家書目未見著録；《崇文總目》、《藝文略》另著録「《十六國春秋略》二卷」，無作者。

〔五〕十六國春秋目録：諸家書目未見著録。

續表

始見卷	作者	徵引書目	徵引註釋	存佚輯録
	劉琨	劉琨集[一]		佚，有輯本
		前涼録鈔[二]		佚
		漢太宰劉雄碑		佚
	陳鴻	大統曆[三]		佚
卷五	李延壽	北史		存
	裴子野	宋略		佚
		宋紀[四]		佚，有輯本
	李延壽	南史		存
	蕭子顯	齊書		存
	韓愈	韓愈集		存

〔一〕《考異》卷四「劉淵徙蒲子」條云：「時淵彊（劉）琨弱，豈因畏琨而徙都！蓋琨爲自大之辭，史因承以爲實耳。」

〔二〕前涼録鈔：諸家書目未見著録。

〔三〕大統曆：諸家書目未見著録。

〔四〕宋紀：《舊唐志》、《新唐志》、《藝文略》著録「王智深撰」。

續表

始見卷	作者	徵引書目	徵引註釋	存佚輯録
卷六	元行沖	後魏國典〔一〕		佚
	姚思廉	梁書〔二〕		存
	沈約	齊紀		佚
	楊松玠〔三〕	談藪〔四〕		佚
	顔師古〔五〕	隋書		存
	李百藥	北齊書		存
卷七	令狐德棻	周書		存
	楊衒之〔六〕	洛陽伽藍記		存

〔一〕後魏國典：《新唐志》、《崇文總目》、《藝文略》、《經籍考》著録「《魏典》」。

〔二〕《考異》卷六「蕭道成族弟順之」條云：「《齊（書）·高帝紀》、姚思廉《梁書·武帝紀》，自相國（蕭）何至皇考二十餘世，皆有名及官位。蓋史官附會，今所不取。」

〔三〕楊松玠：《書録解題》、《經籍考》著録「陽玠松」，《宋志》著録「陽松玠」。

〔四〕談藪：《宋志》著録「《八代談藪》」。

〔五〕顔師古：《舊唐志》著録《隋書》「魏徵等撰」，《新唐志》著録「顔師古、魏徵等撰」。

〔六〕楊衒之：《新唐志》著録「陽衒之」，《讀書志》著録「羊衒之」。

續表

始見卷	作者	徵引書目	徵引註釋	存佚輯録
	丘悦	三國典略		佚
	姚思廉	陳書		存
	蕭韶	太清紀〔二〕		佚
	劉昫	舊唐書〔三〕		存

〔二〕太清紀：《隋志》、《舊唐志》、《新唐志》、《藝文略》著録「《梁太清紀》」。《考異》卷七「湘東王繹使世子方等討河東王譽」條云：「此皆蕭韶爲元帝隱惡飾辭耳。」同卷「岳陽王詧伐江陵」條云：「此蓋亦蕭韶之虚美。」

〔三〕舊唐書：《考異》卷八「屈突通降」條云：「隋失天下，皆因（裴）矩諂諛所致，豈敢輒勸帝西還！蓋矩經事唐朝，其子孫及史官附益此語，欲蓋其惡耳。」卷九「李勣請贖單雄信，世民不許」條云：「太宗得洛城即誅雄信，何嘗稟命於高祖！蓋太宗時史臣敘高祖時事，有誅殺不厭衆心者，皆稱高祖之命，以掩太宗之失，如屠夏縣之類皆是也。」卷十九「阿跌光進、光顔擊楊惠琳」條云：「此乃李光弼弟光進事也，而劉昫置之此《傳》（《舊唐書・李（阿跌）光進傳》）下，乃云：『元和四年，范希朝救易定，表光進爲馬步都虞候。』其疏謬如此。」同卷「李吉甫爲淮南節度使」條云：「牛僧孺等指陳時政之失，吉甫泣訴，故貶考覆官。裴均等雖欲爲讒，若云執政自教指舉人詆時政之失，豈近人情邪！吉甫自以誣構鄭絪，貶斥裴垍等，蓋憲宗察見其情而疏薄之，故出鎮淮南。及子德裕秉政，掩先人之惡，改定《實録》，故有此説耳。」卷二十「元稹同平章事」條云：「（李）德裕元和中揚歷清要，非爲不調。此際元稹入相，（李）逢吉在淮南，豈能排擯德裕！蓋出於德裕黨人之語耳。」

續表

始見卷	作者	徵引書目	徵引註釋	存佚輯録
卷八	宋祁〔一〕	新唐書〔二〕		存
	房玄齡	唐高祖實録		佚
		平陳記〔三〕		佚，有輯本
	趙毅	大業略記〔四〕		佚
	馬總	通曆		存，闕前三卷

〔一〕宋祁：《讀書志》、《書録解題》、《經籍考》著録《新唐書》「歐陽脩 撰紀志，宋祁撰列傳」，《藝文略》、《宋志》著録「歐陽脩、宋祁撰」。

〔二〕《考異》卷二十五「王建攻成都」條云：「《新（唐）書·陳敬瑄傳》全用張彭《耆舊傳》，云先除昭度節度使，然後田令孜召建以限朝廷，與《（僖宗）本紀》及《韋昭度傳》自相違戾，最爲差謬。」《考異》卷二十六「孫儒拔蘇州」條云：「近修《唐書·（楊）行密傳》，全用《吴録》事迹，乃云：『儒進攻行密，行密復入揚州，北通時溥，扞儒。朱全忠遣龐師古助行密，敗於高郵，行密懼，退還宣州。』蓋承《莊宗列傳》、《（舊）五代史》之誤而不考正也。」

〔三〕平陳記：《隋志》著録「《開業平陳記》二十卷」，《舊唐志》、《新唐志》、《藝文略》著録「《隋開業平陳記》十二卷，裴矩撰」；《崇文總目》著録「《隋平陳記》一卷」，無作者；《藝文略》另著録「《隋平陳記》一卷，稱臣悦，亡其姓」。

〔四〕大業略記：《舊唐志》、《新唐志》著録「《隋大業略記》」。《考異》卷八「八年正月」條云：「《略記》甲子多差誤，今不取，皆從《隋書》。」同卷「李密與隋軍戰」條云：「趙毅承《蒲山公傳》，誤以密一敗分爲二事也。」

續表

始見卷	作者	徵引書目	徵引註釋	存佚輯録
	杜寶	大業雜記[一]		存
	杜儒童	隋季革命記[二]		佚
	劉仁軌	河洛行年記[三]		佚
	賈閏甫[四]	蒲山公傳[五]		佚
	温大雅	創業起居注[六]		存

〔一〕《考異》卷八「龍舟高四十五尺」條云：「《雜記》言其制度尤詳，今從之。」

〔二〕《考異》卷九「劉蘭成破臧君相」條云：「《革命記》序其事頗詳，今從之。」

〔三〕河洛行年記：《新唐志》、《崇文總目》、《藝文略》著録「《劉氏行年記》」，《書録解題》著録「《行在河洛記》」。

〔四〕賈閏甫：《考異》卷九又作「賈潤甫」；《新唐志》、《藝文略》著録「賈閏甫」，《宋志》著録「賈潤甫」。

〔五〕蒲山公傳：《新唐志》、《崇文總目》、《藝文略》、《宋志》著録「《李密傳》」。《考異》卷八「(李)密襲回洛東倉」條云：「此三書(《大業略記》、《大業雜記》、《蒲山公傳》)月日交錯，皆不可憑。今從《隋》、《唐書》。」卷九「宇文化及、智及等謀弒煬帝」條云：「(宇文)士及仕唐爲宰相，《隋書》亦唐初所修，或者史官爲士及隱惡。賈、杜二書(《蒲山公傳》、《隋季革命記》)之言，亦似可信。但杜儒童自知醞藥酒爲虚，則南陽陰告之事亦非其實。如賈潤甫之説，則弒君之謀皆出士及，而智及爲良人矣。今且從《隋書》，而删去莊桃樹事及南陽之語，庶幾疑以傳疑。」

〔六〕創業起居注：《舊唐志》、《新唐志》、《崇文總目》、《讀書志》著録「《大唐創業起居注》」，《書録解題》、《藝文略》、《經籍考》、《宋志》著録「《唐創業起居注》」。《考異》卷八「劉文靜勸李淵結突厥」條云：「蓋温大雅欲歸功高祖耳。」同卷「(李)淵自爲手啓，卑辭厚禮，遺可汗」條云：「太宗云『太上皇稱臣於突厥』，蓋謂此時，但温大雅諱之耳。」

續　表

始見卷	作者	徵引書目	徵引註釋	存佚輯録
	吴兢	貞觀政要		存
	韓昱	壺關録		佚，有輯本
	許敬宗	唐太宗實録〔一〕		佚
	柳芳	唐曆〔二〕		佚
	柳宗元	柳宗元集		存

〔一〕　唐太宗實録：《舊唐志》著録「房玄齡《太宗實録》二十卷，長孫無忌《太宗實録》四十卷」；《新唐志》著録「房玄齡《今上實録》二十卷，長孫無忌《貞觀實録》四十卷」；《藝文略》著録「《太宗實録》二十卷，《貞觀實録》四十卷，長孫無忌撰」；《讀書後志》、《書録解題》、《經籍考》、《宋志》著録「許敬宗《唐太宗實録》四十卷」。《考異》卷八「世民與建成分道追軍」條云：「《太宗實録》盡以爲太宗之策，無建成名，蓋没之耳。據建成同追左軍，則是建成意亦不欲還也。」卷九「帝（唐高祖）待世民浸疏」條云：「建成、元吉雖爲頑愚，既爲太宗所誅，史臣不能無抑揚誣諱之辭。今不盡取。」同卷「（劉）黑闥衆潰」條云：「高祖雖不仁，亦不至有『欲空山東』之理。史臣專欲歸美太宗，其於高祖亦太誣矣。」卷十「帝（唐太宗）大破高麗」條云：「（李）勣後獨將兵取高麗，豈必太宗親行邪！此非史官虚美，乃勣諛辭耳。」同卷「或譖劉洎」條云：「此事中人所不爲，（褚）遂良忠直之臣，且素無怨仇，何至如此！蓋許敬宗惡遂良，故修《實録》時，以洎死歸咎於遂良耳。」

〔二〕　唐曆：《考異》卷十「武后預政，中外謂之二聖」條云：「武后雖悍戾，豈得高宗尚在，與高宗對坐受羣臣朝謁乎！恐不至此。」

續表

始見卷	作者	徵引書目	徵引註釋	存佚輯録
	吴兢	太宗勳史〔一〕		佚
	焦璐〔二〕	唐朝年代記〔三〕		佚
	陳嶽	唐統紀〔四〕	自註	佚
		昭陵六駿銘文		存
	劉子玄	唐高宗實録〔五〕		佚

〔一〕太宗勳史：《崇文總目》、《藝文略》、《宋志》著録「《唐太宗勳史》」。

〔二〕焦璐：《藝文略》著録「焦潞」。

〔三〕唐朝年代記：《宋志》著録「《聖朝年代記》」。

〔四〕唐統紀：《書録解題》、《經籍考》著録「《大唐統紀》」。

〔五〕唐高宗實録：《舊唐志》著録「許敬宗《高宗實録》三十卷」，《新唐志》著録「許敬宗《皇帝實録》三十卷，劉知幾等《高宗後修實録》三十卷」，《崇文總目》、《書録解題》、《藝文略》、《宋志》著録「劉知幾《唐高宗後修實録》三十卷」，《讀書後志》、《經籍考》著録「劉知幾《唐高宗實録》三十卷」。《考異》卷十「許敬宗誣奏長孫無忌謀反」條云：「《實録》敘此事殊鹵莽，首尾差舛，不可知其詳實，故略取大意而已。《舊（唐書）·（長孫無忌）傳》所云雖爲簡徑，然高宗初無疑無忌之心，故李弘泰告無忌反，高宗立斬之，何至（李）奉節而獨令敬宗鞫之也。且《實録》在前而詳，《列傳》在後而略，故亦未可據也。」

續　表

始見卷	作　者	徵引書目	徵引註釋	存佚輯録
		李靖行狀〔一〕		佚
卷　九	李道玄	勸進於李密表		佚
	房彥藻	與竇建德書〔二〕		存
	柳　璨〔三〕	注正閏位歷〔四〕		佚
	李　昉	歷代年號〔五〕		佚
		歷代紀要録〔六〕		

〔一〕李靖行狀：諸家書目多未著録，惟《遂初堂書目》有之，無作者；《崇文總目》著録「《李靖行述》」，亦無作者。《考異》卷八「李靖素與（李）淵有隙」條云：「《（李靖）行狀》題云『魏徵撰』，非也。按：徵以貞觀十七年卒，靖二十三年乃卒，蓋後人爲之，託徵名。又，敘靖事極怪誕無取。」

〔二〕與竇建德書：《文苑英華》卷四六四作「《爲李密檄竇建德文》」。

〔三〕柳璨：《宋志》著録「柳粲」。

〔四〕注正閏位歷：《新唐志》、《崇文總目》、《藝文略》著録「《正閏位歷》」，《宋志》著録「《補注正閏位歷》」。

〔五〕歷代年號：《書録解題》、《經籍考》著録「《歷代年號并宫殿等名》」。

〔六〕歷代紀要録：《考異》轉引自宋庠《紀年通譜》；《崇文總目》、《宋志》著録「劉希古《歷代紀要》五十卷」，《宋史》卷二六三作「劉熙古」。

續表

始見卷	作者	徵引書目	徵引註釋	存佚輯録
	梁載言	十道志〔一〕		佚，有輯本
	劉餗	小説〔二〕		佚
	王溥	唐會要〔三〕		存
	薛璠	唐聖運圖〔四〕		佚
	凌璠	唐録政要		佚
卷十		魏文貞公故事〔五〕		佚，有輯本
	韓琬	御史臺記		佚，有輯本
	陳子昂	陳子昂集		存

〔一〕十道志：《書録解題》、《宋志》著録「《十道四蕃志》」。

〔二〕小説：《考異》卷十「（徐）勣孫敬業襲爵」條云：「敬業武后時舉兵，旋踵敗亡，若有智勇，何至如此！今不取。」

〔三〕唐會要：《宋志》著録「《續唐會要》」。

〔四〕唐聖運圖：《宋志》著録「《大唐聖運圖略》」。

〔五〕魏文貞公故事：《新唐志》、《藝文略》著録「劉褘之《文貞公故事》六卷，張大業《魏文貞故事》八卷」；《崇文總目》避「貞」諱，著録「《文正公故事》三卷」，《宋志》著録「《魏玄成故事》三卷」，皆無作者。

續表

始見卷	作者	徵引書目	徵引註釋	存佚輯錄
		汲冢周書		存
	呂　述〔一〕	黠戛斯朝貢圖〔二〕		佚
	王方慶	文貞公傳録〔三〕		存
	白居易	白居易集	自註	存
		十道圖〔四〕		佚
	馬　總	唐年小録		佚，有輯本

〔一〕呂述：《宋志》著録「李德裕」撰。按：李德裕《會昌一品集》卷二有《黠戛斯朝貢圖傳序》，云韋宗卿、呂述作《朝貢圖傳》，李德裕作序。

〔二〕黠戛斯朝貢圖：《新唐志》著録「《黠戛斯朝貢圖傳》」。

〔三〕文貞公傳録：《新唐志》、《崇文總目》、《藝文略》著録王方慶「《文貞公事録》一卷」，《書録解題》、《經籍考》著録「《魏鄭公諫録》五卷」，《宋志》著録「《魏玄成傳》一卷」。

〔四〕十道圖：《舊唐志》、《新唐志》、《藝文略》著録「《長安四年十道圖》十三卷，《開元三年十道圖》十卷」，《新唐志》另著録「李吉甫《十道圖》十卷」，《藝文略》另著録「《元和十道圖》十卷」，《書録解題》、《經籍考》著録「李吉甫《唐十道圖》十卷」。

續表

始見卷	作者	徵引書目	徵引註釋	存佚輯録
	吴兢	則天實録〔一〕		佚
	陳彭年	唐紀		佚
	僧一行	大衍曆議〔二〕		佚
		宰輔圖〔三〕		佚
	張鷟	朝野僉載〔四〕		佚，有輯本
	賈耽	皇華四達記〔五〕		佚

〔一〕則天實録：《新唐志》著録「《則天皇后實録》」，《崇文總目》、《讀書志》、《書録解題》、《經籍考》著録「《唐則天實録》」，《宋志》著録「《唐武后實録》」。

〔二〕大衍曆議：《新唐志》、《宋志》著録「《開元大衍曆議》」，《崇文總目》、《藝文略》著録「《開元大衍曆》」，《書録解題》、《經籍考》著録「《唐大衍曆議》」。

〔三〕宰輔圖：《崇文總目》、《藝文略》著録「《唐宰輔圖》二卷」，無作者。

〔四〕《考異》卷十一「裴炎下獄」條云：「此皆當時構陷炎者所言耳，非其實也。」同卷「王孝傑與孫萬榮戰」條云：「張鷟語事多過其實，今不盡取。」同卷「王及善爲文昌左相」條云：「此蓋張文成惡及善，毀之耳。」

〔五〕皇華四達記：《宋志》著録「《皇華四達》」。

續表

始見卷	作者	徵引書目	徵引註釋	存佚輯録
卷十一	劉子玄	太上皇實録		佚
	潘　遠	紀聞〔一〕		佚，有輯本
	李商隱	宜都内人傳〔二〕		存《李商隱集》卷十
	盧藏用	陳氏别傳		存《陳子昂集·附録》
	趙　儋	陳子昂旌德碑		存《陳子昂集·附録》
		狄梁公傳〔三〕		佚
		談賓録〔四〕		佚，有輯本

〔一〕　紀聞：《崇文總目》、《書録解題》著録「《紀聞譚》」，《經籍考》、《宋志》著録「《紀聞談》」。

〔二〕　《考異》卷十一「殺僧懷義」條云：「此蓋文士寓言，今從《實録》。」

〔三〕　狄梁公傳：《新唐志》、《藝文略》著録「《狄仁傑傳》」，《書録解題》、《經籍考》、《宋志》著録「《狄梁公家傳》」；皆題「李邕撰」。《考異》卷十一「狄仁傑勸太后召廬陵王」條云：「世有《狄梁公傳》，云李邕撰，其辭鄙誕，殆非邕所爲。」同卷「仁傑薦張柬之等」條云：「柬之等五人偶同時在位，協力立功，仁傑豈能豫知其事，舉此五人，專欲使之輔立太子邪！且易之等若有可誅之便，太子有可立之勢，仁傑身爲宰相，豈待五年之後，須柬之等然後發邪！此蓋作《傳》者因五人建興復之功，附會其事，云皆仁傑所舉，受教於仁傑耳。其言譎怪無稽，今所不取。」

〔四〕　談賓録：《新唐志》、《讀書志》、《經籍考》著録「胡璩撰」，《宋志》著録「胡璩」撰。

續表

始見卷	作者	徵引書目	徵引註釋	存佚輯録
		松窗雜録〔一〕		存
	武平一	景龍文館記		佚，有輯本
卷十二	劉子玄	中宗實録〔二〕		佚
	元　載	玄宗實録〔三〕		佚
	劉子玄	睿宗實録〔四〕		佚

〔一〕　松窗雜録：《新唐志》、《藝文略》著録「《松窗録》」，無作者；《讀書志》、《經籍考》著録「《松窗録》，唐韋叡撰，記唐故事」；《宋志》著録「李濬《松窗小録》」；黄虞稷《千頃堂書目》著録「李濬《松窗雜録》」。

〔二〕　中宗實録：《舊唐志》著録「《中宗皇帝實録》」，《新唐志》、《藝文略》著録「《中宗實録》」，《讀書後志》、《書録解題》、《經籍考》著録「《唐中宗實録》」；皆題「吴兢撰」。

〔三〕　玄宗實録：《崇文總目》、《藝文略》著録「《明皇實録》」，《讀書後志》、《書録解題》、《經籍考》、《宋志》著録「《唐玄宗實録》」。

〔四〕　睿宗實録：《新唐志》、《藝文略》著録「劉知幾《太上皇實録》十卷，吴兢《睿宗實録》五卷」，《讀書後志》著録「《唐睿宗實録》十卷」，《書録解題》、《經籍考》著録「劉知幾《唐睿宗實録》十卷，吴兢五卷」，《宋志》著録「《唐睿宗實録》十卷，又五卷，並劉知幾、吴兢撰」。《考異》卷十二「立平王隆基爲太子」條云：「劉子玄先撰《太上皇實録》，盡傳位；後又撰《睿宗實録》，終橋陵，文字頗不同。」

續　表

始見卷	作　者	徵引書目	徵引註釋	存佚輯録
	鄭　棨	開天傳信記〔一〕		存
	薛居正	五代史〔二〕		佚，有輯本
	歐陽脩	五代史記〔三〕	徐無黨《五代史記註》	存
		升平源〔四〕		存
	李德裕	次柳氏舊聞〔五〕		存

〔一〕　開天傳信記：《讀書志》、《經籍考》著録「《開元傳信記》」。按：《讀書志》云「紀開元、天寶傳聞之事」，疑當作「開天」。

〔二〕　《考異》卷二十六「孫儒拔蘇州」條云：「國朝開寶中，薛居正修《五代史》，江南未平，不見本國舊史，據（張）昭遠所記《唐莊宗功臣列傳》及《唐年補録》作《（楊）行密傳》，但知行密非壽春人，改爲廬州；又知行密非受（秦）宗權命，與孫儒同陷揚州，餘皆無次序。」同卷「（李）克用殺康君立」條云：「薛（居正）《（五代）史》賜酖，恐是文飾其事。」

〔三〕　《考異》卷二十四「宥州刺史拓跋思恭」條云：「歐陽脩《五代史》作『拓跋思敬』，意謂薛《（五代）史》避國諱耳……然則思恭、思敬乃是兩人。思敬後附李茂貞，或賜國姓，故更姓李。脩合以爲一人，誤也。」

〔四〕　升平源：《新唐志》著録「陳鴻《開元升平源》」，《讀書志》、《書録解題》、《經籍考》、《宋志》著録「吴兢《開元昇平源》」。《考異》卷十二「姚元之同三品」條云：「世傳《升平源》，以爲吴兢所撰……似好事者爲之，依託兢名，難以盡信。」

〔五〕　《考異》卷十三「上幸汝州廣成湯」條云：「《舊聞》所記，事皆虚誕，年月不合。《新書·后妃傳》全取之，今皆不取。」

續表

始見卷	作者	徵引書目	徵引註釋	存佚輯録
		開元宰臣奏〔一〕		佚
	鄭處誨〔二〕	明皇雜録		存，有闕文
	韋述	集賢註記		佚
	盧鴻	中岳真人劉君碑		佚
卷十三		公羊傳〔三〕		存
	令狐峘	代宗實録〔四〕		佚
	顧況	八月五日歌		存《顧況集》卷中
	張九齡	張九齡集		存
	陳鴻	長恨歌傳		存《白居易集》卷十二《長恨歌》後

〔一〕開元宰臣奏：諸家書目未見著録。

〔二〕鄭處誨：《讀書志》、《藝文略》、《經籍考》著録「鄭處晦」，《崇文總目》著録「趙元」。

〔三〕公羊傳：《漢志》著録「公羊子，齊人。師古曰：名高」；《隋志》著録「嚴彭祖撰」，《舊唐志》、《新唐志》著録「嚴彭祖述」。

〔四〕代宗實録：《讀書志》、《書録解題》、《經籍考》、《宋志》著録「《唐代宗實録》」。

續表

始見卷	作者	徵引書目	徵引註釋	存佚輯録
	元載	肅宗實録〔一〕		佚
	姚汝能	安禄山事迹		存
	孫樵	西齋録序		存《孫樵集》卷五
	獨孤及	裴稹行狀〔二〕		存《獨孤及集》卷六
	竇滂	雲南別録		佚
	顔真卿	鮮于仲通碑		存《顔真卿集》卷六
卷十四	鄭審	天寶故事〔三〕		佚

〔一〕 肅宗實録：《讀書後志》、《書録解題》、《經籍考》、《宋志》著録「《唐肅宗實録》」。《考異》卷十四「顔杲卿殺李欽湊」條云：「（安）禄山初自漁陽擁數十萬衆南下，常山當其所出之塗，若杲卿不從命，遽以千餘人拒之，則應時虀粉，安得復守故郡乎！況時禄山猶以誅楊國忠爲名，未僭位號，杲卿迎於藁城，受其金紫，殆不能免矣。《肅宗實録》所云者，蓋欲全忠臣之節耳。」

〔二〕 《考異》卷十三「瑛等皆廢爲庶人」條云：「（裴）稹，光庭之子。當是時，周子諒杖死，張九齡遠貶，稹若敢爲太子直冤，則聲振宇宙，豈得湮没無聞！而諸書皆不言此事，蓋出（獨孤）及之虚美耳。」

〔三〕 天寶故事：諸家書目未見著録。

續表

始見卷	作者	徵引書目	徵引註釋	存佚輯録
	温畬〔一〕	天寶亂離西幸記〔二〕		佚
	王仁裕	天寶遺事〔三〕		存
	馬宇	段秀實別傳〔四〕		佚
	宋巨	玄宗幸蜀記〔五〕		佚
	平致美	薊門紀亂〔六〕		佚

〔一〕 温畬：《宋志》著録「温龠，一作畬」。

〔二〕 天寶亂離西幸記：《宋志》著録「《天寶亂離記》」，《文淵閣書目》著録「《天寶西幸記》」。

〔三〕 天寶遺事：《讀書志》、《書録解題》、《藝文略》、《經籍考》、《宋志》著録「《開元天寶遺事》」。

〔四〕 段秀實別傳：《考異》卷十五至十八又作「《段公別傳》」；《新唐志》、《崇文總目》、《藝文略》、《宋志》著録「《段公別傳》」，《遂初堂書目》著録「《段太尉別傳》」。《考異》卷十七「段秀實爲涇原節度使」條云：「是月，吐蕃寇原州。十二月，朱泚拒吐蕃，自涇州還。明年九月，吐蕃逼涇州。云三四年間不敢犯塞，蓋史家溢美之辭耳。」

〔五〕 玄宗幸蜀記：《考異》同卷又作「《明皇幸蜀記》」；《新唐志》、《讀書志》著録「《明皇幸蜀記》」，《宋志》著録「《明皇幸蜀録》」。《考異》卷十四「安禄山請以蕃將代漢將」條云：「禄山方賂璆琳，泯其反迹，安肯對之遽出悖語！又（楊）國忠平日數言禄山欲反，此際安得不與（韋）見素同心！蓋所謂天下之惡皆歸焉者也。」同卷「楊國忠首唱幸蜀之策」條云：「賊陷潼關，鑾輿將出，人心已危，豈有更擊鼓燒草以驚之！國忠久蓄幸蜀之謀，見素乃其所引，豈得上前有此爭論！此蓋宋巨欲歸功見素，事乃近誣，今不取。」

〔六〕 薊門紀亂：諸家書目多未著録，惟《遂初堂書目》有之，無作者。《考異》卷十五「史思明稱應天皇帝」條云：「思明欲立少子爲太子，左右泄其謀，故朝義弑之。《紀亂》云於時已立爲太子，誤也。」

續表

始見卷	作者	徵引書目	徵引註釋	存佚輯録
	包諝	河洛春秋〔一〕		佚
	殷仲容〔二〕	顔氏行狀〔三〕		存《顔真卿集》後
	陳翃〔四〕	汾陽王家傳〔五〕		佚

〔一〕《考異》卷十四「顔杲卿殺李欽湊」條云：「杲卿忠直剛烈，糜軀徇國，捨生取義，自古罕儔，豈肯更上書媚悦禄山，比之漢高、魏武，爲之畫割據併吞之策，此則粗有知識者必知其不然也。蓋包諝乃處遂之子，欲言杲卿初無討賊立節之意，由己父上書勸成之，以大其父功耳。觀所載杲卿上禄山書，處遂等上杲卿書，田承嗣上史朝義疏，其文體如一，足知皆諝所撰也。又張通幽兄爲逆黨，又教王承業奪杲卿之功，終以反覆被誅，其行事如此。而包諝云初與處遂同上書，勸杲卿爲忠義，尤難信也。」同卷「河北十餘郡降」條云：「包諝專欲歸功其父，而它書皆無之，今不取。」卷十五「郭子儀、李光弼並同平章事」條云：「《河洛春秋》月日尤疏，所云殺王承恩，固守晉陽，必誤也。」

〔二〕殷仲容：《考異》或作「殷亮」；《藝文略》、《宋志》亦著録「殷亮」。

〔三〕顔氏行狀：《遂初堂書目》著録「《顔魯公行狀》」，《宋志》著録「《顔真卿行狀》」。

〔四〕陳翃：《讀書志》、《經籍考》著録「陳雄」。

〔五〕汾陽王家傳：《新唐志》、《崇文總目》、《藝文略》著録「《郭公家傳》」，《宋志》著録「《郭令公家傳》」。《考異》卷十七「郭子儀以回紇破吐蕃」條云：「如《（代宗）實録》所言，豈有迴紇、吐蕃數十萬衆入京畿，留十七日，而寂無攻戰之一事乎！當是時，陳翃在子儀軍中，所記月日近得其實。今二虜圍涇陽及子儀與迴紇盟及破吐蕃日，皆從《汾陽家傳》，事則兼采衆書，擇其可信者取之。」

續表

始見卷	作者	徵引書目	徵引註釋	存佚輯録
	殷亮	顔杲卿傳〔一〕		佚
	杜牧	杜牧集〔二〕		存
	李翰	張中丞傳〔三〕		佚
	凌準	邠志〔四〕		佚
	康駢〔五〕	劇談録		存

〔一〕 顔杲卿傳：《新唐志》、《藝文略》著録「《顔氏家傳》」，《崇文總目》、《藝文略》著録「《顔公傳》」，《宋志》著録「《顔杲卿家傳》」。

〔二〕 《考異》卷十四「郭子儀薦李光弼爲河東節度使」條云：「於時玄宗未幸蜀，唐之號令猶行於天下，若制書除光弼爲節度使，子儀安敢擅殺之！杜（牧《張保皋傳》）或得於傳聞之誤也。」卷二十「鄭覃、崔鄲等諫宴樂畋游」條云：「是時未失山東，杜牧（《崔鄲行狀》）直取穆宗時事，文飾以爲鄲諫辭耳。《新（唐書）·（崔鄲）傳》承而用之，皆誤也。」

〔三〕 張中丞傳：《新唐志》、《藝文略》著録「《張巡姚誾傳》」，《宋志》著録「《張中丞外傳》」。《考異》卷十五「令狐潮圍雍丘」條云：《張中丞傳》「日月前後差舛，不可考按。蓋李翰亦得於傳聞，不能精審」。

〔四〕 《考異》卷十六「郭子儀斬王甫」條云：「若如《邠志》所言，是子儀殺（王）撫而攘其功，計子儀必不爲也。子儀勳業，今古推高，凌準作書，多攻其短，疑有宿嫌，不可盡信。」

〔五〕 康駢：《考異》卷二十二作「康軿」；《新唐書》、《讀書志》、《藝文略》著録「康軿」，《經籍考》、《宋志》著録「康駢」。

續表

始見卷	作者	徵引書目	徵引註釋	存佚輯錄
卷十五		張九齡事迹[一]		佚
	李繁	鄴侯家傳[二]		佚，有輯本
		歲朔曆[三]		佚
	李白	永王東巡歌		存《李白集》卷六
	賈至	賈至集		佚
	柳珵	常侍言旨		佚，有輯本
	沈既濟	劉展亂紀[四]		佚

〔一〕張九齡事迹：《新唐志》、《崇文總目》、《藝文略》著録此書，皆無作者。

〔二〕鄴侯家傳：《新唐志》、《崇文總目》、《讀書志》、《經籍考》著録「《相國鄴侯家傳》」。卷十七「上欲以李泌爲相」條云：「玄、肅登遐，泌雖在山林，豈容全不知！如《家傳》所言，是代宗纔立，即召泌也。須經幸陝，泌豈得全無一言！召泌必在幸陝之後，李繁誤記耳。」卷十八「馬燧入朝請討懷光」條云：「此直李繁欲取馬燧平河中之功，皆歸於其父耳。」卷十九「李泌好談神仙」條云：「泌雖詭誕，好談神仙，然其知略實有過人者。至於佐肅、代復兩京，不受相位而去，代宗、順宗之在東宮，皆賴泌得安，此其大節可重者也。《舊（唐書）·（李泌）傳》毁之太過。《家傳》出於其子，雖難盡信，亦豈得盡不信！今擇其可信者存之。」

〔三〕歲朔曆：諸家書目未見著録。

〔四〕劉展亂紀：《遂初堂書目》、《宋志》著録「《江淮紀亂》」。

續表

始見卷	作者	徵引書目	徵引註釋	存佚輯録
卷十六	沈既濟	建中實録〔一〕		佚
		段公家傳〔二〕		佚
卷十七	李　肇	國史補		存
	高　郢	高郢集〔三〕		佚
	韓　愈	順宗實録〔四〕		存

〔一〕 建中實録：《書録解題》、《經籍考》、《宋志》著録「《唐建中實録》」。《考異》卷十七「罷劉晏轉運等使」條云：「沈既濟，楊炎所薦，蓋附炎爲説。」同卷「吐蕃發使隨韋倫入貢」條云：「此恐沈既濟之溢美，且欲附楊炎復河、隴之説耳。」卷十八「楊炎罷相」條云：「沈既濟爲炎所引，故《建中實録》言炎罷相，與《德宗實録》頗異。今取其可信者書之。」

〔二〕 段公家傳：諸家書目未見著録。

〔三〕 高郢集：諸家書目未見著録。

〔四〕 順宗實録：《讀書志》、《書録解題》、《經籍考》、《宋志》著録「《唐順宗實録》」。《考異》卷十九「陸贄罷爲太子賓客」條云：「凡爲宰相者，皆欲專權，安肯自求失職！不任宰相，乃德宗之失，而《順宗實録》歸咎於贄，豈人情也！」同卷「李師古發兵屯曹州」條云：「《舊（唐書）·韓愈傳》云：『撰《順宗實録》，繁簡不當，穆宗、文宗嘗詔史臣添改。時愈壻李漢、蔣係在顯位，諸公難之，而韋處厚竟别撰《順宗實録》三卷。』景祐中，詔編次《崇文總目》，《順宗實録》有七本，皆五卷，題云『韓愈等撰』，五本略而二本詳，編次者兩存之，其中多異同。今以詳、略爲别。」

續表

始見卷	作者	徵引書目	徵引註釋	存佚輯録
	裴垍	德宗實録〔一〕		佚
	崔庭光〔二〕	幸奉天録〔三〕		佚
卷十八	谷況	燕南記〔四〕		佚
	徐岱	奉天記		佚
		段公行狀〔五〕		佚
	柳玭	柳氏敘訓〔六〕		佚

〔一〕　德宗實録：《讀書後志》、《書録解題》、《經籍考》、《宋志》著録「《唐德宗實録》」。

〔二〕　崔庭光：《新唐志》、《崇文總目》、《藝文略》著録「崔光庭」，《宋志》原著録「崔庭光」，點校本亦據《新唐志》、《崇文總目》改作「崔光庭」。

〔三〕　幸奉天録：《新唐志》、《崇文總目》、《藝文略》、《宋志》著録「《德宗幸奉天録》」。

〔四〕　《考異》卷十八「李寶臣薨」條云：「方士妖妄，必爲一府所疾，所憑恃者寶臣一人耳。若酖殺寶臣，身在府中，逃無所之，安能免死乎！計方士雖愚，必不爲此。蓋時人見寶臣曾飲其湯，遇疾而死，以爲方士所酖，谷況承而書之耳。」

〔五〕　段公行狀：諸家書目未見著録。

〔六〕　柳氏敘訓：《新唐志》著録「《柳氏訓序》」，《崇文總目》著録「《柳玭訓序》」，《讀書志》、《經籍考》、《宋志》著録「《柳氏序訓》」。按：《讀書志》、《經籍考》云：「唐柳玭敘其祖公綽已下内外事迹，以訓其子孫。」疑當作「敘訓」。

續表

始見卷	作者	徵引書目	徵引註釋	存佚輯録
卷十九	袁皓	興元聖功録		佚
	陸贄	論兩税狀等		存《陸贄集》中
	崔鉉	續會要〔一〕		佚
	李繁	北荒君長録		佚
	柳珵	上清傳〔二〕		存《太平廣記》卷二七五
		西南夷事狀〔三〕		佚
	路隋	憲宗實録〔四〕		佚
	劉崇遠	金華子雜編〔五〕	自註	佚，有輯本

〔一〕續會要：《宋志》著録「《弘文館續會要》」。

〔二〕上清傳：《讀書志》、《書録解題》、《經籍考》著録《上清傳》，附於柳珵《常侍言旨》之末。《考異》卷十九「貶竇參爲郴州別駕」條云：「信如此説，則參爲人所劫，德宗豈得反云『蓄養俠刺』！況陸贄賢相，安肯爲此！就使欲陷參，其術固多，豈肯爲此兒戲！全不近人情。今不取。」

〔三〕西南夷事狀：《新唐志》、《藝文略》著録「《開復西南夷事狀》」；《新唐志》、《藝文略》、《宋志》題「韋皋撰」。

〔四〕憲宗實録：《讀書後志》、《書録解題》、《經籍考》、《宋志》著録「《唐憲宗實録》」。

〔五〕金華子雜編：《讀書志》、《經籍考》著録「《金華子》」，《書録解題》著録「《金華子新編》」。《考異》卷二十三「劉鄴請贈李德裕官」條云：「宣宗素惡德裕，故始即位即逐之，豈有不知其在崖州，而云『豈合深譴』！又，劉鄴追雪在懿宗時。此説殊爲淺陋，今不取。」

續表

始見卷	作者	徵引書目	徵引註釋	存佚輯録
	林　恩[一]	補國史[二]	自註	佚
	元　稹	自敘		存《元稹集》卷三十二
	孫光憲	北夢瑣言[三]	自註	存
	蔣　階[四]	李司空論事[五]		存,有闕文
	趙　鳳	後唐懿祖紀年録[六]		佚
卷二十	劉禹錫	劉禹錫集		存
	趙元拱	唐諫諍集[七]		佚

[一] 林恩:《藝文略》著録「林愼思」。

[二]《考異》卷十九「(高)崇文斬李康」條云:「按《金華子》言,固不知李康爲劉闢所圍事,而云崇文誘誅之。《補國史》又不知被擒事,而云棄城走。此皆得於傳聞,不可爲據。」卷二十一「張元益出定州」條云:「《補國史》蓋傳聞之説,不可據。」

[三]《考異》卷二十九「蜀主殂」條云:「舊史貶(唐)文扆後二十七日,蜀主始殂,疑曹處琪之妄,孫光憲從而記之。」

[四] 蔣階:《新唐志》、《書録解題》、《宋志》著録「蔣偕」集、録或編,《讀書志》、《經籍考》著録「夏侯孜編,蔣偕序」。

[五] 李司空論事:《新唐志》著録「《李絳論事集》」,《崇文總目》著録「《李絳論》」,《讀書志》著録「《李絳論諫集》」,《藝文略》著録「《李絳論事》」,《經籍考》著録「《李司空論諫集》」。《考異》卷十九「李絳、白居易諫受裴均銀器」條云:「是則憲(宗)深惑於左右之言,外示不受獻,内實欲其來獻也……《實録》及《李司空論事》皆以此爲憲宗之美,今故直之。」

[六] 後唐懿祖紀年録:《宋志》著録「《五代唐懿祖紀年録》」。

[七] 唐諫諍集:《宋志》著録「《諫爭集》」。

續表

始見卷	作者	徵引書目	徵引註釋	存佚輯録
	趙璘	因話録		存
	薛圖存	河南記		佚
	鄭澥	平蔡録〔一〕		佚
	裴廷裕〔二〕	東觀奏記		存
	劉軻	牛羊日曆〔三〕		佚，有輯本
	李讓夷	敬宗實録〔四〕		佚

〔一〕平蔡録：《新唐志》、《書録解題》、《宋志》著録「《涼國公平蔡録》」，《經籍考》著録「《涼公平蔡録》」。

〔二〕裴廷裕：《考異》卷二十二又作「裴延裕」；《書録解題》、《藝文略》著録「裴延裕」，《宋志》著録「裴庭裕」。

〔三〕《考異》卷二十「立景王湛爲太子」條云：《牛羊日曆》「出於朋黨之言，不足信也」。

〔四〕敬宗實録：《讀書志》、《書録解題》、《經籍考》、《宋志》著録「《唐敬宗實録》」。《考異》卷二十「李逢吉結王守澄」條云：「逢吉結守澄，乃在文宗時，非穆宗時也。二傳（《舊唐書》《李逢吉傳》、《李訓傳》）自相違。逢吉結守澄，要爲不誣，然未必因鄭注。李讓夷乃李德裕之黨，惡逢吉，欲重其罪，使與李訓、鄭注皆有連結之迹，故云用訓謀，因注以交守澄耳。」同卷「劉栖楚叩頭諫晚朝」條云：「李讓夷此論，豈非惡栖楚而彊毁之邪！今所不取。」同卷「八關十六子」條云：「宰相之門，何嘗無特所親愛之士，數蒙引接，詢訪得失，否臧人物，其間忠邪溷殽，固亦多矣。其疏遠不得志者，則從而怨疾之，巧立品目，以相譏誚，此乃古今常態，非獨逢吉之門有八關、十六子也……但逢吉之門，險詖者爲多耳。此皆出於李讓夷《敬宗實録》。按：栖楚爲吏，敢與王承宗爭事，此乃正直之士，何得爲佞邪之黨哉！蓋讓夷德裕之黨，而栖楚爲逢吉所善，故深詆之耳。」

續　表

始見卷	作者	徵引書目	徵引註釋	存佚輯録
		穆宗實録〔一〕		佚
	皇甫松	續牛羊日曆〔二〕		佚
	魏謩	文宗實録〔三〕		佚
	柳公權	何進滔德政碑〔四〕		佚
	李德裕	西南備邊録		佚
		開成紀事〔五〕		佚
	李德裕	文武兩朝獻替記〔六〕		佚，有輯本

〔一〕穆宗實録：《讀書後志》、《書録解題》、《經籍考》、《宋志》著録「《唐穆宗實録》」；《新唐志》、《讀書後志》、《書録解題》、《經籍考》、《宋志》題「路隋等撰」。《考異》卷二十「李紳爲户部侍郎」條云：「此蓋修《穆宗實録》者惡紳，故毁之如是。」

〔二〕續牛羊日曆：諸家書目未見著録。《考異》卷二十「牛僧孺爲武昌節度使」條云：「此朋黨之論，今不取。」

〔三〕文宗實録：《讀書後志》、《書録解題》、《經籍考》、《宋志》著録「《唐文宗實録》」。

〔四〕《考異》卷二十「魏博軍亂，奉何進滔知留後」條云：「此恐涉溢美之辭耳。」

〔五〕開成紀事：《宋志》著録「楊時」撰。

〔六〕文武兩朝獻替記：《讀書志》、《書録解題》、《經籍考》、《宋志》著録「《兩朝獻替記》」。《考異》卷二十二「以李宗閔爲湖州刺史」條云：「此蓋（李）德裕自以宿憾，因劉積事害宗閔，畏人譏議，故於《獻替記》載此語以隱其迹耳。」

續表

始見卷	作者	徵引書目	徵引註釋	存佚輯録
卷二十一		大和摧凶記〔一〕		佚
		甘露記〔二〕		佚
	宋敏求	宣宗實録〔三〕		佚
	皮光業	見聞録〔四〕		佚
	李潛用	乙卯記		佚
	高彦休	唐闕史〔五〕		存，有闕文

〔一〕 大和摧凶記：《新唐志》、《崇文總目》、《書録解題》、《藝文略》、《經籍考》、《宋志》著録「《太和摧凶記》」，皆無作者。

〔二〕 甘露記：《新唐志》、《讀書志》、《書録解題》、《經籍考》著録「《野史甘露記》」，《宋志》著録「《野史甘露新記》」，皆無作者。

〔三〕 宣宗實録：《讀書後志》、《書録解題》、《經籍考》、《宋志》著録「《唐宣宗實録》」。

〔四〕 見聞録：《崇文總目》、《讀書志》、《藝文略》、《經籍考》、《宋志》著録「《皮氏見聞録》」。《考異》卷二十一「殺生除拜皆決於兩中尉」條云：「崔慎由大中初始入朝……文宗時未爲翰林學士。蓋崔胤欲重宦官之罪而誣之，《新(唐書)·(崔慎由)傳》承皮《録》之誤也。」

〔五〕 唐闕史：《新唐志》、《崇文總目》、《藝文略》、《宋志》著録「《闕史》」。《考異》卷二十一「立潁王瀍爲太弟」條云：「立嗣大事，豈容謬誤！《闕史》難信，今不取，從《文宗》、《武宗實録》。」

續表

始見卷	作者	徵引書目	徵引註釋	存佚輯録
		後唐獻祖紀年録〔一〕		佚
		武宗實録〔二〕	自註	佚
	李德裕	會昌一品集		存
	李德裕	會昌伐叛記		佚
	賈　緯	唐年補録		佚
卷二十二	韋昭度	續皇王寶運録〔三〕	自註	佚
	尉遲偓	中朝故事		存

〔一〕後唐獻祖紀年録：《宋志》著録「《五代唐獻祖紀年録》」；《藝文略》、《宋志》著録「趙鳳、張昭遠等撰」。

〔二〕武宗實録：《新唐書》、《藝文略》著録「韋保衡《武宗實録》三十卷」，《讀書後志》、《書録解題》、《經籍考》著録該書僅一卷。《讀書後志》云：「武宗以後，實録皆亡，今存止會昌元年正月、二月。」《書録解題》云：「更五代，《武録》亦不存，《邯鄲書目》惟存一卷而已。」《宋志》另著録「《唐武宗實録》三十卷，宋敏求撰」。

〔三〕《考異》卷二十三「韋殷裕杖死」條云：《寶運録》「其語雜亂無稽，今從《實録》」。卷二十七「韓全誨等劫上幸鳳翔」條云：《寶運録》「其説妄謬，今不取」。

續表

始見卷	作者	徵引書目	徵引註釋	存佚輯録
	令狐澄	貞陵遺事〔一〕		佚，有輯本
	蔡　京	王貴妃傳		佚
	范　攄	雲谿友議		存
		大中制集〔二〕		佚
	柳　玭	續貞陵遺事〔三〕		佚
	樊　綽	蠻書〔四〕		佚，有輯本
	鄭　言	平剡録		佚
		懿宗實録〔五〕	自註	佚

〔一〕《考異》卷二十二「上不禮光王怡」條云：《賫運録》、《中朝故事》、《貞陵遺事》所載「此三事皆鄙妄無稽，今不取」。

〔二〕大中制集：諸家書目多未著録，惟《遂初堂書目》著録「《大中制誥》」，無作者。

〔三〕《考異》卷二十二「宣宗明察沈斷」條云：《續貞陵遺事》所載「太不近人情，恐譽之太過。今不取」。

〔四〕蠻書：《讀書志》、《宋志》著録「《雲南志》」，《宋志》另著録「《南蠻記》」，疑同書之異名。

〔五〕懿宗實録：《讀書後志》、《書録解題》、《經籍考》、《宋志》著録「《唐懿宗實録》，宋敏求撰」。

續表

始見卷	作者	徵引書目	徵引註釋	存佚輯録
卷二十三		玉泉子見聞録〔一〕		佚
	裴旦	李太尉南行録〔二〕		佚
	張彭	錦里耆舊傳〔三〕		佚
		僖宗實録〔四〕	自註	佚

〔一〕玉泉子見聞録：《新唐志》、《崇文總目》、《藝文略》著録「《玉泉子見聞真録》五卷」，《書録解題》、《經籍考》、《宋志》著録「《玉泉子》一卷」，皆無作者。《考異》卷二十三「劉瞻同平章事」條云：「（劉）瞻素有清節，必不至如《玉泉子》所云，恐出於愛憎之説……故知《玉泉子》所記皆虛。」同卷「劉瞻爲刑部尚書」條云：「瞻以清慎著聞，及懿宗暴怒，瞻獨能不顧其身，救數百人之死，而《玉泉子》以爲未足談，不亦誣乎！」

〔二〕李太尉南行録：《崇文總目》著録「《李德裕南行録》」，《藝文略》著録「《李德裕南遷録》」。

〔三〕張彭《錦里耆舊傳》：諸家書目未見著録。《考異》卷二十三「南詔攻雅州」條云：「咸通十四年南詔寇西川事，《舊（唐書）》《（懿宗）紀》、《南詔傳》、《唐年補録》、《唐録備闕》、《續寶運録》皆無之，獨《耆舊傳》載之甚詳。《新（唐）書》取之作《南詔傳》……按《（懿宗）實録》，咸通十四年十一月七日，路巖始移荆南。八日，牛叢始除西川。而《耆舊傳》蠻入寇皆叢任内事，恐誤先一年也。《實録》、《新（唐書）·（懿宗）紀》因此於十四年十二月添雲南寇黎州事，實皆在乾符元年冬也。」卷二十四「高仁厚討阡能」條云：「張彭書語雖俚淺，或有抵捂，然敘事甚詳。苟無此書，則仁厚功業悉沈没矣。」卷二十五「王建攻成都」條云：「張彭自言年僅八十，追記爲兒童以來平生見聞爲《耆舊傳》，故其敘事鄙俚倒錯，與舊史年月不相符合。」

〔四〕僖宗實録：《讀書後志》、《書録解題》、《經籍考》、《宋志》著録「《唐僖宗實録》」，宋敏求撰」。《考異》卷二十四「鄭畋盧携罷相」條云：「《新（唐書）》、《舊（唐書）》《（鄭畋、盧携）傳》、《舊·（僖宗）紀》皆以畋、携罷相在六年，《（僖宗）實録》、《新》《（僖宗）紀》、《表》在此年五月，《實録》、《新書》皆自相矛盾。然宋氏（敏求）多書，知二人罷在五月，必有所據，今從之。」

續表

始見卷	作者	徵引書目	徵引註釋	存佚輯録
	鄭樵	彭門紀亂		佚
	張雲	咸通解圍録[一]		佚
	范質	五代通録		佚
		唐録備闕[二]		佚
	程匡柔[三]	唐補紀[四]	自註	佚

[一] 咸通解圍録：《書録解題》、《經籍考》、《宋志》著録「《咸通庚寅解圍録》」。

[二] 唐録備闕：《藝文略》著録「歐陽炳撰」，《宋志》著録作者「歐陽迥，一作炳」。

[三] 程匡柔：《藝文略》著録「程柔」，《宋志》著録「程正柔」，疑避宋太祖、太宗諱改。

[四] 唐補紀：《書録解題》、《經籍考》、《宋志》著録「《大唐補記》」，《宋志》著録「《大唐補紀》」。《考異》卷二十七又有「《唐祖補紀》」，疑即程匡柔《唐補紀》。《考異》卷二十六「斬李順節」條云：「《新（唐書）》、《舊（唐書）》《（昭宗）紀》及諸書，景福二年皆無此事，蓋程匡柔傳聞之誤。」卷二十七「劉季述等廢立」條云：「《唐補紀》云『皇后穴牆取太子』，又云『令旨宣告大臣與社稷爲主』，又云『后白軍容，令聖上養疾』，皆程匡柔爲宦者諱耳，不可信也。」同卷「李振勸朱全忠討（劉）季述」條云：「崔胤曏來内倚昭宗，外挾全忠，與宦官爲敵。今昭宗既廢，胤所以得未死者，以與全忠親密故也，全忠安肯以其書示季述！季述恨胤深入骨髓，若得此書，立當殺胤，豈肯復以示胤而與之盟誓也！此殊不近人情，皆程匡柔黨宦官，疾胤之辭耳。」同卷「崔胤留岐兵三千宿衛」條云：「若如《唐補紀》所言，岐、汴各遣兵數千人戍京師，則昭宗欲西幸時，兩道兵必先鬭於闕下，不則汴兵皆爲宦官所誅，不則先遁去。今皆無此事，蓋程匡柔得於傳聞，又黨於宦官，深疾崔胤，未足信也。然胤所以欲留（李）茂貞兵爲己援者，蓋以茂貞自以誅劉季述爲己功，必能與己同心讎疾；宦官以利誘之，遂復與宦官爲一耳。」

續　表

始見卷	作　者	徵引書目	徵引註釋	存佚輯録
卷二十四	王　坤	驚聽録〔一〕		佚
	徐雲虔	南詔録		佚
	趙　鳳	後唐太祖紀年録〔二〕		佚
	張昭遠〔三〕	唐莊宗功臣列傳〔四〕		佚

〔一〕《考異》卷二十四「王仙芝黄巢分道而去」條云：「王坤此書，年月事迹差舛尤多，但擇其可信者取之。」同卷「豆盧瑑請授黄巢天平節鉞」條云：「按：朝廷未嘗以江西節與巢，借使與之，安可復奪！此《驚聽録》不足信也。」

〔二〕《考異》卷二十七「朱全忠殺崔胤」條云：「崔胤陰狡險躁，其罪固多，然本召全忠，欲假其兵力以除宦官耳。宦官既誅，全忠兵勢益彊，遂有篡奪之心。胤復欲以譎詐并圖全忠，故全忠覺而殺之。若云唐室因胤而亡，則可矣；《舊（唐書）·（崔胤）傳》云『胤爲全忠畫圖王之策』，《實録》云『胤志滅唐祚』，恐未必然也。胤仕唐以爲上相，滅唐立梁，於己何益！假令胤實有此志，則惟患全忠篡代之不速，何故復謀拒之！此所謂天下之惡皆歸焉者也。《紀年録》序朱、崔之情，近得其實，今從之。」

〔三〕《考異》卷二十四「李克用殺段文楚」條云：「後唐閔帝時，史官張昭遠撰《莊宗功臣列傳》。」

〔四〕唐莊宗功臣列傳：《崇文總目》、《藝文略》、《宋志》著録「《後唐列傳》」。

續表

始見卷	作者	徵引書目	徵引註釋	存佚輯録
		唐末三朝見聞録〔一〕		佚
	鄭延昌	鄭畋行狀	轉引自宋敏求《僖宗實録》自註	佚
	郭延誨〔二〕	妖亂志〔三〕		佚，有輯本

〔一〕　唐末三朝見聞録：《書録解題》、《經籍考》著録「《三朝見聞録》」，《宋志》著録「《唐末見聞録》」，「王仁裕」撰。《考異》卷二十四「李克用殺段文楚」條云：「有《唐末三朝見聞録》者，不著撰人姓名，專記晉陽事。」又云：「《莊宗列傳》、《舊(唐書)·(懿宗)紀》，克用殺文楚在咸通十三年十二月，歐陽脩《五代史記》取之；《太祖紀年録》在乾符三年，薛居正《五代史》、《新(唐書)·沙陀傳》取之；《見聞録》在乾符五年二月，《新·(僖宗)紀》取之；惟《(僖宗)實録》在乾符元年，不知其所據何書也。克用既殺文楚，豈肯晏然安處，必更侵擾邊陲，朝廷亦須發兵征討。而自乾符四年以前，皆不見其事。《唐末見聞録》敘月日，今從之。」同卷「黄巢圍天長，高駢不敢出兵」條云：「《唐末見聞録》、《續寶運録》所載黄巢牒、王仙芝檄，「蓋當時不逞之士僞作此文，託於仙芝及巢，以譏斥時病，未必二人實有此檄牒也」。

〔二〕　郭延誨：《新唐志》、《藝文略》、《宋志》著録「郭延誨」，《書録解題》著録「鄭延晦」，《經籍考》著録「鄭廷誨」。

〔三〕　妖亂志：《新唐志》、《崇文總目》、《書録解題》、《藝文略》、《經籍考》著録「《廣陵妖亂志》」。《考異》卷二十四「黄巢圍天長，高駢不敢出兵」條云：「駢好驕矜大言，自恃累有戰功，謂巢烏合疲弊之衆，可以節鉞誘致淮南，坐而取之。不意巢初無降心，反爲所欺，張潾驍將，一戰敗死，巢奄濟采石，諸軍北去，見兵不多，狼狽惴恐，自保不暇，故斂兵退縮，任賊過淮，非故欲縱之，實不能制也。盧携闇於知人，致中原覆没；駢先鋭後怯，致京邑丘墟；吕用之妖妄姦回，致廣陵塗炭：皆人所深疾，故衆惡歸焉，(《舊唐書·高駢傳》、《鷩聽録》、《妖亂志》所載)未必實然也。」

續表

始見卷	作者	徵引書目	徵引註釋	存佚輯録
	范坰〔一〕	吴越備史		存，有闕文
		雲南事狀〔二〕		佚
	劉恕	十國紀年〔三〕	自註	佚
	句延慶	錦里耆舊傳〔四〕		存後四卷
卷二十五	徐鉉	吴録		佚
	鄭畋	鄭畋集		佚

〔一〕范坰：《宋志》著録「吴越錢儼託名范坰、林禹撰」。

〔二〕雲南事狀：《崇文總目》、《藝文略》、《宋志》著録此書，無作者。《考異》卷二十四「詔許南詔和親」條云：「《雲南事狀》不著撰人名，似是盧携奏草也。」

〔三〕《考異》卷三十「閩王延羲弒康宗」條云：「王曦既立，若但稱節度使，則不應改元及以其臣爲三公、平章事……是曦先已自稱閩國王，《紀年》脱漏耳。」

〔四〕錦里耆舊傳：《崇文總目》、《宋志》著録「《成都理亂記》」。《考異》卷二十五「高仁厚擒韓秀昇」條云：「句延慶《耆舊傳》止於鈔改張（彭）《（耆舊）傳》爲之，别無外事……不知延慶改移年月，别有所據邪？將率意爲之也？至於三年楊師立反，四年收復長安，其爲乖謬，尤甚於彭。」同卷「楊復光遣使告捷」條云：「延慶悉移彭四年事於三年，三年事於四年，而不移其月日，其爲差謬，又甚於彭。」

續表

始見卷	作者	徵引書目	徵引註釋	存佚輯録
	敬翔	梁太祖編遺録〔一〕		佚
	楊復光	露布〔二〕		存
		梁功臣列傳〔三〕		佚
	劉恕	閩録〔四〕		佚
	毛文錫	王建紀事〔五〕		佚
		昭宗實録〔六〕		佚
	高若拙	後史補		佚

〔一〕 梁太祖編遺録：《書録解題》、《經籍考》著録「《朱梁興創遺編》」。《考異》卷二十五「（朱）全忠攻李克用於上源驛」條云：「此乃敬翔飾非，今不取。」卷二十七「車駕至陝」條云：「《編遺》汴人所録，比《唐紀年》宜得其實。」卷二十八「劉守光欲稱帝」條云：「《編遺録》月日多差錯。」

〔二〕 楊復光《露布》：《考異》轉引自《新唐書·黄巢傳》。

〔三〕 梁功臣列傳：《崇文總目》、《藝文略》著録「《梁列傳》」，《宋志》著録「《朱梁列傳》」。《考異》卷二十五「張歸霸降朱全忠」條云：「崇文院有《梁功臣列傳》，不著撰人名氏。」《藝文略》、《宋志》題「張昭遠撰」。

〔四〕 閩録：諸家書目未見著録。

〔五〕 王建紀事：《崇文總目》、《藝文略》、《宋志》著録「《前蜀王氏紀事》」，《書録解題》、《經籍考》著録「《前蜀紀事》」。

〔六〕 昭宗實録：《讀書後志》、《書録解題》、《經籍考》、《宋志》著録「《唐昭宗實録》，宋敏求撰」。

續　表

始見卷	作　者	徵引書目	徵引註釋	存佚輯録
	李　昊	蜀書〔一〕		佚
	楊　堪	平蜀德政碑〔二〕		佚
	吴　融	生祠堂碑〔三〕		佚
	馮　涓	大廳壁記〔四〕		佚
	馮　涓	收復邛州壁記〔五〕		佚
		南唐烈祖實録〔六〕		佚

〔一〕　蜀書：《崇文總目》、《藝文略》著録「《前蜀書》」。

〔二〕　平蜀德政碑：《考異》轉引自劉恕《十國紀年》。

〔三〕　生祠堂碑：《考異》轉引自劉恕《十國紀年》；《寶刻類編》卷六著録「《西平王王公建生祠堂碑》」。

〔四〕　大廳壁記：《考異》轉引自劉恕《十國紀年》。

〔五〕　收復邛州壁記：《考異》轉引自劉恕《十國紀年》。《考異》卷二十五「王建攻成都」條云：「王建起兵攻成都，諸書歲月不同。蓋建事成之後，其徒以擅舉兵侵盜爲耻，爲之隱惡……故李昊《蜀書》、毛文錫《紀事》、張彰《錦里耆舊傳》、楊堪《平蜀德政碑》、吴融《生祠堂碑》、馮涓《大廳壁記》、《收復邛州壁記》，皆當是時撰録，而自相抵梧。」

〔六〕　南唐烈祖實録：《書録解題》、《經籍考》、《宋志》著録「高遠撰」。《考異》卷三十「閩王延羲弑康宗」條云：「高遠敘事頗有本末。」

始見卷	作者	徵引書目	徵引註釋	存佚輯録
		唐莊宗實録〔一〕		佚
卷二十六	郗　象〔二〕	梁太祖實録〔三〕		佚
	蔣文懌〔四〕	閩中實録		佚
		閩書〔五〕		佚

〔一〕唐莊宗實録：《崇文總目》、《書録解題》、《藝文略》、《經籍考》著録「《後唐莊宗實録》」，《宋志》著録「《五代唐莊宗實録》」，皆題「趙鳳、張昭遠等撰」。《考異》卷二十八「楊師厚救晉州」條云：「二軍各言勝捷，然既殺蕭萬通，師厚何肯退保絳州！既敗而退，豈得復進營平陽！（周）德威既戰勝，安肯便收軍！蓋晉軍實敗走，《莊宗實録》妄言耳。」同卷「羅紹威乞骸骨」條云：「疑後唐史以紹威與梁最親，疾之，而載此傳聞之語。」

〔二〕郗象：《宋志》著録「張衮、郗象等撰」。

〔三〕梁太祖實録：《宋志》著録「《五代梁太祖實録》」。《考異》卷二十七「王師範遣劉鄩取兖州」條云：「《梁太祖實録》多謬誤，恐難據。」

〔四〕蔣文懌：《書録解題》、《經籍考》著録「蔣文憚」。

〔五〕閩書：諸家書目未見著録。

續　表

始見卷	作　者	徵引書目	徵引註釋	存佚輯録
	林仁志	王氏啓運圖〔一〕		佚
		會稽録〔二〕		佚
	羅　隱	吴越行營露布〔三〕		佚
	李巨川	許國公勤王録〔四〕		佚
	薛廷珪〔五〕	鳳閣書詞		佚
卷二十七	路　振	九國志〔六〕		佚，有輯本

〔一〕　王氏啓運圖：《考異》或作「閩中啓運圖」；《藝文略》著録「《閩中王氏啓運圖》」，《宋志》著録「《王氏紹運圖》」。《考異》卷二十九「吴越王鏐改元寶正」條云：「（余）公綽（《閩王事迹》）、仁志所記年歲差繆，然可見錢氏改元及廟號，故兼載焉。」卷三十「閩王延羲弑康宗」條云：「林仁志閩國人，載延羲改年，宜不差失。然五代士人撰録國書，多不憑舊文，出於記憶及傳聞，雖本國近事，亦有抵牾者。高遠敘事頗有本末。余公綽雖在仁志之後，然亦閩人，故不敢獨從仁志所記。」

〔二〕　會稽録：《新唐志》、《宋志》著録「《乾寧會稽録》」；《新唐志》、《崇文總目》、《藝文略》、《宋志》著録此書，皆無作者。

〔三〕　吴越行營露布：《考異》轉引自范坰《吴越備史》。

〔四〕　《考異》卷二十六「立德王裕爲皇太子」條云：「李巨川著書，矯誣善惡，乃至於此。」

〔五〕　薛廷珪：《新唐志》著録「薛延珪」。

〔六〕　《考異》卷三十「北漢鄭珙卒于契丹」條云：「韋曜，孫皓時人韋昭也，不能飲酒。王保衡（《晉陽見聞録》）引以爲文章，而路振云高祖時人，誤也。」

續表

始見卷	作者	徵引書目	徵引註釋	存佚輯録
	丁　璹	馬氏行年記〔一〕		佚
	王　舉	天下大定録		佚
	曹　衍	湖湘馬氏故事〔二〕		佚
	林崇禧	武威王廟碑〔三〕		佚
	韓　偓	金鑾密記		佚，有輯本

〔一〕馬氏行年記：諸家書目未見著録。《考異》卷三十「潘叔嗣襲朗州」條云：「（丁）璹亦國初人，疑其説得於（曹）衍書（《湖湘馬氏故事》），皆不可爲據。」

〔二〕《考異》卷三十「潘叔嗣襲朗州」條云：「周行逢據湖南，仕進尚門蔭，（曹）衍屢獻文章，不得調，退居鄉里教授。及張文表叛，辟爲幕職，事敗逃遁，會赦乃敢出。窮困無以自進，采摭舊聞，撰《湖湘馬氏故事》二十卷，如京師獻之。太宗憫其窮且老，授將作監丞。衍本小人，言詞鄙俚，非有意著書，故敘事顛倒，前後自相違背，以無爲有，不可勝數。素怨周行逢，尤多誣毁，不欲行逢不預叔嗣之謀，乃妄造此説。凡載行逢罪惡之甚，皆出於衍云。」

〔三〕《考異》卷二十七「馬殷克桂州」條云：「武安節度掌書記林崇禧撰《武威王廟碑》。」

續表

始見卷	作者	徵引書目	徵引註釋	存佚輯録
	王禹偁	五代史闕文〔一〕		存
	孫光憲	續通曆		存前五卷
	何致雍	天策寺碑銘〔二〕		佚
	王皞	唐餘録〔三〕		佚

〔一〕《考異》卷二十九「張承業諫晉王稱帝」條云：「如《闕文》所言，承業事莊宗父子數十年，唐室近親已盡，豈不知其欲自取之意乎！褒美承業亦恐太過。」同卷「殺安重誨」條云：「重誨自以私憾欲殺（李）從珂，當是時，從珂未有跋扈之迹，重誨何以知其爲朝廷之患！此恐是清泰篡立之後，人譽重誨者造此語，未可信也。」《考異》卷三十「獲劉銖」條云：「王禹偁曰：『周世宗朝，史官修《漢隱帝實録》，銖之忠言諱而不載。銖今有子孝和，擢進士第。』按：銖所至貪婪酷虐，在青州謀不受代，賴郭瓊諭之，始入朝。私怨楊、史，快其就戮。隱帝敗歸，射而不納，使至野死。其屠滅周祖之家，出於殘忍之性耳，豈忠義之士邪！而王禹偁所記，蓋憑孝和之言耳。今不取。」同卷「馮道受郭威拜」條云：「周祖舉兵既克京城，所以不即爲帝者，蓋以漢之宗室崇在河東，信在許州，贇在徐州，若遽代漢，慮三鎮舉兵以興復爲辭，則中外必有響應者，故陽稱輔立宗子。信素庸愚，不足畏忌；贇乃崇子，故迎贇而立之，使兩鎮息謀。俟其離徐已遠，去京稍近，然後并信除之，則三鎮去其二矣。然後自立，則所與爲敵者，惟崇而已。此其謀也，豈馮道受拜之所能沮乎！道之所以受拜如平時者，正欲示器宇凝重耳。」同卷「遣馮道等迎武寧節度使贇」條云：「王禹偁曰：『周世宗朝，詔史臣修《周祖實録》，故道之事迹，所宜諱矣。』按：道廉智自將，陽愚遠禍，恐不肯觸周祖未發之機，其徒欲歸美而云耳。」

〔二〕天策寺碑銘：《考異》轉引自曹衍《湖湘馬氏故事》。

〔三〕唐餘録：《書録解題》著録「《唐餘録史》」。《考異》卷二十九「契丹阿保機稱帝」條云：「《唐餘録》全取《漢高祖實録》契丹事作傳，最爲差錯。」

續表

始見卷	作者	徵引書目	徵引註釋	存佚輯録
	李昊	後蜀後主實録〔一〕		佚
	王振	楊行密本紀〔二〕		佚
	沈顔	楊行密神道碑		佚
	殷文圭	楊行密墓誌		佚
	游恭	楊渥墓誌〔三〕		佚
卷二十八	陶岳	五代史補〔四〕		存
	王溥	周世宗實録〔五〕		佚，有輯本

〔一〕後蜀後主實録：《崇文總目》著録「《僞蜀孟氏後主實録》」，《藝文略》著録「《後蜀孟後主實録》」，《宋志》著録「《後蜀主實録》」。

〔二〕楊行密本紀：《崇文總目》著録「《僞吴楊氏本紀》六卷」，無作者；《藝文略》著録「《吴楊氏本紀》六卷，僞吴陳濬撰」。

〔三〕《考異》卷二十七「楊行密薨」條云：「王振、沈顔、殷文圭、游恭皆仕吴，而記録差異，固不可考。今從舊史，而存碑誌年月，以廣傳聞。」

〔四〕五代史補：《讀書志》、《書録解題》、《經籍考》著録「《五代補録》」。

〔五〕周世宗實録：《宋志》著録「《五代周世宗實録》」。《考異》卷三十「郭榮本姓柴」條云：「今舉世皆知世宗爲柴氏子，謂之柴世宗，而《世宗實録》云太祖長子，誣亦甚矣。」

續表

始見卷	作者	徵引書目	徵引註釋	存佚輯録
	王仁裕	玉堂閑話		佚
	蘇逢吉	漢高祖實録〔一〕		佚
	賈　緯	備史〔二〕		佚
	趙志忠	虜庭雜紀〔三〕		佚
	劉　恕	廣本〔四〕		佚
		江南別録〔五〕		存

〔一〕　漢高祖實録：《宋志》著録「《五代漢高祖實録》」。《考異》卷三十「劉知遠盡殺閔帝左右」條云：「爲晉、漢實録者（竇貞固《晉高祖實録》），必爲二祖飾非。」

〔二〕　備史：《書録解題》、《經籍考》著録「《賈氏備史》」。

〔三〕　虜庭雜紀：《讀書後志》、《經籍考》著録「《北廷雜記》」。

〔四〕　劉恕《廣本》：《考異》五代史多所徵引，諸家書目未見著録，應爲劉恕助修《通鑑》五代史部分所作資料長編，見司馬光《資治通鑑釋例》。

〔五〕　江南別録：《讀書志》、《藝文略》、《經籍考》、《宋志》著録「陳彭年撰」。

續表

始見卷	作者	徵引書目	徵引註釋	存佚輯録
	姚顗	唐明宗實録〔一〕		佚
	胡賓王	劉氏興亡録〔二〕		佚
	張昭〔三〕	周太祖實録〔四〕		佚
	張昭	唐廢帝實録〔五〕		佚
卷二十九	王溥	五代會要		存

〔一〕唐明宗實録：《崇文總目》、《書録解題》、《藝文略》、《經籍考》著録「《後唐明宗實録》」，《宋志》著録「《五代唐明宗實録》」。《考異》卷二十八「劉玘爲亂兵所立」條云：「玘脱身歸朝，及梁亡入唐，妄云斬亂將，自誇大。史官不能考察，從而書之耳。」

〔二〕劉氏興亡録：《崇文總目》著録「《劉氏興亡論》」。

〔三〕張昭：原名張昭遠，避後漢高祖劉知遠諱改。

〔四〕周太祖實録：《宋志》著録「《五代周太祖實録》」。《考異》卷二十八「高行珪使弟行周爲質於晉軍」條云：「行周名位尊顯，門生故吏虛美其兄弟，故與諸説特異。」

〔五〕唐廢帝實録：《崇文總目》、《書録解題》、《藝文略》、《經籍考》著録「《後唐廢帝實録》」，《宋志》著録「《五代唐廢帝實録》」。《考異》卷二十八「王從珂爲李嗣源子」條云：「張昭於國初修《唐廢帝實録》……張昭仕明宗爲史官，異代修《廢帝實録》，無所諱避。」

續表

始見卷	作者	徵引書目	徵引註釋	存佚輯録
	樂史	寰宇記〔一〕		存，闕七卷
	徐鉉	江南録〔二〕		佚
	秦再思	洛中紀異〔三〕		佚，有輯本
	錢易	家話〔四〕		佚
	錢信〔五〕	備史遺事〔六〕		佚
	錢信	忠懿王勳業志〔七〕		佚

〔一〕寰宇記：《崇文總目》、《書録解題》、《藝文略》、《宋志》著録「《太平寰宇記》」，《讀書後志》、《經籍考》著録「《太平寰宇志》」。

〔二〕《考異》卷三十「唐主去帝號」條云：「《江南録》誤以保大十五年事合十四年，十五年丁巳改交泰，五月去帝號，明年乃顯德五年，又明年即建隆元年，中間實少顯德六年。《江南録》最爲差誤，其記李昪復姓，亦先一年。佗事放此，不可考按。」

〔三〕《考異》卷二十九「張承業諫晉王稱帝」條云：「如《紀異》之語，承業爲莊宗忠謀，近得其實，今取之。」

〔四〕家話：諸家書目多未著録，惟《藝文略》著録「《錢氏家話》」。

〔五〕錢信：《書録解題》、《經籍考》、《宋志》著録「錢儼」。按：錢儼本名信，下同，不再出校。

〔六〕備史遺事：《考異》轉引自劉恕；《書録解題》、《經籍考》著録「《吴越備史遺事》」。

〔七〕忠懿王勳業志：《考異》轉引自劉恕。

續表

始見卷	作者	徵引書目	徵引註釋	存佚輯録
	錢信	戊申英政録〔一〕		佚
	錢惟演	錢氏慶系圖譜〔二〕		佚
	錢惟演	家王故事〔三〕		佚，有輯本
	錢惟演	秦國王貢奉録〔四〕		佚
		笏記〔五〕		存
	張昭	唐愍帝實録〔六〕		佚

〔一〕戊申英政録：《考異》轉引自劉恕；《藝文略》著録「《錢氏戊申英政録》」。

〔二〕錢氏慶系圖譜：《考異》轉引自劉恕；《藝文略》分別著録「《錢氏慶系譜》一卷，《錢氏慶系圖》二十五卷」，《宋志》著録「《錢氏慶系譜》二卷」。

〔三〕家王故事：《考異》轉引自劉恕。

〔四〕秦國王貢奉録：《考異》轉引自劉恕；《書録解題》、《經籍考》著録「《秦王貢奉録》」，《宋志》著録「《錢俶貢奉録》」。《考異》卷二十九「吴越王鏐始建國」條云：「劉恕以爲，錢元瓘子信撰《吴越備史》、《備史遺事》、《忠懿王勳業志》、《戊申英政録》，弘倧子易撰《家話》，俶子惟演撰《錢氏慶系圖譜》、《家王故事》、《秦國王貢奉録》，故吴越五王行事失實尤多，虚美隱惡，甚於他國。按：錢鏐起於貧賤，知民疾苦，必不至窮極侈靡。其奢汰暴斂之事，蓋其子孫所爲也。」

〔五〕笏記：《考異》轉引自句延慶《錦里耆舊傳》，作「李嚴《朝見笏記》」。

〔六〕唐愍帝實録：《考異》卷三十又作《閔帝實録》；《崇文總目》、《藝文略》著録「《後唐愍帝實録》」，《宋志》著録「《五代唐愍帝實録》」。

續表

始見卷	作者	徵引書目	徵引註釋	存佚輯録
	曾顔	勃海行年記[一]		佚
	閻自若	唐末汎聞録		佚
	余公綽	閩王事迹		佚
	陶穀	高季興神道碑		佚
	鄭文寶	南唐近事[二]		存
	鄭文寶	江表志[三]		存
	李昊	蜀高祖實録[四]		佚

[一] 勃海行年記：《藝文略》、《宋志》著録「《渤海行年記》」。《考異》卷二十九「高季興求夔、忠、萬三州」條云：「《行年記》差繆最多，不可爲據。」

[二] 南唐近事：《宋志》著録「《南唐近事集》」。

[三] 《考異》卷二十九「吴徐知誥酖弟知詢」條云：「《南唐近事》、《江表志》二書皆出文寶，而不同乃爾」。

[四] 蜀高祖實録：《崇文總目》著録「《僞蜀孟氏先主實録》」，《宋志》著録「《後蜀高祖實録》」。《考異》卷二十九「王弘贇等破劍州」條云：「李昊敘事甚詳。」

續表

始見卷	作者	徵引書目	徵引註釋	存佚輯録
卷三十	竇貞固〔一〕	晉高祖實録〔二〕		佚
	范質	陷蕃記〔三〕		佚
	竇貞固	晉少帝實録〔四〕		佚
		運曆圖〔五〕		佚
		漢隱帝實録〔六〕		佚
		閩王列傳〔七〕		佚

〔一〕竇貞固：《書録解題》、《經籍考》著録「竇正固」，避宋仁宗趙禎諱改。

〔二〕晉高祖實録：《宋志》著録「《五代晉高祖實録》」。

〔三〕陷蕃記：《崇文總目》、《書録解題》、《藝文略》、《經籍考》、《宋志》著録「《晉朝陷蕃記》」，《讀書志》著録「《石晉陷蕃記》」。

〔四〕晉少帝實録：《經籍考》著録「《晉出帝實録》」，《宋志》著録「《五代晉少帝實録》」。

〔五〕運曆圖：《崇文總目》著録「《年曆圖》」；《讀書後志》、《藝文略》、《經籍考》、《宋志》著録「龔穎撰」。

〔六〕漢隱帝實録：《宋志》著録「《五代漢隱帝實録》」；《書録解題》、《藝文略》、《經籍考》、《宋志》題「張昭等撰」。

〔七〕閩王列傳：《藝文略》、《崇文總目》著録「《閩王審知傳》」；《藝文略》、《書録解題》、《經籍考》題「陳致雍撰」。

續表

始見卷	作者	徵引書目	徵引註釋	存佚輯録
		啓國實録〔一〕		佚
	王保衡	晉陽僞署見聞要録〔二〕		佚
	何氏	姓苑〔三〕		佚，有輯本
		元和姓纂〔四〕		佚，有輯本
	周羽沖	三楚新録		存
	楊夢申	劉繼顒神道碑〔五〕		佚

〔一〕啓國實録：諸家書目未見著録。

〔二〕晉陽僞署見聞要録：《宋志》著録「《晉陽見聞要録》」。

〔三〕姓苑：《舊唐志》、《新唐志》、《藝文略》、《宋志》著録「何承天撰」。

〔四〕元和姓纂：《新唐志》、《讀書志》、《書録解題》、《藝文略》、《經籍考》、《宋志》著録「林寶撰」。

〔五〕《考異》卷三十「北漢主殂」條云：「河東劉氏有國，全無記録，惟有舊臣中書舍人、直翰林院王保衡歸朝後所纂《晉陽僞署見聞要録》……右諫議大夫楊夢申奉敕撰《大漢都統追封定王劉繼顒神道碑》……諸書皆傳聞相因，前後差戾，惟《晉陽見聞録》、《劉繼顒碑》歲月最可考正，故以爲據。」

圖書在版編目(CIP)數據

資治通鑑考異/(宋)司馬光撰;邱居里點校. —
上海:上海人民出版社,2022
(司馬光全集/王水照主編)
ISBN 978-7-208-17886-1

Ⅰ.①資… Ⅱ.①司… ②邱… Ⅲ.①《資治通鑑》
—考證 Ⅳ.①K204.3

中國版本圖書館 CIP 數據核字(2022)第 159539 號

特約編審 李偉國
責任編輯 張鈺翰
封面設計 陳緑競

司馬光全集
資治通鑑考異
(宋)司馬光 撰
邱居里 點校

出　　版 上海人民出版社
(201101 上海市閔行區號景路 159 弄 C 座)
發　　行 上海人民出版社發行中心
印　　刷 蘇州工業園區美柯樂製版印務有限責任公司
開　　本 890×1240 1/32
印　　張 38.75
插　　頁 10
字　　數 737,000
版　　次 2022 年 10 月第 1 版
印　　次 2022 年 10 月第 1 次印刷
ISBN 978-7-208-17886-1/K・3234
定　　價 248.00 圓(全二册)